D1526358

COLECCIÓN TIERRA FIRME

ANTOLOGÍA DE LA POESÍA HISPANOAMERICANA

ANTOLOGÍA
DE LA
POESÍA
HISPANOAMERICANA

Selección, Prólogo y Notas de

JUAN GUSTAVO COBO BORDA

FONDO DE CULTURA ECONÓMICA
MÉXICO

Primera edición, 1985

ISBN 968-16-1935-8

Impreso en México

PRÓLOGO

Cuando en 1926 apareció en Sevilla, España, la revista *Mediodía*, ésta comienza por elogiar, haciendo su historia, otra revista, *Grecia*, órgano destacado del movimiento ultraísta, aparecida también en Sevilla entre 1919 y 1920. Continuidad y ruptura; o mejor aún: tradición de la ruptura, *Mediodía*, donde habría de colaborar la plana mayor de la generación del 27, se presentaba a sí misma con estas palabras: "Las épocas de avanzadillas literarias, de 'ismos' y escuelas han pasado al fichero del cronista. Hoy sólo hay arte. Arte desnudo; verdad; creación pura, perfecta, conseguida." Es decir que todos estos poetas, de tan decisiva importancia en la historia de la literatura española, surgen de esa gimnasia poética que fue el ultraísmo. De esos disparates tipográficos y de esas odas exaltadas al tren y a la Revolución rusa. De esos ataques, como el de Guillermo de Torre, al público "isomórficamente cretino y obcecadamente miope". También de una reivindicación de la autonomía del arte y de un énfasis en el papel de la metáfora.

Uno de sus más tumultuosos adalides fue Jorge Luis Borges. Aun cuando hoy, con sabrosa ironía, haya renegado de dicha etapa, buena apenas para que los profesores universitarios escriban tesis cada vez más tediosas, en 1919, al llegar a Madrid, asistía puntual a la tertulia de Cansinos-Assens y colaboraba, con artículos sobre Whitman o el expresionismo alemán, en las revistas canónicas del grupo: *Grecia, Cervantes* (1919-1920), *Ultra* (1921-1922). Mucho de ese espíritu habría de acompañarlo en su regreso a la Argentina, en 1921, donde proclamaría, a los cuatro vientos, la "equivocación" ultraísta, a través de revistas como *Prisma* (1921), *Proa* (1922-1923, primera época; 1924-1925, segunda época), la antología de poetas ultraístas presentada en *Nosotros* (núm. 160, 1922) y la muy conocida *Martín Fierro*, que aparecería entre 1924 y 1927. Borges, que quería entonces versos que tuviesen "la contextura decisiva de los marconigramas",[1] sintetizó así el credo del movimiento: "1º Reducción de la lírica a su elemento primordial: la metáfora. 2º Tachadura de la frases medianeras, los nexos y los adjetivos inútiles. 3º Abolición de los trebejos ornamentales, el confesionalismo, la circunstanciación, las prédicas y la nebulosidad rebuscada. 4º Sínte-

---

[1] En "Proclama", 1922, aparecida en *Ultra* y recogida en el libro de Jaime Brihuega: *Manifiestos, proclamas, panfletos y textos doctrinales. Las vanguardias artísticas en España, 1910-1931*. Madrid, 1979.

sis de dos o más imágenes en una que ensancha de este modo su facultad de sugerencia." [2]

Alberti, Aleixandre, Dámaso Alonso, Altolaguirre, Bergamín, Cernuda, Gerardo Diego, Federico García Lorca, Jorge Guillén, Emilio Prados, Pedro Salinas: he aquí la rutilante nómina. Generación del 27, a raíz del tricentenario de Góngora; el mismo año en que aparece la *Gaceta Literaria*, dirigida por Giménez Caballero con Guillermo de Torre como secretario y en el que se estrena *Mariana Pineda*, de Lorca; generación de la dictadura, la de Primo de Rivera; generación de la República, la de 1931; generación de la Residencia de Estudiantes donde estaban también Moreno Villa, Buñuel y Dalí... Los rótulos son secundarios. Lo que quizá sí convenga reiterar es lo que José María Valverde, en su *Historia de la literatura universal*, señala: "En su nacimiento dominaba la estrella, exquisita y minoritaria, de Juan Ramón Jiménez y la estética 'deshumanizada' de Ortega y Gasset." [3]

Pero la verdadera forma de caracterizar a una generación no consiste, tan sólo, en describir el clima intelectual en el cual se halla inmersa, o filiar los influjos que la determinan. Se percibe mejor en su poética, en el programa que busca cumplir y, luego, en sus textos. Textos que es bien sabido casi siempre terminan por refutar sus propósitos teóricos. Es ésta la generación que habría de aportar "un nuevo siglo de oro" a la poesía española y que a partir del 18 de julio de 1936, con el inicio de la guerra civil y luego, en el exilio interno, o en el destierro, habría de continuar elaborando su obra y dilatando su influjo por toda Hispanoamérica. Juan Ramón Jiménez y Pedro Salinas desde Puerto Rico; Alberti desde Argentina; Cernuda, Bergamín y Emilio Prados. desde México; Jorge Guillén y también Salinas, desde Estados Unidos. Esto sin olvidar las visitas de Federico García Lorca y Juan Ramón Jiménez a Cuba. ¿Hay en tal sentido algo más deslumbrante y de más enrarecida

[2] En "El ultraísmo", aparecido en *Nosotros*, Buenos Aires, 1921, núm. 151, citado por Raúl Gustavo Aguirre en su libro *Las poéticas del siglo xx*, Buenos Aires, 1983, pp. 142-143. Sobre las revistas literarias de vanguardia, en América Latina, hay ya diversos trabajos. Citamos algunos de los que tienen relación con el ultraísmo argentino. Dos panoramas generales: Nélida Salvador, *Las revistas argentinas de vanguardia (1920-1930)*, Buenos Aires, 1962, y Lafleur, Provenzano y Alonso, *Las revistas literarias argentinas, 1893-1967*, Buenos Aires, 1968. *Proa*, edición facsimilar de los núms. 1, 6, 8, 14, Buenos Aires, 1983. *Martín Fierro*: Córdova Iturburu, *La revolución martinfierrista*, Buenos Aires, 1962. *El periódico Martín Fierro*. Selección y prólogo: Adolfo Prieto, Buenos Aires, 1968. *Martín Fierro (1924-1927)*. Antología y prólogo: Beatriz Sarlo, Buenos Aires, 1968. *El anti-rinoceronte. Periódico Martín Fierro: Las primeras vanguardias*. Catálogo de la exposición realizada en la galería Ruth Benzacar. Texto: Samuel Oliver, Buenos Aires, 1983.

[3] Barcelona, 1977, p. 369.

intensidad poética que aquel célebre coloquio de Lezama Lima con Juan Ramón Jiménez y el influjo de éste en el grupo de *Orígenes*?

Cuando varios de los mencionados poetas se reunieron en Sevilla rindiéndole homenaje a Góngora con motivo de su centenario un periodista, López Parra, desde las páginas de *El Liberal*, denigró tal acto y los acusó de "fascistas, beatos y provincianos". Gerardo Diego, en *Lola*, el suplemento de *Carmen*, que se hacía en Sigüenza entre 1928 y 1929, respondió con tino: "Conste, pues, que yo no soy fascista, ni en política, ni en arte ni en nada. Que soy igualmente ajeno a todo maurismo y a toda revolución, desde arriba y desde abajo. Que 'la pirueta en el orden' no ha sido nunca mi lema, sino todo lo contrario, sabiendo entenderlo en cierto sentido: 'el orden en la pirueta'." [4]

El orden en la pirueta

Esta generación liberal, culta y cosmopolita, de profesores universitarios, en su mayoría, aunque también, como en el caso de Altolaguirre y Prados, vinculados a ese oficio tan afín al de la poesía como es el de la tipografía, habría de retomar la apertura un tanto incoherente del ultraísmo —perceptible más en las teorías que en las obras— encaminándola hacia lo que Jorge Guillén llamó "una poesía bastante pura, *ma non troppo*", sintetizando, en sus textos, tanto una poética que inventa, como la del creacionismo, como una que revela el verdadero mundo que existe bajo esa apariencia que llamamos realidad: el simbolismo.

"Por qué cantáis la rosa ¡oh poetas!/Hacedla florecer en el poema" pedía en 1916 Huidobro, desde su libro *El espejo de agua* aparecido en Buenos Aires. También allí, y en el mismo año, sostenía en una conferencia el siguiente principio: "El valor del lenguaje de la poesía está en razón directa de su alejamiento de la realidad." "Hacer un poema como la naturaleza hace un árbol" insistía, finalmente, proscribiendo toda anécdota descriptiva. Por su parte Ramón Gómez de la Serna, a través de la greguería (humorismo más metáfora), daba una definición práctica del arte como juego. La incesante y en ocasiones mecánica alegría de crear. Pero es quizá la presencia del simbolismo la que permea todo el conjunto.

"El simbolismo puede definirse como un intento, por medios meticulosamente estudiados —una compleja asociación de ideas representadas mediante una mezcla de metáforas— de comunicar sentimientos personales únicos", como lo hizo Edmund Wilson en su

---

[4] Citado por Anthony Leo Geist: *La poética de la Generación del 27 y las revistas literarias: de la vanguardia al compromiso (1918-1936)*, Barcelona, 1980, pp. 162-163.

agudo libro de ensayos *El castillo de Axel*,[5] añadiendo: "La historia literaria de nuestro tiempo es, en gran parte, la del desarrollo del simbolismo y de su fusión o conflicto con el naturalismo." En este mismo libro del año 1931 habla Wilson del simbolismo como un producto sobrecrecido del romanticismo, el cual invierte el sentido de las aventuras vitales explorando, en cambio, las posibilidades de la imaginación y el sentimiento. Mientras el romántico se rebela contra la sociedad y la desafía, el simbolista se distancia de ella y aprende la necesaria "disciplina de la indiferencia". Esa experiencia, saboreada en soledad, le permitirá, según la feliz fórmula de Wilson, excretar, como pacientes moluscos, conchas iridiscentes de literatura". Como pedía Verlaine: "Siempre matices, el color nunca."

Valéry, por su parte, pensaba el poema como algo sobre todo *construido*: un problema intelectual que había que resolver; y la poesía, como productora de *estados*. Ella, en cambio, para Eliot, debía aspirar a ser "la suprema diversión". La poesía, escribía Eliot en 1920, en *El bosque sagrado*, "no es un derrame, sino un escape de la emoción; no la expresión de la personalidad, sino un escape de la personalidad. Pero, desde luego, sólo quienes tienen personalidad y emoción saben qué significa escapar de ellas".

Tales eran algunas de las ideas que flotaban en el aire. A partir de allí se iban a concretar las tres direcciones centrales de la poesía en lengua española posterior al modernismo. Una, la reacción crítica a través del humor y el coloquialismo. Dos, la depuración y superación del modernismo por el camino de la poesía pura.[6] Tres, la negación radical de la poética modernista.[7]

A su vez, todo este proceso puede rastrearse, de modo muy nítido, a través de tres antologías. El *Índice de la nueva poesía americana* aparecido en 1926 en Buenos Aires y realizado por Alberto Hidalgo, Vicente Huidobro y Jorge Luis Borges; la celebérrima antología de *Poesía española*, 1915-1931, aparecida en 1932, y preparada por Gerardo Diego, y *Laurel*, antología de la poesía moderna en lengua española, a cargo de Xavier Villaurrutia, Octavio Paz, Emilio Prados y Juan Gil Albert, publicada en México a mediados de 1941. La antología de Diego habría de servir de base, dos años

---

[5] Madrid, 1977, pp. 25-27.

[6] Jorge Guillén en su carta a Fernando Vela, 1926, la define así: "Poesía pura es todo lo que permanece en el poema después de haber eliminado todo lo que no es poesía. Pura es igual a *simple*, químicamente." Por su parte, Odysseus Elytis, al recibir el premio Nobel de Literatura 1979, la caracterizó en esta forma: "Subordinación del sentimiento a la reflexión, ennoblecimiento del verbo poético y reactivación de todas las energías del instrumento lingüístico en busca de la revelación."

[7] Octavio Paz, "*Laurel* y la poesía moderna", *Vuelta*, México, núms. 70 y 71, septiembre-octubre, 1982. Recogido luego en *Sombras de obras*, 1983.

después, en 1934, de otra antología, también realizada por Diego, pero de concepción distinta y límites temporales más amplios.[8] Dicha antología parte de Rubén Darío. A él tenemos que volver, aunque sólo sea por un momento, pues con él es que comienza la aventura de la poesía moderna en lengua española. De otra parte, la inclusión que Diego hace de sus textos —el único americano— reestablece así ese largo diálogo poético entre América y España que es la auténtica historia de nuestra poesía.

DARÍO, EL LIBERTADOR

Las visitas de Darío a España, en 1892 y 1898; la de Huidobro, en 1918, y la publicación ese mismo año de cuatro libros suyos en Madrid: dos en español: *Poemas árticos* y *Ecuatorial*; y dos en francés: *Hallali* y *Tour Eiffel*; y la edición, por parte de Pablo Neruda, de los cuatro números de *Caballo Verde para la Poesía*, en Madrid, entre 1935 y 1936, donde incluye por primera vez su célebre manifiesto "Sobre una poesía sin pureza", al igual que la edición, por parte de *Cruz y Raya*, la revista de Bergamín, de los dos tomos de su segunda edición de *Residencia en la tierra* (1925-1935), 1935, pueden considerarse como hitos de ese proceso, renovador y fecundo, que no se ha desarrollado nunca en una sola dirección. Dicho impulso volvería acrecentado a tierras de América a través de la Generación del 27.[9]

Pero volvamos a Darío. Como lo reconoce Gerardo Diego en su prólogo: "Es evidente que jamás un poeta de allá se incorporó con tan total fortuna a la evolución de nuestra poesía, ejerciendo sobre los poetas de dos generaciones un influjo directo, magistral, liberador, que elevó considerablemente el nivel de las ambiciones poéticas y enseñó a desentumecer, airear y teñir de insólitos matices vocabulario, expresión y ritmo." Esa "esplendorosa renovación de las esencias y los modos poéticos" que se debe en rigor a Darío es lo que primero se destaca en la antología de Diego.

La muerte de Darío, en 1916, y el desgaste del modernismo, a través de tantos adláteres que lo repetían sin vigor ni inteligencia, requería de enérgicos antídotos. Una anécdota, atribuida a Federico García Lorca, lo muestra mejor que tantas teorías. Refiriéndose al

[8] La aclaración la hace el propio Gerardo Diego en su prólogo a la *Obra poética escogida*, de León Felipe, Madrid, 1980, p. 26.

[9] Sobre la Generación del 27 son útiles los textos y documentos recopilados por Juan Manuel Rozas, *La Generación del 27 desde dentro*, Madrid, 1974. Un pequeño libro de Ángel Valbuena Prat, *La poesía española contemporánea*, Madrid, 1930, es interesante por opinar, de modo muy próximo al origen, sobre dicha generación.

verso de Rubén Darío: "Que púberes canéforas te ofrenden el acanto", Lorca sonriente comentaba que la única palabra que entendía allí era *que*. El resto se había vuelto ininteligible. El lenguaje, quién lo duda, también se desgasta. Y nadie, por cierto, lo sabía mejor que el propio Darío. "El clisé verbal —decía— es dañoso porque encierra en sí el clisé mental, y, juntos, perpetúan la anquilosis, la inmovilidad."

Terminando su vida, en 1909 y 1912 respectivamente, Darío recapituló lo que había sido esa empresa, el modernismo, que como lo ha señalado el crítico venezolano Guillermo Sucre no es "tanto un estilo como una voluntad de estilo, no tanto una forma como una voluntad de forma, y fundar la poesía en esa voluntad".[10] En *Historia de mis libros* y en su *Autobiografía* Darío recordó cómo, si bien leía a parnasianos y simbolistas franceses (los camafeos entusiastas que integran *Los raros*, 1896, en uno de los cuales, el dedicado a Lautréamont ¡tantos años antes del surrealismo!, diría: "Escribió un libro que sería único si no existiesen las prosas de Rimbaud"), ya antes se había nutrido con todos los clásicos españoles, en la Biblioteca de Rivadeneyra, no olvidando nunca, en medio de D'Annunzio, Wilde y el prerrafaelismo inglés", "nuestros ancestrales Hitas y Berceos, y demás castizos autores".

Por ello la incorporación de "ciertas ventajas verbales de otras lenguas" —en este caso el francés— se haría a partir de la raíz española, teniendo un carácter casi funcional. Como él mismo lo recuerda: "Abandono de las ordenaciones usuales, de los clisés consuetudinarios; atención a la melodía interior, que contribuye al éxito de la expresión rítmica; novedad en los adjetivos; estudio y fijeza del significado etimológico de cada vocablo; aplicación de la erudición oportuna, aristocracia léxica." Un programa, como se ve, incluso hoy día bastante pertinente.

Octavio Paz ha dicho que el modernismo es nuestro verdadero romanticismo: el romanticismo que no tuvimos. Tuvimos, es cierto, a Bécquer, homenajeado por Neruda y Alberti, y a Rosalía de Castro. El modernismo: una conciencia del lenguaje pero a la vez una erótica del mismo. Reflexión y música. Energía viva, sensación pura. "Hambre de espacio y sed de cielo", y ese sentido del sexo, como decía Darío, que "me une más que ninguno a la palpitación atrayente y creadora que perpetúa la vitalidad del universo", tal como lo señaló en su novela trunca *El oro de Mallorca*, 1913.

Forma hispánica de la crisis universal de las letras y del espíritu que inicia hacia 1885 la disolución del siglo XIX; tal como lo apuntó Federico de Onís, el modernismo, a través de la racionalización

[10] En el prólogo a la antología de *Poesía hispanoamericana moderna*, vol. I, Caracas, 1982, p. 17.

que seculariza, habría de preservar muchos elementos religiosos en su concepción del hecho poético. Así, a la chatura intelectual que predominaba sobre el noble canto, opondrían ellos la poesía como don divino "contra las amenazas de la baja democracia y de la aterradora igualdad".

"Como el liberalismo hispanoamericano que le dio nacimiento, el modernismo fue una tentativa de romper con tres siglos de humillación y aspirar a un desarrollo semejante al de las metrópolis. Nuestras sociedades fracasaron, nuestros poetas no. A partir de su situación colonial los modernistas liberaron la literatura latinoamericana, nacionalizaron (o más bien continentalizaron) los bienes culturales extranjeros y formaron la base irrenunciable e irreductible de cuanto se ha escrito después en nuestra lengua": con estas palabras inicia José Emilio Pacheco el prólogo a su reciente antología general de la *Poesía modernista*, 1982, agregando: "Los materiales pueden llegar de fuera, el producto final es hispanoamericano." [11] Un producto, no sobra recordarlo, que se da tanto en Martí como en Machado, en Silva como en Valle-Inclán.

"Conocer diversas literaturas es el mejor medio de librarse de la tiranía de algunas de ellas" afirmaba José Martí en su crónica de 1882 acerca de una conferencia de Oscar Wilde, en los Estados Unidos, que bien puede considerarse el punto de partida del modernismo en América Latina. La novedad intensa que él representó, tanto en América como en España, sirvió para tonificar y revitalizar la marcha del idioma español. Y fue el propio Darío, hijo de América, nieto de España, como se definía, quien superó, asimismo, toda la bisutería decorativa que iba a afligirlo, mediante la musicalidad incomparable de su oído, y la desgarradora plenitud que sus últimos poemas atestiguan.

Él sabe, cómo no, que ya no hay princesas que cantar y que las mejores musas son, obvio, las de carne y hueso. Pero el tiempo terco no logra desgastar su sed de amor. Hasta el final de su vida continúa siendo un poeta tan esotérico como carnal, tan sugerente como estremecedor. "Pones pasión donde no puede haber" dice en su célebre poema "A Francisca" y cierra su obra con un sollozo parco: "hacia la fuente de noche y olvido,/Francisca Sánchez, acompáñame". No se puede pedir un lenguaje más quemante y más despojado. Su sencillez es la de quien habla consigo mismo, enfrentado a la muerte, limpio de todo artilugio moral o verbal.

Todo se ha dicho sobre Darío. Unas páginas de Mariano Picón-Salas razonan el asombro ante este "casi primer poeta que le nació a la literatura hispanoamericana". Ese príncipe indio cargado de joyas pero también de "lujuria, lasitud o pánico". He aquí un mes-

[11] México, 1982, p. 1.

tizo, "salido de uno de los más atrasados rincones de América, asustado todavía con sus consejas y mitos ancestrales y aventado a andar por la cruel civilización mecánica". Darío, como esos grandes intuitivos —Bolívar, Miranda, Sarmiento, Bello— que pasearon por Europa para sumergirse mejor en la realidad latinoamericana, permitía que el refinamiento decadente del arte europeo lo estremeciera de modo nuevo e ingenuo. Y su admirable poesía no era otra cosa que una "desesperada aventura personal" para apoderarse de todo: de los griegos a la Edad Media española, de Góngora a la música wagneriana. Era un artesano indígena uniendo en el mismo retablo al rinoceronte de Durero y la palma africana. "Lo vivido, lo soñado, lo libresco —concluye Picón-Salas—, la retórica y la verdad, iban revueltos en la misma corriente. ¿Y no es ésta una constante del escritor y el artista hispanoamericano?" [12]

En aquel momento, abriendo la antología de Diego, sus versos también eran una forma de expresar lo que tanto América como España ya intuían:

> ¿Seremos entregados a los bárbaros fieros?
> ¿Tantos millones de hombres hablaremos inglés?
> ¿Ya no hay nobles hidalgos ni bravos caballeros?
> ¿Callaremos ahora para llorar después?
>
> "Los cisnes"

Bajo el subterfugio de un poema dedicado a los cisnes Darío dijo lo que muchos sentían. Reafirmó una unidad mucho más eficaz y profunda que la de afiliarse a causas nobles, firmar manifiestos o hacer declaraciones por la prensa: renovó el idioma escribiendo buenos poemas. Poemas de amor, los más sutiles e intensos. Poemas a la naturaleza y a otros poetas. Poemas herméticos. E incluso poemas patrióticos como aquel, también recogido por Diego, que dice:

> Mientras el mundo aliente, mientras la esfera gire,
> mientras la onda cordial aliente un ensueño,
> mientras haya una viva pasión, un noble empeño,
> un buscado imposible, una imposible hazaña,
> una América oculta que hallar, ¡vivirá España!
>
> "Al rey Oscar"

[12] Citado por Ángel Rosenblat en su artículo "Mariano Picón-Salas", de su libro *La primera visión de América y otros estudios*, Caracas, 1965, páginas 295-296.

El descubrimiento de América concluía, en forma natural, con el redescubrimiento de España. Ella, por fin, podía ser vista con ojos a la vez propios y ajenos. Los ojos que ella misma había engendrado pero en cuyo interior, insondable y malicioso, el pasado indígena seguía alimentando una chispa no reductible fácilmente a categorías occidentales. El mestizaje americano —indio, español y negro— se manifestaba, como se manifestó en sor Juana, a través de villancicos y rimas, sonetos y octosílabos. Hablaba, de nuevo, teniendo clara conciencia de lo. que hacía. Llevó a la práctica lo que otro gran poeta del modernismo, Leopoldo Lugones, el autor de *Lunario sentimental*, había formulado así: "El lenguaje es un conjunto de imágenes comportando, si bien se mira, una metáfora cada vocablo; de manera que hallar imágenes nuevas y hermosas, expresándolas con claridad y emoción, es enriquecer el idioma renovándolo a la vez. Los encargados de esta obra, tan honorable, por lo menos, como la de refinar los ganados o administrar la renta pública, puesto que se trata de una función social, son los poetas. El idioma es un bien social, y hasta el elemento más sólido de las nacionalidades."

No me extiendo más. Para recalcar, de nuevo, la importancia de Darío, me limito a citar lo que Borges, en 1967, escribió en su "Mensaje en honor de Rubén Darío": "Todo lo renovó Darío: la materia, el vocabulario, la métrica, la magia peculiar de ciertas palabras, la sensibilidad del poeta y de sus lectores. Su labor no ha cesado ni cesará. Quienes alguna vez lo combatimos comprendemos hoy que lo continuamos. Lo podemos llamar el libertador."

Antes de pasar a la vanguardista antología de Hidalgo, Huidobro y Borges, tres observaciones finales. Primera, el carácter minoritario de las búsquedas modernistas, divulgadas, eso sí, a través del constante trabajo de sus miembros en las redacciones periodísticas, oficio éste que tanto repercutió en su escritura. Darío lo señaló de este modo: "Es verdaderamente triste que una ciudad de seiscientos mil habitantes, como Buenos Aires, no tenga cien lectores de libros nacionales." Segunda: Si bien la vanguardia fue parricida con los sucedáneos de Darío, nunca dejó de reconocer la importancia del genitor: Oliverio Girondo resumió lo que todos pensaban: "Hasta Rubén Darío no existía un idioma tan rudo y maloliente como el español." Tercera: Como lo ha precisado el investigador brasileño Jorge Schwartz en su libro *Vanguarda e cosmopolitismo* [13] fue a través de Darío como Huidobro conoció a Marinetti dando así paso a la explosión vanguardista. El artículo de Huidobro sobre el futurismo, fechado en 1914, se basa en el artículo

---

[13] *Vanguarda e cosmopolitismo na decada de 20.* Oliverio Girondo y Oswald de Andrade, São Paulo, 1983, p. 28.

de Darío, "Marinetti y el futurismo", aparecido dos años después de
publicado el célebre manifiesto, es decir en 1911, manifiesto que
Darío, en dicho artículo, traduce por primera vez al español.

DEL CISNE A LA BICICLETA

En julio de 1926 salió en Buenos Aires el *Índice de la nueva poesía
americana,* prologado por Alberto Hidalgo, Vicente Huidobro y Jorge Luis Borges. En un volumen de menos de 300 páginas se inclu-
yen 62 poetas que refutan, una vez más, la pretendida incomunica-
ción hispanoamericana. A través de revistas, chismes y antologías
los poetas siempre han sabido lo que de importancia sucede en
otros países. ¿Si no cómo explicarse que en aquel año tan remoto
aparecieran juntos poetas como Bernárdez, Borges, Macedonio Fernández, Jacobo Fijman, Marechal y Molinari, de la Argentina; Huidobro, Neruda, Rosamel del Valle, Pablo de Rokha y Humberto
Díaz Casanueva, de Chile; Luis Cardoza y Aragón, como mexicano,
en compañía de Novo, Pellicer, Tablada y los estridentistas List
Arzubide y Maples Arce, éstos sí de México; Magda Portal y César
Vallejo, del Perú; Salomón de la Selva, de Nicaragua; Luis Vidales, de Colombia, y Antonio Arraiz, de Venezuela, entre los nombres
que aún hoy día mantienen su vigencia o han sido rescatados?
La prosa rápida y desfachatada de Hidalgo iniciaba el volumen
con el ademán que era de esperar dentro de una antología de vanguardia, pero tal circunstancia no era óbice para expresar algunas
cosas sensatas al lado de otras simplemente desconcertantes o po-
lémicas. Cito, *in extenso*, varios de sus párrafos, al igual que algunos de Borges. No los he vuelto a ver reproducidos y dan, mejor
que cualquier glosa, una buena idea del espíritu de la época.

Se puede ir ahora en pocos minutos desde la esquina de Esmeralda
y Corrientes, en Buenos Aires, hasta la calle de la Magnolia, en México. Pero no se crea que esto es una contribución al acercamiento
de los países cuya explotación perdió España hace ya sus añitos. Tengo premura en declarar que el hispanoamericanismo me repugna. Es
una cosa falsa, utópica y mendaz convertida, como no podía ser de
otro modo, en una profesión idéntica a otra cualquiera.
En América hay abundancia de repúblicas a causa del exceso de
caciques. ¿Cuando haya muerto Batlle y Ordóñez qué razón habrá
para que subsista el Uruguay? Sobran países y faltan pueblos. Además, no hay siquiera similitud de caracteres entre los países hispa-
noamericanos. Nada tiene que ver un peruano con un paraguayo. Entre un argentino y un colombiano el abismo que se columbra es
inconmensurable. Que todos sean descendientes de los españoles, eso
es lo de menos. Los conquistadores impusieron el idioma pero no

el espíritu. La influencia que predomina es la de la tierra, y acaso la de la tribu con que se produjo el cruzamiento. De otro lado, afirmo que la independencia de España no se obtuvo en los campos de batalla. La verdadera independencia la está haciendo, o lo ha hecho ya, el inmigrante de Rusia, Italia, Alemania, etc. Dentro de pocos años muchos más serán los hijos de rusos o italianos que los hijos de españoles. ¿Cómo se puede hablar en serio de hispanoamericanismo? [agregando, en una nota a pie de página]: A fin de evitar suspicacias, declaro también que soy antipanamericanista.

Eso cuanto al sur. Cuanto al norte, sostengo que los mexicanos y centroamericanos son intrusos donde están. Los grandes pueblos son como los líquidos: toman la forma del vaso que los contiene. Los Estados Unidos están creciendo, creciendo. Lógicamente tendrán que extenderse sobre México, sobre Guatemala, sobre Nicaragua, sobre... (¿cuántas aún?, ¿cómo se llaman las otras republiquetas?). ¡Basta ya de farsas! No es posible enmendarle la plana a la naturaleza. Nuestro continente, en cumplimiento de quién sabe qué secreto designio, está formado de tal modo, que toda una parte debe ser sajona; toda la otra latina.

Pasando de la cuestión histórico-política al tema propiamente literario Hidalgo dice: "No hemos nacido por generación espontánea. Hace algunos años estas cosas tuvieron su evidente anticipación en la obra, breve pero cabal, del inmenso poeta peruano José María Eguren. Cuando la gente rubendariaba aún a voz en cuello, mi paisano publicó los libros *Simbólicas* (1911) y *La canción de las figuras* (1916) que son para los americanos lo que para los franceses la obra de Rimbaud." Su espíritu es "nuevo, nuestro", recalcaba Hidalgo, y añadía:

Tras de eso no hubo nada importante hasta que apareció Huidobro. Huidobro, en España, derroca el rubendarismo, y si bien puede afirmarse que su acción es igual a cero en América, algo se filtra aquí, a través de los ultraístas argentinos, puesto que el ultraísmo es hechura suya. Así, el poeta chileno se asemeja a Rubén. Ambos aprenden el tono de la hora en Francia y lo trasladan a España. Con ellos Verlaine y Reverdy entran por turno en América. Ahora, bajo el sosiego de los años, empiezan unos a dar voces nuevas, apartándose de las escuelas iniciales, y otros inventan sistemas para uso propio, del mismo modo que cada quien se ajusta los pantalones a la altura que le conviene.

Hidalgo, quien reconoce el influjo avasallador que por entonces ejercía Gómez de la Serna, y quien considera su antología como una obra nada conciliatoria —"Aquí no sobra ningún mal poeta y es probable que no falte ninguno bueno. Mas confieso que para hacer menos estruendosa la presencia de los mejores he dilatado el vacío

de los pésimos"— da paso luego a Huidobro y sus consignas creacionistas: "Haced la poesía, pero no la pongáis en torno de las cosas. Inventadla." "El poeta no debe imitar la Naturaleza, porque
no tiene el derecho de plagiar a Dios", y a Borges quien con voz
sonora anuncia cómo "se gastó el rubenismo. ¡Al fin, gracias a
Dios!"

Las páginas de Borges son también curiosas en cuanto hacen explícito el viraje que por aquellos años estaba dando la poesía hispanoamericana. De la muerte de Victor Hugo, en 1885, a la aparición del primer manifiesto del futurismo, de Marinetti, en 1909, un
gran ciclo se había cumplido. Pasábamos, en consecuencia, del simbolismo modernista a los ismos. Arribábamos a la vanguardia. "El
rubenismo —dice Borges— fue nuestra añoranza de Europa", y si
bien reconoce que su eternidad quedará en las antologías represen-
tada a través de muchas estrofas de Rubén y algunas de Lugones,
ninguno de los rubenistas de América se atrevió a suponer que ya
estaba en la *realidá* (como escribía por entonces) : "Todos buscaron
una vereda de enfrente donde alojarse."

Para Rubén esa vereda fue Versalles o Persia o el Mediterráneo o la
Pampa, y no la pampa de bañaos y días largos sino la Pampa trip-
tolémica, crisol de razas y lo demás. Para Freyre fueron las leyendas
islándicas y para Santos Chocano el Anáhuac de don Antonio de So-
lís. En cuanto a Rodó fue un norteamericano, no un yanqui, pero sí
un catedrático de Boston, relleno de ilusiones sobre latinidad e his-
panidad. Lugones es otro forastero grecizante, verseador de vagos
paisajes hechos a puro arbitrio de rimas y donde basta que sea azul
el aire de un verso para que al subsiguiente le salga un abedul en la
punta. De la Storni y de otras personas que han metrificado su tedio
de vivir en esta *ciudá* de calles derechas, sólo diré que el aburrimien-
to es la única emoción impoética (irreparablemente impoética, pese
al gran Pío Baroja) y que es también la que con preferencia ensalzan
sus plumas. Son rubenistas vergonzantes, miedosos. Desde mil novecientos veintidós —la fecha es tanteadora: se trata de una situación
de conciencia que ha ido definiéndose poco a poco— todo eso ha ca-
ducado.

He aquí el epitafio del modernismo, dentro de un sentimiento
compartido en toda América. Un nicaragüense, José Coronel Urtecho, lo manifestaría al final de su "Oda a Rubén Darío", en términos afines:

> En fin, Rubén,
> paisano inevitable, te saludo
> con mi bombín

que se comieron los ratones en
mil novecientos veinte y cinco. Amén.

A esta clausura Borges oponía otro proyecto: "La verdad poeti-
zable ya no está allende el mar. No es difícil ni huraña: está en
la queja de la canilla del patio y en el Lacroze que rezonga una
esquina y en claror de la cigarrería frente a la noche callejera."
¿Cómo lograrla? Mediante las dos alas de esta poesía que son "el
verso suelto y la imagen". "La rima es aleatoria", añade Borges,
manifestando además cómo ellas "ya nos cansan". "El idioma se
suelta. Los verbos intransitivos se hacen activos y el adjetivo sienta
plaza de nombre. Medran el barbarismo, el neologismo, las palabras
arcaicas." Desde Brasil, por aquellas mismas fechas, Manuel Ban-
deira reclamaba:

Todas las palabras, especialmente los barbarismos universales.
Todas las construcciones, especialmente las sintaxis anómalas.
Todos los ritmos, especialmente los que escapan a la métrica.

¿De qué habla Borges en sus versos que parecen contradecir la
sana teoría con una práctica un tanto deficiente; o que por lo menos modifican el propósito ultraísta con una visión que recuperaba,
al modo criollista, la baja y alargada perspectiva de Buenos Aires?
Ellos hablan de la pampa: "El único lugar de la tierra/donde puede
caminar Dios a sus anchas." De los patios de las casas: "Lindo es
vivir en la amistad oscura/de un zaguán, de un alero y de un alji-
be." De la amada: "La vi también a ella/cuyo recuerdo aguarda en
toda música." De sus abuelos que fueron "soldados y estancieros".
De alguna calle de Buenos Aires: "Antes eras cielo y hoy sos puras
fachadas." Y de las bayonetas de la Revolución rusa, "que llevan
en la punta las mañanas".
Pero el Borges que a su regreso de Europa había comprado un
diccionario de argentinismos para inmortalizar así a los cuchilleros
difiere, en mucho, del tono general de la antología que sí represen-
taba a cabalidad la imagen más evidente de la época: *spleen* y aviones, la *tour Eiffel* y los ascensores, humor y *sport*. A pesar de los
versos lánguidos, y largamente nostálgicos, de poetas chilenos como
Rubén Azócar, Ángel Cruchaga Santa María y Pablo Neruda, el Neruda de *Crepusculario* (1923) y *Veinte poemas de amor y una canción desesperada* (1924), el grueso de la antología prefería la instantánea tomada con una kodak. He aquí una mínima antología de
esa antología. "Solos como Budas de hierro/sonríen los buzones"
(González Lanuza); "Pasan las recuas de borricos/con su rítmico

trote/aprendido en los versos de Chocano" (Alberto Hidalgo); "En
el fondo del alba/Una araña de patas de alambre/Urdía una tela
de nubes" (Huidobro); "Un grillo da su conferencia/interceptando/
el mensaje/crispado/de las estrellas" (List Arzubide); "Desde el
avión/vi hacer piruetas a Río de Janeiro/arriesgando el porvenir
de sus puestas de sol" (Pellicer); "Por el cielo amarilloso/de linter-
na/pasan las nubes colombianas./Y cómo se les nota que no habían
ensayado/antes" (Luis Vidales) y los muy conocidos hai-kai de Tablada, esos poemas sintéticos que desde 1919 y 1920, en libros como
Un día... y Li-Po y otros poemas, había él introducido, son sus
palabras, "a la lírica castellana, aunque no fuese sino como reacción contra la zarrapastrosa retórica".

Era ésta una antología de vanguardia que atestiguaba, en consecuencia, una nueva percepción de la realidad, acorde con las mo-
dificaciones que esta última había experimentado. Lo sucesivo pasa
a ser simultáneo. El espacio histórico es sustituido por el espacio
geográfico. La diacronía por la sincronía y la tradición por el instante. Poesía de instantes coloreados. De postales y telegramas. De
fotos rápidas. Con mucha razón Ricardo Gullón ha dicho que "Azul
es el color modernista; impregna la obra entera de Martí, se instala
en el título del primer libro válido de Darío, pasa a la revista de
Gutiérrez Nájera, en México, reaparece en el Moguer de Juan Ramón para colorear la imagen de la divinidad ('Dios está azul'), en
réplica y afirmación jubilosa de lo dicho por Martí ('religión vasta
y azul') y aun vibra en la última línea escrita por Machado en
vísperas de su muerte: 'Estos días azules y este sol de infancia'." [14]
Ahora los colores son distintos: son los colores del cine y los car-
teles. Como lo dijo Rafael Alberti: "Yo nací —¡respetadme!— con
el cine." Si las Hojas de hierba de Whitman datan de 1855 y Las
flores del mal, de Baudelaire, de 1857, ahora era el tiempo de Alcools,
de Apollinaire, aparecido en 1913, y de Du monde entier, de Blaise
Cendrars, de 1914. El mismo año en que el turismo exótico y feliz
por todo el planeta habría de concluir en las trincheras fangosas
de la primera Guerra. Se pasaba, como dijimos, del cisne a la bicicleta. Se escribían, en América, libros como Veinte poemas para
ser leídos en el tranvía, 1922, de Oliverio Girondo; Trilce, 1922, de
Vallejo, y Fervor de Buenos Aires, 1923, de Borges. Tres libros tan
diversos como diversa habría de ser la poesía producida en esas
décadas. También en esos años se editaba en Inglaterra La tierra
baldía, de Eliot, 1922, pero ésa es otra historia. Volvamos ahora

---

[14] Ricardo Gullón, "Simbolismo y modernismo", incluido en el libro El
simbolismo, compilado por José Olivio Jiménez, Madrid, 1979, p. 38. Sobre el
modernismo véase la recopilación de Ricardo Gullón: El modernismo visto
por los modernistas, Barcelona, 1980, y la de Lily Litvak, El modernismo,
Madrid, 1981.

a España y retomemos la antología de Diego. Mejor dicho: las dos antologías de Diego.

LA GENERACIÓN DEL 27: TUTORES, OBRA E INFLUJO

Las dos figuras que con el tiempo, y sucesivas relecturas, han cobrado un lugar determinante dentro de la antología de Diego como tutores de la Generación del 27 son Juan Ramón Jiménez y Antonio Machado. El propio Alberti lo ha dicho: "Punto de partida de mi generación son estos dos poetas." [15] La poesía desnuda del primero ha sufrido varios avatares y ya no se la lee, es cierto, con el entusiasmo, por ejemplo, con que la siguieron los poetas colombianos agrupados en torno a los cuadernos de *Piedra y Cielo* —el título, precisamente, de un libro de Jiménez aparecido en 1919— a fines de la década del 30. Ahora ha cambiado el enfoque. Octavio Paz resume esta nueva perspectiva del siguiente modo: "Hay tres periodos en su obra. El primero es deleznable y lamentable. El segundo, muchísimo mejor, tiene una importancia histórica: influyó en casi toda la poesía española e hispanoamericana de esos años. Confieso que la poesía de esa etapa, con poquísimas excepciones, me aburre: no es concentrada sino alambicada. No es poesía pura sino poesía poética. El tercer Juan Ramón es el más joven, con una juventud casi sin edad. Aprovechó la lección de sus discípulos y continuadores —también la de sus negadores—, asimiló todo lo nuevo y, no obstante, no se convirtió en el discípulo de sus discípulos." [16] Es el poeta de *Espacio*, 1943, un poema que sólo hasta hace muy pocos años ha comenzado a releerse. Es el poema de un poeta que, como Yeats, podría decir:

> En todos los días falsos de mi juventud
> mecí al sol mis hojas y mis flores;
> ahora puedo marchitarme en la verdad.

Pero en aquel entonces que sigue siendo la antología de Diego, su poética se resume en un poema titulado "La obra":

> Crearme, recrearme, vaciarme, hasta
> que el que se vaya muerto, de mí, un día,
> a la tierra, no sea yo; [...]
> ¡Y yo esconderme,

[15] Citado por Ricardo Gullón en su libro *Estudios sobre Juan Ramón Jiménez*, Buenos Aires, 1960, p. 54.
[16] Citado por Fernando Charry Lara en su prólogo a *Hablar soñando*, de Eduardo Carranza, México, 1983, p. 9.

sonriendo inmortal en las orillas puras
del río eterno, árbol
(en un poniente inmarcesible)
de la divina y májica imajinación.

Pero esa "eternidad concreta" con que Juan Ramón Jiménez califica al cuerpo de la mujer se resuelve, en muchos otros poemas de este periodo, en apenas una exhalación lírica, en una pincelada impresionista que disuelve la realidad de las cosas. No son poemas, formas, sino apenas apuntes. Leves anotaciones que a veces nos refrescan la vista pero que en la mayoría de los casos, como en tantas rosas que siembra en sus textos, ya no exhalan ningún perfume.

Machado, por su parte, consideraba a la poesía como "la palabra esencial en el tiempo" y contrastaba el tono reflexivo, y en ocasiones conceptual, con una fresca emotividad: "Y algo que es tierra en nuestra carne siente/la humedad del jardín como un halago." Una poesía "inmergida en las mesmas vivas aguas de la vida" intentaba, de tal modo, balancear su convicción de que "el intelecto no ha cantado jamás". Campos de Castilla, campos de Soria, "el muro blanco y el ciprés erguido": una geografía escueta, dibujada con nitidez castellana —"mi Castilla latina/con raíz gramatical", como la llamaba Unamuno— a través de la cual el poeta dialogaba con su distante Guiomar. "De encinar en encinar/se va fatigando el día." Pero el momento de Machado, o de Juan de Mairena, no parecía haber llegado aún.

Leyendo la totalidad de la antología se perciben, en primer lugar, otros influjos: desde un arte deliberadamente intelectual y artístico hasta un remozado neopopularismo; desde un rescate de la más antigua tradición española, no sólo los romances sino también las jarchas mozárabes que revaloraba Emilio García Gómez, pasando por las décimas calderonianas hasta los ecos, atenuados, del estrepitoso ultraísmo. Pero, ante todo, una variedad que deslumbra, una riqueza inusitada de voces, no sólo en su alborear inicial, que acoge esta antología de Diego, sino en su evolución posterior, que registra un tono como el reciente de José Luis Cano, *Antología de los poetas del 27* (1982).[17] Allí vemos cómo el Lorca del *Romancero gitano* (1928) —un Lorca que en 1927 le escribía así a Guillén: "Me va molestando un poco mi mito de gitanería. Confunden mi vida y mi carácter. Los gitanos son un tema y nada más. Además, el gitanismo me da un tono de incultura, de falta de educación y de poeta salvaje que tú sabes bien no soy"— habría de convertirse en el Lorca de *Poeta en Nueva York* (1940), para con-

[17] Madrid, 1983.

cluir en el Lorca póstumo, si se quiere, del *Diván del Tamarit* y los *Sonetos del amor oscuro*, tan sensuales y a la vez tan perfectamente silueteados. Poseedores ellos, como la totalidad de su obra, del auténtico misterio que la singulariza: "Entre los juncos y la baja tarde,/qué raro que me llame Federico", expresado, en todo momento, gracias a ese "llanto de ruiseñor enajenado", mediante ese "acento/que de noche me pone en la mejilla/la solitaria rosa de tu aliento".

Y qué decir, por ejemplo, de la profunda unidad orgánica, en crecimiento, que es el *Cántico* de Guillén el cual desde su edición inicial, en 1928, hasta ese *Final*, de 1981, no ha dejado de estar animado por un similar entusiasmo: el hombre se afirma afirmando la Creación, con mayúscula, y a la vez dependiendo de las cosas; de esas bodas tardías con la historia "que desamé a diario". Sólo así la Obra puede ser completa. Sólo así quedan los nombres. Y lo interesante es que ella no se ha negado a los cambios del tiempo, ni a las degradaciones que inflige el presente: "Se cierne lo inmediato/resuelto en lejanía." Todo ha quedado incorporado así a sus textos, de apasionada claridad. Textos de los cuales bien puede decirse lo que dijo Bergamín en uno de sus aforismos: "Sé apasionado hasta la inteligencia." "Viejo, viejo, viejo./Parlanchín aún/Cerca del silencio", así se expresa Guillén en una serie de poemas de la década del 70, referidos a la vejez. "Alegres los ojos,/ávido el deseo." Esa obra que en un principio podía parecer una ontología, hecha con aséptica frialdad filosófica, no hace más que cantar, al final de su ciclo, a la auténtica destinataria de toda poesía:

> Esta anciana que ha sido tan hermosa
> —Hermosura ya envuelta en su leyenda—
> Es hoy un personaje de otro imperio
> Con la más natural metamorfosis.
> Degradación no altera tal decoro.
> La voz mantiene su poder intacto.
> Luce en ojos serenos la mirada
> Con una autoridad de señorío.
> Fue Venus.
>
> "De senectute", núm. 7

Pero no se trata, en esta ocasión, de emitir opiniones sobre la Generación del 27, sino de insinuar, de modo muy parcial, la rica diversidad de sus enfoques. ¿Puede acaso haber mayor distancia que la existente, por ejemplo, entre *Marinero en tierra*, de Alberti, publicado en 1924, y los *Hijos de la ira: Diario íntimo*, de Dámaso Alonso, aparecido veinte años después y el cual, de algún modo, refleja, ya transpuesto, el impacto de la guerra y el hecho de sa-

ber que al trabajo en conjunto habría de seguir la diáspora inexorable?

Un Alberti niño que arroja a manos llenas sus globos de colores,
cantando nanas infantiles, y que hace que las flores cambien de
matices, siendo "casadita a la retreta/y viudita a la diana"; un Alberti que conoce muy bien los cancioneros musicales de los siglos xv
y xvi con su "musa de los cantos populares", gracias a lo cual salpica eufórico a las ciudades con su rumor de "huertos submarinos", ¿qué tiene que ver, me digo, y repito, con ese "triste pedagogo
amarillento" que en los poemas de Dámaso Alonso, y a los 45 años,
cruza por allí, como un espectro, "vacilante, azotado por la ventisca,
con el alma transida, triste, alborotada y húmeda/como una bu-
fanda gris que se lleva el tiempo", y que ya percibe, ante el embate
de los insectos, cómo su cuerpo acaba por ser inficionado por su
alma, putrefacta, debido quizás a esa ciudad donde vive: ese Madrid de "un millón de cadáveres/según las últimas estadísticas"? La
canción leve del uno, donde aparece toda la flora del aire, y toda
la fauna del cielo, sigue siendo alegre a pesar de que cante su perdida "ciudad del paraíso", como diría Aleixandre. Su mar y su puerto, su novia y su playa del Sardinero.

La desesperanza radical del otro que al final, luego de execrarse,
balbucea una tímida plegaria religiosa, sigue manteniendo a su lado
una presencia amenazante, que siempre jadea, a pesar de que expe-
rimente en ocasiones los gozos de la vista. Todo lo que fluye es
triste, nos dice Alonso. Todo lo que existe es digno de ser cantado,
nos recuerda Alberti. Y Manolo Altolaguirre cierra el punto así: "La
poesía es reveladora de lo que ya sabemos y olvidamos." De ahí
títulos como *La destrucción o el amor*, de Aleixandre, o *La realidad
y el deseo*, de Cernuda, que patentizan, de modo insuperable, las
tensiones que acometieron a esta generación y el modo magistral,
por ser poético, como las resolvió.

Una de las cosas que diferencian a la poesía moderna de la antigua es
la riqueza ilimitada de elementos que maneja. Explicándome, diré:
ayer solamente la perla, el rubí, la aurora, la rosa y otras preciosi-
dades al alcance de cualquier memoria, por indocumentada que fuese; hoy todos los *documentos*, datos, elementos, se relacionan y
montan en imágenes vívidas y temblantes. En mis primeros libros
de versos chocó a las gentes de letras la admisión de verbos y vocablos prosaicos. Esto no existe en la poesía anterior, y creo que, mérito o demérito, es algo que me corresponde en la evolución de la
poesía española.

Este fragmento de la poética de Moreno Villa citado en la antología de Diego infunde a sus textos un ritmo más ágil que el habitual: el de la conversación, el de la interrogación permanente, el

del jazz, como cuenta en su hermoso libro de memorias *Vida en claro*, 1944, indispensable para reconstruir toda esta época. Allí mismo dice: "El Madrid literario y pictórico de los años 1927 a 1936 era iconoclasta, juguetón, snob y farisaico, o sea, que iba contra el espíritu de la verdad." En libros de poemas como *Jacinta la pelirroja*, de 1929, escrito después de su desdichada experiencia amorosa en Nueva York; *Carambas*, de 1931; y *Puentes que no acaban*, de 1933, se percibe esa entonación diferente que caracteriza a Moreno Villa, esa búsqueda de un lector no a través de la exaltación sino de la complicidad. Quien formula sus quebrantos puede ser tan inteligente o tan ridículo como quien los escucha. Pero en ellos —dudas, nostalgias, risa y cursilería— un terreno común se establece: el espacio diario, el espacio de todos los días, ligeramente sorprendente y absurdo gracias a ese grano de sal que es la poesía. Las cosas empiezan a saber distinto:

Las canciones viejas eran de otro modo.
Y las carrozas, y los ministros, y la indumentaria,
y el baile, y las horas de comer y dormir,
y las sagradas reuniones familiares.
Y entonces, ¿qué?
Pues entonces que te tapes los oídos
y que con el mirlo, y el auto y el cine sonoro
te deslices por ese terraplén
hacia donde todos comemos y vestimos como los bienaventurados:
nubes y nimbos.

"Carambuco XIV"

Pero el núcleo central de esta antología no son búsquedas como las de Moreno Villa, que hoy nos resultan tan actuales. Es el absoluto encarnado en un cuerpo de la poesía de Salinas, su reflexivo erotismo.[18] Es el mundo está bien hecho, de Guillén. Es el "Se querían, sabedlo", de Aleixandre. Es la curiosa (y hermosa) aproximación surrealista que intenta en ciertos momentos Gerardo Diego, un poeta a la vez tan consciente de su tradición, como lo fue toda esta generación. Hablando de Vallejo, Diego dice que su "temeraria materia prima fue anterior a los decretos del péndulo y a la creación secular de las golondrinas". Y es quizá, sobre todo, la tajante disidencia que en su poética instaura Cernuda: "No valía la pena de ir poco a poco olvidando la realidad para que ahora fuese a recordarla, y ante qué gentes. La detesto como detesto todo lo que a ella

---

[18] Es interesante, al respecto, el prólogo de Julio Cortázar a la antología de Pedro Salinas publicada por Alianza Editorial en su serie "El libro de bolsillo": otro testimonio fehaciente, en tierras de América, del influjo de la Generación del 27.

pertenece: mis amigos, mi familia, mi país. No sé nada, no quiero nada, no espero nada. Y aun si pudiera esperar algo, sólo sería morir allí donde aún no hubiese penetrado aún esta grotesca civilización que envanece a los hombres." Pero el adolescente rabioso que era Cernuda no se perdió, del todo, ni se amoldó, complaciente, al rol que pretendían imponerle. Mantuvo intacta su furia refinándola hasta volverla alta e implacable poesía. Recuérdese, tan sólo, su homenaje a Góngora —"El andaluz envejecido que tiene gran razón para su orgullo"—, el cual siempre encontró en la poesía "no tan sólo hermosura, sino ánimo,/la fuerza de vivir más libre y más soberbio". Con este poema de Cernuda bien podría cerrarse esta brevísima aproximación a la Generación del 27, en España. Pero ella no concluye allí. Se prolonga, enriquecida, por tierras de América. Cernuda, por ejemplo, está presente en Octavio Paz y en Fernando Charry Lara, según lo atestigua el libro de este último, *Lector de poesía*, 1975, donde a través de notas críticas rinde homenaje a varios miembros de la Generación, como Paz lo ha hecho en *Poemas y ensayos*. Está también en Olga Orozco como en Ernesto Mejía Sánchez, valiosos poetas de Argentina y Nicaragua, respectivamente. Un poema de este último, referido a Cernuda, bien puede hacerse extensible a toda la Generación del 27, en conjunto:

> El español aquel.
> > El andaluz.
> El solo, decoroso, limpio, altivo
> le dio cara a la muerte con descaro (. . .)
> Adolescente envejecido, ángel malvado
> y generoso: No lo toquéis.
> > > Más que poeta.
> Ni la animala pudo meterle maña en
> la bragueta.
> > > Unos libros ingleses por aquí,
> una pipa de fresno, la página blanca o escarlata.
> la historia. NO.
> > Cernuda NO pasará.

POESÍA LATINOAMERICANA, 1940-1980

Si es cada vez más evidente que la poesía latinoamericana nace con Rubén Darío, se renueva en la vanguardia de los años 20 y alcanza su segundo mediodía (el primero fue el modernismo) con esa trilogía que conforman Huidobro, Vallejo y Neruda, es cierto, también, que la fecundidad del periodo posterior, es decir los poetas que comienzan a publicar sus primeros libros a fines de los años 30, ha sido poco analizada, en forma global. Digamos de antemano que los poetas latinoamericanos nacidos entre 1910 y 1940 integran uno de los conjuntos más ricos y personales dentro de la historia de la poesía latinoamericana, del modernismo hasta nuestros días.

Octavio Paz, en su reciente libro *Sombras de obras* (1983), incluye un texto suyo sobre la antología *Laurel*, aparecida en 1941, la cual recoge el trabajo poético hispanoamericano entre 1915 y 1940. Al terminar la relectura de la misma, dice: "La poesía contemporánea continúa a la de *Laurel* justamente en el momento en que parece negarla más radicalmente; lo mismo debe decirse de los poetas de *Laurel* en relación con el *modernismo*. En este sentido sí es verdad que la poesía moderna de lengua española es una unidad viviente y elástica, un tejido de sucesivas negaciones y afirmaciones. Pero no es un bloque: es un movimiento que comienza hacia 1885 con los primeros *modernistas* y que, en un continuo caer y levantarse de oleaje, llega hasta nuestros días. El *corpus* poético de este siglo es uno de los más ricos en la historia de nuestra poesía. Quizá sólo pueden comparársele los siglos XVI y XVII", y luego agrega: "El movimiento, quizá, toca a su fin. Vivimos no sólo el ocaso de las vanguardias sino el de la idea misma del arte moderno. No asistimos al 'fin de los tiempos', como a veces se dice: asistimos al fin de la modernidad. Quiero decir, al fin de la idea que dio el ser e inspiró a la Edad Moderna desde el siglo XVIII: el progreso infinito, hijo del tiempo lineal. Esta visión del tiempo es la que se muere. Así, lo que se extingue no son la poesía ni el arte sino la *idea* que los alimentó durante dos siglos desde el romanticismo. ¿Hay una nueva idea? Aún no aparece en el horizonte de la historia. Por esto la poesía de la ciudad —que es nuestra poesía— asume la forma de una pregunta." [19]

Los nombres de Enrique Molina (1910) y Alejandra Pizarnik (1939-1972) me sirven, en esta ocasión, para caracterizar, de modo casi emblemático, la apertura y el cierre de dicho periodo. Esa larga frase, con su modulación específica y su diversidad de matices, que la poesía latinoamericana, a través de dos promociones o grupos, enuncia.[20] Una, para entendernos, que podría representarse en

[19] *Sombras de obras*, Barcelona, Editorial Seix-Barral, 1983, p. 92. Las mejores aproximaciones a la poesía de este periodo y anteriores se hallan en los diversos libros de ensayos de Octavio Paz: *El arco y la lira* (1956), *Las peras del olmo* (1957), *Puertas al campo* (1966), *Corriente alterna* (1967), *El signo y el garabato* (1973), *Los hijos del limo* (1974), *In/mediaciones*, (1979), *Sor Juana Inés de la Cruz o las trampas de la fe* (1982) y en el volumen de Guillermo Sucre: *La máscara, la transparencia*, Caracas, 1975. Segunda edición: México, FCE, 1985.

[20] Sobre la tercera promoción, nacida después de 1940, no he querido hablar aquí. Se halla en plena ebullición aun cuando ya hay varias voces re-

torno a nombres como los de José Lezama Lima (1910-1976), Octavio Paz (1914), Nicanor Parra (1914), Alberto Girri (1918), Cintio Vitier (1921), Álvaro Mutis (1923) y Carlos Martínez Rivas (1924), y otra que a partir de Ernesto Cardenal (1925) incluiría, entre otros, a Carlos Germán Belli (1927), Enrique Lihn (1929), Juan Gelman (1930), Heberto Padilla (1932), Roque Dalton (1935-1975), Eugenio Montejo (1938), José Emilio Pacheco (1939) y la propia Alejandra Pizarnik.

Menciono así una docena larga de nombres, del medio centenar que aportan textos de valía, para internarnos, a través de los puntos de referencia más obvios, en un territorio aún no cartografiado, y poblado, todo él, de sorpresas y hallazgos. Territorio, por cierto, que el propio Octavio Paz ha contribuido, en no pequeña medida, a descubrir: recuérdense sus prólogos a Blanca Varela (1926), José Carlos Becerra (1936-1970) y Alejandra Pizarnik. Y sus notas, ensayos, opiniones y poemas, dedicados a José Lezama Lima, Enrique Molina, Emilio Adolfo Westphalen (1911), Efraín Huerta (1914-1982), Alberto Girri, Álvaro Mutis, Carlos Martínez Rivas, Jaime Sabines (1926), Roberto Juarroz (1925), Marco Antonio Montes de Oca (1932) y Gabriel Zaid (1934), sin olvidar, claro está, sus panoramas generales, como su introducción a *Poesía en movimiento*, 1966, un título que referido a México define a cabalidad todo el periodo.

TEJIDO VIVO

Los diversos libros de Enrique Molina anuncian (y cumplen) un largo periplo: el de un apetito desbordante internándose entre los espejismos del mundo. Y si bien en él, como en Emilio Adolfo Westphalen, Braulio Arenas (1913) o Enrique Gómez Correa (1915), la impronta del surrealismo va a dibujar su trazo incandescente, no todo este primer grupo puede colocarse bajo tan fecunda advocación, del mismo modo que la segunda promoción que comentamos tampoco puede reducirse, ni mucho menos, al rótulo de poesía "existencialista".

Comentando la *Antología de la poesía surrealista latinoamericana*, 1974, de Stefan Baciu, Octavio Paz ha precisado el problema: "Continua ósmosis del surrealismo: de los juegos verbales a la acción política, de la exaltación del amor único a la pintura del modelo interior, del automatismo psíquico a la crítica filosófica y social. No es extraño que uno de los libros centrales del movimiento se haya llamado *Los vasos comunicantes*. Tampoco es extraño que

conocibles. Su obra es una auténtica *work in progress*. Ver al respecto (Perú, Chile, Argentina) el libro de Edgar O'Hara: *La palabra y la eficacia*, Lima, 1984.

el surrealismo haya influido profunda y decisivamente en muchos poetas que, sin embargo, nunca fueron surrealistas. Esta influencia fue particularmente notable en la poesía española e hispanoamericana. Hay un momento —algunos piensan que ése fue, justamente, su mejor momento— en que la poesía de Lorca, Aleixandre, Neruda, Cernuda y otros fue marcada por el surrealismo." En América Latina el influjo del surrealismo no sólo se concentra en Paz y en su generación: Molina, Westphalen, Arenas, Gómez Correa, sino que se prolonga en poetas del segundo grupo como el boliviano Jaime Sáenz (1921), el venezolano Juan Sánchez Peláez (1922), el argentino Francisco Madariaga (1927) o el colombiano Álvaro Mutis (1923), para limitarnos a nuestro asunto.*

Aclara finalmente Paz: "El surrealismo no fue ni una estética ni una escuela ni una manera: fue una actitud vital, total —ética y estética— que se expresó en la acción y en la participación. De ahí que, con mayor sensatez que sus críticos, la mayoría de estos poetas haya aclarado que sus afinidades momentáneas con el lenguaje, las ideas y aun los tics de la poesía surrealista no pueden confundirse con una actitud realmente surrealista." [21]

Precisamente Lezama Lima y Octavio Paz, dos de las presencias cardinales de este primer grupo, no sólo a través de su poesía sino de su tarea como ensayistas, tan sugerente y lúcida, harán evidente desde su lejanía (Lezama) como desde su proximidad crítica (Paz) con el surrealismo, cómo ese vasto tejido poético latinoamericano se perfila, sí, en dinámico contrapunto con otras voces pero también, y ante todo, en diálogo consigo mismo. Poesía madura: la poesía latinoamericana ya habla con ella misma y reanuda su diálogo con España. ¿Se puede ser acaso más gongorino que Lezama Lima? Y el mismo Paz ¿no ha razonado en *Sombras de obras* su fascinación y su distancia con Quevedo? Ni aun así, y en ningún momento, esta poesía ha dejado de escuchar las otras voces, de sumergirse en ámbitos distintos.

En su primer libro póstumo, *Salvo el crepúsculo* (1984), Julio Cortázar ha rememorado aquellos poetas, aquellas ráfagas numinosas que invadían las porosas vidas de los años treinta, cuarenta, cincuenta: García Lorca, Eliot, Neruda, Rilke, Hölderlin, Lubicz-Milosz, Vallejo, Cocteau, Huidobro, Valéry, Cernuda, Michaux,

---

* En una carta exultante, como todas las suyas, fechada el 10 de abril de 1973, me decía Álvaro Mutis: "Ah, se me olvidaba: el mejor, con mucho, de los surrealistas fue un tipo que se llamaba Robert Desnos y que murió prisionero de los alemanes a fines de la guerra. Es casi imposible de traducir pero ése fue el tipo que dio en el blanco. Le siguen, para mi gusto, Moro y René Char."

[21] La nota de Octavio Paz acerca de la antología de Baciu, "Sobre el surrealismo hispanoamericano: el fin de las habladurías", apareció originalmente en *Plural*, México, núm. 35, agosto de 1974.

Ungaretti, Alberti, Wallace Stevens. Y, por cierto, Perse, Pound y Pessoa. Pero lo que quisiera subrayar, en esta ocasión, es la forma como esta serie de poetas asumen su propia tradición.

Recepción y análisis, pero a la vez enriquecimiento de lo dado, acrecentando una herencia ya distinguible. No es extraño, en consecuencia, ver cómo tanto Enrique Molina, en su intensa elegía a Francisca Sánchez, como antes Salomón de la Selva, y ahora Paz, Huerta (1914-1982), Belli, Lihn, Sologuren (1921), Fernández Retamar (1930), José Emilio Pacheco o Alejandra Pizarnik escriben poemas teniendo como referencia, admirativa o polémica, para el caso es lo mismo, a Rubén Darío. Rubén Darío, el libertador, como lo llamó Jorge Luis Borges, a su vez el otro gran libertador.

Un Darío vivo, como lo mostró Paz en su perspicaz ensayo de *Cuadrivio*, porque en todos ellos es evidente el propósito de mantener activa la energía solar que emana de su escritura. Ese fervor y esa pesadumbre, vueltos idioma encarnado, que la distinguen. La reconfortante tristeza de su jubilosa música.

En todo caso nuestra tradición latinoamericana es mucho más extensa: llega hasta el siglo XVII, se remonta al pasado indígena. Un libro como el de Octavio Paz, *Sor Juana Inés de la Cruz o las trampas de la fe* (1982), amplía aún más dicho horizonte. Redescubre, como la generación española que redescubrió a Góngora, una poesía que la incuria había desdibujado, que la ideología pretendió ahogar, y que sólo la mirada de otro poeta puede tornar melodiosa e inquietante. Las preguntas que Paz le formula a la obra de sor Juana son las mismas que a nosotros nos desvelan: preguntas abiertas.

Siendo Rubén Darío el abuelo fundador de nuestra tradición, es obvio que sus herederos intenten comprenderlo, desde la exaltación o desde la ironía. Pero no sólo eso. En muchos casos sus fulgurantes intuiciones o sus caídas irreversibles siguen siendo válidas para situarse en el mundo, definiéndose en torno a lo que el propio Darío hizo. Así la vibración sensual de su ritmo habría de pasar acentuada a la marea, ya plenamente carnal, de la poesía de Neruda, para de allí irrigarse por todo el continente. El mundo ha cambiado, y en qué forma, pero su poesía continúa siendo leída. Y Neruda, a su vez, está presente en poetas como Gonzalo Rojas (1917) o Álvaro Mutis. Pero si bien en ellos su ímpetu se halla atemperado, dentro de un diseño diferente, en otros, como en Efraín Huerta, el alud verbal que fue típico de Neruda lo anegó totalmente, petrificándolo en su lava.

Tejido de relaciones, la poesía es una y múltiple. Pero también tiene sus puntos límites. Es en el propio Chile, en el humor desopilante de Nicanor Parra, uno de los pocos poetas latinoamericanos que es posible releer a carcajadas, donde la ancha y lenta silueta de

Neruda encuentra su chaplinesco reflejo invertido. Como lo dijo Parra en su Discurso de Bienvenida a Pablo Neruda, en la Universidad de Chile, 1962: "Hay dos maneras de refutar a Neruda: una es no leyéndolo, la otra es leyéndolo de mala fe. Yo he practicado ambas, pero ninguna me dio resultado", añadiendo: "Para mí el género artístico supremo es la pantomima. La verdadera seriedad es cómica." Recuérdese a Chaplin y Chejov, Kafka y el Quijote. De este modo ya no es la carga erótica ni su carácter de rey Midas de la poesía lo que Parra busca en Neruda sino la melancolía, disparatada y absurda, de un libro como *Estravagario* (1958): acumulación de objetos inútiles ante la avasalladora presencia de la nada.

Parra, quien al dar instrucciones para su entierro, el cual incluye, por supuesto, a Occidente, y todos sus mitos, psicoanálisis de paso, transforma la pesada respiración geológica de Neruda en una febricitante payasada espiritual, plena de humor negro.

Fin de un movimiento: las frases secas de Parra, la forma tajante como las enuncia, llevan a su extremo invertido el moroso deleite de Neruda, su ronco sonido, y demuestran así, con este ejemplo, cómo ya existe dentro de nuestra poesía una red de ecos, alusiones y correspondencias, elaborando el espesor de ese lenguaje que nos define e identifica. Sólo desde el interior de los textos mismos es como podemos asumir el conjunto de una literatura. Sistemas de comunicación que se responden entre sí —y con el lector que los revive.

Otro ejemplo: a través de la veta neorromántica de Eduardo Carranza (1913-1985), de sus sonetos, canciones y romances, es factible recuperar la lección de pureza lírica impartida por Juan Ramón Jiménez, el primer Juan Ramón, retomada, en algunas instancias, por la generación española que sigue a la del 27. También, a través suyo, es factible remontarse a toda la herencia clásica española. Pero es Rubén Darío y el horizonte de sus llanos colombianos los que le dan peso a su vuelo. En *Hablar soñando* el esplendor no está disociado de la tristeza ilímite. Al contrario: brilla, gracias a ella.

Luis Cernuda, leído tanto por Olga Orozco (1922) como por Ernesto Mejía Sánchez (1923), vuelve a plantear, una vez más, no el trivial problema de las influencias, cada día más obsoleto ante el alud informativo (al fin y al cabo cada cual tiene las influencias que merece) sino el asunto, mucho más decisivo, de la relación de estos poetas con España. En el caso que comentamos, lo que cuenta es la decantación de sus lecturas; su conversión en nuevos poemas. ¿Hay, entonces, algo más diferente? En la primera, dilatando sus largas endechas, surcadas de nostalgia, mediante un lenguaje ceremonial. En el segundo, en cambio, concentrando su garra, volviendo más tajante su herida. Reduciéndola casi a epigrama o aforismo.

El español: nuestro legado, nuestro idioma, a partir del cual Garcilaso incorpora la música del italiano, Darío la del francés, Borges la del inglés, ¿cuándo la del alemán?, y a partir del cual debemos continuar escribiendo, teniendo como base ese inexorable punto de partida. La lengua que vuelve a nacer, cada vez que un auténtico poeta la rehace en sus versos.

Otro caso límite: el de Rubén Bonifaz Nuño (1923) quien ha sabido integrar, en tensa armonía, el oscuro y muchas veces pétreo universo indígena —en su caso, la poesía náhuatl, también plena de lirismo— con el mundo de Virgilio, Catulo, Propercio, Ovidio y Dante, confiriéndole al resultado final un acento que sólo podría calificarse de mexicano, si esto no nos retrotrayera de nuevo al tedioso asunto del ser nacional y la identidad propia. ¿Pero no busca acaso la poesía ir más allá de las arbitrarias fronteras patrias y restituirnos ese *otro* que en realidad somos? Digamos, simplemente, que su acento es latinoamericano: nadie que no sea latinoamericano es capaz de conciliar extremos tan diversos.

¿Se puede ir más lejos? Pienso que sí. En sus mejores momentos (y son muchos) la poesía latinoamericana de este periodo, 1940-1980, y de los anteriores, cancela la pedestre pregunta por su filiación y sus orígenes. Su plenitud es sólo referible a ella misma. Al logro indudable que atestiguan poemas como "Piedra de sol", "Rapsodia para un mulo", "Alta marea" o "Canto de guerra de las cosas".

Octavio Paz, en su prólogo a *Poesía en movimiento*, 1966, dice: "No niego las tradiciones nacionales ni el temperamento de los pueblos: afirmo que los estilos son universales, o, más bien, internacionales. Lo que llamamos tradiciones nacionales son, casi siempre, versiones o adaptaciones de estilos que fueron universales. Por último, una obra es algo más que una tradición o un estilo: una creación única, una visión singular. A medida que la obra es más perfecta son menos visibles la tradición y el estilo. El arte aspira a la transparencia."

HACIA UN MAPA DE LA POESÍA CONTEMPORÁNEA LATINOAMERICANA

Si bien es cierto que las tradiciones nacionales reaccionan ante el impulso foráneo, enriqueciéndose con su apropiación funcional (una visión no sustituye a otra: la precisa o la deforma), también es cierto que su propósito central se alimenta con el reiterado afán de indagar en su realidad única. Instrumentos ajenos que le sirven para descubrir lo propio.

En Nicaragua Carlos Martínez Rivas (1924) retoma, en la elegía que le dedica, la penetrante seguridad nominativa que caracteriza a Joaquín Pasos (1914-1947), el autor de "Canto de guerra de las cosas". Pero es en la tierra de Rubén Darío donde la poesía norte-americana, a partir de Pound, más influjo ha ejercido.

De Ernesto Cardenal, por ejemplo, se ha dicho que viene de José Coronel Urtecho (1906), del exteriorismo fotográfico de poetas como el norteamericano William Carlos Williams, del impacto rotundo de los medios de comunicación de masas, principalmente el cine; del lenguaje anacrónico de los cronistas, de la síntesis epigramática de autores como Catulo y Marcial, revalorados por Pound; de la mitología indígena... Pienso que el asunto es mucho más sencillo: Cardenal, cuyo mejor poema sigue siendo el dedicado a Marilyn Monroe, y los epigramas remozados a partir de Catulo y Marcial, sobre los cuales Gabriel Zaid ha creado un divertido juego de espejos, continúa trabajando dentro del tono de un habla popular y mestiza que ya Pablo Antonio Cuadra (1912) había incorporado a la poesía. En Cuadra oímos el acongojado murmullo del campesino nicaragüense. El mismo, por cierto, que aparece en "Hora 0", de Cardenal. En Cuadra esos responsos por tantos seres humildes, elaborados con la compasión más profunda y el oído más fino, difieren de los epitafios redactados por Edgar Lee Masters en cuanto que árboles, lagos y pájaros son los de Nicaragua: gente inconfundible. Este legado es el que Cardenal actualiza, poniéndolo al día. Convirtiéndolo en poesía periodística. Banalizándolo, incluso. Degradándolo en fatigosas tiradas de teletipo.

En otros países —el caso de Venezuela— la tradición parece comenzar con ellos mismos. Nadie, en tal sentido, ha visto con mayor asombro el mundo que él mismo inaugura como Vicente Gerbasi (1913): lo mira con ojos del primer día de la creación. Ojos de inmigrante. A partir suyo se escalonan el *Nuevo Mundo Orinoco* que cantara Juan Liscano (1915); las voces recortadas, fantasmales y casi rulfianas de Ramón Palomares (1935) —habla sonámbula de un paisano que al percibir seca su tierra la convierte en quimera— e incluso varios de los poemas de un poeta deliberadamente culto como Eugenio Montejo (1938), el cual en medio del caos trepidante de una ciudad como Caracas ansía, como lo dice el título de su último libro, rehacer un *Trópico absoluto*. Ya no descriptivismo paisajista o exaltación telúrica. Apenas una referencia tan sensorial como metafísica. Una forma a la cual asirse.

Dicha forma puede incluir el espejo movedizo de los grandes ríos; la selva, succionante y devoradora; o esa luz implacable que como en los cuadros de Armando Reverón acaba convirtiendo todo en espuma. La poesía, haciendo el ser, lo deshace. Le recuerda que Ítaca también puede ser Manoa. Lo funda, sí, pero también lo aligera, acompañándolo en su viaje. Volviéndolo más libre. No es extraño que en la promoción que se cierra con Pacheco y Montejo el interés por Cavafis sea preponderante. También ellos parten, con la imaginación, de ciudades que se hunden o se cubren progresivamente de smog.

La diversidad de este periodo de la poesía latinoamericana al cual nos estamos refiriendo es, como se ve, múltiple. De ahí la imposibilidad de agruparla por países: una OEA de la poesía puede resultar tan ineficaz como una OEA de la política. Sin embargo, al leerla se descubren familias de espíritus afines.

Una, por ejemplo, que involucra a Alberto Girri, el poeta argentino, traductor de poesía inglesa (Eliot) y norteamericana (Wallace Stevens, William Carlos Williams, Robert Lowell), Roberto Juarroz (1925) y Rafael Cadenas (1930), dentro de una misma figura. Dice Girri: "El mundo está enfermo de materia e ironía." Agrega Juarroz: "El mundo es sólo un Dios que se deshizo". Habla Girri de "la purgación del laberíntico rostro del yo". Juarroz de la necesidad de "un alfabeto con menos historia". Crítica de la vida; ruptura de esos hábitos que, con su inercia, nos rutinizan; inversión de los signos. Ambas búsquedas, como lo expresa Girri, concluyen en lo mismo: "Antes hacía, ahora comprendo." Pero es necesario matizar lo anterior aclarando que la exploración de Juarroz se da en el plano del lenguaje, gracias a un mecanismo que invierte, casi siempre, en forma de tesis-antítesis y síntesis, la perspectiva habitual, mientras que en Girri apunta hacia una búsqueda ética, que en sus últimos poemas se enrarece, petrifica y descoyunta al máximo. La palabra de Girri ya no da más; el esquema de Juarroz nos resulta demasiado conocido, incluso previsible. ¿Cómo salir de allí?

Rafael Cadenas, siguiendo un camino afín, de reducción y despojo, completa el círculo: "Sé/que si no llego a ser nadie/habré perdido mi vida." Círculo que, claro está, vuelve a abrirse: los tres son poetas distintos, signados cada uno por un talante (y talento) propio.

Sería fácil proseguir, estableciendo paralelismos: ¿No hermana a Eliseo Diego (1920) y Cintio Vitier (1921) una misma añoranza, vuelta calor y luz, por pueblos de provincia que el olvido va purificando y que la dúctil sabiduría de su palabra torna mágicos, en su compartida visión católica del mundo? ¿No son ambos hijos de Cuba, de José Martí y Lezama Lima?

¿Y no hay acaso entre Juan Sánchez Peláez (1922) y Álvaro Mutis (1923) una exaltación similar del deseo, perseguido con furia; el deseo que vuelve a cantar, con dicha culpable, la feliz expulsión del Paraíso; el fracaso de la comunicación entre los seres, la transformación de la cultura europea al llegar a tierras de América y metamorfosearse en el desgaste inexorable del trópico? Idolatría ante el mundo, veneración por el cuerpo querido, ese cuerpo que se pudre y se convierte en detritus; perplejidad de la conciencia reflexionando consigo misma y asistiendo a la disolución de un yo ahora fantasmal y evasivo; meditación, en imágenes, acerca de lo que significa una cultura parcial e insegura —una cultura de mestizos—. En ciertos momentos el paralelismo se invalida a sí mismo: cada poema es único; cada poeta es diferente, incluso de sí mismo.

El erotismo que podría emparentar a Idea Vilariño (1920) con Jorge Gaitán Durán (1924-1963) es, en realidad, de signo contrario. La primera habla desde su abandono; desde una intimidad entrecortada y puesta al desnudo: "Ya no será/ya no/no viviremos juntos/no criaré a tu hijo/no coseré tu ropa/no te tendré de noche/no te besaré al irme." A partir de allí la derrota no deja de ser lo que fue pero la meditación sobre la misma le añade una claridad reflexiva. No una sumisión sino un poema erguido. Gaitán, en cambio, parte de allí, de una impersonalidad asumida: "Dos cuerpos que se juntan desnudos/solos en la ciudad donde habitan los astros/inventan sin reposo el deseo" para redescubrir, al internarse en la muerte, el calor del cuerpo amado y su resplandor perdido.

¿Qué decir entonces de un solitario inclasificable como César Dávila Andrade (1918-1967) que incluye en sus textos, como el "Boletín y elegía de las Mitas", todo el drama de la opresión indígena, tan actual incluso hoy día en su Ecuador natal? Pueblos colonizados por los españoles, ante todo en su idioma; despojados de su palabra, torturados en su lengua. Y que en una segunda vuelta de su poesía se entrega a una búsqueda alquímica, poblada de enigmas; enigmas que son vías de acceso a una dimensión espiritual mucho más profunda. Que en él, como en Fernando Charry Lara (1920), Jaime Sáenz (1921), o Ida Vitale (1926), la poesía latinoamericana continúa expresándose con acento inconfundible. No en los signos obvios de un nacionalismo mal entendido sino en la certeza de voces transnacionales que sólo pueden haber nacido aquí. El transeúnte insomne que deambula por las calles de Charry; el habitante onírico de las elípticas prosas de Sáenz; el barroquismo inteligente con que Ida Vitale hace florecer sus jardines mentales; la infancia que recobra Fina García Marruz (1923); el paladeo desencadenado de sonido y sentido que efectúa Saúl Yurkievich (1931) o la ironía con que Alfredo Veiravé reconstruye la cultura, que son, en definitiva, expresiones muy nuestras, en la clarividencia de su vigilia. El diálogo muy civilizado, y casi en sordina, que propone una poesía como la de Jaime García Terrés (1924), traductor tanto de Seferis como de Yeats y Benn; una poesía que se contiene a sí misma y que nunca levanta la voz; una poesía que recupera el cortesano mundo novohispano de Francisco de Terrazas sin olvidar por ello los infiernos del pensamiento: Marx y Freud; una poesía, en fin, bien educada, en el buen sentido de la palabra, que contrasta, de modo admirable, con la que escribía, por los mismos años, Jaime Sabines (1926) en México o Jorge Eduardo Eielson (1921) en el Perú, quien partiendo de la canción de Rolando habría de desembocar en la poesía concreta para allí, sustituyendo la palabra por el ideograma, borrarse a sí misma.

No hay que ir tan lejos, aproximando un peruano como Eielson a un mexicano como García Terrés. En el propio Perú, en los mismos años de Eielson, la entonación triste y pudorosa de alguien como Sebastián Salazar Bondy (1924-1965), el agudo ensayista de *Lima la horrible* —un título que proviene, es justo recordarlo, de César Moro, el gran poeta surrealista peruano que escribió la mayor parte de su obra en francés, que habría de ponerse con gran altura, y al final de su vida, al servicio de un objetivo más social que íntimo: era la conmoción, en los espíritus alertas, y durante la década del 60, producida por la Revolucion cubana, aún no convertida en dictadura de partido.

En el caso de Salazar Bondy ella lo llevó a romper con esa pátina colonial, volviendo más directa su expresión; pátina que, sin embargo, no deja de recubrir su desgarramiento con una más profunda añoranza: la memoria perdida que toda auténtica poesía quiere volver a traer, fresca e intacta. El calor del horno materno que Vallejo quería mantener con sus huesos calcinados. A pesar de hacer explícito su distanciamiento, el pasado le seguía dictando a Salazar Bondy esos versos en los cuales la juvenil esperanza no lograba calmar la secular pesadumbre. Su devoción se había secularizado. La fe religiosa se había trocado en empresa política. Con lo cual podría concluirse que ya no somos pueblos jóvenes, capaces de inventar el mundo en siete días. Pero que además, citando unos versos de Jorge Guillén, ya no nos basta la geografía: queremos, también, un paisaje con historia. Un paisaje humanizado o una sociedad donde se disuelva el horror de la historia, ejemplarizado, de modo tremendo, en nuestras ciudades. Hilo que hace compartible ese largo laberinto de la soledad en el cual vivimos, la poesía, por instantes, volvía habitable el mundo.

Toda poesía es un comienzo. Un presente que la palabra dota de rostro y cuerpo. Averiguando, a través de esta poesía, nuestro carácter, podemos luego partir de cero. Cada texto es único, lo he repetido varias veces, pero el conjunto de ellos, entrelazándose entre sí, asegura la continuidad de la poesía, más allá de nombres y países, como un proseguido intento de revelación y esclarecimiento. De denuncia y crítica. De canto y cuento. Y si bien resulta evidente que un mismo clima histórico —de la guerra civil española a la Revolución cubana— engloba todo este periodo, las palabras de Octavio Paz en su libro de ensayos *In/mediaciones* (1979) delimitan mejor estos primeros veinte años, de 1940 a 1960, dentro de la poesía latinoamericana contemporánea: "La poesía de la posguerra nació como una rebelión silenciosa de hombres aislados. Empezó como un cambio insensible que, diez años después, se reveló irreversible. Entre cosmopolitismo y americanismo, esta generación cortó por lo sano: estamos condenados a ser americanos como nuestros padres y abuelos estaban condenados a buscar América o huir de ella. Nuestro salto ha sido hacia dentro de nosotros mismos."

DE LA VANGUARDIA AL SURREALISMO: UN REPASO

Si es útil, en consecuencia, pensar la poesía escrita en América Latina en relación con ella misma y es necesario también verla como parte de un diálogo más amplio con España, la continuidad creadora que a lo largo del tiempo ella va jerarquizando es también una muy válida vía de acceso para su comprensión. El periodo que va de 1880 a 1916 puede resumirse, de modo ideal, en una ajustada antología. Darío, claro está, pero también Martí y Lugones, Herrera y Reissig y Julián del Casal, Silva y Valencia, Chocano y Nervo, Jaimes Freyre y González Martínez... Sólo que el modernismo no termina allí: se prolonga por mucho tiempo, y en ámbitos diversos, impregnando la totalidad de la atmósfera.

López Velarde y Tablada, Gabriela Mistral y Juana de Ibarbourou, Alfonsina Storni y Delmira Agustini, Barba Jacob y Luis Carlos López, Eguren e incluso ese singular poeta venezolano llamado José Antonio Ramos Sucre se definen en relación con el modernismo. Es obvio que Tablada anuncia la vanguardia y que la introspección irónica y coloquial que distingue a López Velarde presagia nuevos rumbos pero todos ellos, como el colombiano León de Greiff, cuyo primer libro data de 1925, se hallan marcados por el modernismo. No pudieron salir de allí: su instrumental proviene del modernismo, su visión se halla supeditada a él.

Si el modernismo lo encarnó Darío, la vanguardia tiene su adalid en Huidobro. En torno suyo, afinidad o distancia, otra constelación igualmente memorable. ¿Qué incluiría esta segunda e hipotética antología? Textos de Huidobro y Vallejo, Neruda y Borges, Girondo y Villaurrutia, Macedonio Fernández y Alfonso Reyes, Ricardo Molinari y Nicolás Guillén, Martín Adán y César Moro, Cardoza y Aragón y Rosamel del Valle, Gilberto Owen, Pellicer, Carrera Andrade, Novo, Porchia, Salomón de la Selva, Oquendo de Amat, Luis Vidales... ¿A qué seguir? La vanguardia no es, ni mucho menos, un catálogo de nombres. Es, sí, ciertos gestos, pero también algunas de nuestras mejores obras. En un primer momento el chisporroteo eufórico, ese desorden saludable que nos liberó de tantas constricciones. Al terminar, en los 40, una tradición remozada, una melodía mucho más densa: las grandes odas de Molinari, la *Morada al Sur*, de Aurelio Arturo. El desciframiento de nuestro paisaje americano, a través de la lectura de autores españoles o ingleses. Nuevos influjos suscitan la posibilidad de ver nuevas realidades. Al captarlas, el influjo desaparece: queda apenas el poema. Pero esta zigzagueante continuidad experimenta, también, radicales rupturas. Octavio Paz, en su prólogo a *Poesía en movimiento*, ha visto muy bien las peculiaridades de este cambio: "Lo que distingue a mi generación de la de Borges y Neruda no es únicamente el estilo sino la concepción misma del lenguaje y de la obra. Neruda tiene confianza en los significados. En dirección contraria, Borges muestra el revés del significado. Textos de la pasión y pasión de los textos: escritura inmutable. En uno y otro caso, el lector aprueba o rechaza." En su generación, Lezama, Cortázar, "el lector no sólo participa sino que interviene: es el autor de la respuesta final". Es, en definitiva, el ojo del lector, al recorrerla, quien arma la obra. "En suma, los poetas de la generación anterior usaron y abusaron de una propiedad mágica del lenguaje: la ambigüedad. Me parece que ahora la palabra clave es *indeterminación*. Textos en movimiento." Esos textos son tanto *Rayuela* (1963) como *Blanco* (1966), en cuya nota introductoria nos dice Octavio Paz: "El espacio fluye, engendra un texto, lo disipa —transcurre como si fuese tiempo."

Barthes, refiriéndose al *haiku*, habla de cómo éste nos hace recordar aquello que jamás nos ha sucedido. Así ocurre con esta poesía. Jugando el juego que nos propone el poema, creemos que el significado está dentro de nosotros, pero sólo existe en la espejeante superficie del poema, que cambia a medida que transcurre el tiempo en que lo leemos. El tiempo de nuestra vida, de la historia que hacemos y que en definitiva nos hace, borrándonos y anulándonos. Desengañándonos. Negándose a resolver la pregunta. En *El mono gramático* (1970) anota Paz: "El camino de la escritura poética se resuelve en la abolición de la escritura: al final nos enfrenta a una realidad indecible." Aun así, el arte atraviesa la historia sin dejarse atravesar por ella. No somos nosotros: es el poema quien queda. El esfuerzo por comenzar a rehacer, de nuevo, el inconcluso poema.

Esas obras que nacen de su propio dinamismo interno; del continuo vaivén de sus formas —en contra de la autocomplacencia patética, la disciplina de las formas—, de la atracción erótica o magnética que aproxima a las palabras entre sí y las obliga a dialogar, ebrias, habrían de conformar luego una indagación más amplia. El sentido (o sinsentido) del mundo visto a través del sentido del poema. Así, si hemos aludido, brevemente, a la relación de estos poetas con el modernismo, a través de Darío, vale la pena, también brevemente, consignar algunas opiniones sobre su vinculación a la vanguardia de los "ismos" (años 20) y a la vanguardia surrealista (años 30 y 40).*

Las palabras hacen el amor, decía Breton, y buena parte de esta tentativa podría resumirse con el título de un poema de Girondo: "Rebelión de los vocablos." Resulta en consecuencia natural que dos de los mayores propulsores del surrealismo en Argentina, el primer país de América Latina donde surgió un grupo surrealista en lengua española, Aldo Pellegrini [22] y Enrique Molina, hayan escrito sendas aproximaciones a Girondo. Su tentativa de aclimatar el surrealismo a tierras americanas, que dio resultados tan notables como los que recoge la antología de Baciu, habría de incidir en esa revaloración de Girondo y en ese restablecimiento de una línea de continuidad con la vanguardia más genuina, en sus propósitos de insurrección y cambio.

Aldo Pellegrini resalta en Girondo no sólo su humor y su vitalidad sino su puesta en marcha de un mecanismo similar a los sueños, "un verdadero procedimiento automático", afirma, el cual rige su encadenamiento de anécdotas e imágenes, y el furor final con que explora, En la masmédula (1956), en el sótano de la lengua, las similitudes fonéticas, las secretas homologías entre sonido y significado. Todo ello sin olvidar citar dos de sus más célebres "Membretes", con los cuales Girondo resume sus propósitos: "Lo cotidiano es una manifestación admirable y modesta de lo absurdo" y "Llega un momento en que aspiramos a escribir mucho peor". Una premisa que por su actualidad innegable aún conserva validez.

José Carlos Mariátegui, escribiendo en 1925 sobre Girondo, dijo: "En la poesía de Girondo el bordado es europeo, es urbano, es cosmopolita. Pero la trama es gaucha." Y en 1930, haciendo un balance

---

* No me detengo, en esta ocasión, en el problema de las vanguardias. Remito, al respecto, a los artículos de Julio Ortega y José Emilio Pacheco, en la Revista Iberoamericana, y al ensayo de Noé Jitrik: "Papeles de trabajo: notas sobre vanguardismo latinoamericano", incluido en su libro Las armas y las razones, Buenos Aires, 1984, donde, por cierto, se encontrarán mayores referencias.

[22] Quisiera resaltar el activo papel cumplido por Aldo Pellegrini: no sólo fundó revistas, tradujo Los cantos de Maldoror y textos de Artaud sino que en su Antología de la poesía surrealista, 1961, lo mismo que en su Antología de la poesía viva latinoamericana, 1966, ensanchó el espacio verbal ofreciéndonos un generoso abanico de nombres y obras. De mí puedo decir que gracias a la segunda de ellas se me reveló la poesía latinoamericana de este periodo que glosamos como un todo; es decir: como un deslumbrante conjunto de signos en rotación. No menos informado y preciso era su conocimiento de las artes plásticas en nuestros días: lo atestiguan Nuevas tendencias en la pintura (1967), y Panorama de la pintura argentina contemporánea (1967). Su aproximación a Girondo se halla en la monografía antológica del mismo, publicada por Ediciones Culturales Argentinas, en 1964. La de Enrique Molina en el prólogo a las Obras completas de Girondo editadas por Losada en 1968.

del surrealismo en una revista limeña, diría: "Insisto, absolutamente, en la calidad —inasequible y vedada al snobismo, a la simulación— de la experiencia y del trabajo de los suprarrealistas." [23]

La vanguardia, como se ve por este ejemplo, uno entre muchos, fue más allá de ella misma. Reconoció, como lo expresó Antonio Porchia en una de sus *Voces*, que "Quien se queda solo consigo mismo se envilece". Al mirarse, la vanguardia creció, se ahondó: el vuelo trágico de Huidobro, en *Altazor*; [24] el descenso de Vallejo, en *Trilce*; la materialidad táctil que distingue a Neruda: "Hablo de cosas que existen. Dios me libre de inventar cosas cuando estoy cantando." Y, siempre, Borges.

Quieto frente al movimiento, lúcido ante la ambición, manifestando la secreta intimidad en contra del énfasis —tal como Guillermo Sucre lo ha caracterizado— Borges no solo cometió pronto todos los errores [25] sino que conservó la saludable capacidad vanguardista de irritar al público. Sus incontables entrevistas parecen la misma pero en todas se las ingenia para deslizar algo sorprendente y corrosivo. En medio de la sordidez generalizada y el creciente cretinismo, es ya un motivo de orgullo haber vivido en la misma época del hombre que escribió *El otro, el mismo*. Nuestro clásico vivo, irónico y entrañable, y siempre susceptible de volver a ser leído.

La vanguardia descubrió también, a través del surrealismo, el deseo que sigue siendo deseo. El deseo infinito que nutre una poesía nunca saciada, como la de César Moro. El cuerpo del poema que es también la pasión hecha un cuerpo. Un cuerpo verbal que se opone, él solo, a esos dos grandes envilecedores: el poder y el progreso. La temperatura de la lengua, en su máximo poder de arbitrariedad e incandescencia, marginándose de la aridez yerma de la historia. Vivificándola y a la vez negándola. Refugiándose, incluso, en otra lengua, en esa extraterritorialidad que según Steiner define a buena parte de la mejor literatura de nuestra época: Beckett, Nabokov, Cioran.

Hacer del poema una materia a la vez elástica y sólida; y de la poesía una forma de enfrentar la presión cada vez más alucinante y disgregadora de la historia. La poesía permite resistir oponiéndo-

[23] José Carlos Mariátegui, *Crítica literaria*, Buenos Aires, 1969, p. 293.
[24] J. G. Cobo Borda, "*Altazor*, 51 años después", en *Khipu*, Munich, núm. 10, 1982.
[25] En 1927, en la *Exposición de la actual poesía argentina*, preparada por César Tiempo y Pedro Juan Vignale, Borges se definía a sí mismo como de profesión "políglota" y afirmaba que "los íntimos quehaceres y quesoñares de mi vida supongo haberlos publicado ya en prosa y verso", agregando, sin embargo: "Estoy escribiendo otro libro de versos porteños (digamos palermeros o villa-alvarenses, para que no suene ambicioso) que se intitulará dulcemente *Cuaderno de San Martín*."

se así, gracias a ella, a la penuria de estos tiempos que corren. Tiempos nublados, como lo han sido casi todos. Tiempos, en cambio, en América Latina, de excelente nivel poético.

Antes de concentrarnos, de lleno, en el periodo de 1960-1980, bien vale la pena señalar que la época de la infección ultraísta en la Argentina, como la llamó el poeta Carlos Mastronardi en su libro *Memorias de un provinciano* (1967), es la misma época de los estridentistas mexicanos en cuya revista *Irradiador* colaboró Borges y que ambas manifestaciones, en los dos extremos del continente, coinciden con el gran acontecimiento que fue la "Semana de Arte Moderno", en São Paulo, del 13 al 18 de febrero de 1922, con la cual se inaugura el "modernismo" brasileño. La verdadera historia de nuestra poesía no son sólo los poetas y sus libros; es, antes que nada, la de las clandestinas y eficaces revistas de poesía. Y es, también, la de nuestra ignorancia culpable de la poesía brasileña, donde todo parece haber ocurrido con varios años de antelación —de las vanguardias a la poesía concreta— en relación con América Latina. Sin embargo, en aquel momento, todo coincidía. Como lo dijo Ángel Rama en su ponencia póstuma, "De la concertación de los relojes atlánticos" (1983): "La ruptura profunda y decisiva en la evolución de las literaturas hispánicas se produce en estos años 20 del siglo actual." [26] Luego vendría el repliegue: esfuerzos aislados en cada uno de los países, para combatir y dejar atrás los años 30. Esos años de una vulgaridad sentimental intolerable y de un patrioterismo fachendoso. Su compromiso no fue con la realidad indígena y social de Latinoamérica, sino con fragmentos del stalinismo, y su combate no fue tanto contra el imperialismo sino contra la pequeña parroquia clerical que los ahogaba. Contra esos años es que se yergue la generación de Paz y de Lezama, nutriéndose de las vanguardias y apoyándose en las ondas expansivas de la explosión surrealista.

La realidad y el poeta

En 1939 el poeta español Pedro Salinas dio unas conferencias recogidas luego en el libro *La realidad y el poeta* que desmenuzan, con sensatez pedagógica, la complejidad del tema. Estas conferencias son además un claro ejemplo de lo que por aquella época se pensaba al respecto.

Si bien comienza por considerar, con razón, que el tema de la poesía es la realidad total, el mundo entero, piensa también que es posible subdividir, en cinco apartados, ese diálogo que el poeta establece con ella.

[26] Recogida en *Eco*, Bogotá, núm. 267, enero, 1984, pp. 261-271.

El primero sería la fase psicológica de la realidad: amor, religión, duda e interrogación ante la vida, misterio de la existencia.

El segundo sería el de la naturaleza. No mirada hacia dentro sino hacia el exterior. Ese paisaje que puede contemplarse desde afuera, mediante una lírica de la percepción objetiva, en el cual nos introducimos gracias a ese sentimiento que tiñe todo cuanto ve.

La tercera fase sería la realidad manufacturada, el mundo de lo fabril. Dice Salinas: "La gran ciudad moderna es una condensación sin par de fiestas poéticas." Y añade: "Así como los sentimientos y las cosas naturales son tan viejos como el mundo, esta realidad artificial, mecánica, es una criatura de nuestro tiempo."

Cuarta fase: aquella en la cual la atención del poeta se aplica a contarnos las acciones de los hombres: poesía épica o narrativa. Esa que está hecha con la historia y que como la historia es un producto de la consciente aceptación de la vida colectiva: los otros existen.

Y, finalmente, como quinta fase, ese vasto conjunto de sistemas filosóficos, de realizaciones artísticas, que podríamos llamar la realidad cultural: un cuadro, una música, una teoría, otro poema. El pensamiento sobre la vida, la reflexión en torno a ella. No una aproximación directa sino una alusión oblicua a través de esta segunda vida; una vida, en muchos casos, mucho más intensa que la instintiva, como es la auténtica cultura. Poesía del intelecto. La poesía como crítica de la vida.

Todas estas fases, mezcladas o aisladas, se dan, cómo no, en el periodo que hemos visto (1940-1960) o en el que ahora nos disponemos a contemplar (1960-1980). Sólo que, refiriéndonos a este último, un repaso de los pocos estudios de conjunto que se le han dedicado [27] parece reducir su rica diversidad a dos colores únicos.

Repito, en primer lugar, los rótulos atribuidos: poesía pura *versus*

[27] Así por lo menos la esquematiza José María Valverde en su *Historia de la Literatura Universal*, vol. 4: *La literatura hispanoamericana*, Barcelona, Editorial Planeta, 1974, pp. 398-399. Dice allí: "La primera observación que se impone es la de una radical dualidad, una divergencia en el panorama poético: por un lado, una poesía que, con tosquedad profesoral, podría llamarse 'postsurrealista' o 'neo-surrealista', pero que prefiero designar como 'mágica' o 'ensimismada'; por otro lado una poesía que, con la misma tosquedad, se podría etiquetar como 'realista' pero que me parece más útil llamar 'comunicativa' —los 'poetas comunicantes' ha propuesto Benedetti llamar a un grupo en que lo incluimos a él mismo, mientras que otro de ellos, Ernesto Cardenal, ha dado el desafiante título de 'exteriorismo' a su variante personal de esta línea." Por su parte, César Fernández Moreno, en *La realidad y los papeles: Panorama y muestra de la poesía argentina*, Madrid, Aguilar, 1967, p. 45, afirma: "Esta manera conversacional, existencial, parece finalmente imponerse en la más reciente evolución de las generaciones surgidas de 1940 en adelante", dejando atrás lo que Juan Larrea había llamado la "ululación angustiosa de lo informe".

poesía social. Mágica contra conversacional. Poesía hermética, surrealista, enfrentada a poesía coloquial, prosaica, existencialista. Poesía de la imagen antagónica de la poesía de la charla. Una poética de la subversión, del onirismo, del desencadenamiento de los sentidos; y otra de la reflexión fenomenológica; de la búsqueda de lo concreto, del ser en sí y de las cosas tales como son, que si bien puede resultar proclive a la angustia y los tintes sombríos, también sería capaz de hacer descender la poesía de su cielo de desabrido lirismo y llevarla a tocar tierra: índice de desempleo y lucha de clases. En definitiva, una poesía progresista y otra reaccionaria. La vida, por una parte; por otra, la literatura, ignorando, claro está, lo que Tinianov había escrito hace sesenta años: "Cuando la vida entra a la literatura, se convierte en literatura."

A la vez, una poética erguida, de la rebelión, del rechazo radical individualista, y una poética de la caída, de la mala conciencia de esos seres inauténticos, situados en medio de cosas inamovibles, o próximos a ese vuelco que cambiará para siempre el orden social establecido: patetismo lloriqueante o revolución declamatoria. Una poética que concluye en el sempiterno combate entre un realismo sudoroso y unos libros enérgicamente nacionales enfrentada a un pedantesco y mal traducido escapismo intelectualista.

Las masas y la élite, aún. Lo popular y lo culto, todavía. Poesía para cantar en las plazas públicas o para releer en las bibliotecas que, según dicen, lo aíslan a uno del mundo. ¿Qué decir, ante razonamientos como éstos? Y, en definitiva, ¿qué tiene todo esto que ver con la poesía; no la poesía, en abstracto, sino los textos, muy específicos, que estos poetas iban escribiendo en estas dos últimas décadas? En realidad muy poco, casi nada. Se trataba de un maniqueísmo fácil, respaldado por una muy pretenciosa teorización política. La poesía como un arma más, utilizada dentro del juego de las ideologías.

Así que resulta necesario volver a replantear todo el asunto y reconocer, de antemano, que las cosas no son nunca tan simples. Que la poesía puede ser, en el mismo texto, sarcasmo y júbilo, exaltación y repudio, compasión e ironía. Verso y prosa.

Puede denunciar, si quiere, todo cuanto le resulte abominable, pero puede también, como nos lo recuerda Mario Vargas Llosa en un libro muy diciente para comprender este periodo, *Contra viento y marea* (1983), hablar de cómo "la poesía ha expresado muchas veces, en la voz de altas figuras, el acuerdo de un hombre con el mundo, ha exaltado lo establecido y ha testimoniado sobre la felicidad y la armonía de la vida". Una armonía muy frágil, si se quiere, pero real.

Tal sueño puede parecer grotesco hoy día, pero él, de modo soterrado, insufla aún su aliento a varias (y no sólo dos) de las formas que asume esta escritura. La poesía es, en última instancia, diálogo, reconciliación. A alguien se dirige, vejándolo o increpándolo, si se quiere, o hablándole en voz baja, pero en ambos casos pretendiendo que le responda y la escuche. Se torna así en el polo opuesto de esos dos arquetipos de lo contemporáneo que José Olivio Jiménez en el prólogo a su muy acertada *Antología de la poesía hispanoamericana contemporánea, 1914-1970*, ha mencionado: el irracionalismo y la desrealización.[28] Los hombres, es sabido, no se sienten muy reales. Por ello apelan al arte. Y lo hacen utilizando los mismos elementos que los convierten en fantasmas: sus sueños y sus palabras. Ya que sólo el arte termina por darles consistencia, razón de ser, presencia sobre la tierra.

También habría que prestar atención a lo que Octavio Paz, en su epílogo a la reedición de *Laurel*, anota: la ciudad como eje de la nueva poesía. Ella que se hace explícita en los avisos luminosos de Cardenal, en la falta de taxis que denuncia genialmente Gabriel Zaid (1934); en los apartamentos, bares, tangos y boleros que canta Mario Rivero (1935); también es perceptible, a nivel de una mitologización más amplia, en José Carlos Becerra (1936-1970) cuando escribe: "Me duele esta ciudad,/me duele esta ciudad cuyo progreso se me viene encima/como un muerto invencible." La misma ciudad donde ya no vive Dios sino reina Batman.

POESÍA LATINOAMERICANA CONTEMPORÁNEA, 1960-1980

Toda la poesía latinoamericana del periodo 1960-1980, en términos amplios, se puede referir a esa dispersión irradiante que es la ciudad. Espacio propicio tanto para el amor —esa alborada de los amantes, típicamente urbana, de la cual nos habla Tomás Segovia (1927) en *Anagnórisis*— como para la tortura; para el redescubrimiento de la naturaleza, en la artificiosidad de los parques o en la creciente ola verde ecológica, como para el análisis de la propia conciencia, en la soledad a la cual se halla enfrentada.

La ciudad está presente, de un modo exasperado, cuando Carlos Germán Belli (1927) mira hacia el pasado, con el barroquismo de su lenguaje, y nos revela el cepo colonial en el cual se halla preso: éste no es otro que la ciudad de Lima. Es visible también cuando Francisco Madariaga (1927), de Argentina, da la espalda a la cabeza de Goliat que es Buenos Aires, a la vez decadente e impersonal, en la grisura opaca de sus suburbios o en el deterioro inexorable de sus otrora ricas fachadas, para respirar eufórico en medio del paisaje correntino: esa llanura subtropical, de lagunas rosadas y

[28] Madrid, Alianza Editorial, 1971, p. 12.

esteros con palmares. En él, como en algún poema de Fayad Jamis (1930), de Cuba, no hay folklore, ni turismo paisajista. Hay nombres exactos. La necesidad de buscar una tierra de base, más fértil que el asfalto.

Algo ancestral subyace, a su vez, a todo lo largo del continente, en su turbulenta fusión de credos y razas. Jaime Jaramillo Escobar (1932) lo halla entre los negros de la costa pacífica colombiana; Marco Antonio Montes de Oca (1932) en la guerra florida de los aztecas. Desde allí, desde el pasado recobrado o desde el mestizaje asumido, ellos nos ofrecen su peculiar belleza, a la vez arisca y delicada. Piedad y escarnio. Síntesis de culturas: tiempos que se enlazan. Integran un lenguaje en el cual la calidez no está exenta de penetración visionaria. Las palabras, gracias a su mirada, recobran violencia y dulzura, color y temperatura.

A veces ese color es el blanco de los pueblos abandonados por la emigración constante hacia las ciudades, pero esa tierra árida no deja de humedecerse bajo el influjo de la palabra. De su interior aún brotan leyendas, voces, consejas, ritos milenarios. ¿No logra acaso Javier Sologuren (1921) que el dorado polvillo de las tumbas incaicas dé un aura singular a sus versos? Sí, por cierto, pero también advertimos en José Manuel Arango (1937), otro transeúnte de la ciudad de hoy, cómo cualquier acción, la más trivial y delezable, adquiere una resonancia legendaria.

Esta inmersión en las fuentes, este rescate de una perspectiva mayor que la simplemente fáctica, no excluye las trepidaciones y sacudimientos de la actualidad: en Roberto Fernández Retamar (1930), en Oscar Hahn (1938), en José Emilio Pacheco (1939) el hoy se hace presente, con todas sus exaltaciones y todos sus horrores, del derroche de optimismo al cultivo morboso del pesimismo. El poema nos recuerda también ese tiempo que es el nuestro.

Un poeta argentino, César Fernández Moreno, ha dado su testimonio sobre el tema. Como tal, me parece válido, en líneas generales, para mostrar la circunstancia histórica por la cual esta poesía ha pasado. Reduciéndola a una fórmula publicitaria, ésta sería: del amor libre a la inflación galopante.

Nacido en 1920, César Fernández Moreno publica en 1940 —año de vates neorrománticos— su primer libro. Eran los años de la segunda Guerra Mundial: nazismo, stalinismo, explosiones atómicas en el Japón. "Es mucho lo que hemos aprendido —dice Fernández Moreno— en esos largos años transcurridos a partir de 1950. En lo lírico, las experiencias creacionistas y ultraístas fueron refinadas por el invencionismo, y las neorrománticas por el surrealismo." La poesía comienza a parecerse al relato, al ensayo. "Pero lo más importante es acaso el aprendizaje de lo político. Con relación al mundo en general, todos los argentinos (y los latinoamericanos también, añade J. G. C. B.) se ven inmersos en la realidad total de una historia cada vez más envolvente, que les va suministrando las distintas fases de la guerra fría, la coexistencia pacífica, las violentas oposiciones políticas y económicas. Y, concretamente en nuestra América Latina, una revolución que no se debe pasar por alto: la de Cuba, precisamente, triunfante en 1959", concluyendo: "Los que no hemos llegado a transformar nuestra acción poética en acción política hemos comprendido que nuestra escritura debe ser por lo menos apta para ser leída por el sector más amplio posible de esa sociedad en que se origina. De esa evidencia que es casi una tautología nace el nuevo tipo de poesía que desde la década del 50 se nos impone y se impone en América Latina. Algunos la llaman conversacional, coloquial, deteniéndose en su estilo expresivo, o antipoesía subrayando su actitud crítica frente a la poesía tradicional; por mi parte la he llamado genéricamente existencial." [29]

Poesía que se siente inferior frente a una idealizada acción política, mezcla lo oral y lo escrito, con su acento rápido y un lenguaje tan inestable como el de la conversación, queriéndose a la vez espontánea y atenta a lo social y degenerando, como era natural, en una nueva retórica. Una retórica mucho más aburrida que las anteriores por ser una retórica informe.

Parecen, más que poemas, largas encuestas sociológicas, pletóricas de rasgos típicos que nos dicen, en últimas, lo mismo que nos dirían los titulares de los periódicos repasados varios años después. Están hechos de anécdotas e incidentes, mal gusto y obviedades cursis y amorosas, dentro de un tono general de irreverente desenfado. Poemas, para llamarlos de algún modo, que nos recuerdan, en su permanente reelaboración de una nostalgia irónica, cuáles eran los ídolos del cine, los eslóganes políticos y las canciones de moda que por aquel entonces tenían gran aceptación. Poemas en que se exaltaba la lucha guerrillera y la creciente conciencia de formar parte de un Tercer Mundo; la liberación sexual y la rebeldía dentro de la Iglesia; que denunciaban el saqueo imperialista y analizaban las condiciones del sempiterno subdesarrollo; que protestaban contra la escalada represiva, la militarización y los regímenes fascistas siendo, finalmente, silenciados por la tortura o dispersados en el exilio.

Tales poemas, sigámoslos llamando así, nunca iban más allá de la superficialidad informativa: existió la Revolución cubana; mataron al Che en Bolivia; murió Allende en Chile. El candor envejecido que los carcome, al ser releídos, no demuestra nada distinto

[29] Prólogo a su libro *Sentimientos completos*, Buenos Aires, Ediciones La Flor, 1981, pp. 9-17.

a que fueron escritos por adolescentes graciosos y contestatarios, que ignoraban la astucia. La sangrienta maquinaria de la historia ejerciendo su oficio.

Poesía de sentimientos simples y esperanzas apresuradas; de cotidianeidad enternecedora, su "áspero prosaísmo", como lo llama José Olivio Jiménez, dispensó a muchos de la elemental obligación de profundizar en las dos caras del asunto, yendo más allá de ellas. Les concedió permiso para escribir, con la satisfecha conciencia de quienes tienen la razón y se hallan en la línea recta de la historia, una poesía indecente en su exaltación del martirologio heroico y falaz en su propósito de cambiar el orden social no innovando ni en quien escribe ni en el poema que redacta. Panfleto o pancarta, la poesía militante de los años 60 en América Latina dejó, por desdicha, muy pocas obras válidas —algunos poemas de Juan Gelman (1930), algunos de Roque Dalton (1935-1975)— y sí varios cadáveres engañados en medio de los recovecos de la praxis: Javier Heraud, Francisco Urondo, el propio Dalton. Dio a entender que era muy fácil escribir poesía: bastaba tener buenos sentimientos y estar preocupado por los pobres de la tierra, en un internacionalismo demagógico que si bien clamó por Vietnam no lo hizo tanto por Polonia.

De ahí surge el desencanto que puede percibirse en varios de los buenos poetas de este periodo, ya sea ante la aventura guerrillera —en tal sentido, "Derrota" de Rafael Cadenas (1930) es el verdadero manifiesto generacional— como ante el intento de establecer un paraíso socialista en tierras de América: los poemas de Heberto Padilla (1932), quien de forma explícita se proclama "fuera del juego". O la pretensión totalitaria de mantener una (falsa) pureza revolucionaria a costa incluso del ser humano, utilizado apenas en beneficio de un régimen que se dice socialista, como la que con tan amarga acerbidad desenmascaran tantos feroces epigramas de Eduardo Lizalde (1929).

Si bien muchos de estos poetas se refieren a circunstancias dolorosamente concretas las trascienden apuntando hacia algo más que "la seca actualidad" de que hablaba Vallejo; hacia algo más que "la prolijidad de lo real", a la cual se refería Borges. Son, como cuanto sucede hoy día, parte de una historia mundial, en la cual las superpotencias utilizan a los países latinoamericanos como peones en un tablero de tensiones y amenazas.

Esta poesía, además, que duda de sí misma padeciendo las depredaciones de la historia, asume, en la tensión crispada y en ocasiones desquiciada de su composición, toda esa rigidez inhumana que ha infamado, a izquierda y a derecha, el continente americano, durante estos años. El enajenante ejercicio del poder aplicando su sadismo represivo y amparándose, para ello, en los grandes dogmas: la civilización occidental y cristiana blandida por las dictaduras de derecha en todo el cono sur; la razón de Estado, esgrimida en los ya policiales regímenes socialistas. Un crítico chileno, Pedro Lastra, hablando de estos poetas nacidos entre 1925 y 1940, los llama "usuarios de la tradición". Poetas que han asimilado una herencia, herencia no sólo mundial sino ante todo latinoamericana,[30] conscientes de lo que Federico de Onís en su prólogo a la *Antología de la poesía iberoamericana* (1956) decía: "El americano de todos los tiempos, llámese sor Juana, Rubén Darío o Neruda, no puede renunciar a ningún pasado, sino que necesita integrarlo en el presente." Nuestro pasado es tan corto que esos pocos años de inalterada pobreza se convierten en nuestra auténtica riqueza... poética.

Dicha herencia es empleada con un sentido práctico: ella les sirve no para ser cultos sino para escribir textos ágiles. Poetas que en muchos casos, luego de una duda radical sobre su instrumento expresivo, tienden a recuperar una cierta confianza en el uso de la palabra, por más chirriante que sea, enfatizando, eso sí, el carácter crítico de su ejercicio,[31] la postura marginal, y disidente, que debe regirlo. Y que si bien parece acentuar su soledad —"Pero escribí y me muero por mi cuenta", dice Enrique Lihn (1929)— lo que en definitiva recalcan no es la crisis de la poesía o las desdichas del poeta sino la defensa de una impersonalidad mayor que las engloba a las dos dentro del compartido anonimato del texto;

[30] Así, por lo menos, la han considerado todos los críticos de importancia que se han referido a ella, durante este periodo. Poetas-críticos, por cierto: Octavio Paz, Ramón Xirau, Guillermo Sucre, Saúl Yurkievich, Julio Ortega. En una carta de este último, fechada el 5 de septiembre de 1969, leo: "No ando a la caza de la novedad, pero alimento la ilusión de una literatura que exceda los marcos de las literaturas nacionales. ¿Has pensado que en ninguna lengua existen tantas literaturas nacionales como en la nuestra? No sé si alguien ya lo dijo, pero pensar en esas 20 literaturas parece una broma." En la misma carta, refiriéndose a la Generación del 60 en el Perú y al libro *Los nuevos* que él alentó en 1965, dice: "Es mejor cometer temprano los errores literarios: los nuestros fueron abundantes; no sólo por pretender la ilusión del grupo, sino también por las declaraciones que hicimos allí: hoy me parecen patéticas, confesionales, y peor todavía: implican una importancia del escritor no sólo en su medio, sino en el juego político y en el cambio, signo también generacional; hoy sospecho que la importancia del escritor es su soledad, que es la fundación de un diálogo real, el inicio de un destino verbal."

[31] En una carta de Guillermo Sucre, escrita cuando redactaba *La máscara, la transparencia,* me decía: "Sobre éste te diré que no será un panorama ni mucho menos un recuento por países. A partir del modernismo (Darío sobre todo), y pasando luego por Huidobro, Vallejo, Borges, Neruda, hasta nuestra 'generación', lo que quiero dar es como el movimiento interior de nuestra poesía: su poética, su conciencia crítica (autocrítica), sus problemas ante el lenguaje, su rebeldía hasta frente al hecho de ser poesía."

de la impersonalidad, por más subjetivo que haya sido su origen, que éste dispensa. El rostro que allí aparece no es el de quien lo escribió sino el de quien lo lee.

Dice al respecto José Emilio Pacheco: "Poesía no es signos negros en la página blanca./Llamo poesía ese lugar de encuentro/con la experiencia ajena." El asunto se resume en esta observación de Octavio Paz: "El falso poeta habla de sí mismo, casi siempre en nombre de los otros. El verdadero poeta habla con los otros al hablar consigo mismo."

Crisis del idealismo romántico, conciencia crítica conflictiva, desacralización humorística, irrupción de la realidad acuciante, politización, transición del psicologismo al sociologismo, de acuerdo con el impacto de la urbanización y el proceso de modernización parcial de nuestro continente, agresiva libertad de expresión, avance del coloquialismo y el prosaísmo, pluralidad estilística, discontinuidad, ruptura, y apertura, inestabilidad, cosmopolitismo: tales serían, según Saúl Yurkievich, algunas de las líneas rectoras de la poesía de este periodo. Pero a mi modo de ver sólo en apariencia.

De Jaime Sabines a Blanca Varela, de Enrique Lihn a Montes de Oca, de Jaime Jaramillo Escobar a Eugenio Montejo, de Oscar Hahn a Giovanni Quessep es factible apreciar no el caos en expansión que todos los datos enumerados por Yurkievich anuncian sino la integración en busca de una coherencia peculiar. Textos mucho más ceñidos y límpidos, de mayor tensión interna, que en ningún momento dejan de reflejar las contradicciones de una época de cambios (Borges nos ha recordado, no hace mucho, que todas las épocas son de cambios) [32] pero que siempre terminan por indagar en torno a un centro, no por inaprehensible menos evidente. Este centro es la lengua, hablando a través del poeta.

Textos que sin rehuir el experimentalismo no por ello dejan de hacer suyo el anacronismo explícito —¿no lo es acaso escribir poesía?— y que terminan por otorgar una coherencia, una forma expresiva, una respiración acorde con el mundo a lo que sólo vemos

[32] "Como decía un filósofo alemán, me tocó vivir como a todo el mundo una época de transición. Todas las épocas son de transición y de cambio... Pero claro, si pienso en mi caso, en el Buenos Aires de casas bajas, en lo que se llama el Palermo Viejo... Aunque no es tan viejo, nada es tan viejo aquí. En América suceden pocas cosas. En Europa se siente el peso del tiempo, pero es un tiempo que no es abrumador; que es grato. Allí han pasado muchísimas cosas. Pero hay algo curioso... En Creta no les gusta que los llamen griegos, para ellos su país es reciente, es una especie de América... son advenedizos de algún modo, gente nueva... En cambio a nosotros nos gusta inventar un pasado. Pocos países tienen una historia tan reciente como la nuestra y tantos aniversarios, tantas estatuas ecuestres, más estatuas que personas... Dentro de poco las estatuas van a desplazar a las personas", "El peso del tiempo", entrevista en *Clarín, Cultura y Nación*, jueves 2 de agosto de 1984, p. 2.

como desvertebrado y descosido. La hondura puede ser especular, cierto, pero el espejismo puede llegar a ser real.

Ante la realidad Blanca Varela bosteza y Guillermo Sucre queda deslumbrado, pero una y otro no hacen más que recordarnos que si bien el marco histórico dentro del cual se da esta poesía es el de un *Tiempo nublado*, como con razón tituló Octavio Paz un libro suyo sobre política internacional, en 1983, el matiz único e inconfundible que cada uno de estos poetas pone de relieve es el de la luz. Aclaran y desentrañan.

Durante la década de los 70 "lo particular concreto" parecía definir, en forma global, esta poesía. La experiencia personal confrontada, en forma crítica, con la realidad social, política y cultural de cada país. No tanto un éxtasis de los sentidos —aun cuando el hippismo no dejó de sentirse— cuanto la formulación de nuevas reglas en el juego social. Pero después de casi un decenio de voces colectivas, más o menos efímeras, y de la difusión de una receta que puso en manos de un número caudaloso de jóvenes la posibilidad de no escribir poemas muy malos y la casi imposibilidad de escribir uno muy bueno, se empiezan a percibir, mejor, las voces individuales y el riesgo que corrieron para llegar a ser lo que son. La aceleración de la historia, qué duda cabe, ha vuelto mucho más versátil esta poesía. (Poesía que se escribía en los mismos años del auge de la novela latinoamericana, en el mundo.) Eso le ha enseñado, también, que la poesía no es sólo *esta* historia, que tenemos aquí delante, sino que tiene que ver con muchas otras historias, aún no dichas.

En ella conviven la ambigüedad y las tensiones elípticas; la neutralidad, tácita o aparente, con lo más explícito; pero todas ellas, unidas, no hacen más que recalcar el carácter oblicuo con que estos textos se aproximan a una realidad compleja. No pretenden abarcarla toda, en una *mimesis* exhaustiva. Intentan rehacerla, de nuevo, a partir de una *poiesis* que se sabe imposible.[33]

El ocaso de la palabra "cambio" ha dado paso, como era previsible, a su opuesto: conservación. Demógrafos, sociólogos y genetistas no hacen más que anunciarnos el desastre irremediable, que ya está ahí. Las películas de ciencia ficción —de *La guerra de las ga-*

---

[33] He comentado las modalidades expresivas de esta poesía en "Notas sobre poesía latinoamericana", incluidas en mi primer libro de ensayos: *La alegría de leer*, Bogotá, 1976. También allí, en *La otra literatura latinoamericana*, Bogotá, 1982, y en el volumen colectivo *Usos de la imaginación*, Buenos Aires, Ediciones El Imaginero, 1984, me he referido con más detalle a diversos poetas latinoamericanos aquí apenas mencionados, dentro de una visión de conjunto. Son ellos Enrique Molina, Octavio Paz, Juan Liscano, Olga Orozco, Juan Sánchez Peláez, Álvaro Mutis, Jorge Gaitán Durán, Francisco Madariaga, Roque Dalton, Guillermo Sucre, Mario Rivero, Alejandra Pizarnik y Antonio Cisneros (1942).

laxias a *Quinteto* de Altman— no nos muestran cómo será el futuro: nos presentan, apenas, las duras condiciones de los sobrevivientes luego del fin del mundo, o los logros de la técnica, efectuando ballets mortales por todo el espacio sideral. No es insólito, entonces, que Nicanor Parra, de vuelta del Apocalipsis, produzca ahora una poesía que él mismo califica de "ecológica". Señales para preservar la naturaleza pero avisos también para que el horror no se apodere del todo de nuestras conciencias.

Retornemos a esta escritura: puede ir desde la poesía concreta hasta el humor negro —"La potencialidad nuclear de los Estados Unidos equivale a 501.666 Hiroshimas y la soviética a 538.583 Hiroshimas"—. Desde la búsqueda ontológica hasta la inmersión en lo ancestral mítico, recuperando imágenes primarias. Puede hacer suya una nostalgia *kitsch* —"Quien huye del mal gusto cae en el hielo" escribió Neruda, en 1935, concluyendo su manifiesto "Sobre una poesía sin pureza"— como la contaminación abusiva de los medios de comunicación de masas, retornando, exacerbada, al sujeto, y prefiriendo, sobre el intelectualismo, los datos sensoriales y emotivos. Un erotismo a veces maligno, en su regodeo verbal y visual.

Ella puede también prestar atención a un regionalismo de giros campesinos y tradicionalismo dialectal, o entregarse a un neo-neo-neo romanticismo trascendente, de ancha entonación y exploración nocturna. O ceñirse, exacta, en poemas breves y ardientes; o dilatarse, errática, en salmodias psicoanalíticas. O, con toda razón, cancelar cualquier preocupación por la irrisoria actualidad, remontándose a regiones más aireadas en la fijación de sus motivos. ¿Por qué Francisco Cervantes (1937) escribe poemas en galaico-portugués y Giovanni Quessep se sitúa trovador al pie de la torre donde no aparece su dama? Porque sin duda un presente obsceno justifica, no hay duda, ese retorno a un pasado que desde la perspectiva actual puede parecer como mucho más digno. Poesía que ha conocido todas las disidencias y todas las rebeldías, ella, en algunos momentos que permanecen porque fueron escritos, le otorga sentido a la historia de una década que parece carecer, por completo, de tal atributo.

Como se ve, hay poesía para todos los gustos, y no es extraño que muchos de estos poetas se preocupen, una vez más, del arte poético: ¿Cómo escribir una buena poesía? ¿Cómo utilizar ritmos, rimas, metros y asonancias, sustantivos, verbos y adjetivos? El pasado no vuelve. Es el presente, cambiando, el que nos trae cosas que creíamos perdidas.

Guillermo Sucre ha dicho que uno de los rasgos característicos de la poesía latinoamericana, a lo largo de su desarrollo, ha sido su "continua pasión por un mundo utópico" La nueva poesía parece rechazar toda utopía. Ha visto cómo ellas, de modo sistemático, resultan pervertidas. La utopía de Alejandra Pizarnik, por ejemplo, era volverse una con el poema. Pero el silencio salvaje que aún se escucha en sus últimos textos prueba también que dicha utopía era asimismo dañina. Sin embargo, estos poemas hablan por sí mismos. Al clausurar un ciclo, al llegar a un punto muerto, nos siguen alumbrando con su negra incandescencia. Pero parece necesario buscar otras vías. Así por lo menos lo atestiguan, con sus obras, diversos poetas, no de variados países, sino errantes por el mundo. Dispersos y a la intemperie.

Dice Octavio Paz: "Un autor que se propusiese hoy hacer una antología del último periodo (1940-1980), con el mismo rigor y la misma amplitud de *Laurel*, tendría que incluir a tres grupos o promociones poéticas." A las dos primeras de ellas se refiere esta antología. Antología de poetas nacidos entre 1910 y 1939, ninguna más perfectible. Primer intento por explorar todo un vasto continente verbal, donde lo que cuenta, como siempre, son los textos, no los nombres. La relación que entre ellos se establece. No los países: las palabras. Un idioma común —el español— rehaciéndose desde sus raíces.

Poesía crítica, que no ignora su tradición y que tampoco teme pensar, ella asume, en forma sincrónica, todos los aportes de la poesía moderna, en sus diversas lenguas. Llena el vacío que nos circunda y pone en duda la idolatrización política de la historia no sólo mediante la lucidez y la ironía sino volviéndose presencia, pensamiento personal y humano. Al reflexionar sobre sí misma *da a ver* el mundo y conforma su manera de ser histórica en forma paradójica: hecha de tiempo, contradice el tiempo y lo transfigura. Fabricada de historia produce antihistoria. Hace de esa trascendencia vacua que parece definir la poesía de nuestro tiempo una forma que no termina en sí misma, en su propia profundidad renovadora, sino que se prolonga en el lector, recreándose con él. Estableciendo una complicidad alegre, un juego perpetuamente renovado. Una identidad cultural ya definible. De ahí la necesidad de ir comenzando a ordenar sus páginas mayores. Debo decirlo: es a nivel mundial, y sin lugar a dudas, una de las más valiosas poesías de nuestro siglo.

J. G. COBO BORDA

Buenos Aires, agosto de 1984

JOSÉ LEZAMA LIMA

Cuba, 1910-1976. Obras: *Muerte de Narciso*, 1937. *Enemigo rumor*, 1941.
Aventuras sigilosas, 1945. *La fijeza*, 1949. *Dador*, 1960. *Poesía completa*,
1970. *Fragmentos a su imán*, 1978.

AH, QUE TÚ ESCAPES

Ah, que tú escapes en el instante
en el que ya habías alcanzado tu definición mejor.
Ah, mi amiga, que tú no quieras creer
las preguntas de esa estrella recién cortada,
que va mojando sus puntas en otra estrella enemiga.
Ah, si pudiera ser cierto que a la hora del baño,
cuando en una misma agua discursiva
se bañan el inmóvil paisaje y los animales más finos:
antílopes, serpientes de pasos breves, de pasos evaporados,
parecen entre sueños, sin ansias, levantar
los más extensos cabellos y el agua más recordada.
Ah, mi amiga, si en el puro mármol de los adioses
hubieras dejado la estatua que nos podía acompañar,
pues el viento, el viento gracioso,
se extiende como un gato para dejarse definir.

UN PUENTE, UN GRAN PUENTE

En medio de las aguas congeladas o hirvientes,
un puente, un gran puente que no se le ve,
pero que anda sobre su propia obra manuscrita,
sobre su propia desconfianza de poderse apropiar
de las sombrillas de las mujeres embarazadas,
con el embarazo de una pregunta transportada a lomo de mula
que tiene que realizar la misión
de convertir o alargar los jardines en nichos
donde los niños prestan sus rizos a las olas,
pues las olas son tan artificiales como el bostezo de Dios,

como el juego de los dioses,
como la caracola que cubre la aldea
con una voz rodadora de dados,
de quinquenios, y de animales que pasan
por el puente con la última lámpara
de seguridad de Edison. La lámpara, felizmente,
revienta, y en el reverso de la cara del obrero,
me entretengo en colocar alfileres.
pues era uno de mis amigos más hermosos,
a quien yo en secreto envidiaba.

Un puente, un gran puente que no se le ve,
un puente que transportaba borrachos
que decían que se tenían que nutrir de cemento,
mientras el pobre cemento con alma de león
ofrecía sus riquezas de miniaturista,
pues, sabed, los jueves, los puentes
se entretienen en pasar a los reyes destronados,
que no han podido olvidar su última partida de ajedrez,
jugada entre un lebrel de microcefalia reiterada
y una gran pared que se desmorona,
como el esqueleto de una vaca
visto a través de un tragaluz geométrico y mediterráneo.
Conducido por cifras astronómicas de hormigas
y por un camello de humo, tiene que pasar ahora el puente,
un gran tiburón de plata,
en verdad son tan sólo tres millones de hormigas
que en un gran esfuerzo que las ha herniado,
pasan el tiburón de plata, a medianoche,
por el puente, como si fuese otro rey destronado.

Un puente, un gran puente, pero he ahí que no se le ve,
sus armaduras de color de miel pueden ser las vísperas sicilianas
pintadas en un diminuto cartel,
pintadas también con gran estruendo del agua,
cuando todo termina en plata salada
que tenemos que recorrer a pesar de los ejércitos
hinchados y silenciosos que han sitiado la ciudad sin silencio,
porque saben que yo estoy allí,
y paseo y veo mi cabeza golpeada,
y los escuadrones inmutables exclaman:
es un tambor batiente,
perdimos la bandera favorita de mi novia,
esta noche quiero quedarme dormido agujereando las sábanas.
El gran puente, el asunto de mi cabeza

y los redobles que se van acercando a mi morada,
después no sé lo que pasó, pero ahora es medianoche,
y estoy atravesando lo que mi corazón siente como un gran puente.
Pero las espaldas del gran puente no pueden oír lo que yo digo:
que yo nunca pude tener hambre,
porque desde que me quedé ciego
he puesto en el centro de mi alcoba
un gran tiburón de plata,
al que arranco minuciosamente fragmentos
que moldeo en forma de flauta
que la lluvia divierte, define y acorrala.
Pero mi nostalgia es infinita,
porque ese alimento dura una recia eternidad,
y es posible que sólo el hambre y el celo
puedan reemplazar el gran tiburón de plata,
que yo he colocado en el centro de mi alcoba.
Pero ni el hambre ni el celo ni ese animal
favorito de Lautréamont han de pasar solos y vanidosos
por el gran puente, pues los chivos de regia estirpe helénica
mostraron en la última exposición internacional
su colección de flautas, de las que todavía queda hoy un eco
en la nostálgica mañana velera, cuando el pecho de mar
abre una pequeña funda verde y repasa su muestrario
de pipas, donde se han quemado tantos murciélagos.
Las rosas carolingias crecidas al borde de una varilla irregular.
El cono de agua que las mulas enterradas en mi jardín
abren en la cuarta parte de la medianoche
que el puente quiere hacer su pertenencia exquisita.
Las manecillas de ídolos viejos, el ajenjo mezclado con el rapto
de las aves más altas, que reblandecen la parte del puente
que se apoya sobre el cemento aguado, casi medusario.

Pero ahora es necesario para salvar la cabeza
que los instrumentos metálicos puedan aturdirse espejando
el peligro de la saliva trocada en marisco barnizado
por el ácido de los besos indisculpables
que la mañana resbala a nuevo monedero.
¿Acaso el puente al girar solo envuelve
al muérdago de mansedumbre olivácea,
o al torno de giba y violín arañado
que raspa el costado del puente goteando?
Y ni la gota matinal puede trocar
la carne rosada del memorioso molusco
en la aspillera dental del marisco barnizado.
Un gran puente, desatado puente

que acurruca las aguas hirvientes
y el sueño le embiste blanda la carne
y el extremo de lunas no esperadas suena hasta el fin las sirenas
que escurren su nueva inclinación costillera.
Un puente, un gran puente, no se le ve,
sus aguas hirvientes, congeladas,
rebotan contra la última pared defensiva
y raptan la testa y la única voz
vuelve a pasar el puente, como el rey ciego
que ignora que ha sido destronado
y muere cosido suavemente a la fidelidad nocturna.

RAPSODIA PARA EL MULO

Con qué seguro paso el mulo en el abismo.

Lento es el mulo. Su misión no siente.
Su destino frente a la piedra, piedra que sangra
creando la abierta risa en las granadas.
Su piel rajada, pequeñísimo triunfo ya en lo oscuro,
pequeñísimo fango de alas ciegas.
La ceguera, el vidrio y el agua de tus ojos
tienen la fuerza de un tendón oculto,
y así los inmutables ojos recorriendo
lo oscuro regresivo y fugitivo.
El espacio de agua comprendido
entre sus ojos y el abierto túnel,
fija su centro que le faja
como la carga de plomo necesaria
que viene a caer como el sonido
del mulo cayendo en el abismo.

Las salvadas alas en el mulo inexistentes,
más apuntala su cuerpo en el abismo
la faja que le impide la dispersión
de la carga de plomo que en la entraña
del mulo pesa cayendo en la tierra húmeda
de piedras pisadas con un nombre.
Seguro, fajado por Dios,
entra el poderoso mulo en el abismo.

Las sucesivas coronas del desfiladero
—van creciendo corona tras corona—
y allí en lo alto la carroña
de las ancianas aves que en el cuello
muestran corona tras corona.

Seguir con su paso en el abismo.
Él no puede, no crea ni persigue,
ni brincan sus ojos
ni sus ojos buscan el secuestrado asilo
al borde preñado de la tierra.
No crea, eso es tal vez decir:
¿No siente, no ama ni pregunta?
El amor traído a la traición de alas sonrosadas,
infantil en su oscura caracola.
Su amor a los cuatro signos
del desfiladero, a las sucesivas coronas
en que asciende vidrioso, cegato,
como un oscuro cuerpo hinchado
por el agua de los orígenes,
no la de la redención y los perfumes.
Paso es el paso del mulo en el abismo.

Su don ya no es estéril: su creación
la segura marcha en el abismo.
Amigo del desfiladero, la profunda
hinchazón del plomo dilata sus carrillos.
Sus ojos soportan cajas de agua
y el jugo de sus ojos
—sus sucias lágrimas—
son en la redención ofrenda altiva.

Entontado el ojo del mulo en el abismo
y sigue en lo oscuro con sus cuatro signos.
Peldaños de agua soportan sus ojos,
pero ya frente al mar
la ola retrocede como el cuerpo volteado
en el instante de la muerte súbita.
Hinchado está el mulo, valerosa hinchazón
que le lleva a caer hinchado en el abismo.
Sentado en el ojo del mulo,
vidrioso, cegato, el abismo
lentamente repasa su invisible.
En el sentado abismo,
paso a paso, sólo se oyen

las preguntas que el mulo
va dejando caer sobre la piedra al fuego.

Son ya los cuatro signos
con que se asienta su fajado cuerpo
sobre el serpentín de calcinadas piedras.
Cuando se adentra más en el abismo
la piel le tiembla cual si fuesen clavos
las rápidas preguntas que rebotan.
En el abismo sólo el paso del mulo.
Sus cuatro ojos de húmeda yesca
sobre la piedra envuelven rápidas miradas.
Los cuatro pies, los cuatro signos
maniatados revierten en las piedras.

El remolino de chispas sólo impide
seguir la misma aventura en la costumbre.
Ya se acostumbra, colcha del mulo,
a estar clavado en lo oscuro sucesivo;
a caer sobre la tierra hinchado
de aguas nocturnas y pacientes lunas.
En los ojos del mulo, cajas de agua.
Aprieta Dios la faja del mulo
y lo hincha de plomo como premio.
Cuando el gamo bailarín pellizca el fuego
en el desfiladero prosigue el mulo
avanzando como las aguas impulsadas
por los ojos de los maniatados.
Paso es el paso del mulo en el abismo.

El sudor manando sobre el casco
ablanda la piedra entresacada
del fuego no en las valijas educado,
sino al centro del tragaluz, oscuro miente.
Su paso en la piedra nueva carne
formada de un despertar brillante
en la cerrada sierra que oscurece.
Ya despertado, mágica soga
cierra el desfiladero comenzado
por hundir sus rodillas vaporosas.
Ese seguro paso del mulo en el abismo
suele confundirse con los pintados guantes de lo estéril.
Suele confundirse con los comienzos
de la oscura cabeza negadora.
Por ti suele confundirse, descastado vidrioso.

Por ti, cadera con lazos charolados
que parece decirnos yo no soy y yo no soy,
pero que penetra también en las casonas
donde la araña hogareña ya no alumbra
y la portátil lámpara traslada
de un horror a otro horror.
Por ti suele confundirse, tú, vidrio descastado,
que paso es el paso del mulo en el abismo.

La faja de Dios sigue sirviendo.
Así cuando sólo no es chispas la caída
sino una piedra que volteando
arroja el sentido como pelado fuego
que en la piedra deja sus mordidas intocables.
Así contraída la faja, Dios lo quiere,
la entraña no revierte sobre el cuerpo,
aprieta el gesto posterior a toda muerte.
Cuerpo pesado, tu plomada entraña,
inencontrada ha sido en el abismo,
ya que cayendo, terrible vertical
trenzada de luminosos puntos ciegos,
aspa volteando incesante oscuro,
has puesto en cruz los dos abismos.

Tu final no siempre es la vertical de dos abismos.
Los ojos del mulo parecen entregar
a la entraña del abismo, húmedo árbol.
Árbol que no se extiende en acanalados verdes
sino cerrado como la única vez de los comienzos.
Entontado, Dios lo quiere,
el mulo sigue transportando en sus ojos
árboles visibles y en sus músculos
los árboles que la música han rehusado.
Árbol de sombra y árbol de figura
han llegado también a la última corona desfilada.
La soga hinchada transporta la marea
y en el cuello del mulo nadan voces
necesarias al pasar del vacío al haz del abismo.

Paso es el paso, cajas de aguas, fajado por Dios
el poderoso mulo duerme temblando.
Con sus ojos sentados y acuosos,
al fin el mulo árboles encaja en todo el abismo.

ODA A JULIÁN DEL CASAL

Déjenlo, verdeante, que se vuelva;
permitidle que salga de la fiesta
a la terraza donde están dormidos.
A los dormidos los cuidará quejoso,
fijándose cómo se agrupa la mañana helada.
La errante chispa de su verde errante
trazará círculos frente a los dormidos
de la terraza, la seda de su solapa
escurre el agua repasada del tritón
y otro tritón sobre su espalda en polvo.
Dejadlo que se vuelva, mitad ciruelo
y mitad piña laqueada por la frente.

Déjenlo que acompañe sin hablar,
permitidle, blandamente, que se vuelva
hacia el frutero donde están los osos
con el plato de nieve, o el reno
de la escribanía, con su manilla de ámbar
por la espalda. Su tos alegre
espolvorea la máscara de combatientes japoneses.
Dentro de un dragón de hilos de oro,
camina ligero con los pedidos de la lluvia,
hasta la Concha de oro del Teatro Tacón,
donde rígida la corista colocará
sus flores en el pico del cisne,
como la mulata de los tres gritos en el vodevil
y los neoclásicos senos martillados por la pedantería
de Clesinger. Todo pasó
cuando ya fue pasado, pero también pasó
la aurora con su punto de nieve.

Si lo tocan, chirrían sus arenas;
si lo mueven, el arco iris rompe sus cenizas.
Inmóvil en la brisa, sujetado
por el brillo de las arañas verdes.
Es un vaho que se dobla en las ventanas.
Trae la carta funeral del ópalo.
Trae el pañuelo del opopónax
y agua quejumbrosa a la visita
sin sentarse apenas, con muchos
quédese, quédese,
que se acercan para llorar en su sonido

como los sillones de mimbre de las ruinas del ingenio,
en cuyas ruinas se quedó para siempre el ancla
de su infantil chaqueta marinera.

Pregunta y no espera la respuesta,
lo tiran de la manga con trifolias de ceniza.
Están frías las ornadas florecillas.
Frías están sus manos que no acaban,
aprieta las manos con sus manos frías.
Sus manos no están frías, frío es el sudor
que lo detiene en su visita a la corista.
Le entrega las flores y el maniquí
se rompe en las baldosas rotas del acantilado.
Sus manos frías avivan las arañas ebrias,
que van a deglutir el maniquí playero.
Cuidado, sus manos pueden avivar
la araña fría y el maniquí de las coristas.
Cuidado, él sigue oyendo cómo evapora
la propia tierra maternal,
compás para el espacio coralino.
Su tos alegre sigue ordenando el ritmo
de nuestra crecida vegetal,
al extenderse dormido.

Las formas en que utilizaste tus disfraces
hubieran logrado influenciar a Baudelaire.
El espejo que unió a la condesa de Fernandina
con Napoleón Tercero no te arrancó
las mismas flores que le llevaste a la corista,
pues allí viste el aleph negro en lo alto del surtidor.
Cronista de la boda de Luna de Copas
con la Sota de Bastos, tuviste que brindar
con *champagne gelé* por los sudores fríos
de tu medianoche de agonizante.
Los dormidos en la terraza,
que tú tan sólo los tocabas quejumbrosamente,
escupían sobre el tazón que tú le llevabas a los cisnes.

No respetaban que tú le habías encristalado la terraza
y llevado el menguante de la liebre al espejo.
Tus disfraces, como el almirante samurai,
que tapó la escuadra enemiga con un abanico,
o el monje que no sabe qué espera en El Escorial,
hubieran producido otro escalofrío en Baudelaire.

Sus sombríos rasguños, exagramas chinos en tu sangre,
se igualaban con la influencia que tu vida
hubiera dejado en Baudelaire,
como lograste alucinar al Sileno
con ojos de sapo y diamante frontal.

Los fantasmas resinosos, los gatos
que dormían en el bolsillo de tu chaleco estrellado,
se embriagaban con tus ojos verdes.
Desde entonces, el mayor gato, el peligroso genuflexo,
no ha vuelto a ser acariciado.
Cuando el gato termine la madeja,
le gustará jugar con tu cerquillo,
como las estrías de la tortuga
nos dan la hoja precisa de nuestro fin.
Tu calidad cariciosa,
que colocaba un sofá de mimbre en una estampa japonesa,
el sofá volante, como los paños de fondo
de los relatos hagiográficos,
que vino para ayudarte a morir.
El *mail coach* con trompetas,
acudido para despertar a los dormidos de la terraza,
rompía tu escaso sueño en la madrugada,
pues entre la medianoche y el despertar
hacías tus injertos de azalea con araña fría,
que engendraban los sollozos de la Venus Anadyomena
y el brazalete robado por el pico del alción.

Sea maldito el que se equivoque y te quiera
ofender, riéndose de tus disfraces
o de lo que escribiste en *La Caricatura*,
con tan buena suerte que nadie ha podido
encontrar lo que escribiste para burlarte
y poder comprar la máscara japonesa.
Cómo se deben haber reído los ángeles,
cuando saludabas estupefacto
a la marquesa Polavieja, que avanzaba
hacia ti para palmearte frente al espejo.
Qué horror, debes haber soltado un lagarto
sobre la trifolia de una taza de té.

Haces después de muerto
las mismas iniciales, ahora
en el mojado escudo de cobre de la noche,

que comprobaban al tacto
la trigueñita de los doce años
y el padre enloquecido colgado de un árbol.
Sigues trazando círculos
en torno a los que se pasean por la terraza,
la chispa errante de tu errante verde.
Todos sabemos ya que no era tuyo
el falso terciopelo de la magia verde,
los pasos contados sobre alfombras,
la daga que divide las barajas,
para unirlas de nuevo con tizne de cisnes.
No era tampoco tuya la separación,
que la tribu de malvados te atribuye,
entre el espejo y el lago.
Eres el huevo de cristal,
donde el amarillo está reemplazado
por el verde errante de tus ojos verdes.
Invencionaste un color solemne,
guardamos ese verde entre dos hojas.
El verde de la muerte.

Ninguna estrofa de Baudelaire
puede igualar el sonido de tu tos alegre.
Podemos retocar,
pero en definitiva lo que queda
es la forma en que hemos sido retocados.
¿Por quién?
Respondan la chispa errante de tus ojos verdes
y el sonido de tu tos alegre.
Los frascos de perfume que entreabriste
ahora te hacen salir de ellos como un homúnculo,
ente de imagen creado por la evaporación,
corteza del árbol donde Adonai
huyó del jabalí para alcanzar
la resurrección de las estaciones.
El frío de tus manos
es nuestra franja de la muerte,
tiene la misma hilacha de la manga
verde oro del disfraz para morir,
es el frío de todas nuestras manos.
A pesar del frío de nuestra inicial timidez
y del sorprendido en nuestro miedo final,
llevaste nuestra luciérnaga verde al valle de Proserpina.

La misión que te fue encomendada,
descender a las profundidades con nuestra chispa verde,
la quisiste cumplir de inmediato y por eso escribiste:
ansias de aniquilarme sólo siento.
Pues todo poeta se apresura sin saberlo
para cumplir las órdenes indescifrables de Adonai.
Ahora ya sabemos el esplendor de esa sentencia tuya,
quisiste llevar el verde de tus ojos verdes
a la terraza de los dormidos invisibles.
Por eso aquí y allí, con los excavadores de la identidad,
entre los reseñadores y los sombrosos,
abres el quitasol de un inmenso Eros.
Nuestro escandaloso cariño te persigue
y por eso sonríes entre los muertos.

La muerte de Baudelaire, balbuceando
incesantemente: Sagrado nombre, Sagrado nombre,
tiene la misma calidad de tu muerte,
pues habiendo vivido como un delfín muerto de sueño,
alcanzaste a morir muerto de risa.
Tu muerte podía haber influenciado a Baudelaire.
Aquel que entre nosotros dijo:
ansias de aniquilarme sólo siento,
fue tapado por la risa como una lava.
En esas ruinas, cubierto por la muerte,
ahora reaparece el cigarrillo que entre tus dedos se quemaba,
la chispa con la que descendiste
al lento oscuro de la terraza helada.
Permitid que se vuelva, ya nos mira,
qué compañía la chispa errante de su errante verde,
mitad ciruelo y mitad piña laqueada por la frente.

NUEVO ENCUENTRO CON VÍCTOR MANUEL

Hay que ser un Sócrates o un Carmides,
hay que hacer una sabiduría para un joveneto,
hay que ofrecer el humo de la sangre
como en un sacrificio,
para uno de los pocos venerables.
Recorrer una larguísima calleja,
donde la perennidad del diálogo
borra a Cronos y a Saturno.

Allí más viejo significó más sabio,
donde más joven significa más ardor
para abrevar en las metamorfosis de la sabiduría.
En los enconados matices de las generaciones,
de torcer hacia el camino contrario,
de querer hacer otra cosa que sea la misma cosa,
pocas excepciones hay en nuestra cultura
que tengan un rango semejante al tuyo,
pues todos los días empezabas la mañana
y terminabas tu obra.
Había que acercarse y alejarse,
sentir en tu presencia furia o sosiego.
Nos hacías sentir la justificación de una charla
de esquina o profundizabas desusadamente
el hastío de las horas muertas.
Eras un elfo con cuernecillos de caracol.
Una vez me pidió el *Emilio*,
era para regalárselo a un amigo,
y qué pocos son capaces de pedir un regalo
para regalarlo.
Percibíamos en su presencia
uno de los misterios de nuestra cultura,
cómo estaba dentro del orden de la caridad.
Se deshacía para restituirse
en la suprema generosidad del fuego.

Había recibido una gracia
y devolvía una caridad.
Ligero como la respiración,
era también paradojalmente palpable
como un poliedro de cuarzo.
Era la persona menos concupiscible que hemos conocido.

Todos los días nos demostraba
que la luz se materializa en el esplendor
de los cuerpos a la orilla del mar
o en el hastío de la fascinación
de las hojas, buscando en los parques
la mano del hombre.
Con una pasmosa sabiduría
igualaba la luz en los cuerpos
y el cuerpo de la luz andando
en la gama de los azules.
No tuvo que buscar la luz,

la comprobaba en la marcha
y en la ondulación de sus colores.
La gracia de la luz
era en él la perennidad de sus instantes:
un rostro, un río, un balcón, un árbol.
Se asomaba para ver
y veía siempre una interminable fluencia,
pero no traicionó nunca las posibilidades de la mirada.

Era uno de nuestros misterios
y por eso conocía las misteriosas
cien puertas de la ciudad.
Me veo con él cortando la espuma de la cerveza.
De pronto, se acercó una vieja limosnera,
el instante se sacralizó cuando Víctor le dijo:
Bésame.
Le oigo un epigrama rapidísimo:
Un señorazo que llega y dice que se siente feliz.
Víctor me insinúa casi inaudible:
Aquí yace la felicidad.
Y se sonrió,
entonces palpé una verdadera alegría,
muy semejante a la música estelar.

Ligero y grave como la respiración,
nos enseñó en su pintura
que la esencia de los arquetipos platónicos
está en la segregación del caracol:
chupa tierra y suelta hilo.
Nos dijo de nuevo
cómo un rostro era el rostro y los rostros,
cómo el árbol de Adonai
era el bosque de Oberón,
cómo un parque era también el origen
del mundo y el nacimiento del hombre.
En el misterio de las calles antiguas,
colocaba también su misterio.
Se perdía y reaparecía,
sin darnos tiempo para saludarlo,
o para despedirlo.
A la caída de la tarde,
en la placita donde O'Reilly y el Obispo
desenfundan su Tarot,
lo veo ahora desaparecer,
como siempre, convirtiendo el laberinto

en una de nuestras calles ancestrales,
y como un primitivo siento crecer
en mí la ingenua pregunta
de si el sol, el niño de Whitman,
que sale de su casa todos los días,
acompañará de nuevo nuestro despertar.

ENRIQUE MOLINA

Argentina, 1910. Obras: *Las cosas y el delirio*, 1941. *Pasiones terrestres*, 1946. *Costumbres errantes o la redondez de la tierra*, 1951. *Amantes antípodas*, 1961. *Fuego libre*, 1962. *Las bellas furias*, 1966. *Monzon Napalm*, 1968. *Los últimos soles*, 1980.

AL PASO DE LOS DÍAS

Durante cierto tiempo, sin saberlo quizás,
viví la vida cotidiana, en medio de moscas aberrantes
y gentes que decían "Buenos días", "Adiós"
o "Eres sin duda alguna miserable, y hasta cuándo
tu maldita costumbre de perder pie, tan lamentable".
Dedicado a trabajos absurdos, aunque a pesar de todo
                              la vida cotidiana
fluía beso a beso, latido a latido,
no era ni luz ni sombra, y siempre había
personas muertas o remotas en el hogar.

                    Pero después
llegó la extraña vida, la insaciable, la insólita,
pendiente de un hilo, convirtiendo en pasión
toda cosa, en lugares de pájaros y olas,
                              quemándome las manos,
envenenada por el viento y el mar, una existencia
eminentemente escandalosa, con moscas y ruinas
y bocas que decían "Buenos días", "Adiós"
y extrañas ambiciones y maneras de morir,
todo exactamente igual a la vida cotidiana.

UNA SILLA NATURAL

Silla remota oliendo a provincia con sus sentados
      desconocidos que estallan en carcajadas ante el
      carbón de sus sopas
como un mueble congénito propio de mi raza

un ídolo tallado en la sombra doméstica
en la habitación infestada por enormes moscas azules

Pero sin explicación ni palabra ni bautismo
ofrecida por el hospicio
se hincha furiosamente como un artefacto delirante en la
     carpintería del caos
donde no son más terribles las abluciones de las estrellas
y el llanto de los muertos
que este objeto implacable y ritual apostado en mi destino:
una silla
la ciega esfinge de cocina contra cuyas membranas
     inmensas atruenan los astros

NO, RÓBINSON

En tu isla Róbinson verde recamado con la pelambre del
     desvarío
los helechos descomunales
las estrellas con el loro virgen y la cabra atravesada por
     el rayo
¡aquellas fiebres!
la cueva con la barrica tiránica bajo la lluvia en las sentinas
     inmensas
contra la empalizada de la noche
el océano hasta la cintura
y la sombra de tu mano sobre tu mirada desgarradora
posada en la alcoba escarlata de tu infancia
con los pilones hundidos del otro lado de la tierra

No cedas ahora viejo perro
no regreses con tu manzana hirviente arrastrando tus plumas
     de oscuro pájaro evadido
y ese olor a raíces y setas en la luz del cuchillo
confabulado con los secretos de la luna
tu calabaza de anfitrión abandonada a la saliva marina
tus visiones
tu hosco esplendor entre las valvas ciclónicas
las matemáticas del horizonte hasta el infinito
sin más guitarra que la fogata del naufragio encendida no
     importa dónde.
entre los arrecifes y las lentas piedras del crepúsculo

que crujen de modo tan triste
bajo tantas aguas

Más abandonado que un dios
más salvaje que un niño
más resistente que las montañas contra ese cielo que te
     disputa tus alimentos legendarios
¡ah Róbinson sin auxilio ni terror ni remordimiento!
la huella de tu alma en la soledad hasta el portal de
     tu casa en York mientras tu pisada de yodo ignora
     todas las reliquias
a la medianoche convertido en pesadilla
tocado hasta la médula por la gracia del abismo
vociferando contra tu padre inexistente entre los mástiles
     arrastrados por la resaca!

La ciudad fangosa bebe en el alba la leche muerta de los
     corazones allá lejos bajo el oro de sus ropas
pero no vuelvas la cabeza
ahora que el carruaje de los esporos y los saurios pasa con
     tanta tibieza como una caricia
sobre tu isla rechinante
en la pureza de tu exilio
¿y a qué tu grito
tu mano abierta en la que cae la lluvia?
¿a qué tu negra Biblia contra la Biblia de vello de tu pecho,
esa plegaria a nada
a todo
Róbinson sin propiedad y sin altar dueño del mundo!

FRANCISCA SÁNCHEZ

> *Tú que vienes*
> *de campos remotos y oscuros*
>
> Rubén Darío

Disfrazado de embajador o de mono
O de duque de los confines de la lujuria
Nada apaga las constelaciones del trópico
Los enceguecedores volcanes
Que fermentan henchidos de flores

En su corazón
—¡Oh amado Rubén!—
　　　　　Y de pronto
La criada fosforescente cantando por los pasillos
De una pensión de Madrid
La arisca mata de pelo sobre la nuca de vértigo
Tantas noches
Envuelto en sombras venenosas
Se propagan aúllan los fantasmas
En su sangre aterrada
En tales cuartos amueblados del insomnio
Ella reaparece desnuda entre los montículos
Del campo lentamente desnuda
Devorado ahora por el éxtasis
Con las venas llenas de brasas
Junto a ese cuerpo gemelo en la oscuridad:
Francisca Sánchez
Sola en la hierba de las caricias
Sola en su instinto de rescoldo
El viento reconstruye sus risas abrazos de loba
Labios predestinados
A ese rey de la fascinación de vivir
El fastuoso profeta al borde de la catástrofe y la gloria

Iluminada por cirios de aldea
Y ese hechizo de hornalla decapitada remota
En un rincón de Castilla
Con los negros embutidos ahumados de la muerte
El rojo jamón de la vida
Contra tales miserias de literatos nupcias putas y
　　　　periódicos
Ella hace girar
La rueda de sus senos de hembra inmemorial
Ha regresado cantando desde los cangrejos
De la playa
Piernas de campesina brillantes en los anillos del sol

Años y años
La Yadwiga doméstica en el sofá de la jungla
De una oscura costumbre de opulencia carnal
Funde raíz y demencia humildad e inconstancia
En el vaho de las caricias
Entreabre su trenza fatal
El calor de la mujer dormida que sobrepasa
Cualquier asilo de piedras prudencia y plegarias

Cada vez más tiránica
Cada vez más entrañable
La espiral de sus muslos y su cuerpo sin límites
El sexo
El alado declive hasta las últimas células
Como un lento cauterio de la noche
En lugares que se dispersan
Barcelona París Les Halles la Cartuja Mallorca
Un hogar en el viento
Con cucharas y sábanas himnos y ultrajes
Para ese ardiente huésped de la tentación
El lujo del mundo lleno de labios y tumbas

Ignorante como la lluvia
Francisca Sánchez
Tan sólo lee en el pan que corta en sueños
En la sal de las lágrimas
La arcaica criatura silvestre
Con un plato de sopa
Disuelve como el mar la razón de los muertos
Tibieza de axilas y de lenguas
Sólo ella es real
En el amanecer de la leche en sus ojos profundos

Desdichado Rubén
Sólo ella es real en la vorágine
De dientes de relámpago
Cuando sollozas
Bajo la tela negra que cubre a veces tu cabeza
—Una hermosa capucha de patíbulo—
Te retuerces y flotas en lo húmedo
De un alcázar de ratas
—*¡Francisca Sánchez acompáñame!*—
                                          Y tan lejos
La aceitosa bahía de los loros
La dignidad del sol en los bananos
Una mano de panal sufrido te acaricia
Crece la perla de la muerte
                                    Y una vez más
La mujer de los pájaros te mira tristemente
La obedecen tus ropas y la noche
                                    Te otorga
La absolución salvaje de su cuerpo
A través de los muebles de la tierra
Tallados en raíces

A través del océano
Aún la ves donde llora
Solitaria contra el muro de España
De áspera sal de páramo y sangre dura

Memoria y desamparo

ALTA MAREA

Cuando un hombre y una mujer que se han amado
se separan
se yergue como una cobra de oro el canto ardiente del
        orgullo
la errónea maravilla de sus noches de amor
las constelaciones pasionales
los arrebatos de su indómito viaje sus risas a través de
        las piedras sus plegarias y cóleras
sus dramas de secretas injurias enterradas
sus maquinaciones perversas las cacerías y disputas
el oscuro relámpago humano que aprisionó un instante
        el furor de sus cuerpos con el lazo fulmíneo de las
        antípodas
los lechos a la deriva en el oleaje de gasa de los sueños
la mirada de pulpo de la memoria
los estremecimientos de una vieja leyenda cubierta de
        pronto con la palidez de la tristeza y todos los gestos
        del abandono
dos o tres libros y una camisa en una maleta
llueve y el tren desliza un espejo frenético por los rieles
        de la tormenta
el hotel da al mar
¡tanto sitio ilusorio tanto lugar de no llegar nunca!
tanto trajín de gentes circulando con objetos inútiles
        o enfundados en ropas polvorientas
pasan cementerios de pájaros
cabezas actitudes montañas alcoholes y contrabandos
        informes
cada noche cuando te desvestías
la sombra de tu cuerpo desnudo crecía sobre los muros
        hasta el techo
los enormes roperos crujían en las habitaciones inundadas

puertas desconocidas rostros vírgenes
los desastres imprecisos los deslumbramientos de la
      aventura
siempre a punto de partir
siempre esperando el desenlace
la cabeza sobre el tajo
el corazón hechizado por la amenaza tantálica del mundo

Y ese reguero de sangre
un continente sumergido en cuya boca aún hierve la
      espuma de los días indefensos bajo el soplo del sol
el nudo de los cuerpos constelados por un fulgor de
      lentejuelas insaciables
esos labios besados en otro país en otra raza en otro
      planeta en otro cielo en otro infierno
regresaba en un barco
una ciudad se aproximaba a la borda con su peso de sal
      como un enorme galápago
todavía las alucinaciones del puente y el sufrimiento del
      trabajo marítimo con el desplomado trono de las olas
      y el árbol de la hélice que pasaba justamente bajo
      mi cucheta
éste es el mundo desmedido el mundo sin reemplazo el
      mundo desesperado como una fiesta en su huracán de
      estrellas
pero no hay piedad para mí
ni el sol ni el mar ni la loca pocilga de los puertos
ni la sabiduría de la noche a la que oigo cantar por la
      boca de las aguas y de los campos con las violencias de
      este planeta que nos pertenece y se nos escapa
entonces tú estabas al final
esperando en el muelle mientras el viento me devolvía a
      tus brazos como un pájaro
en la proa lanzaron el cordel con la bola de plomo en la
      punta y el cabo de Manila fue recogido
todo termina
los viajes y el amor
nada termina
ni viajes ni amor ni olvido ni avidez
todo despierta nuevamente con la tensión mortal de la
      bestia que acecha en el sol de su instinto
todo vuelve a su crimen como un alma encadenada a su
      dicha y a sus muertos
todo fulgura como un guijarro de Dios sobre la playa
unos labios lavados por el diluvio

y queda atrás
el halo de la lámpara el dormitorio arrasado por la
    vehemencia del verano y el remolino de las hojas
    sobre las sábanas vacías
y una vez más una zarpa de fuego se apoya en el corazón
    de su presa
en este Nuevo Mundo confuso abierto en todas direcciones
donde la furia y la pasión se mezclan al polen del
    Paraíso
y otra vez la tierra despliega sus alas y arde de sed
intacta y sin raíces
cuando un hombre y una mujer que se han amado
se separan

EMILIO ADOLFO WESTPHALEN

Perú, 1911. Obras: *Las ínsulas extrañas*, 1933. *Abolición de la muerte*, 1935. *Otra imagen deleznable...*, 1980. *Máximas y mínimas de sapiencia pedestre*, 1982.

TÉRMINOS DE COMPARACIÓN

¿Caminar por la vida como por encima del mar,
Sostenidos por la fe, la desesperanza o la indiferencia?

¿Posarse sobre ríos callados o tumultuosos,
Atraídos por una mirada o una sonrisa?

¿Abrazarse a cuerpos de fuego que se ahogan irremediablemente
En la propia corriente sanguínea, cálida o fría?

¿Penetrar en oscuras columnas de humo
Con la entereza de la flor bajo la guillotina?

¿Cubrirse las heridas con mantas de agua en ascuas,
O con una canción multiplicada al infinito?

¿Devorar espinas suaves como la caricia primera,
Irresistibles como el sollozo del moribundo?

¿Arriesgarse por la cuerda floja que sostiene
Luz y tiniebla, el leve temblor de lo que va creándose,
El ronco crepitar de lo extinto sin remedio?

¿Tratar de detener con lanzas de fuego
La huida del minuto, insaciable celoso,
Girando y perdiéndose al azar,
Caracola absorbida por la tempestad de arena?

¿Estrangularse con el primer grito de júbilo
Y palpar nada esparcida por doquiera?

Todo podría servir de término de comparación,
Justificable nada más que como puro engaño.

Pero ¿qué sería recuperable si antes no fue
Sacudido, renegado, desdicho, trasfigurado?

EL MAR EN LA CIUDAD

¿Es éste el mar que se arrastra por los campos,
Que rodea los muros y las torres,
Que levanta manos como olas
Para avistar de lejos su presa o su diosa?

¿Es éste el mar que tímida, amorosamente
Se pierde por callejas y plazuchas,
Que invade jardines y lame pies
Y labios de estatuas rotas, caídas?

No se oye otro rumor que el borbotón
Del agua deslizándose por sótanos
Y alcantarillas, llevando levemente
En peso hojas, pétalos, insectos.

¿Qué busca el mar en la ciudad desierta,
Abandonada aun por gatos y perros,
Acalladas todas sus fuentes,
Mudos los tenues campanarios?

La ronda inagotable prosigue,
El mar enarca el lomo y repite
Su canción, emisario de la vida
Devorando todo lo muerto y putrefacto.

El mar, el tierno mar, el mar de los orígenes,
Recomienza el trabajo viejo:
Limpiar los estragos del mundo,
Cubrirlo todo con una rosa dura y viva.

MUNDO MÁGICO

Tengo que darles una noticia negra y definitiva
Todos ustedes se están muriendo

Los muertos la muerte de ojos blancos las muchachas de ojos rojos
Volviéndose jóvenes las muchachas las madres todos mis amorcitos
Yo escribía
Dije amorcitos
Digo que escribía una carta
Una carta una carta infame
Pero dije amorcitos
Estoy escribiendo una carta
Otra será escrita mañana
Mañana estarán ustedes muertos
La carta intacta la carta infame también está muerta
Escribo siempre y no olvidaré tus ojos rojos
Tus ojos inmóviles tus ojos rojos
Es todo lo que puedo prometer
Cuando fui a verte tenía un lápiz y escribí sobre tu puerta
Ésta es la casa de las mujeres que se están muriendo
Las mujeres de ojos inmóviles las muchachas de ojos rojos
Mi lápiz era enano y escribía lo que yo quería
Mi lápiz enano mi querido lápiz de ojos blancos
Pero una vez lo llamé el peor lápiz que nunca tuve
No oyó lo que dije no se enteró
Sólo tenía ojos blancos
Luego besé sus ojos blancos y él se convirtió en ella
Y la desposé por sus ojos blancos y tuvimos muchos hijos
Mis hijos o sus hijos
Cada uno tiene un periódico para leer
Los periódicos de la muerte que están muertos
Sólo que ellos no saben leer
No tienen ojos ni rojos ni inmóviles ni blancos
Siempre estoy escribiendo y digo que todos ustedes se están
    muriendo
Pero ella es el desasosiego y no tiene ojos rojos
Ojos rojos ojos inmóviles
Bah no la quiero

SIRGADORA DE LAS NUBES...

Sirgadora de las nubes arrastradas de tus cabellos
En el silencio alzado de dos mares paralelos
Y cada limbo forjado con tus nuevas miràdas
Y cada esperanza libre de revolver
Ciénagas y zarzales para hallar las perlas

Cubiertas de siete palmas admirables de losanjes
Otra cosa de no decirte arriesgada entre los azares
Recogidos los temores renacidas las esperanzas
Desplegadas las sonrisas desenvueltos los caireles
Florecidos los dientes las lágrimas tintineantes
Entre un crujir de fuego contra música de niña contra sueño
Chirriantes las alegrías niña de verte y niña
Entrechocando platillos suaves como manos
Trompetas de óyeme que no respondo
Bajo sombra de aves y cielos dorados
Y lágrimas crecidas de llevar en su globo
Los amorosos acordes de inaudibles alegrías
Según un creciente rumor de olas de trapo
Entre pétalos grandes más que la estatura humana
Y abejas libando en nuestros labios
Así para no comprender un telón entre cada beso
Agotados los mármoles para las palomas de la gracia
Unos cipreses algo destinados al otro cielo
Dando vueltas sin cansancio sin dejar caer la copa
Un surtidor abanicado de brillantes
Unos trompos rasgados mostrando las mareas de sus corazones
Una seda hilada de la miel de tus labios
Unas aves extraviándose en tu cabellera
Soporte del frío tu frente completo cristal
Y una nube tendida junto al silencio tembloroso
Cadencia tras cadencia de párpados cerrados tras párpados
En las barcas balanceadas unas manos solitarias
Despejadas las auras con aliento de los ríos
Y otras manos líquidas para a tientas encontrarse
Y algo como cabezas rodando por las escaleras
Y algo como frutos subidos de círculo en círculo
A los goces los arcoíris las brisas traspasando nuestras frentes
Con cuidado cediendo palabras y levantando ríos
Había tantos nidos de dulzura y silencio entre nuestras bocas
Entre nuestras manos tanto afán de arraigarse en una
Se veía en tus ojos mejor el mundo
Más grande y más pesado de lirios
Tendida como un sueño o una nube
Las ostras prendidas de las paredes de tu sueño
Las perlas cayendo de tus manos como palabras
Así te veo siempre abandonada en un litoral de risas
Entre escarpas bañadas de nuestras monedas vacilantes
Más frágil niña más frágil que tu retrato en el agua
O que tú misma remontada a las nubes
O que tú misma tendida en mis ojos

Las perlas del amor contadas por tus manos crecían como palabras
O flores de tu árbol de risa
O silencios de tus manos cargadas de un mundo pesado de lirios

TE HE SEGUIDO...

Te he seguido como nos persiguen los días
Con la seguridad de irlos dejando en el camino
De algún día repartir sus ramas
Por una mañana soleada de poros abiertos
Columpiándose de cuerpo a cuerpo
Te he seguido como a veces perdemos los pies
Para que una nueva aurora encienda nuestros labios
Y ya nada pueda negarse
Y ya todo sea un mundo pequeño rodando las escalinatas
Y ya todo sea una flor doblándose sobre la sangre
Y los remos hundiéndose más en las auras
Para detener el día y no dejarle pasar
Te he seguido como se olvidan los años
Cuando la orilla cambia de parecer a cada golpe de viento
Y el mar sube más alto que el horizonte
Para no dejarme pasar
Te he seguido escondiéndome tras los bosques y las ciudades
Llevando el corazón secreto y el talismán seguro
Marchando sobre cada noche con renacidas ramas
Ofreciéndome a cada ráfaga como la flor se tiende en la onda
O las cabelleras ablandan sus mareas
Perdiendo mis pestañas en el sigilo de las alboradas
Al levantarse los vientos y doblegar los árboles y las torres
Cayéndome de rumor en rumor
Como el día soporta nuestros pasos
Para después levantarme con el báculo del pastor
Y seguir las ríadas que separan siempre
La vid que ya va a caer sobre nuestros hombros
Y la llevan cual un junco arrastrado por la corriente
Te he seguido por una sucesión de ocasos
Puestos en el muestrario de las tiendas
Te he seguido ablandándome de muerte
Para que no oyeras mis pasos
Te he seguido borrándome la mirada
Y callándome como el río al acercarse al abrazo
O la luna poniendo sus pies donde no hay respuesta

Y me he callado como si las palabras no me fueran a llenar la vida
Y ya no me quedara más que ofrecerte
Me he callado porque el silencio pone más cerca los labios
Porque sólo el silencio sabe detener a la muerte en los umbrales
Porque sólo el silencio sabe darse a la muerte sin reservas
Y así te sigo porque sé que más allá no has de pasar
Y en la esfera enrarecida caen los cuerpos por igual
Porque en mí la misma fe has de encontrar
Que hace a la noche seguir sin descanso al día
Ya que alguna vez le ha de coger y no le dejará de los dientes
Ya que alguna vez le ha de estrechar
Como la muerte estrecha a la vida
Te sigo como los fantasmas dejan de serlo
Con el descanso de verte torre de arena
Sensible al menor soplo u oscilación de los planetas
Pero siempre de pie y nunca más lejos
Que al otro lado de la mano

HE DEJADO DESCANSAR...

He dejado descansar tristemente mi cabeza
En esta sombra que cae del ruido de tus pasos
Vuelta a la otra margen
Grandiosa como la noche para negarte
He dejado mis albas y los árboles arraigados en mi garganta
He dejado hasta la estrella que corría entre mis huesos
He abandonado mi cuerpo
Como el naufragio abandona las barcas
O como la memoria al bajar las mareas
Algunos ojos extraños sobre las playas
He abandonado mi cuerpo
Como un guante para dejar la mano libre
Si hay que estrechar la gozosa pulpa de una estrella
No me oyes más leve que las hojas
Porque me he librado de todas las ramas
Y ni el aire me encadena
Ni las aguas pueden contra mi sino
No me oyes venir más fuerte que la noche
Y las puertas que no resisten a mi soplo
y las ciudades que callan para que no las aperciba
Y el bosque que se abre como una mañana
Que quiere estrechar el mundo entre sus brazos

Bella ave que has de caer en el paraíso
Ya los telones han caído sobre tu huida
Ya mis brazos han cerrado las murallas
Y las ramas inclinado para impedirte el paso
Corza frágil teme la tierra
Teme el ruido de tus pasos sobre mi pecho
Ya los cercos están enlazados
Ya tu frente ha de caer bajo el peso de mi ansia
Ya tus ojos han de cerrarse sobre los míos
Y tu dulzura brotarte como cuernos nuevos
Y tu bondad extenderse como la sombra que me rodea
Mi cabeza he dejado rodar
Mi corazón he dejado caer
Ya nada me queda para estar más seguro de alcanzarte
Porque llevas prisa y tiemblas como la noche
La otra margen acaso no he de alcanzar
Ya que no tengo manos que se cojan
De lo que está acordado para el perecimiento
Ni pies que pesen sobre tanto olvido
De huesos muertos y flores muertas
La otra margen acaso no he de alcanzar
Si ya hemos leído la última hoja
Y la música ha empezado a trenzar la luz en que has de caer
Y los ríos te cierran el camino
Y las flores te llaman con mi voz
Rosa grande ya es hora de detenerte
El estío suena como un deshielo por los corazones
Y las alboradas tiemblan como los árboles al despertarse
Las salidas están guardadas
Rosa grande ¿no has de caer?

PABLO ANTONIO CUADRA

Nicaragua, 1912. Obras: *Canciones de pájaro y señora*, 1929-31, *Poemas nicaragüenses, 1930-1933*, 1934. *Canto temporal*, 1943. *Poemas con un crepúsculo a cuestas*, 1949. *La tierra prometida*, 1952. *Libro de horas*, 1956. *Elegías*, 1957. *El jaguar y la luna*, 1959. *Zoo*, 1962. *Cantos de Cifar*, 1971. *Siete árboles contra el atardecer*, 1980.

JUANA FONSECA

Rogad a Dios
por el eterno descanso
del alma
de Juana Fonseca
Sus hijos:
Emérita, Fidelina, Juan Ramón,
Justo Pastor, Camila y Pedro
están aquí
de negro.
Doblan las campanas y Emérita solloza.
Emérita
fue la última en acostarse.

Planchó la ropa de los varones
y el vestido de Camila.
Lloró pensando en la madre.

"Un día como hoy se estaba yendo."
Pero pensó en las flores,
en las rosas del barrio.

"Fidelina: mojá las flores para que amanezcan frescas."
("Los pobres no tenemos tiempo de llorar", pero lloraba.)
Y vio que Pedro llevaba los zapatos sucios
y sacudió los zapatos del niño con el borde del rebozo
y los ojos rojos
mientras las campanas doblaban.
La viva estampa de la madre
abandonada, como ella, del marido

con sus tres hijos
con sus cinco hermanos
planchadora como ella
Juana Fonseca.

"Libra, Señor, el alma de tu sierva Juana
como libraste a David
de las manos de Saúl
y de las manos de Goliat."

Veníamos esa tarde huyendo y los soldados
nos esperaban en la bocacalle.
Juana tiró de mí, me metió en su tijera bajo la chamarra
y acostó a la Emérita —que era hermosa entonces—
y escuché las voces del Sargento
y la voz de Juana:

—¡Aquí no hay nadie; sólo mi hija enferma
que deben respetar!

Y Emérita se reía;
pero ahora lloraba.

"Apartaos de mí todos
los que obráis en la maldad
porque ha oído el Señor la voz de mi llanto.
Señor, Dios mío, en Ti he esperado;
sálvame de mis perseguidores y líbrame."

Juana Fonseca,
te recuerdo
bajo la lámpara y vos de pronto llegando,
demudada:

—¡Me mataron a Pedro! (Tan estupendo
carpintero, pero borracho.
Mi ropero de cedro
jamás lo terminaba
hasta que un día llegó con el mueble
y era como un altar)... ¡Me mataron a Pedro!
Y no tenemos ni ropa para vestirlo
porque todo lo empeñaba,
hasta sus fierros.
Y fui a buscar con los amigos

y reuní para su caja y lo enterramos
con dignidad. Y ella quiso pagarme.
Desquitarme planchando y lavando.
—Juana Fonseca,
no es así que se paga.
La amistad del pobre es la honra
de mi casa.

>   *"Oh Dios, de quien es propio*
>   *el compadecerse y perdonar,*
>   *humildemente te rogamos*
>   *por el alma de tu sierva Juana"*

que madrugaba para alistar a los muchachos
y encendía el fuego y ponía las primeras brasas en el fogonero
cuando se apagaban las últimas estrellas
y cocinaba el desayuno y ya estaba planchando,
golpeando la plancha sobre el burro de planchar desde la aurora
y ordenando
a la Emérita, su oficio
a la Fidelina, su oficio (y regañándola:
                    —Ese muchacho que se te acerca
                    no tiene oficio ni beneficio).
A Juan Ramón: —Me puso quejas el Maistro,
                    Hijo no hay que ser divagado.
A Justo Pastor —mi compañero— el que se iba
conmigo a los arroyos a matar iguanas:
                    —Justo Pastor, el día que yo sepa
                    que no vas a la escuela te mato.
Y Camila, la que iba y venía
de la casa a la pulpería
        de la pulpería a la casa
        con las tortillas,
con el pinol y las chiltomas y la sal y las candelas
y Pedrito en el suelo,
        dando guerra en el suelo
        siempre con hambre.

Ahora están todos mirando el humilde catafalco
        y los cuatro candelabros
        y llorando a la finada.

>   *"Dale el eterno descanso,*
>   *la luz perpetua brille para ella."*

¡Emérita, si supieras
qué pedazo de mundo,
qué territorio vasto y dulcísimo
está cediendo al golpe
de esas campanas!

TOMASITO, EL CUQUE

—¿En qué lancha las llevaron?
    ¡Contesta, Tomás, contesta!
—¿Desde cuál isla zarparon?
    ¡Jodido, Tomás, contesta!
—¿A quiénes las entregaron?
    ¡Hijo de puta, Tomás!
—¿Quiénes llevaron las armas?
    ¡Cabrón, contesta, Tomás!

Pero no habla Tomás.
¡Qué huevos de hombre! ¡No habla!

    ¡Ya nunca hablará
        Tomás!

EL TESTAMENTO

Llegó la abuela
con su pausado balanceo de navío.
Cuando ella entraba
la Historia con un fru-fru de páginas innumerables en el ruido
    de sus enaguas.

Sus ojos gobernaban por decretos
de dulces mimos
y maternas severidades,
pero esta vez avanzó cargando la mansedumbre con fatiga,
se sentó quejumbrosa
en el monárquico taburete de las amonestaciones
y puso su canasta de tejedora al pie de la silla.

—Hija mía Juliana —murmuró—: este delantal de bambas
es para que bailés al Doctor Jerónimo en nombre de tu raza.
Sé que te gusta el baile y la tremolina
¡bailá, muchacha! ¡que no se acabe
el ritmo de este pueblo! El día
que nuestros huesos pierdan su música
seremos desplazados por extranjeros.

—Y a vos, Celedonio, te dejo el puño
de plata del bastón de tu padre.
Eres el mayor y tengo años de esperar
que presidas al Cabildo
con la vara de Alcalde en la mano. ¿Qué te pasa
muchacho? ¿Se hizo horchata
tu sangre de cacique? ¡A la casa
de tu padre el pueblo entraba
y salía a buscar sus palabras!

—A Dámaso díganle que le dejo la cutacha del abuelo.
Está colgada del clavo.
Nunca la saqué de su vaina pero el muchacho es levantisco
y anda metiéndose en problemas.
Me gustan sus azares. Dámaso
es un peligro, pero no será por él
que mi pueblo acepte el yugo.

—Y a vos, rinconero, que te gusta fatigarte con letras,
te dejo este libro de cantos
que cantaron tus antecesores.
¡Que no se rompa el hilo! ¡Escribe!
¡Pobre muchacho: Cuando tu padre sembraba
y te daba el arado
nunca trazaste un surco derecho! Te dejo
indefenso contra el hambre
¡pero mi pueblo necesita soñadores!

—Y a vos, Lupita, que te estás quedando suelta sin tu voluntad,
te dejo mi canasta de tejidos con algunos ahorros en el fondo.
A ver si te cambiás de peinado y te empolvás y hacés un esfuerzo.

Lupita: ¡no hay que ser tan pasiva, hija mía!
enciende lirios, enciende pájaros,
quema el borde de la noche,
el oficio de la mujer es encender el cielo
de estrellas en el ojo del varón.

...¿A dónde vamos si se apaga la aventura?

Y se recostó en el taburete cansada de su testamento
y se quedó suavemente dormida.

Y nunca despertó.

CAMINO

Pasa un hombre cuyo nombre se olvida,
repicando la tierra dilatada con un trotecito
lento. El sol tirante y brutal reverbera sobre la meada
de una bestia desconocida.
—¿Cuánto tardaremos?
                         —Poco, patroncito...
Y el silencio, arrastrando sus caites, como una brisa anciana,
se me acerca al oído.
(Junto al camino, llena de sueño, una sombra humilde se echa al
          pie de un árbol florecido.)
Así es la tarde.
                    Dobla la senda sin ruido
hasta inquietar a la pupila la lejanía de la sabana.
—Ahí nomasito queda, patrón: doblando aquel cerrito,
como quien va a la montaña.
Así será su voz y siempre así su extraña
medida, aunque el cerrito azul se nos ofrezca tal vez hasta mañana.

No hay prisa en caminar... El camino
diluye sus formas en la tarde serrana
y se desnuda de luces un aire crepuscular y felino.
Árboles en lontananza y aves nocturnas sin canto
rompen las primeras quietudes del cielo. Mientras tanto
él se persigna como dibujando una flor, y dice: —Aquí mataron
a Juan Hernández, el concierto de San Julián.
Y yo pregunto:
                    —Faltarán tres horas?
                    —Puede, patrón.
                    Pero... ¿dónde vagarán
las horas? Ya la distancia pierde su medida en la distancia
y con la luna el cielo tiene una tierna mirada azul como la infancia,
¡oh!, tú lo sabes, como la infancia.

EDUARDO CARRANZA

Colombia, 1913-1985. Obras: *Canciones para iniciar una fiesta*, 1936. *Seis elegías y un himno*, 1939. *Ellas, los días y las nubes*, 1941. *Azul de ti*, 1952. *El olvidado y Alhambra*, 1957. *El corazón escrito*, 1967. *Los pasos cantados*, 1973. *Hablar soñando y otras alucinaciones*, 1974. *Epístola mortal*, 1975.

SONETO A LA ROSA

A Jorge Rojas

En el aire quedó la rosa escrita.
La escribió, a tenue pulso, la mañana.
Y, puesta su mejilla en la ventana
de la luz, a lo azul cumple la cita.

Casi perfecta y sin razón medita
ensimismada en su hermosura vana;
no la toca el olvido, no la afana
con su pena de amor la margarita.

A la luna no más tiende los brazos
de aroma y anda con secretos pasos
de aroma, nada más, hacia su estrella.

Existe, inaccesible a quien la cante,
de todas sus espinas ignorante,
mientras el ruiseñor muere por ella.

EL OLVIDADO

A Jorge Gaitán Durán

Ahora tengo sed y mi amante es el agua.
Vengo de lo lejano, de unos ojos oscuros.

Ahora soy del hondo reino de los dormidos;
allí me reconozco, me encuentro con mi alma.

La noche a picotazos roe mi corazón,
y me bebe la sangre el sol de los dormidos;
ando muerto de sed y toco una campana
para llamar al agua delgada que me ama.

Yo soy el olvidado. Quiero un ramo de agua;
quiero una fresca orilla de arena enternecida,
y esperar una flor, de nombre margarita,
para callar con ella apoyada en el pecho.

Nadie podrá quitarme un beso, una mirada.
Ni aun la muerte podrá borrar este perfume.
Voy cubierto de sueños, y esta fosforescencia
que veis es el recuerdo del mar de los dormidos.

EL INSOMNE

A Alberto Warnier

A alguien oí subir por la escalera.
Eran —altas— las tres de la mañana.
Callaban el rocío y la campana.
...Sólo el tenue crujir de la madera.

No eran mis hijos. Mi hija no era.
Ni el son del tiempo en mi cabeza cana.
(Deliraba de estrellas la ventana.)
Tampoco el paso que mi sangre espera...

Sonó un reloj en la desierta casa.
Alguien dijo mi nombre y apellido.
Nombrado me sentí por vez primera.

No es de ángel o amigo lo que pasa
en esa voz de acento conocido...
...A alguien sentí subir por la escalera...

GALOPE SÚBITO

A veces cruza mi pecho dormido
una alada magnolia gimiendo,
con su aroma lascivo, una campana
tocando a fuego, a besos,
una soga llanera
que enlaza una cintura,
una roja invasión de hormigas blancas,
una venada oteando el paraíso
jadeante, alzado el cuello
hacia el éxtasis,
una falda de cámbulos,
un barco que da tumbos
por ebrio mar de noche y de cabellos,
un suspiro, un pañuelo que delira
bordado con diez letras
y el laurel de la sangre,
un desbocado vendaval, un cielo
que ruge como un tigre,
el puñal de la estrella fugaz
que sólo dos desde un balcón han visto,
un sorbo delirante de vino besador,
una piedra de otro planeta silbando
como la leña verde cuando arde,
un penetrante río que busca locamente
su desenlace o desembocadura
donde nada la Bella Nadadora,
un raudal de manzana y roja miel,
el arañazo de la ortiga más dulce,
la sombra azul que baila en el mar de Ceilán,
tejiendo su delirio,
un clarín victorioso levantado hacia el alba,
la doble alondra del color del maíz
volando sobre un celeste infierno
y veo, dormido, un precipicio súbito
y volar o morir...

A veces cruza mi pecho dormido
una persona o viento,
un enjambre o relámpago,
un súbito galope:
es el amor que pasa en la grupa de un potro
y se hunde en el tiempo hacia el mar y la muerte.

EPÍSTOLA MORTAL

In memoriam Leopoldo Panero

...y no hallé cosa en que poner los ojos
que no fuese recuerdo de la muerte.

QUEVEDO

Miro un retrato: todos están muertos:
poetas que adoró mi adolescencia.
Ojeo un álbum familiar y pasan
trajes y sombras y perfumes muertos.
(Desangrados de azul yacen mis sueños.)
El amigo y la novia ya no existen:
la mano de Tomás Vargas Osorio
que narraba este mundo, el otro mundo...
la sonrisa de la Prima Morena
que era como una flor que no termina
desvanecida en alma y en aroma...

Cae el Diluvio Universal del tiempo.
Como una torre se derrumba todo.
..."Las torres que desprecio al aire fueron"...
Voy andando entre ruinas y epitafios
por una larga Vía de Cipreses
que sombrean suspiros y sepulcros.
Aquí yace mi alma de veinte años
con su rosa de fuego entre los dedos.
Aquí están los escombros de un ensueño.
Aquí yace una tarde conocida.
Y una rosa cortada en una mano
y una mano cortada en una rosa.
Y una cruz de violetas me señala
la tumba de una noche delirante...

Hojeo el *Cromos* de los años treinta:
lánguidas señoritas cuyos pechos
salían del "Cantar de los Cantares",
caballeros que salen del fox-trot,
sonreídos, gardenia en el ojal
(y tú, patinadora, ¿a quién sonríes?).
Y esos rostros morenos o dorados
que amó un niño precoz perdidamente.

Amigos, mis amigas, mis amigos,
compañeros de viaje y no-me-olvides:
Teresa, Alicia, Margarita, Laura,
Rosario, Luz, María, Inés, Elvira...
con sus pálidas caras asomadas
en las ventanas desaparecidas...

Panero, Souvirón y Carlos Lara,
Pablo Neruda y Jorge Zalamea,
Jorge Gaitán y Cote y Julio Borda,
Mario Paredes, Mallarino, Alzate...
Silvio Villegas, Dionisio Ridruejo...
frente a sus copas de vino invisible
en sus asientos desaparecidos:
están aquí, no están, pero sí están:
(¡Oh margarita gris de los sepulcros!)...
..."Sólo que el tiempo lo ha borrado todo
como una blanca tempestad de arena."

El que primero atravesó el océano
volando solo, solo con su Arcángel,
y aquel en cuya frente ardía ya
el incendio maldito de Hiroshima,
los guerreros que al aire alzan el brazo
y la palabra libre como un águila
y aviones y estandartes y legiones
pasan cantando, pasan, ya van muertos:
adelante la muerte va a caballo,
en un caballo muerto.
La tierra es un redondo cementerio
y es el cielo una losa funeral.

El Nuncio, el Arzobispo, el Santo Padre
hacia su muerte caminando van:
nadie les grita: ¡Detened el paso!
que ya estáis en la orilla: el precipicio
que cae sobre el Reino del Espanto
y en cada paso vais hacia el ayer
y de un momento a otro cae el cielo
hecho trizas sobre Vuestras Altezas...
Somos arrendatarios de la muerte.
(A nuestra espalda, sigilosamente
cuando estamos dormidos,
sin avisarnos se urden muchas cosas
como incendios, naufragios y batallas

y terremotos de iracundo puño...
que de repente borran de este mundo
el rostro del ahora y del ayer,
llámase amor o sangre y ojos negros...
Y nadie nos había dicho nada.
Alguien sabe el revés de los tapices,
digo, de vuestra vida,
y es el *otro*, el fantasma quien lo teje...)

Las niñas de Primera Comunión
de cuyas manos vuela una paloma,
las blancas novias que arden en su hoguera,
días y bailes, reyes destronados
y coronas caídas en el polvo,
la manzana y el cámbulo, el turpial,
el tigre, la venada, los pescados,
el rocío, mi sombra, estas palabras:
¡todo murió mañana! ya está muerto.
El polvo es nuestra cara verdadera.
Los Presidentes y los Generales
asomados al sueño del Poder
sobre un río de espadas y banderas
llevadas por las manos de los muertos,
el agua, el fuego, el viento, la sortija,
los ojos que ofrecían el infinito
y eran dueños de nada,
los cabellos, las manos que soñaban...
"¡fueron sino rocío de los prados!"

La Dama Azul, las flores, las guitarras,
el vino loco, la rosa secreta,
el dinero como un perro amarillo,
la gloria en su corcel desenfrenado
y la sonrisa que ya es ceniza,
el actor y las Reinas de Belleza
con su cetro de polvo, el bachiller,
el cura y el doctor recién graduados
que sueñan con la mano en la mejilla:
muertos están, si que también las lágrimas:
Todo fue como un vino derramado
en la porosa tierra del olvido.
Tanto amor, tanto anhelo, tanto fuego:
dime, oh Dios mío, ¿en cuál mar van a dar?
"¿Los yunques y troqueles de mi alma
trabajan para el polvo y para el viento?"

Por el mar, por el aire, por el Llano,
por el día, en la noche, a toda hora,
vienen vivos y muertos, todos muertos
y desembocan en el corazón
donde un instante salen a las flores,
los labios delirantes y las nubes
y siguen tiempo abajo, sangre abajo:
¡somos antepasados de otros muertos!
Todo cae, se esfuma, se despide
y yo mismo me estoy diciendo *adiós*
y me vuelvo a mirar, me dejo solo,
abandonado en este cementerio.
Allá mi corazón está enterrado
como una hazaña luminosa y pura.

Miro en torno, los ojos entornados:
todos estamos contra el paredón:
sólo esperamos el tiro de gracia:
todos estamos muertos, muertos, muertos:
los de Ayer, los de Hoy, los de Mañana...
sembrados ya de trigo o de palmeras,
de rosales o simplemente yerba:
nadie nos llora, nadie nos recuerda.

Sobre este poema vuela un cuervo.
Y lo escribe una mano de ceniza.

VICENTE GERBASI

Venezuela, 1913. Obras: *Vigilia del náufrago*, 1937. *Bosque doliente*, 1940. *Liras*, 1943. *Poemas de la Noche y de la Tierra*, 1943. *Mi padre, el inmigrante*, 1945. *Tres nocturnos*, 1946. *Los espacios cálidos*, 1952. *Círculos del trueno*, 1953. *Tirano de sombra y fuego*, 1955. *Por arte de sol*, 1958. *Olivos de eternidad*, 1961. *Poesía de viajes*, 1968. *Retumba como un sótano del cielo*, 1977. *Edades perdidas*, 1981. En 1970 se publicó su *Antología poética*, que reúne su producción a partir de 1943.

COSMOS

Mi memoria está en el agua
pantanosa de la iguana
que abre sus ojos
en una era sudorosa del mundo.
Árboles morados de soledad
mueven el anochecer
y todo color
se parece al alma
perpleja en los primeros planetas.

TIEMPO

Música que oye el tiempo.
Pavos reales iluminados
que se mueven en la sombra.
Me encuentro en una soledad
de árboles secos
cubiertos de campánulas azules.
Huesos de animales que se movieron
entre el fuego y el agua.
Cráneos como semillas.
Por las profundas fosas de los ojos
pasan serpientes
de milenaria lentitud.

Detrás de los árboles secos
una era nueva
mueve jardines fluviales.
Entre las hojas
las mujeres desnudas
se abren como tulipanes húmedos.

EN EL FONDO FORESTAL DEL DÍA

El acto simple de la araña que teje una estrella en la penumbra,
el paso elástico del gato hacia la mariposa,
la mano que resbala por la espalda tibia del caballo,
el olor sideral de la flor del café,
el sabor azul de la vainilla,
me detienen en el fondo del día.

Hay un resplandor cóncavo de helechos,
una resonancia de insectos,
una presencia cambiante del agua en los rincones pétreos.

Reconozco aquí mi edad hecha de sonidos silvestres,
de lumbre de orquídea,
de cálido espacio forestal,
donde el pájaro carpintero hace sonar el tiempo.

Aquí el atardecer inventa una roja pedrería,
una constelación de luciérnagas,
una caída de hojas lúcidas hacia los sentidos,
hacia el fondo del día,
donde se encantan mis huesos agrestes.

EL NOCTÁMBULO

El noctámbulo descubre hojas, laúdes.
Pisa salamandras,
se aproxima al balanceo de la arboleda negra.

En su mirada florece la astromelia,
destila el veneno de las serpientes
que abandonan su piel sobre las piedras.

La noche impulsa rumores, estrellas, para el noctámbulo,
y a su lado corre un caballo con crines de luciérnagas.

El noctámbulo siente bajar el maíz por las colinas,
la vía láctea espesa
como un rebaño de ovejas en la sombra.

El noctámbulo recuerda los meses,
visita los mercados que huelen a pelambre de asnos,
que reúnen repollos y melones abiertos
y mujeres envueltas en paños rojos.

El noctámbulo desconoce el odio del mercader,
desprecia los tapices.

Se recuesta y prefiere dormir como un mendigo.

EL PATIO

Encontré mis parientes en una casa de paredes simples.
Vestían lienzos veraniegos
como preparados para cosechar maíz.
Los iluminaba el fulgor del patio,
bajo los naranjos oscuros de avisperos.
Encontré mis parientes en un diálogo sobre frutos,
de perfil ante un horno,
junto a un perro quieto como en un pedestal.
Y arriba, las flores del bucare
que caían como pequeños gallos anaranjados
en el resplandor.
Tejían, trasegaban café en sacos ásperos,
revisaban sueños,
agregaban tejas a la casa.
Los días tenían contornos de claveles,
altas montañas donde vivían las fieras.
Puro resplandor.
Y los ademanes de mis parientes

hacían un cuento en la casa.
Pasaban entre los pilares blancos,
mataban escarabajos,
se detenían a mirar los crepúsculos,
cuando la ropa tendida se levantaba en el viento.
Entonces yo iba a visitar la vaca
y la veía acostarse en la penumbra
como en el hechizo de un eclipse.

BRAULIO ARENAS

Chile, 1913. Obras: *El mundo y su doble*, 1940. *La mujer mnemotécnica*, 1941. *Luz adjunta*, 1950. *La simple vista*, 1951. *La gran vida*, 1952. *El pensamiento transmitido*, 1952. *Discurso del gran poder*, 1952. *Versión definitiva*, 1956. *Poemas, 1934-1959*, 1960. *La casa fantasma*, 1962. *Ancud, Castro y Achao*, 1963. *Pequeña meditación al atardecer en un cementerio junto al mar*, 1967. *En el mejor de los mundos. Una mansión absolutamente espejo deambula insomne por una mansión absolutamente imagen.*

GRANDES VIENTOS

A Víctor Brauner

Grandes vientos de mejillas ardientes
Alocados como fantasmas de ojos azules
Apretaban las sillas con sus manos nerviosas
Miraban hacia la ventana
Buscando la manera de salir
Grandes vientos tan semejantes a mi juventud

EL PUENTE LEVADIZO

Hoy 14 de diciembre de 1953
Y éste no es el comienzo de mi pequeño ni de mi grande testamento
Al mirar hacia El Plomo distraídamente
Vi de pronto esbozarse la figura inmortal de la Venus de Willendorf
Ella era semejante a la edad misma
Semejante a la nube de piedra que estallaba en piedra para hacer
    fértil la edad de piedra
De esa piedra por el hombro derecho nacían los hombres
Por el otro mujeres
Y ella quería descender y no se decidía
Hasta que al doblar una esquina la perdí de vista completamente

La paloma en persona
Asentada su riqueza proverbial en tres surtidores que hablan el
    mismo idioma
Y en tres tamarindos bellos como el *lapsus linguae* del jardín
Derribados sus frutos a golpe de hechizos
Sus signos secretos por donde pasan todas las palabras
Nombrando el misterio con acento extranjero
Y para la gloria de tres pequeños zapatos del mismo número

Ella surge de nuevo en razón de mi "desplazamiento"
Exteriormente el paisaje representa
Una choza a la cual se ha dado en llamar la choza del amor
En ella hay una pareja de iniciados mágicos
Como las agujas del reloj
Para marcar la hora eterna
La hora de piedra
La hora de bronce
La hora de qué sé yo
Internamente es un castillo
Un castillo llamado de los cuatro elementos porque también el
    fuego ha llegado
Sus paredes de obsidiana reflejan el pensamiento y la materia
Confundidos en la orgía de los sacrificios

Nosotros ayudamos a sacar las piedras que obstruían la caverna
Mientras el río se deja llevar por esas hojas del rosal caídas en sus
    ondas
En cada hoja hay una pequeña niña
Ella duerme

La Venus de Willendorf ha tendido su cuerpo como escala
Entre el puerto y la nave
Y por ella desciende una niña italiana
Sus pies están desnudos para andar por la aurora
Ella no cuenta arriba de siete años
Pero ya su aire grave la pone en primera comunicación con la
    selva virgen
Esta selva la mece como una cuna y taladra los ecos
Para que la luz la bañe con un único significado
El significado de la noche de los tiempos
Llamada poesía

A paso de montaña
La nieve era un correo flagrante

Con precisión barométrica
Y con alas de sinople el águila bifronte se recortaba en un terciopelo
    azul
Como una gastada mercancía encontrada al azar encima de un sillón
En el momento en que bruscamente abrimos la puerta de esa
    cámara
A la cual suponíamos vacía
Y nos recibió el alegre bullicio de ese grupo de amazonas
Y ya no sé si era un grabado de viejos tiempos
Pero yo toqué con mi mano el muro
Sobre el cual estaban inscritos los puntos luminosos de viejas
    cosmogonías
Hoy en desuso
Salvo este paso de montaña del que yo saqué la mejor parte

Noche de América
A dos metros de nivel en la cámara secreta
Dos metros es bastante
Para ahogar en oro cualquiera aurora sabia

Y el resto
Nadie sabría decirlo mejor que ese nido abandonado
Y pasto de la fiebre
Donde ella apareció como por encanto
Simultáneamente la línea ferroviaria expone sus dedales de oro
Y una nube provinciana rebulle en el aguardiente
La puerta cochera aún estaba abierta
El perfume de la ñipa estaba adherido en tal forma a la tarde
Que las estrellas rompían desesperadamente los barrotes
Y una feliz coincidencia hizo posible que ellos se internaran en la
    cordillera
Extáticos guiados por un ídolo de piedra
En el cual confiaron toda la sabiduría
Desde la hora que se cristalizaba al contacto de sus minutos
Hasta la hora en que la plaza de San Felipe era un mineral de
    corazón de rosa

Mujer
Posado en tu hombro un quetzal te guía hacia la cascada de tu
    aurora
Piedras cansadas de un viejo laberinto
Son como los pedernales mismos del enigma
Y como los mismos párpados del agua

Estas mujeres ven el arco iris formarse como el pensamiento del
    amor del agua
Y ya el fuego ha venido
Ha venido la tierra y el aire
Y estos cuatro elementos
Están en su elemento

Vírgenes tendidas en una roca toman el sol voluptuosamente
Toman el sol literalmente
Es decir lo toman con su sangre
Juegan con un muñeco pesado pequeño y ostentoso
Un muñeco caído de una estrella enana
Y adornado con raíces de helecho
Para producir el *quid pro quo* de la eternidad
Ellas le han vuelto a la vida
Es decir le han vuelto a la palabra
Y con diez u once palabras que el muñeco pronuncia con esfuerzo
Estas vírgenes ríen del porvenir
Ven los futuros caballos blancos relinchar de espanto
Y oyen los arcabuces y ven huir el sol con su carcaj que golpea
    su cadera

Enigmas voluptuosos
Como mujeres tendidas en un poncho
Un collar de perlas interiores corta su hilo
Y todas las perlas se desatan en lágrimas
Es la joven perenne en una primavera de Alaska
Ella ha dejado de usar el camino de la costa
Después de haber extendido su velo sobre el mar
Como un papel secante
Para extraer las últimas firmas del adiós

El agua (diálogo de golondrinas) y el desierto (¿aún es tiempo de
    asistir a la reunión?)
El salitre (pelaje de oso pardo) y la rosa (17.825)
Apenas la noche ha descendido
Y ya las diosas cruzan como luciérnagas el bosque
Tú juegas con las diosas en una cacería decisiva y muda
Tú recoges a las diosas heridas y las cicatrizas en la piedra
Y con ellas haces la vendimia y la sequía
Tú besas los párpados de la piedra a base de preguntas de aire
Luego avanzas hacia el resplandor del plenilunio
Y dices sonriente
—Yo soy el enigma de la noche americana

Ellas estaban al alcance de todos los colores
Y agitaban en sus manos papeles que nos autorizaban para cruzar
    el lago
Ellas se despedían a un tiempo mismo de todas las auroras
Con sus cabellos locos metidos debajo del bosque

Pero no te olvidemos aún enigma mío amada mía
Tú te estremeces como el mercurio en fiebre
Y te enraizas en el océano hasta hacerte su naufragio
Yo soy enigma proclamas a todo viento
El pájaro llamado cóndor te seduce
Y luego los dos se vuelan se vuelan a todo viento

Bien y todos se inclinan
Y te demandan que reveles tu arcano
Tú lo revelas y un baladro se escucha
Este baladro quiebra las copas del festín

Aprisa aprisa
Espejo en la llama torpe del delirio
No dejes transcurrir un día más sin visitar el país de las larvas de
    la luz
Sin temer al síncope de los relámpagos
Sin cautivarte por esa pieza de género que se despliega en el
    mostrador de la sastrería
Y dentro de la cual un rubí de jardín semeja un insecto áptero
El insecto se autodenomina reverbero
Y aflora cada cierto número de días en los ojos de las muchachas
Y se equivoca deliciosamente de república
Simultáneamente tu porvenir y mi pasado se confunden

Ellas habían venido
Ellas eran las sacerdotisas inspiradas y sus cuerpos fosforescentes
En la noche ellas suplían los recuerdos
Ellas habían venido el río estaba abierto
Las mujeres se han refugiado en el presente como la imaginación
    en los libros de aventuras
Y el río seguía el curso trazado por la nieve
Guiado por algunas golondrinas
Recuerdo ese día por ser voluntariamente 1931
Yo iba a cambiar las anticuadas nociones de bien y mal
Por un bien más alto
Recuerdo ese día para el cual he vivido
Y que es en suma ese mismo día repetido antes y después

Venid sacerdotisas bogando por ese río
Vosotras cambiáis el tiempo por una casa sólida
Y cuya única mención es el rosal
Que Alicia Liddell llamó mágico en su tiempo
Puesto que da flores tan naturales como las que adornan este
    comedor

Tu voz profética quebrada por la ternura
Se baraja con otras voces
Noches insomnes todos los sueños
Se barajan con sueños insomnes todas las noches
Las velas se hinchan y el océano ríe
Todo está preparado en el concierto de las naciones

Otros mundos
Mundos de azar
Un día yo visité la casa del ahorcado
No sin antes pagar la entrada a la mandrágora
Casa situada en un recodo del camino
Y yo escribí un informe concienzudo de mi visita
Informe que puede leerse en algunas líneas de este mismo texto
La casa del ahorcado
En la cual el fuego se toma la justicia por su mano

Tú has olvidado tu nombre loco
Y por ti el amor se hace oráculo
Has olvidado tu nombre y necesitas
Que todos los seres de la ciudad
Que todos los árboles de la selva
Que todos los barcos del puerto
Que todos los minerales bajo tierra
Digan su nombre antes para saber el tuyo

A raíz de estas palabras
Las hadas hidroeléctricas dejaron correr sus ovillos de lana
Para tejer el campo donde pacerán las ovejas
Tribus de pastores a las cuales el viento empujaba hacia adelante
Habían pernoctado junto al río
Las estrellas palúdicas alumbraban la plaza del mercado
Y a raíz de estas palabras
Los hombres se nutrieron de silencio
Y un barco empezó a descender por ese río
De más está decir que ese barco navegaba a capricho de tu sueño
Tú ibas dormida en él

Ibas dormida como el perfume va en la rosa
El alba era tu estela
El barco mismo era tu vestidura

Con la luz escarlata avanza el prestidigitador y hace girar las siete
    estrellas
Mientras por la avenida corren en jauría las bombas de incendio
Se han interrumpido por un instante las bodas vienesas en honor
    de José María Eguren
En la vieja casa pintada por Figari
Toda la noche una rama ha golpeado la ventana
Toda la noche hasta la aurora escarlata
Y si he dicho que los ciervos abandonaron el bosque es a causa de
    la nieve
Y no por haber visto la casa del ahorcado levantarse de la noche
    a la mañana
La casa del ahorcado en cuyo alero golondrinas de una mancha
    especial encontraron asilo
Eran negras y blancas como todas pero una línea escarlata les
    cruzaba el cuello
Y a la mañana siguiente el viejo prestidigitador había capturado
    siete

El nombre de algunas raíces que yo masco para saber
Mientras la noche tiende la sábana
Raíces vertiginosas que dan el vértigo
Raíces sedientas para la sed
Raíces nupciales para el amor
Raíces negras para el amarillo
Raíces llaves para la libertad
El mar ha nacido bruscamente del desierto y las lianas descifran
    sus palabras de escritura cerrada
Aldeas abandonadas donde perros vampiros cazan moscas de sangre
Esperando la llegada de sus dueños

Vientos perniciosos y cuyas dos columnas del debe y el haber se
    han hecho trizas
Ellos conglomeran todas las hojas del bosque encima del graal
Y un fuego puro y silencioso es la propia puerta del castillo
Para vestidos blancos
Cuyos jirones quedan en un barganal de medianoche

Vudú haz volar en una noche toda la isla
Enséñala a volar como enseñaste a andar a la muñeca

La muñeca zombi en las manos del zombi
Y que redacta la constitución poética de Haití

Abrid abrid el bosque vocinglero
Abrid el amor hasta su última espesura
Que un palomar entero entre en actividad
Un palomar cuyos barrotes son ceniza
Y que estas palomas en persona sean los veintiún arcanos en persona
Ni más ni más que si fueran besos en persona
Personas en persona
Campanas en persona
Con un terrible fuego de personas que hubieran caído en persona
     como quien cae en éxtasis
Éxtasis trivial y sin embargo grave

Y tú por último
Tú la que supiste mi pasado
Traza mi porvenir
Ven a incorporarte a la fogata
Y juntos aire tierra fuego y agua tracen mi existencia
Enciéndanme pasado presente y porvenir
Pasado presente y porvenir que todas las noches reconstruyo
Y que el alba disipa
Y juntos vosotros todos hagan del interior y del exterior
Un solo idioma
El cual me sirva para hablar con mis semejantes

JOAQUÍN PASOS

Nicaragua, 1914-1947. Obra: *Poemas de un joven*, 1962.

LAS 10 DE LA MAÑANA

Las diez de la mañana... y Granada.
Yo habría querido modelar el aire entre mis dedos
y dejarlo maduro como un mango.
A estas horas, pobres niñas que estudian piano,
sincronizan el ambiente con sus almas
buenos dedos musicaleros
mira ese señor sentado
leyendo los periódicos del día
y estos arbolitos de mi patio
perfectamente silenciosos,
en una puerta de vidrio
una niña con dos pollitos
y porque la calle se acaba de bañar
tiene los cabellos mojados
hoy en la mañanita cayó un aguacero
y ¿por qué mi barquito de papel ha sido detenido por la piedra?
Cuánta cosa hay en este: ¡Hola! dicho al sol
y contestado con una prolongación amorosa de rayos.

Porque hoy debe ser domingo,
entra a la refresquería y pide una soda
—con una paja y un cigarrillo—.

Mañana para agitar banderolas de color
a todo viento,
y para oír cantar alcaravanes
mañana para que crezcan flores
y naranjas,
y para oír cantar alcaravanes
y todo para hacernos sentir que no somos de aquí,
siendo tan de aquí,
para sentirnos árboles de Nicaragua,
plantados en tierra de Nicaragua.

Mira ese cielo que te dice todo lo que tú quieres decir;
sólo tú y yo, socio
—¿no quedarían espantados los burgueses
si pudieran conocer nuestras almas?—.

Las diez de la mañana... y Granada.
(Las máquinas de las costureras
y el piano de las niñas.)

CONSTRUCCIÓN DE TU CUERPO

Estás desnuda aún, gran flor de sueño,
animal que agita las aguas del alma,
emoción hecha piedra.

Tu realidad vacía pide socorro en la ventana
llora su altura esquiva, rebela su materia,
el deseo de quemarla sube en el sediento fuego.
Bajan sólo las voces, las cintas imposibles amarradas al recuerdo,
dos o tres pétalos.

Un río de agua negra cruza a través de mi sueño.
Mi esfuerzo de zarcillo se malogra en la torre,
en la lisa torre donde vive tu mano
quiebra las uñas de mis gritos.
¿Hasta cuándo bajarás en tu propia voz,
cuándo brotará tu forma?
Los ascensos ilimitados y las aguas profundas
han construido tu nombre,
yo te ofrezco mi sangre para completar tu ser
para vestirte por dentro,
mi amor te esculpirá la carne tallándote igual a ti,
se realizará tu bella espalda,
existirán al fin tus senos que fueron confiados a la nada,
tus ojos previstos desde la eternidad.

Los pájaros llorarán conmigo al oír por primera vez tu voz,
tu voz escogida entre todas las voces
trayéndote asida de la lengua,
¡el agua negra temblará al escuchar tu grito de Materia!

En aires insospechados flota tu tensa arquitectura,
tus medidas luchan contra los abismos,
pero cada uno de tus nervios va siendo colocado,
se prueba la integridad de sus sonidos,
para que el victorioso piano toque la música de tu cuerpo en
     movimiento.

La derrota del vacío vendrá a colmar más mis venas perfumadas,
a dar el primer vino a la sed del fuego.
Tu sufrimiento de vivir ha sido catalogado
entre las cosas más lindas del universo,
el tributo de amor más grande que se conoce.
Un temblor ignorado invade tu esencia
pues la emoción de encontrarme aún no conoce las palabras,
tus oídos sin existencia no recogerán todavía estos versos
pero sabes que te espero en el puente de mi carne
alzando hacia ti mis brazos en llamas
con todo mi pequeño ser pidiendo tu realidad,
rogando la certeza de su sueño.

Tendrás que ser al fin, porque conozco tu perfume secreto,
porque sé tu nombre que nunca ha sido pronunciado,
porque he sentido en el aire el molde de tu cuerpo,
porque encontré en el espacio el lugar de tus manos
y en el tiempo la hora de tu caricia.

Porque este poema tuyo, desde lejos
lo dictas tú en silencio,
porque mis brazos se extienden hacia ti sin quererlo,
porque esto es demasiado para el sueño.

CANTO DE GUERRA DE LAS COSAS

> *Fratres: Existimo enim quod non sunt condig-
> nae passiones hujus temporis ad futuram glo-
> riam, quae revelabitur in nobis. Nam exspec-
> tatio creaturae revelationem fliorum Dei
> exspectat. Vanitati enim creatura subjecta est
> non volens, sed propter eum, qui subjecit eam,
> in spe quia et ipsa creatura liberabitur a servi-
> tute corruptionis in libertatem gloriae filiorum
> Dei. Scimus enim quod omnis creatura inge-
> miscit et parturit usque adhuc.*
>
> PAULUS AD ROM. 8, 18-23

Cuando lleguéis a viejos, respetaréis la piedra,
si es que llegáis a viejos,
si es que entonces quedó alguna piedra.
Vuestros hijos amarán al viejo cobre,
al hierro fiel.
Recibiréis a los antiguos metales en el seno de vuestras familias,
trataréis al noble plomo con la decencia que corresponde a su
         carácter dulce;
os reconciliaréis con el zinc dándole un suave nombre;
con el bronce considerándolo como hermano del oro,
porque el oro no fue a la guerra por vosotros,
el oro se quedó, por vosotros, haciendo el papel de niño mimado,
vestido de terciopelo, arropado, protegido por el resentido acero...
Cuando lleguéis a viejos, respetaréis al oro,
si es que llegáis a viejos,
si es que entonces quedó algún oro.

El agua es la única eternidad de la sangre.
Su fuerza, hecha sangre. Su inquietud, hecha sangre.
Su violento anhelo de viento y cielo,
hecho sangre.
Mañana dirán que la sangre se hizo polvo,
mañana estará seca la sangre.
Ni sudor, ni lágrimas, ni orina
podrán llenar el hueco del corazón vacío.
Mañana envidiarán la bomba hidráulica de un inodoro palpitante,
la constancia viva de un grifo,
el grueso líquido.
El río se encargará de los riñones destrozados

y en medio del desierto los huesos en cruz pedirán en vano que
  regrese el agua a los cuerpos de los hombres.

Dadme un motor más fuerte que un corazón de hombre.
Dadme un cerebro de máquina que pueda ser agujereado sin dolor.
Dadme por fuera un cuerpo de metal y por dentro otro cuerpo de
  metal
igual al del soldado de plomo que no muere,
que no te pide, Señor, la gracia de no ser humillado por tus obras,
como el soldado de carne blanducha, nuestro débil orgullo,
que por tu día ofrecerá la luz de sus ojos,
que por tu metal admitirá una bala en su pecho,
que por tu agua devolverá su sangre.
Y que quiere ser como un cuchillo, al que no puede herir otro
  cuchillo.

Esta cal de mi sangre incorporada a mi vida
será la cal de mi tumba incorporada a mi muerte,
porque aquí está el futuro envuelto en papel de estaño,
aquí está la ración humana en forma de pequeños ataúdes,
y la ametralladora sigue ardiendo de deseos
y a través de los siglos sigue fiel al amor del cuchillo a la carne.
Y luego, decid si no ha sido abundante la cosecha de balas,
si los campos no están sembrados de bayonetas,
si no han reventado a su tiempo las granadas...
Decid si hay algún pozo, un hueco, un escondrijo
que no sea un fecundo nido de bombas robustas;
decid si este diluvio de fuego líquido
no es más hermoso y más terrible que el de Noé,
sin que haya un arca de acero que resista
ni un avión que regrese con la rama de olivo.

Vosotros, dominadores del cristal, he ahí vuestros vidrios fundidos.
Vuestras casas de porcelana, vuestros trenes de mica,
vuestras lágrimas envueltas en celofán, vuestros corazones de
  bakelita,
vuestros risibles y hediondos pies de hule,
todo se funde y corre al llamado de guerra de las cosas,
como se funde y se escapa con rencor el acero que ha sostenido
  una estatua.

Los marineros están un poco excitados. Algo les turba su viaje.
Se asoman a la borda y escudriñan el agua,

se asoman a la torre y escudriñan el aire.
Pero no hay nada.
No hay peces, ni olas, ni estrellas, ni pájaros.
Señor capitán, ¿a dónde vamos?
Lo sabremos más tarde.
Cuando hayamos llegado.
Los marineros quieren lanzar el ancla,
los marineros quieren saber qué pasa.
Pero no es nada. Están un poco-excitados.
El agua del mar tiene un sabor más amargo,
el viento del mar es demasiado pesado.
Y no camina el barco. Se quedó quieto en medio del viaje.
Los marineros se preguntan ¿qué pasa? con las manos;
No pasa nada. Están un poco excitados.
Nunca volverá a pasar nada. Nunca lanzarán el ancla.

No había que buscarla en las cartas del naipe ni en los signos de
    la cábala.
En todas las cartas estaba, hasta en las de amor y en las de
    navegar.
Todos los signos llevaban su signo.
Izaba su bandera sin color, fantasma de bandera para ser pintada
    con colores de sangre de fantasma,
bandera que cuando flotaba al viento parecía que flotaba el viento.
Iba y venía, iba en el venir, venía en el yendo, como que si fuera
    viniendo.
Subía, y luego bajaba hasta en medio de la multitud y besaba a
    cada hombre.
Acariciaba cada cosa con sus dedos suaves de sobadora de marfil.
Cuando pasaba un tranvía, ella pasaba en el tranvía;
cuando pasaba una locomotora, ella iba sentada en la trompa.
Pasaba ante el vidrio de todas las vitrinas,
sobre el río de todos los puentes,
por el cielo de todas las ventanas.
Era la misma vida que flota ciega en las calles como una niebla
    borracha.
Estaba de pie junto a todas las paredes como un ejército de
    mendigos,
era un diluvio en el aire.
Era tenaz, y también dulce, como el tiempo.

Con la opaca voz de un destrozado amor sin remedio,
con el hueco de un corazón fugitivo,
con la sombra del cuerpo

con la sombra del alma, apenas sombra de vidrio,
con el espacio vacío de una mano sin dueño,
con los labios heridos,
con los párpados sin sueño,
con el pedazo de pecho donde está sembrado el musgo del
    resentimiento
y el narciso,
con el hombro izquierdo,
con el hombro que carga las flores y el vino,
con las uñas que aún están adentro
y no han salido,
con el porvenir sin premio, con el pasado sin castigo,
con el aliento,
con el silbido,
con el último bocado de tiempo, con el último sorbo de líquido,
con el último verso del último libro.
Y con lo que será ajeno. Y con lo que fue mío.

Somos la orquídea del acero,
florecimos en la trinchera como el moho sobre el filo de la espada,
somos una vegetación de sangre,
somos flores de carne que chorrean sangre,
somos la muerte recién podada
que florecerá muertes y más muertes hasta hacer un inmenso jardín
    de muertes.

Como la enredadera púrpura de filosa raíz
que corta el corazón y se siembra en la fangosa sangre
y sube y baja según su peligrosa marea.
Así hemos inundado el pecho de los vivos,
somos la selva que avanza.

Somos la tierra presente. Vegetal y podrida.
Pantano corrompido que burbujea mariposas y arco iris.
Donde tu cáscara se levanta están nuestros huesos llorosos,
nuestro dolor brillante en carne viva,
oh santa y hedionda tierra nuestra,
humus humanos.

Desde mi gris sube mi ávida mirada,
mi ojo viejo y tardo, ya encanecido,
desde el fondo de un vértigo lamoso
sin negro y sin color completamente ciego.
Asciendo como topo hacia un aire

que huele mi vista,
el ojo de mi olfato, y el murciélago
todo hecho de sonido.
Aquí la piedra es piedra, pero ni el tacto sordo
puede imaginar si vamos o venimos,
pero venimos, sí, desde mi fondo espeso,
pero vamos, ya lo sentimos, en los dedos podridos
y en esta cruel mudez que quiere cantar.

Como un súbito amanecer que la sangre dibuja
irrumpe el violento deseo de sufrir,
y luego el llanto fluyendo como la uña de la carne
y el rabioso corazón ladrando en la puerta.
Y en la puerta un cubo que se palpa
y un camino verde bajo los pies hasta el pozo,
hasta más hondo aún, hasta el agua,
y en el agua una palabra samaritana
hasta más hondo aún, hasta el beso.

Del mar opaco que me empuja
llevo en mi sangre el hueco de su ola,
el hueco de su huida,
un precipicio de sal aposentada.
Si algo traigo para decir, dispensadme,
en el bello camino lo he olvidado.
Por un descuido me comí la espuma,
perdonadme, que vengo enamorado.

Detrás de ti quedan ahora cosas despreocupadas, dulces.
Pájaros muertos, árboles sin riego.
Una hiedra marchita. Un olor de recuerdo.
No hay nada exacto, no hay nado malo ni bueno,
y parece que la vida se ha marchado hacia el país del trueno.
Tú, que viste en un jarrón de flores el golpe de esta fuerza;
tú, la invitada al viento en fiesta;
tú, la dueña de una cotorra y un coche de ágiles ruedas,
tú, que miraste a un caballo del tiovivo saltar sobre la verja
y quedar sobre la grama como esperando que lo montasen los niños
      de la escuela,
asiste ahora, con ojos pálidos, a esta naturaleza muerta.

Los frutos no maduran en este aire dormido
sino lentamente, de tal suerte que parecen marchitos,
y hasta los insectos se equivocan en esta primavera sonámbula, sin
      sentido.

La naturaleza tiene ausente a su marido.
No tienen ni fuerza suficiente para morir las semillas del cultivo
y su muerte se oye como el hilito de sangre que sale de la boca del
     hombre herido.
Rosas solteronas, flores que parecen usadas en la fiesta del olvido,
débil olor de tumbas, de hierbas que mueren sobre mármoles
     inscritos.
Ni un solo grito. Ni siquiera la voz de un pájaro o de un niño
o el ruido de un bravo asesino con su cuchillo.

¡Qué dieras hoy por tener manchado de sangre el vestido!
¡Qué dieras por encontrar habitado algún nido!
¡Qué dieras porque sembraran en tu carne un hijo!

Por fin, Señor de los Ejércitos, he aquí el dolor supremo.
He aquí, sin lástimas, sin subterfugios, sin versos,
el dolor verdadero.
Por fin, Señor, he aquí frente a nosotros el dolor parado en seco.
No es un dolor por los heridos ni por los muertos,
ni por la sangre derramada ni por la tierra llena de lamentos,
ni por las ciudades vacías de casas ni por los campos llenos de
     huérfanos.
Es el dolor entero.
No pueden haber lágrimas ni duelo
ni palabras ni recuerdos,
pues nada cabe ya dentro del pecho.
Todos los ruidos del mundo forman un gran silencio.
Todos los hombres del mundo forman un solo espectro.
En medio de este dolor, ¡soldado!, queda tu puesto
vacío o lleno.
Las vidas de los que quedan están con huecos,
tienen vacíos completos,
como si se hubieran sacado bocados de carne de sus cuerpos.
Asómate a este boquete, a este que tengo en el pecho,
para ver cielos e infiernos.
Mira mi cabeza hendida por millares de agujeros:
a través brilla un sol blanco, a través un astro negro.
Toca mi mano, esta mano que ayer sostuvo un acero;
puedes pasar en el aire, a través de ella, tus dedos!
He aquí la ausencia del hombre, fuga de carne, de miedo,
días, cosas, almas, fuego.
Todo se quedó en el tiempo. Todo se quemó allá lejos.

OCTAVIO PAZ

México, 1914. Obras: *Luna silvestre*, 1933. *Raíz del hombre*, 1937. *Bajo tu clara sombra*, 1937. *Entre la piedra y la flor*, 1941. *A la orilla del mundo*, 1942. *Libertad bajo palabra*, 1949. *¿Águila o sol?*, 1951. *Semillas para un himno*, 1954. *Piedra de sol*, 1957. *La estación violenta*, 1958. *Libertad bajo palabra. Obra poética (1935-1958)*, 1960. *Salamandra*, 1962. *Viento entero*, 1965. *Blanco*, 1967. *Ladera este*, 1969. *Vuelta*, 1975. *Pasado en claro*, 1975. *Poemas (1935-1975)*, 1979.

PIEDRA DE SOL

La treizième revient... c'est encore la première;
et c'est toujours la seule —ou c'est le seul moment;
car es-tu reine, ô toi, la première ou dernière?
es-tu roi, toi le seul ou le dernier amant?...

GÉRARD DE NERVAL: *Artémis*

un sauce de cristal, un chopo de agua,
un alto surtidor que el viento arquea,
un árbol bien plantado mas danzante,
un caminar de río que se curva,
avanza, retrocede, da un rodeo
y llega siempre:
        un caminar tranquilo
de estrella o primavera sin premura,
agua que con los párpados cerrados
mana toda la noche profecías,
unánime presencia en oleaje,
ola tras ola hasta cubrirlo todo,
verde soberanía sin ocaso
como el deslumbramiento de las alas
cuando se abren en mitad del cielo,

un caminar entre las espesuras
de los días futuros y el aciago
fulgor de la desdicha como un ave
petrificando el bosque con su canto
y las felicidades inminentes

119

entre las ramas que se desvanecen,
horas de luz que pican ya los pájaros,
presagios que se escapan de la mano,
una presencia como un canto súbito,
como el viento cantando en el incendio,
una mirada que sostiene en vilo
al mundo con sus mares y sus montes,
cuerpo de luz filtrado por un ágata,
piernas de luz, vientre de luz, bahías,
roca solar, cuerpo color de nube,
color de día rápido que salta,
la hora centellea y tiene cuerpo,
el mundo ya es visible por tu cuerpo,
es transparente por tu transparencia,

voy entre galerías de sonidos,
fluyo entre las presencias resonantes,
voy por las transparencias como un ciego,
un reflejo me borra, nazco en otro,
oh bosque de pilares encantados,
bajo los arcos de la luz penetro
los corredores de un otoño diáfano,

voy por tu cuerpo como por el mundo,
tu vientre es una plaza soleada,
tus pechos dos iglesias donde oficia
la sangre sus misterios paralelos,
mis miradas te cubren como yedra,
eres una ciudad que el mar asedia,
una muralla que la luz divide
en dos mitades de color durazno,
un paraje de sal, rocas y pájaros
bajo la ley del mediodía absorto,

vestida del color de mis deseos
como mi pensamiento vas desnuda,
voy por tus ojos como por el agua,
los tigres beben sueño en esos ojos,
el colibrí se quema en esas llamas,
voy por tu frente como por la luna,
como la nube por tu pensamiento,
voy por tu vientre como por tus sueños,
tu falda de maíz ondula y canta,
tu falda de cristal, tu falda de agua,

tus labios, tus cabellos, tus miradas,
toda la noche llueves, todo el día
abres mi pecho con tus dedos de agua,
cierras mis ojos con tu boca de agua,
sobre mis huesos llueves, en mi pecho
hunde raíces de agua un árbol líquido,

voy por tu talle como por un río,
voy por tu cuerpo como por un bosque,
como por un sendero en la montaña
que en un abismo brusco se termina,
voy por tus pensamientos afilados
y a la salida de tu blanca frente
mi sombra despeñada se destroza,
recojo mis fragmentos uno a uno
y prosigo sin cuerpo, busco a tientas,

corredores sin fin de la memoria,
puertas abiertas a un salón vacío
donde se pudren todos los veranos,
las joyas de la sed arden al fondo,
rostro desvanecido al recordarlo,
mano que se deshace si la toco,
cabelleras de arañas en tumulto
sobre sonrisas de hace muchos años,
a la salida de mi frente busco,
busco sin encontrar, busco un instante,
un rostro de relámpago y tormenta
corriendo entre los árboles nocturnos,
rostro de lluvia en un jardín a oscuras,
agua tenaz que fluye a mi costado,

busco sin encontrar, escribo a solas,
no hay nadie, cae el día, cae el año,
caigo con el instante, caigo a fondo,
invisible camino sobre espejos
que repiten mi imagen destrozada,
piso días, instantes caminados,
piso los pensamientos de mi sombra,
piso mi sombra en busca de un instante,
busco una fecha viva como un pájaro,
busco el sol de las cinco de la tarde
templado por los muros de tezontle:

la hora maduraba sus racimos
y al abrirse salían las muchachas
de su entraña rosada y se esparcían
por los patios de piedra del colegio,
alta como el otoño caminaba
envuelta por la luz bajo la arcada
y el espacio al ceñirla la vestía
de una piel más dorada y transparente,

tigre color de luz, pardo venado
por los alrededores de la noche,
entrevista muchacha reclinada
en los balcones verdes de la lluvia,
adolescente rostro innumerable,
he olvidado tu nombre, Melusina,
Laura, Isabel, Perséfona, María,
tienes todos los rostros y ninguno,
eres todas las horas y ninguna,
te pareces al árbol y a la nube,
eres todos los pájaros y un astro,
te pareces al filo de la espada
y a la copa de sangre del verdugo,
yedra que avanza, envuelve y desarraiga
al alma y la divide de sí misma,

escritura de fuego sobre el jade,
grieta en la roca, reina de serpientes,
columna de vapor, fuente en la peña,
circo lunar, peñasco de las águilas,
grano de anís, espina diminuta
y mortal que da penas inmortales,
pastora de los valles submarinos
y guardiana del valle de los muertos,
liana que cuelga del cantil del vértigo,
enredadera, planta venenosa,
flor de resurrección, uva de vida,
señora de la flauta y del relámpago,
terraza del jazmín, sal en la herida,
ramo de rosas para el fusilado,
nieve en agosto, luna del patíbulo,
escritura del mar sobre el basalto,
escritura del viento en el desierto,
testamento del sol, granada, espiga,

rostro de llamas, rostro devorado,
adolescente rostro perseguido,
años fantasmas, días circulares
que dan al mismo patio, al mismo muro,
arde el instante y son un solo rostro
los sucesivos rostros de la llama,
todos los nombres son un solo nombre,
todos los rostros son un solo rostro,
todos los siglos son un solo instante
y por todos los siglos de los siglos
cierra el paso al futuro un par de ojos,

no hay nada frente a mí, sólo un instante
rescatado esta noche, contra un sueño
de ayuntadas imágenes soñado,
duramente esculpido contra el sueño,
arrancado a la nada de esta noche,
a pulso levantado letra a letra,
mientras afuera el tiempo se desboca
y golpea las puertas de mi alma
el mundo con su horario carnicero,

sólo un instante mientras las ciudades,
los nombres, los sabores, lo vivido,
se desmoronan en mi frente ciega,
mientras la pesadumbre de la noche
mi pensamiento humilla y mi esqueleto,
y mi sangre camina más despacio
y mis dientes se aflojan y mis ojos
se nublan y los días y los años
sus horrores vacíos acumulan,

mientras el tiempo cierra su abanico
y no hay nada detrás de sus imágenes
el instante se abisma y sobrenada
rodeado de muerte, amenazado
por la noche y su lúgubre bostezo,
amenazado por la algarabía
de la muerte vivaz y enmascarada
el instante se abisma y se penetra,
como un puño se cierra, como un fruto
que madura hacia dentro de sí mismo
y a sí mismo se bebe y se derrama,

el instante translúcido se cierra
y madura hacia dentro, echa raíces,
crece dentro de mí, me ocupa todo,
me expulsa su follaje delirante,
mis pensamientos sólo son sus pájaros,
su mercurio circula por mis venas,
árbol mental, frutos sabor de tiempo,

oh vida por vivir y ya vivida,
tiempo que vuelve en una marejada
y se retira sin volver el rostro,
lo que pasó no fue pero está siendo
y silenciosamente desemboca
en otro instante que se desvanece:

frente a la tarde de salitre y piedra
armada de navajas invisibles
una roja escritura indescifrable
escribes en mi piel y esas heridas
como un traje de llamas me recubren,
ardo sin consumirme, busco el agua
y en tus ojos no hay agua, son de piedra,
y tus pechos, tu vientre, tus caderas
son de piedra, tu boca sabe a polvo,
tu boca sabe a tiempo emponzoñado,
tu cuerpo sabe a pozo sin salida,
pasadizo de espejos que repiten
los ojos del sediento, pasadizo
que vuelve siempre al punto de partida
y tú me llevas ciego de la mano
por esas galerías obstinadas
hacia el centro del círculo y te yergues
como un fulgor que se congela en hacha,
como luz que desuella, fascinante
como el cadalso para el condenado,
flexible como el látigo y esbelta
como un arma gemela de la luna,
y tus palabras afiladas cavan
mi pecho y me despueblan y vacían,
uno a uno me arrancas los recuerdos,
he olvidado mi nombre, mis amigos
gruñen entre los cerdos o se pudren
comidos por el sol en un barranco,

no hay nada en mí sino una larga herida,
una oquedad que ya nadie recorre,
presente sin ventanas, pensamiento
que vuelve, se repite, se refleja
y se pierde en su misma transparencia,
conciencia traspasada por un ojo
que se mira mirarse hasta anegarse
de claridad:
                yo vi tu atroz escama,
Melusina, brillar verdosa al alba,
dormías enroscada entre las sábanas
y al despertar gritaste como un pájaro
y caíste sin fin, quebrada y blanca,
nada quedó de ti sino tu grito,
y al cabo de los siglos me descubro
con tos y mala vista, barajando
viejas fotos:
                no hay nadie, no eres nadie,
un montón de ceniza y una escoba,
un cuchillo mellado y un plumero,
un pellejo colgado de unos huesos,
un racimo ya seco, un hoyo negro
y en el fondo del hoyo los dos ojos
de una niña ahogada hace mil años,

miradas enterradas en un pozo,
miradas que nos ven desde el principio,
mirada niña de la madre vieja
que ve en el hijo grande un padre joven,
mirada madre de la niña sola
que ve en el padre un hijo niño,
miradas que nos miran desde el fondo
de la vida y son trampas de la muerte
—¿o es al revés: caer en esos ojos
es volver a la vida verdadera?,

¡caer, volver, soñarme y que me sueñen
otros ojos futuros, otra vida,
otras nubes, morirme de otra muerte!
—esta noche me basta, y este instante
que no acaba de abrirse y revelarme
dónde estuve, quién fui, cómo te llamas,
cómo me llamo yo:

¿hacía planes
para el verano —y todos los veranos—
en Christopher Street, hace diez años,
con Filis que tenía dos hoyuelos
donde bebían luz los gorriones?,
¿por la Reforma Carmen me decía
"no pesa el aire, aquí siempre es octubre",
o se lo dijo a otro que he perdido
o yo lo invento y nadie me lo ha dicho?,
¿caminé por la noche de Oaxaca,
inmensa y verdinegra como un árbol,
hablando solo como el viento loco
y al llegar a mi cuarto —siempre un cuarto—
no me reconocieron los espejos?,
¿desde el hotel Vernet vimos al alba
bailar con los castaños —"ya es muy tarde"
decías al peinarte y yo veía
manchas en la pared, sin decir nada?,
¿subimos juntos a la torre, vimos
caer la tarde desde el arrecife?,
¿comimos uvas en Bidart?, ¿compramos
gardenias en Perote?,

             nombres, sitios,
calles y calles, rostros, plazas, calles,
estaciones, un parque, cuartos solos,
manchas en la pared, alguien se peina,
alguien canta a mi lado, alguien se viste,
cuartos, lugares, calles, nombres, cuartos,

Madrid, 1937,
en la Plaza del Ángel las mujeres
cosían y cantaban con sus hijos,
después sonó la alarma y hubo gritos,
casas arrodilladas en el polvo,
torres hendidas, frentes escupidas
y el huracán de los motores, fijo:
los dos se desnudaron y se amaron
por defender nuestra porción eterna,
nuestra ración de tiempo y paraíso,
tocar nuestra raíz y recobrarnos,
recobrar nuestra herencia arrebatada
por ladrones de vida hace mil siglos,
los dos se desnudaron y besaron

porque las desnudeces enlazadas
saltan el tiempo y son invulnerables,
nada las toca, vuelven al principio,
no hay tú ni yo, mañana, ayer ni nombres,
verdad de dos en sólo un cuerpo y alma,
oh ser total...
                    cuartos a la deriva
entre ciudades que se van a pique,
cuartos y calles, nombres como heridas,
el cuarto con ventanas a otros cuartos
con el mismo papel descolorido
donde un hombre en camisa lee el periódico
o plancha una mujer; el cuarto claro
que visitan las ramas del durazno;
el otro cuarto: afuera siempre llueve
y hay un patio y tres niños oxidados;
cuartos que son navíos que se mecen
en un golfo de luz; o submarinos:
el silencio se esparce en olas verdes,
todo lo que tocamos fosforece;
mausoleos del lujo, ya roídos
los retratos, raídos los tapetes;
trampas, celdas, cavernas encantadas,
pajareras y cuartos numerados,
todos se transfiguran, todos vuelan,
cada moldura es nube, cada puerta
da al mar, al campo, al aire, cada mesa
es un festín; cerrados como conchas
el tiempo inútilmente los asedia,
no hay tiempo ya, ni muro: ¡espacio, espacio,
abre la mano, coge esta riqueza,
corta los frutos, come de la vida,
tiéndete al pie del árbol, bebe el agua!,

todo se transfigura y es sagrado,
es el centro del mundo cada cuarto,
es la primera noche, el primer día,
el mundo nace cuando dos se besan,
gota de luz de entrañas transparentes
el cuarto como un fruto se entreabre
o estalla como un astro taciturno
y las leyes comidas de ratones,
las rejas de los bancos y las cárceles,

las rejas de papel, las alambradas,
los timbres y las púas y los pinchos,
el sermón monocorde de las armas,
el escorpión meloso y con bonete,
el tigre con chistera, presidente
del Club Vegetariano y la Cruz Roja,
el burro pedagogo, el cocodrilo
metido a redentor, padre de pueblos,
el Jefe, el tiburón, el arquitecto
del porvenir, el cerdo uniformado,
el hijo predilecto de la Iglesia
que se lava la negra dentadura
con el agua bendita y toma clases
de inglés y democracia, las paredes
invisibles, las máscaras podridas
que dividen al hombre de los hombres,
al hombre de sí mismo,
                              se derrumban
por un instante inmenso y vislumbramos
nuestra unidad perdida, el desamparo
que es ser hombres, la gloria que es ser hombres
y compartir el pan, el sol, la muerte,
el olvidado asombro de estar vivos;

amar es combatir, si dos se besan
el mundo cambia, encarnan los deseos,
el pensamiento encarna, brotan alas
en las espaldas del esclavo, el mundo
es real y tangible, el vino es vino,
el pan vuelve a saber, el agua es agua,
amar es combatir, es abrir puertas,
dejar de ser fantasma con un número
a perpetua cadena condenado
por un amo sin rostro;
                              el mundo cambia
si dos se miran y se reconocen,
amar es desnudarse de los nombres:
"déjame ser tu puta", son palabras
de Eloísa, mas él cedió a las leyes,
la tomó por esposa y como premio
lo castraron después;
                              mejor el crimen,
los amantes suicidas, el incesto

de los hermanos como dos espejos
enamorados de su semejanza,
mejor comer el pan envenenado,
el adulterio en lechos de ceniza,
los amores feroces, el delirio,
su yedra ponzoñosa, el sodomita
que lleva por clavel en la solapa
un gargajo, mejor ser lapidado
en las plazas que dar vuelta a la noria
que exprime la sustancia de la vida,
cambia la eternidad en horas huecas,
los minutos en cárceles, el tiempo
en monedas de cobre y mierda abstracta;

mejor la castidad, flor invisible
que se mece en los tallos del silencio,
el difícil diamante de los santos
que filtra los deseos, sacia al tiempo,
nupcias de la quietud y el movimiento,
canta la soledad en su corola,
pétalo de cristal es cada hora,
el mundo se despoja de sus máscaras
y en su centro, vibrante transparencia,
lo que llamamos Dios, el ser sin nombre,
se contempla en la nada, el ser sin rostro
emerge de sí mismo, sol de soles,
plenitud de presencias y de nombres;

sigo mi desvarío, cuartos, calles,
camino a tientas por los corredores
del tiempo y subo y bajo sus peldaños
y sus paredes palpo y no me muevo,
vuelvo adonde empecé, busco tu rostro,
camino por las calles de mí mismo
bajo un sol sin edad, y tú a mi lado
caminas como un árbol, como un río
caminas y me hablas como un río,
creces como una espiga entre mis manos,
lates como una ardilla entre mis manos,
vuelas como mil pájaros, tu risa
me ha cubierto de espumas, tu cabeza
es un astro pequeño entre mis manos,
el mundo reverdece si sonríes

comiendo una naranja,
                    el mundo cambia
si dos, vertiginosos y enlazados,
caen sobre la yerba: el cielo baja,
los árboles ascienden, el espacio
sólo es luz y silencio, sólo espacio
abierto para el águila del ojo,
pasa la blanca tribu de las nubes,
rompe amarras el cuerpo, zarpa el alma,
perdemos nuestros nombres y flotamos
a la deriva entre el azul y el verde,
tiempo total donde no pasa nada
sino su propio transcurrir dichoso,

no pasa nada, callas, parpadeas
(silencio: cruzó un ángel este instante
grande como la vida de cien soles),
¿no pasa nada, sólo un parpadeo?
—y el festín, el destierro, el primer crimen,
la quijada del asno, el ruido opaco
y la mirada incrédula del muerto
al caer en el llano ceniciento,
Agamenón y su mugido inmenso
y el repetido grito de Casandra
más fuerte que los gritos de las olas,
Sócrates en cadenas (el sol nace,
morir es despertar: "Critón, un gallo
a Esculapio, ya sano de la vida"),
el chacal que diserta entre las ruinas
de Nínive, la sombra que vio Bruto
antes de la batalla, Moctezuma
en el lecho de espinas de su insomnio,
el viaje en la carreta hacia la muerte
—el viaje interminable mas contado
por Robespierre minuto tras minuto,
la mandíbula rota entre las manos—,
Churruca en su barrica como un trono
escarlata, los pasos ya contados
de Lincoln al salir hacia el teatro,
el estertor de Trotski y sus quejidos
de jabalí, Madero y su mirada
que nadie contestó: ¿por qué me matan?,
los carajos, los ayes, los silencios

del criminal, el santo, el pobre diablo,
cementerios de frases y de anécdotas
que los perros retóricos escarban,
el delirio, el relincho, el ruido oscuro
que hacemos al morir y ese jadeo
de la vida que nace y el sonido
de huesos machacados en la riña
y la boca y el grito del verdugo
y el grito de la víctima...
                              son llamas
los ojos y son llamas lo que miran,
llama la oreja y el sonido llama,
brasa los labios y tizón la lengua,
el tacto y lo que toca, el pensamiento
y lo pensado, llama el que lo piensa,
todo se quema, el universo es llama,
arde la misma nada que no es nada
sino un pensar en llamas, al fin humo:
no hay verdugo ni víctima...
                              ¿y el grito
en la tarde del viernes?, y el silencio
que se cubre de signos, el silencio
que dice sin decir, ¿no dice nada?,
¿no son nada los gritos de los hombres?,
¿no pasa nada cuando pasa el tiempo?
—no pasa nada, sólo un parpadeo
del sol, un movimiento apenas, nada,
no hay redención, no vuelve atrás el tiempo,
los muertos están fijos en su muerte
y no pueden morirse de otra muerte,
intocables, clavados en su gesto,
desde su soledad, desde su muerte
sin remedio nos miran sin mirarnos,
su muerte ya es la estatua de su vida,
un siempre estar ya nada para siempre,
cada minuto es nada para siempre,
un rey fantasma rige tus latidos
y tu gesto final, tu dura máscara
labra sobre tu rostro cambiante:
el monumento somos de una vida
ajena y no vivida, apenas nuestra,

—¿La vida, cuándo fue de veras nuestra?,
¿cuándo somos de veras lo que somos?,
bien mirado no somos, nunca somos
a solas sino vértigo y vacío,
muecas en el espejo, horror y vómito,
nunca la vida es nuestra, es de los otros,
la vida no es de nadie, todos somos
la vida —pan de sol para los otros,
los otros todos que nosotros somos—,
soy otro cuando soy, los actos míos
son más míos si son también de todos,
para que pueda ser he de ser otro,
salir de mí, buscarme entre los otros,
los otros que no son si yo no existo,
los otros que me dan plena existencia,
no soy, no hay yo, siempre somos nosotros,
la vida es otra, siempre allá, más lejos,
fuera de ti, de mí, siempre horizonte,
vida que nos desvive y enajena,
que nos inventa un rostro y lo desgasta,
hambre de ser, oh muerte, pan de todos,

Eloísa, Perséfona, María,
muestra tu rostro al fin para que vea
mi cara verdadera, la del otro,
mi cara de nosotros siempre todos,
cara de árbol y de panadero,
de chofer y de nube y de marino,
cara de sol y arroyo y Pedro y Pablo,
cara de solitario colectivo,
despiértame, ya nazco:
                                    vida y muerte
pactan en ti, señora de la noche,
torre de claridad, reina del alba,
virgen lunar, madre del agua madre,
cuerpo del mundo, casa de la muerte,
caigo sin fin desde mi nacimiento,
caigo en mí mismo sin tocar mi fondo,
recógeme en tus ojos, junta el polvo
disperso y reconcilia mis cenizas,
ata mis huesos divididos, sopla
sobre mi ser, entiérrame en tu tierra,
tu silencio dé paz al pensamiento

contra sí mismo airado;
                            abre la mano
señora de semillas que son días,
el día es inmortal, asciende, crece,
acaba de nacer y nunca acaba,
cada día es nacer, un nacimiento
es cada amanecer y yo amanezco,
amanecemos todos, amanece
el sol cara de sol, Juan amanece
con su cara de Juan cara de todos,

puerta del ser, despiértame, amanece,
déjame ver el rostro de este día,
déjame ver el rostro de esta noche,
todo se comunica y transfigura,
arco de sangre, puente de latidos,
llévame al otro lado de esta noche,
adonde yo soy tú somos nosotros,
al reino de pronombres enlazados,

puerta del ser: abre tu ser, despierta,
aprende a ser también, labra tu cara,
trabaja tus facciones, ten un rostro
para mirar mi rostro y que te mire,
para mirar la vida hasta la muerte,
rostro de mar, de pan, de roca y fuente,
manantial que disuelve nuestros rostros
en el rostro sin nombre, el ser sin rostro,
indecible presencia de presencias...

quiero seguir, ir más allá, y no puedo:
se despeñó el instante en otro y otro,
dormí sueños de piedra que no sueña
y al cabo de los años como piedras
oí cantar mi sangre encarcelada,
con un rumor de luz el mar cantaba,
una a una cedían las murallas,
todas las puertas se desmoronaban
y el sol entraba a saco por mi frente,
despegaba mis párpados cerrados,
desprendía mi ser de su envoltura,
me arrancaba de mí, me separaba
de mi bruto dormir siglos de piedra

y su magia de espejos revivía
un sauce de cristal, un chopo de agua,
un alto surtidor que el viento arquea,
un árbol bien plantado mas danzante,
un caminar de río que se curva,
avanza, retrocede, da un rodeo
y llega siempre:

NOCTURNO DE SAN ILDEFONSO

1

Inventa la noche en mi ventana
                          otra noche,
otro espacio:
                  fiesta convulsa
en un metro cuadrado de negrura.
                              Momentáneas
confederaciones de fuego,
                      nómadas geometrías,
números errantes.
                  Del amarillo al verde al rojo
se desovilla la espiral.
                  Ventana:
lámina imantada de llamadas y respuestas,
caligrafía de alto voltaje,
mentido cielo/infierno de la industria
sobre la piel cambiante del instante.

Signos-semillas:
                  la noche los dispara,
suben,
        estallan allá arriba,
                        se precipitan,
ya quemados,
                en un cono de sombra,
                            reaparecen,
lumbres divagantes,
                racimos de sílabas,

incendios giratorios,
                    se dispersan,
                                   otra vez añicos.
La ciudad los inventa y los anula.

Estoy a la entrada de un túnel.
Estas frases perforan el tiempo.
Tal vez yo soy ese que espera al final del túnel.
Hablo con los ojos cerrados.
                                        Alguien
ha plantado en mis párpados
un bosque de agujas magnéticas,
                                        alguien
guía la hilera de estas palabras.
                                   La página
se ha vuelto un hormiguero.
                              El vacío
se estableció en la boca de mi estómago.
                                        Caigo
interminablemente sobre ese vacío.
                              Caigo sin caer.
Tengo las manos frías,
                    los pies fríos
—pero los alfabetos arden, arden.
                                 El espacio
se hace y se deshace.
                    La noche insiste,
la noche palpa mi frente,
                         palpa mis pensamientos.
¿Qué quiere?

                              2

Calles vacías, luces tuertas.
                              En una esquina,
el espectro de un perro.
                         Busca, en la basura,
un hueso fantasma.
                    Gallera alborotada:
patio de vecindad y su mitote.
                              México, hacia 1931.

Gorriones callejeros,
        una bandada de niños
con los periódicos que no vendieron
              hace un nido.
Los faroles inventan,
        en la soledumbre,
charcos irreales de luz amarillenta.
             Apariciones,
el tiempo se abre:
        un taconeo lúgubre, lascivo:
bajo un *cielo de hollín*
        la llamarada de una falda.
C'est la mort —ou la morte...
          El viento indiferente
arranca en las paredes anuncios lacerados.

A esta hora
      los muros rojos de San Ildefonso
son negros y respiran:
        sol hecho tiempo,
tiempo hecho piedra,
        piedra hecha cuerpo.
Estas calles fueron canales.
        Al sol,
las casas eran plata:
        ciudad de cal y canto,
luna caída en el lago.
       Los criollos levantaron,
sobre el canal cegado y el ídolo enterrado,
otra ciudad
     —no blanca: rosa y oro—
idea vuelta espacio, número tangible.
        La asentaron
en el cruce de las ocho direcciones,
        sus puertas
a lo invisible abiertas:
        el cielo y el infierno.

Barrio dormido.
      Andamos por galerías de ecos,
entre imágenes rotas:
        nuestra historia.

Callada nación de las piedras.
                              Iglesias,
vegetación de cúpulas,
                        sus fachadas
petrificados jardines de símbolos.
                                    Embarrancados
en la proliferación rencorosa de casas enanas,
palacios humillados,
                      fuentes sin agua,
afrentados frontispicios.
                          Cúmulos,
madréporas insubstanciales:
                            se acumulan
sobre las graves moles,
                        vencidas
no por la pesadumbre de los años,
por el oprobio del presente.
                              Plaza del Zócalo,
vasta como firmamento:
                        espacio diáfano,
frontón de ecos.
                  Allí inventamos,
entre Aliocha K. y Julián S.,
                              sinos de relámpago
cara al siglo y sus camarillas.
                                Nos arrastra
el viento del pensamiento,
                            el viento verbal,
el viento que juega con espejos,
                                  señor de reflejos,
constructor de ciudades de aire,
                                  geometrías
suspendidas del hilo de la razón.

                              Gusanos gigantes:
amarillos   tranvías apagados.
                                Eses y zetas:
un auto loco, insecto de ojos malignos.
                                          Ideas,
frutos al alcance de la mano.
                              Frutos: astros.
                                              Arden.

Arde, árbol de pólvora,
                    el diálogo adolescente,
súbito armazón chamuscado.
                              12 veces
golpea el puño de bronce de las torres.
                                   La noche
estalla en pedazos,
                    los junta luego y a sí misma,
intacta, se une.
                    Nos dispersamos,
no allá en la plaza con sus trenes quemados,
                                        aquí,
sobre esta página: letras petrificadas.

3

El muchacho que camina por este poema,
entre San Ildefonso y el Zócalo,
es el hombre que lo escribe:
                         esta página
también es una caminata nocturna.
                              Aquí encarnan
los espectros amigos,
                    las ideas se disipan.
El bien, quisimos el bien:
                         enderezar al mundo.
No nos faltó entereza:
                    nos faltó humildad.
Lo que quisimos no lo quisimos con inocencia.
Preceptos y conceptos,
                    soberbia de teólogos:
golpear con la cruz,
                    fundar con sangre,
levantar la casa con ladrillos de crimen,
decretar la comunión obligatoria.
                              Algunos
se convirtieron en secretarios de los secretarios
del Secretario General del Infierno.
                              La rabia
se volvió filósofa,
                    su baba ha cubierto al planeta.

La razón descendió a la tierra,
tomó la forma del patíbulo
                    —y la adoran millones.
Enredo circular:
                todos hemos sido,
en el Gran Teatro del Inmundo:
jueces, verdugos, víctimas, testigos,
                                    todos
hemos levantado falso testimonio
                            contra los otros
y contra nosotros mismos.
                        Y lo más vil: fuimos
el público que aplaude o bosteza en su butaca.
La culpa que no se sabe culpa,
                            la inocencia,
fue la culpa mayor.
                    Cada año fue monte de huesos.

Conversiones, retractaciones, excomuniones,
reconciliaciones, apostasías, abjuraciones,
zig-zag de las demonolatrías y las androlatrías,
los embrujamientos y las desviaciones:
mi historia,
            ¿son las historias de un error?
La historia es el error.
                    La verdad es aquello,
más allá de las fechas,
                    más acá de los nombres,
que la historia desdeña:
                        el cada día
—latido anónimo de todos,
                        latido
único de cada uno—,
                    el irrepetible
cada día idéntico a todos los días.
                                La verdad
es el fondo del tiempo sin historia.
                                El peso
del instante que no pesa:
                        unas piedras con sol,
vistas hace ya mucho y que hoy regresan,
piedras de tiempo que son también de piedra
bajo este sol de tiempo,

sol que viene de un día sin fecha,
                                        sol
que ilumina estas palabras,
                                        sol de palabras,
que se apaga al nombrarlas.
                                        Arden y se apagan
soles, palabras, piedras:
                                        el instante los quema
sin quemarse.
                                        Oculto, inmóvil, intocable,
el presente —no sus presencias— está siempre.

Entre el hacer y el ver,
                                        acción o contemplación,
escogí el acto de palabras:
                                        hacerlas, habitarlas,
dar ojos al lenguaje.
                                        La poesía no es la verdad:
es la resurrección de las presencias,
                                        la historia
transfigurada en la verdad del tiempo no fechado.
La poesía,
                                        como la historia, se hace;
                                        la poesía,
como la verdad, se ve.
                                        La poesía:
                                        encarnación
del sol-sobre-las-piedras en un nombre,
                                        disolución
del nombre en un más allá de las piedras.
La poesía,
                                        puente colgante entre historia y verdad,
no es camino hacia esto o aquello:
                                        es ver
la quietud en el movimiento,
                                        el tránsito
en la quietud.
                                        La historia es el camino:
no va a ninguna parte,
                                        todos lo caminamos,
la verdad es caminarlo.
                                        No vamos ni venimos:

estamos en las manos del tiempo.
$$\qquad\qquad\qquad\text{La verdad:}$$
sabernos,
$$\qquad\text{desde el origen,}$$
$$\qquad\qquad\qquad\text{suspendidos.}$$
Fraternidad sobre el vacío.

4

Las ideas se disipan,
$$\qquad\qquad\qquad\text{quedan los espectros:}$$
verdad de lo vivido y padecido.
Queda un sabor casi vacío:
$$\qquad\qquad\qquad\text{el tiempo}$$
—furor compartido—
$$\qquad\qquad\text{el tiempo}$$
—olvido compartido—
$$\qquad\qquad\qquad\text{al fin transfigurado}$$
en la memoria y sus encarnaciones.
$$\qquad\qquad\qquad\qquad\text{Queda}$$
el tiempo hecho cuerpo repartido: lenguaje.
En la ventana,
$$\qquad\qquad\text{simulacro guerrero,}$$
$$\qquad\qquad\qquad\qquad\text{se enciende y apaga}$$
el cielo comercial de los anuncios.
$$\qquad\qquad\qquad\qquad\text{Atrás,}$$
apenas visibles,
$$\qquad\qquad\text{las constelaciones verdaderas.}$$
Aparece,
$$\qquad\text{entre tinacos, antenas, azoteas,}$$
columna líquida,
$$\qquad\qquad\text{más mental que corpórea,}$$
cascada de silencio:
$$\qquad\qquad\text{la luna.}$$
$$\qquad\qquad\qquad\text{Ni fantasma ni idea:}$$
fue diosa y es hoy claridad errante.

Mi mujer está dormida.
$$\qquad\qquad\text{También es luna,}$$
claridad que transcurre
$$\qquad\qquad\qquad\text{—no entre escollos de nubes,}$$

entre las peñas y las penas de los sueños:
también es alma.
                         Fluye bajo sus ojos cerrados,
desde su frente se despeña,
                              torrente silencioso,
hasta sus pies,
                    en sí misma se desploma
y de sí misma brota,
                         sus latidos la esculpen,
se inventa al recorrerse,
                              se copia al inventarse,
entre las islas de sus pechos
                              es un brazo de mar,
su vientre es la laguna
                         donde se desvanecen
la sombra y sus vegetaciones,
                              fluye por su talle,
sube,
      desciende,
                    en sí misma se esparce,
                                   se ata
a su fluir,
            se dispersa en su forma:
también es cuerpo.
                    La verdad
es el oleaje de una respiración
y las visiones que miran unos ojos cerrados:
palpable misterio de la persona.

La noche está a punto de desbordarse.
                                   Clarea.
El horizonte se ha vuelto acuático.
                                   Despeñarse
desde la altura de esta hora:
                              ¿morir
será caer o subir,
                    una sensación o una cesación?
Cierro los ojos,
                  oigo en mi cráneo
los pasos de mi sangre,
                         oigo
pasar el tiempo por mis sienes.
                              Todavía estoy vivo.

El cuarto se ha enarenado de luna.
                              Mujer:
fuente en la noche.
                    Yo me fío a su fluir sosegado.

EJERCICIO PREPARATORIO

La hora se vacía.
Me cansa el libro y lo cierro.
Miro, sin mirar, por la ventana:
blancura unánime —nevó anoche—
que todos pisan sin remordimiento.
Espío mis pensamientos.
                         Pienso que no pienso.
Alguien, al otro lado, abre una puerta.
Tal vez, tras esa puerta,
no hay otro lado.
                     Pasos en el pasillo,
pasos de nadie: es sólo el aire
buscando su camino.
                       Nunca sabemos
si entramos o salimos.
                         Yo, sin moverme,
también busco, no mi camino:
el rastro de mis pasos
en los años diezmados.
                        Lo busco
en el poso de café negro
y en el minado cubo de azúcar
que se deshace en este instante
sin nombre ni cara.

                         Sin cara, sin nombre,
sin decir: he llegado,
                       llega.
Señora de las reticencias,
lo dice todo y no dice nada,
inminencia que se desvanece,
                         presencia
que es la disipación de las presencias,

siempre en un aquí mismo
                    más allá siempre.
Hora deshabitada:
                    ¿así será mi hora?
Al pensarlo, me deshabito.
                              Miro
la mesa, el libro, la ventana:
cada cosa es irrefutable.
                         Sí,
la realidad es real.
                    Sin embargo
—enorme, sólida— flota sin apoyo
sobre este instante hueco.
                         La realidad
está al borde del abismo siempre,
colgada del hilo de un pensamiento.
Pienso que no pienso.
                    Me confundo
con el aire que anda por el pasillo.
El aire sin cara, sin nombre.

                    Sin nombre, sin cara,
ha llegado.
          Está llegando siempre.
En una hora parecida a ésta, dije:
obsceno como morir en su lecho.
Me arrepiento de haberlo dicho:
quiero morir en mi cama.
O morir aquí, en esta silla,
frente a este libro, mirando por la ventana.
Niño, soñé muertes de héroe.
                              Viejo,
quiero morir con los ojos abiertos,
morir sabiendo que muero.
No quiero muerte de fuera.
Todos los días nos sirven un plato de sangre.
Este siglo tiene pocas ideas,
todas fijas y todas homicidas.
En una esquina cualquiera
aguarda —justo, omnisciente y armado—
el dogmático sin nombre, sin cara.
                         Sin cara, sin nombre:
la muerte que yo quiero lleva mi nombre,

tiene mi cara.
            Es mi espejo y mi sombra,
la voz sin sonido que dice mi nombre,
la oreja que me escucha cuando callo,
la pared impalpable que me cierra el paso,
el piso que de pronto se abre.
Es mi creación y yo soy su criatura.
Poco a poco, sin saber lo que hago,
la esculpo, escultura de aire.
Pero no la toco, pero no me habla.
Todavía no aprendo a ver,
en la cara del muerto, mi cara.
A la hora del apagamiento
                        ¿quién nos aguarda
en la frontera cenicienta?
El Buda no enseña a morir:
enseña que esta vida es un engaño.
¿Quién abrirá mis ojos
frente al otro engaño que es la muerte?
Vuelvo a mis Escrituras:
no he sido Don Quijote,
no deshice ningún entuerto
                        (aunque a veces
me hayan apedreado los cabreros)
pero quiero, como él, morir cuerdo,
con los ojos abiertos,
sabiendo que morir es regresar,
el alma o lo que así llamamos
vuelta una transparencia,
                    reconciliado
con los tres tiempos y las cinco direcciones.

EFRAÍN HUERTA

México, 1914-1982. Obras: *Absoluto amor*, 1935. *Línea del alba*, 1936. *Poemas de guerra y esperanza*, 1943. *Los hombres del alba*, 1944. *La rosa primitiva*, 1950. *Los poemas de viaje*, 1956. *Estrella en alto*, 1956. *La raíz amarga*, 1962. *El Tajín*, 1963. *Barbas para desatar la lujuria*, 1965. *Poesía, 1935-1968*, 1968.

LA MUCHACHA EBRIA

Este lánguido caer en brazos de una desconocida,
esta brutal tarea de pisotear mariposas y sombras y cadáveres;
este pensarse árbol, botella o chorro de alcohol,
huella de pie dormido, navaja verde o negra;
este instante durísimo en que una muchacha grita,
gesticula y sueña por una virtud que nunca fue la suya.
Todo esto no es sino la noche,
sino la noche grávida de sangre y leche,
de niños que se asfixian,
de mujeres carbonizadas
y varones morenos de soledad
y misterioso, sofocante desgaste.
Sino la noche de la muchacha ebria
cuyos gritos de rabia y melancolía
me hirieron como el llanto purísimo,
como las náuseas y el rencor,
como el abandono y la voz de las mendigas.

Lo triste es este llanto, amigos, hecho de vidrio molido
y fúnebres gardenias despedazadas en el umbral de las cantinas,
llanto y sudor molidos, en que hombres desnudos, con sólo negra
       barba
y feas manos de miel se bañan sin angustia, sin tristeza:
llanto ebrio, lágrimas de claveles, de tabernas enmohecidas,
de la muchacha que se embriaga sin tedio ni pesadumbre,
de la muchacha que una noche —y era una santa noche—
me entregara su corazón derretido,
sus manos de agua caliente, césped, seda,
sus pensamientos tan parecidos a pájaros muertos,

146

sus torpes arrebatos de ternura,
su boca que sabía a taza mordida por dientes de borrachos,
su pecho suave como una mejilla con fiebre,
y sus brazos y piernas con tatuajes,
y su naciente tuberculosis,
y su dormido sexo de orquídea martirizada.

Ah la muchacha ebria, la muchacha del sonreír estúpido
y la generosidad en la punta de los dedos,
la muchacha de la confiada, inefable ternura para un hombre,
como yo, escapado apenas de la violencia amorosa.
Este tierno recuerdo siempre será una lámpara frente a mis ojos,
una fecha sangrienta y abatida.

¡Por la muchacha ebria, amigos míos!

RESPONSO POR UN POETA DESCUARTIZADO

Claro está que murió —como deben morir los poetas, maldiciendo,
    blasfemando, mentando madres,
viendo apariciones, cobijado por las pesadillas.
Claro que así murió y su muerte resuena en las malditas habitaciones
donde perros, orgías, vino griego, prostitutas francesas, donceles
    y príncipes se rinden
y le besan los benditos pies;
porque todo en él era bendito como el mármol de La Piedad
y el agua de los lagos, el agua de los ríos y los ríos de alcohol
    bebidos a pleno pulmón,
así deben beber los poetas: Hasta lo infinito, hasta la negra noche
    y las agrias albas
y las ceremonias civiles y las plumas heridas del artículo a que te
    obligan,
la crónica que nunca hubieras querido escribir
y los poemas rubíes, los poemas diamantes, los poemas hueso-
    labrados, los poemas
floridos, los poemas toros, los poemas posesión, los poemas rubenes,
    los poemas daríos, los poemas madres, los poemas padres,
    tus poemas...

Y así le besaban los pies, la planta del pie que recorrió los cielos
y tropezó mil y un infiernos
al sonido siringa de los ángeles locos y los demonios trasegando
absintio
(*El chorro de agua de Verlaine estaba mudo*), ante el azoro y la
soberbia estupidez de los cónsules y los dictadores, la chirlería
envidiosa y la espesa idiotez de las gallinas municipales.
Maldiciendo, claro, porque en la agonía estaba en su derecho y
porque qué jodidos (*¡Juré, jodido!*,
dijo Rubén al niño triste que oyó su testamento), ¿por qué no morir
de alcoholes de todo el mundo si todo el mundo es alcohol
y la llama lírica es la mirada de un niño con la cara de un
lirio?
Resollaba y gemía como un coloso crisoelefantino
hecho de luces y tinieblas, pulido por el aire de los Andes, la
neblina de los puertos, el ahogo de Nueva York, la palabra
española, el duelo de Machado, Europa sin su pan.
Rugía impuramente como deben rugir todos los poetas que mueren
(*¡Qué horror, mi cuerpo destrozado!*)
y los médicos: *Aquí hay pus, aquí hay pus* —y nunca le hallaron
nada sino dolor en la piel,
limpios los riñones heroicos, limpio el hígado, limpio y soberbio
el corazon
y limpiamente formidable el cerebro que nunca se detuvo, como un
sol escarlata, como un sol de esmeraldas, como la mansión
de los dioses, como el penacho de un emperador azteca, de
un emperador inca, de un guerrero taíno;
cerebro de un amante embriagado a la orilla de un dulcísimo cuerpo,
ay, de mieles y nardos
(su peso: *mil ochocientos cincuenta gramos*: tonelaje de poeta
divino, anchura de navío),
el cerebro donde estallaron los veintiún cañonazos de la fortaleza
de Acosasco
y que luego...

Claramente, turbiamente hablando, hubo necesidad de destrozarlo,
enteramente destazarlo como a una fiera selvática, como al
toro americano
porque fue mucho hombre, mucho poeta, mucho vida, muchísimo
universo
necesariamente sus vísceras tenían que ser universales, polvo a los
cuatro vientos, circunvoluciones repletas de piedad, henchidas
de amor y de ternura.

Aquí el hígado y allá los riñones.
¡Dame el corazón de Rubén! Y el cerebro peleado, de garra en garra
	como un puñado de perlas.
Aquel cerebro (¡salud!) que contó hechicerías y fue sacado a la luz
	antes del alba;
y por él disputaron y por él hubo sangre en las calles y la policía
	dijo, chilló, bramó:
¡A la cárcel! Y el cerebro de Rubén Darío —mil ochocientos cincuenta
	gramos— fue a dar a la cárcel
y fue el primer cerebro encarcelado, el primer cerebro entre rejas,
	el primer cerebro en una celda,
la primera rosa blanca encarcelada, el primer cisne degollado.

Lo veo y no lo creo: ardido por esa leña verde, por esa agonía de
	pirámide arrasada,
el poeta que todo lo amó
cubría su pecho con el crucifijo, el crucifijo, el suave crucifijo, el
	Cristo de marfil que otro poeta agónico le regalara —Amado
	Nervo—
y me parece oír cómo los dientes le quemaban y de qué manera se
	mordía la lengua y la piel se le ponía violácea
nada más porque empezaba a morir,
nada más porque empezaba a santificarnos con su muerte y su
	delirio, sus blasfemias, sus maldiciones, su testamento,
y nada más porque su cerebro tuvo que andar de garra en mano
	y de mano en garra
hasta parecer el ala de un ángel,
la solar sonrisa de un efebo,
la sombra de recinto de todos los poetas vivos,
de todos los poetas agonizantes,
				de todos los poetas.

NICANOR PARRA

Chile, 1914. Obras: *Cancionero sin nombre*, 1937. *Poemas y antipoemas*, 1954. *La cueca larga*, 1958. *Versos de salón*, 1962. *La cueca larga y otros poemas*, 1964. *Canciones rusas*, 1967. *Obra gruesa*, 1968. *Sermones y prédicas del Cristo de Elqui*, 1978. *Nuevos sermones y prédicas del Cristo de Elqui*, 1979.

CHILE

Da risa ver a los campesinos de Santiago de Chile
con el ceño fruncido
ir y venir por las calles del centro
o por las calles de los alrededores
preocupados-lívidos-muertos de susto
por razones de orden político
por razones de orden sexual
por razones de orden religioso
dando por descontada la existencia
de la ciudad y de sus habitantes:
aunque está demostrado que los habitantes aún no han nacido
ni nacerán antes de sucumbir
y Santiago de Chile es un desierto.

Creemos ser país
y la verdad es que somos apenas paisaje.

REGLA DE TRES

Independientemente
De los veinte millones de desaparecidos
Cuánto creen ustedes que costó
La campaña de endiosamiento de Stalin
En dinero contante y sonante:

Porque los monumentos cuestan plata.

¿Cuánto creen ustedes que costó
Demoler esas masas de concreto?

Sólo la remoción de la momia
Del mausoleo a la fosa común
Ha debido costar una fortuna.

¿Y cuánto creen ustedes que gastaremos
En reponer esas estatuas sagradas?

VIVA LA CORDILLERA DE LOS ANDES

Tengo unas ganas locas de gritar
Viva la Cordillera de los Andes
Muera la Cordillera de la Costa.

La razón ni siquiera la sospecho
Pero no puedo más:
¡Viva la Cordillera de los Andes!
¡Muera la Cordillera de la Costa!

Hace cuarenta años
Que quería romper el horizonte,
Ir más allá de mis propias narices,
Pero no me atrevía.
Ahora no señores
Se terminaron las contemplaciones:
¡Viva la Cordillera de los Andes!
¡Muera la Cordillera de la Costa!

¿Oyeron lo que dije?
¡Se terminaron las contemplaciones!
¡Viva la Cordillera de los Andes!
¡Muera la Cordillera de la Costa!

Claro que no respondo
Si se me cortan las cuerdas vocales
(En un caso como éste
Es bastante probable que se corten)
Bueno, si se me cortan

Quiere decir que no tengo remedio
Que se perdió la última esperanza.

Yo soy un mercader
Indiferente a las puestas de sol
Un profesor de pantalones verdes
Que se deshace en gotas de rocío
Un pequeño burgués es lo que soy
¡Qué me importan a mí los arreboles!
Sin embargo me subo a los balcones
Para gritar a todo lo que doy
¡Viva la Cordillera de los Andes!
¡¡Muera la Cordillera de la Costa!!

Perdonadme si pierdo la razón
En el jardín de la naturaleza
Pero debo gritar hasta morir
¡¡Viva la Cordillera de los Andes!!
¡¡¡Muera la Cordillera de la Costa!!!

MIL NOVECIENTOS TREINTA

Mil novecientos treinta. Aquí empieza una época
Con el incendio del dirigible R 101 que se precipita a tierra
Envuelto en negras ráfagas de humo
Y en llamas que se ven desde el otro lado del Canal
Yo no ofrezco nada especial, yo no formulo hipótesis
Yo sólo soy una cámara fotográfica que se pasea por el desierto
Soy una alfombra que vuela
Un registro de fechas y de hechos dispersos
Una máquina que produce tantos o cuantos botones por minuto.

Primero indico los cadáveres de Andrée y de sus infortunados
    compañeros
Que permanecieron ocultos en la nieve septentrional durante medio
    siglo
Para ser descubiertos un día del año mil novecientos treinta
Año en que yo me sitúo y soy en cierto modo situado
Señalo el lugar preciso en que fueron dominados por la tormenta
He ahí el trineo que los condujo a los brazos de la muerte
Y el bote lleno de documentos científicos

De instrumentos de observación
Lleno de comestibles y de un sinnúmero de placas fotográficas.

En seguida me remonto a uno de los picos más altos del Himalaya
Al Kanchetunga, y miro con escepticismo la brigada internacional
Que intenta escalarlo y descifrar sus misterios
Veo cómo el viento los rechaza varias veces al punto de partida
Hasta sembrar en ellos la desesperación y la locura
Veo a algunos de ellos resbalar y caer al abismo
Y a otros veo luchar entre sí por unas latas de conserva.

Pero no todo lo que veo se reduce a fuerzas expedicionarias:
Yo soy un museo rodante
Una enciclopedia que se abre paso a través de las olas
Registro todos y cada uno de los actos humanos
Basta que algo suceda en algún punto del globo
Para que una parte de mí mismo se ponga en marcha
En eso consiste mi oficio
Concedo la misma atención a un crimen que a un acto de piedad
Vibro de la misma manera frente a un paisaje idílico
Que ante los rayos espasmódicos de una tempestad eléctrica
Yo no disminuyo ni exalto nada.
Me limito a narrar lo que veo.

Veo a Mahatma Gandhi dirigir personalmente
Las demostraciones públicas en contra de la Ley de la Sal
Veo al Papa y a sus Cardenales congestionados por la ira
Fuera de sí como poseídos por un espíritu diabólico
Condenar las persecuciones religiosas de la Rusia soviética
Y veo al príncipe Carol volver en aeroplano a Bucarest
Miles de terroristas croatas y eslovenos son ejecutados en masa a
    mis espaldas
Yo dejo hacer dejo pasar
Dejo que se les asesine tranquilamente
Y dejo que el general Carmona se pegue como lapa al trono de
    Portugal.

Esto fue y esto es lo que fue el año mil novecientos treinta
Así fueron exterminados los kulaks de la Siberia
De este modo el general Chang cruzó el río Amarillo y se apoderó
    de Peking
De esta y no de otra manera se cumplen las predicciones de los
    astrólogos

Al ritmo de la máquina de coser de mi pobre madre viuda
Y al ritmo de la lluvia al ritmo de mis propios pies descalzos
Y de mis hermanos que se rascan y hablan en sueños.

MUJERES

La mujer imposible,
La mujer de dos metros de estatura,
La señora de mármol de Carrara
Que no fuma ni bebe,
La mujer que no quiere desnudarse
Por temor a quedar embarazada,
La vestal intocable
Que no quiere ser madre de familia,
La mujer que respira por la boca,
La mujer que camina
Virgen hacia la cámara nupcial
Pero que reacciona como hombre,
La que se desnudó por simpatía
(Porque le encanta la música clásica),
La pelirroja que se fue de bruces,
La que sólo se entrega por amor,
La doncella que mira con un ojo,
La que sólo se deja poseer
En el diván, al borde del abismo,
La que odia los órganos sexuales,
La que sólo se une con su perro,
La mujer que se hace la dormida
(El marido la alumbra con un fósforo),
La mujer que se entrega porque sí,
Porque la soledad, porque el olvido...
La que llegó doncella a la vejez,
La profesora miope,
La secretaria de gafas oscuras,
La señora pálida de lentes
(Ella no quiere nada con el falo),
Todas estas walkirias,
Todas estas matronas respetables
Con sus labios mayores y menores
Terminarán sacándome de quicio.

SOLILOQUIO DEL INDIVIDUO

Yo soy el Individuo.
Primero viví en una roca
(Allí grabé algunas figuras).
Luego busqué un lugar más apropiado.
Yo soy el Individuo.
Primero tuve que procurarme alimentos,
Buscar peces, pájaros, buscar leña
(Ya me preocuparía de los demás asuntos),
Hacer una fogata,
Leña, leña, dónde encontrar un poco de leña,
Algo de leña para hacer una fogata,
Yo soy el Individuo.
Al mismo tiempo me pregunté,
Fui a un abismo lleno de aire;
Me respondió una voz:
Yo soy el Individuo.
Después traté de cambiarme a otra roca,
Allí también grabé figuras,
Grabé un río, búfalos,
Grabé una serpiente,
Yo soy el Individuo.
Pero no. Me aburrí de las cosas que hacía,
El fuego me molestaba,
Quería ver más,
Yo soy el Individuo.
Bajé a un valle regado por un río,
Allí encontré lo que necesitaba,
Encontré un pueblo salvaje,
Una tribu,
Yo soy el Individuo.
Vi que allí se hacían algunas cosas,
Figuras grababan en las rocas,
Hacían fuego, ¡también hacían fuego!
Yo soy el Individuo.
Me preguntaron que de dónde venía.
Contesté que sí, que no tenía planes determinados,
Contesté que no, que de ahí en adelante.
Bien.
Tomé entonces un trozo de piedra que encontré en un río
Y empecé a trabajar con ella,

Empecé a pulirla,
De ella hice una parte de mi propia vida.
Pero esto es demasiado largo.
Corté unos árboles para navegar,
Buscaba peces,
Buscaba diferentes cosas
(Yo soy el Individuo).
Hasta que me empecé a aburrir nuevamente.
Las tempestades aburren,
Los truenos, los relámpagos,
Yo soy el Individuo.
Bien. Me puse a pensar un poco,
Preguntas estúpidas se me venían a la cabeza.
Falsos problemas.
Entonces empecé a vagar por unos bosques.
Llegué a un árbol y a otro árbol,
Llegué a una fuente,
A una fosa en que se veían algunas ratas:
Aquí vengo yo, dije entonces,
¿Habéis visto por aquí una tribu,
Un pueblo salvaje que hace fuego?
De este modo me desplacé hacia el oeste
Acompañado por otros seres,
O más bien solo.
Para ver hay que creer, me decían,
Yo soy el Individuo.
Formas veía en la oscuridad,
Nubes tal vez,
Tal vez veía nubes, veía relámpagos,
A todo esto habían pasado ya varios días,
Yo me sentía morir;
Inventé unas máquinas,
Construí relojes,
Armas, vehículos,
Yo soy el Individuo.
Apenas tenía tiempo para enterrar a mis muertos,
Apenas tenía tiempo para sembrar,
Yo soy el Individuo.
Años más tarde concebí unas cosas,
Unas formas,
Crucé las fronteras
Y permanecí fijo en una especie de nicho,
En una barca que navegó cuarenta días,

Cuarenta noches,
Yo soy el Individuo.
Luego vinieron unas sequías,
Vinieron unas guerras,
Tipos de color entraron al valle,
Pero yo debía seguir adelante,
Debía producir.
Produje ciencia, verdades inmutables,
Produje tanagras,
Di a luz libros de miles de páginas,
Se me hinchó la cara,
Construí un fonógrafo,
La máquina de coser,
Empezaron a aparecer los primeros automóviles,
Yo soy el Individuo.
Alguien segregaba planetas,
¡Árboles segregaba!
Pero yo segregaba herramientas,
Muebles, útiles de escritorio,
Yo soy el Individuo.
Se construyeron también ciudades,
Rutas,
Instituciones religiosas pasaron de moda,
Buscaban dicha, buscaban felicidad,
Yo soy el Individuo.
Después me dediqué mejor a viajar,
A practicar, a practicar idiomas,
Idiomas,
Yo soy el Individuo.
Miré por una cerradura,
Sí, miré, qué digo, miré,
Para salir de la duda miré,
Detrás de unas cortinas,
Yo soy el Individuo.
Bien.
Mejor es tal vez que vuelva a ese valle,
A esa roca que me sirvió de hogar,
Y empiece a grabar de nuevo,
De atrás para adelante grabar
El mundo al revés.
Pero no: la vida no tiene sentido.

XLIX

Que Dios nos libre de los comerciantes
sólo buscan el lucro personal

que nos libre de Romeo y Julieta
sólo buscan la dicha personal

líbrenos de poetas y prosistas
que sólo buscan fama personal

líbrenos de los Héroes de Iquique
líbrenos de los Padres de la Patria
no queremos estatuas personales

si todavía tiene poder el Señor
que nos libre de todos esos demonios
y que también nos libre de nosotros mismos
en cada uno de nosotros hay
una alimaña que nos chupa la médula
un comerciante ávido de lucro
un Romeo demente que sólo sueña con poseer a Julieta
un héroe teatral
en connivencia con su propia estatua

Dios nos libre de todos estos demonios
si todavía sigue siendo Dios.

ENRIQUE GÓMEZ CORREA

Chile, 1915. Obras: *Las hijas de la memoria*, 1940. *Cataclismo en los ojos*, 1942. *Mandrágora siglo xx*, 1945. *La noche al desnudo*, 1945. *El espectro de René Magritte*, 1948. *En pleno día*, 1949. *Carta-elegía a Jorge Cáceres*, 1949. *Lo desconocido liberado* seguido de *Las tres y media etapas del vacío*, 1952. *Reencuentro y pérdida de la Mandrágora*, 1955. *El ABC de la Mandrágora* (Antología, en colaboración con Braulio Arenas), 1957. *El calor animal*, 1973. *Poesía explosiva, 1935-1973*, 1973. *To Mayo*, 1980.

LAS PEREZOSAS

I

Son tibias turbias y viciosas
Buscadas a nubes a labio a insomnio
Un jadeo una voz cruel
Y hasta una historia para el ramaje impenetrable
Semejante a ese mar insensible de las alucinaciones.

Son tibias en las tardes
El aliento rodea el seno
Que es como una nueva historia
Que es el párpado que endurece
Y que yo mar el cielo expuesto a las perversiones
A soledad, bruma, saliente muslo
En fin como un cisne que mira su propia caída
Y que yo adoro.

II

Ahora ellas escupen sus manos
El árbol girante alrededor de los senos
Hormigueante la voz
Recogidos los muslos
Y aguas espesas les sacuden
Las carótidas.

Sus deseos bajan suben a la frente
Una araña sacudida en el aire
Que es su instinto
Renacen puras, olvidadas y bruscas
El rostro persistente
Movibles los ojos, ahuecado el esfínter
Negros sus designios
Por el amor ellas se buscan.

Tienen sed, el diente salta,
A partir fantasma
El ojo dormido, adherible al vientre
Luego a sus pestañas
Apretadas bien al árbol, mal sus ropas destrozadas
Se hacen ellas buscables en el sueño.

III

A mí el amor
Contraía lenguas oscuras de la memoria
Optaba luz, delta, abría la existencia
Comer reír ahorcarse
Partir retrocediendo frente a un espejo
Amarse sin tregua
La libertad.

Yo tenía aún pasables luces abridme los labios
Estaba muro
Puente deseable
Pasaban sin embargo a la luz sueltos los miembros
Reían hostiles hastiadas
Amándose directamente
El ojo al alga
El alga por brazo
Mucho más deseables que el estupor.

IV

Las tibias las turbias las viciosas
Las envenenadoras las adorables
Las adúlteras las coléricas las raptadas

Estáis ahí todas en vuestros residuos en vuestras almas
Os amo
Marcáis vuestras huellas digitales en la carne
Levantáis los pómulos las arrugas el vientre
Seguid caed moved la lengua
Yo os amo caigo yo miro caedme
Yo puente yo muro yo soledad
Yo en este castillo adorable
Salvadme.

VI

Henri d'Ofterdingen devient fleur, animal,
pierre, étoile.

NOVALIS

El que se incorpora a la noche
Recuerda con nostalgia la vida anterior
Que ha llevado en las cosas Inanimadas.
Habla del fulgor que de repente estalla
En las capas superiores del cerebro
Y avanza con un dominio de sí mismo
Ágil como el que despojara los vestidos de una mujer bella
¡Ay! se vuelve a sí mismo
Reconociendo su origen de piedra, de ángel
¡Ay! está sangrando a la orilla de la noche
De esta noche tan cruelmente difamada
Y que me hace sentir el terror en el punto
Que ya no se sabe si uno se hará isla o mar
O más bien la espuma arrojada por el gran furibundo
Que soy cuando salto sobre mí mismo
Y de repente.

ALICIA EN EL PAÍS DE LAS MARAVILLAS

Cuando se descargan los deseos del árbol
Cuando el árbol abre bien el ojo y recupera el olfato
Y se fija en nosotros que nos identificamos con el fastidio del lago

Pese a la furia de las nubes y de las manos que imploran pièdad
Entonces la imaginación es sacudida por inevitables cataclismos.

Algún día se desatará el nudo que perturba el hilo de la memoria
Algún día no habrán los extremos de sueño y vigilia
Y tú bella desconocida podrás tenderte libremente sobre la yerba
    del placer
En tu pecho crecerá el muérdago el oxiacanto
La mirada tuya será mi propia mirada
Y te sangrarás esperándome todas las tardes a la entrada de los
    golfos a los que ahora me empujas
A esos golfos temidos por los perros
Arrancados a viva fuerza de los territorios del demonio.

No tendremos la inquietud
Ni el asalto a mansalva
Ni la nube de la que tú sabes sacar tanto partido
Ni la piedra que nos endurece el ojo y la nariz
Ni yo mismo que me compadezco de su pobre ser.

El hombre volverá a su estado de planta
De nariz trepadora
De pájaro errante
En buenas cuentas con sus cinco sentidos independientes
Y entregados al más cruel y perfecto desorden.

XXXVII

Se requiere de un alma demasiado generosa
Para entregarse en pleno al amor
O renunciar definitivamente a él.
Se requiere haber visitado indistintamente el corazón del día y
    de la noche
Para conocer los contornos y la mirada del ojo
Se requiere haber mirado frente a frente el rostro de la Esfinge.

Los que me rodearon cargados por el resentimiento y la envidia
Los que no supieron nunca del vendaval de la eternidad
Los que olvidaron la sombra a la entrada de la noche
Los que dejaron pasar la aurora sin que se les anegara el
    corazón

Los torcidos de espíritu los canallas que rendían homenaje a la
  estatua de la infamia
Los cojos que competían con los tuertos
A ellos les digo:

"Un hombre revelará a los hombres los planos de todo ser humano
"Un hombre lucha por desplazar su muerte
"En un acto maravilloso en que la embriaguez
"Se desbordará para siempre
"Un hombre pisa sobre la escritura de su muerte."

Sin embargo uno sabe que la inteligencia es el lastre del mundo
Lo sé y el eco hará de esta visión su cuerpo y alma.
Quizás si insultando la noche lleguemos a saber lo que era el amor
O si al esperar el día
Lo que es el odio.

XXVI

El primer saludo del poeta es a la muerte
Y desde entonces el pacto está sellado
Ella se viste con el traje de luces para aparentar la vida
Conspira abiertamente con el silencio.

Lo sabe entre un sonido y la nada
Lo comprende entre una imagen y lo que sigue después del vacío
Se devoran recíprocamente.

Todo todo para aniquilarse
Puros o corrompidos
En fin una boda eterna.

JUAN LISCANO

Venezuela, 1915. Obras: *8 poemas*, 1939. *Contienda*, 1942. *Del alba al alba*, 1943. *Humano destino*, 1949. *Tierra muerta de sed*, 1954. *Nuevo Mundo Orinoco*, 1959. *Rito de sombra*, 1961. *Cármenes*, 1966. *Nombrar contra el tiempo*, 1968. *Edad obscura*, 1969. *Los nuevos días*, 1971. *Animalancia*, 1976. *El viaje*, 1977. *Rayo que al alcanzarme*, 1978. *Fundaciones*, 1981, *Myesis*, 1982.

AMÉRICA

Dije, maíz. Generaciones de indios fueron rescatadas del olvido.
Dije, palma. Largas elaboraciones de tejidos, milenios de
 substancias fibrosas ataron el pasado con el presente.
Dije, arcilla. Se mostraron las tinajas de hinchado vientre de
 mujer encinta, los platos y cazuelas como discos solares
 arrojados hacia el porvenir.
Dije, río. Fluyeron las aguas del diluvio. Fueron ahogadas
 las razas. Sobre las primeras tierras emergidas y chorreantes,
 cruzó un pájaro.
Dije, selva. Torrencial follaje, explosiones de verdor, vahos
 zumbantes, tibieza de matriz. El silencio sin rostro y con
 cuerpo de hormigas voraces aullaba entre pieles de sierpes
 como vainas, caídas de los árboles.
Dije, llanura. Giraron embudos de vientos negros. Se quebró una
 luz de cristal o de leño seco. Un espejismo de mercurio
 relucía en el horizonte.
Dije, luna. Brotaron fuentes e hilillos de leche, se abultaron
 humedades, proliferaron hongos, mohos, légamos y se
 escucharon grandes caídas de agua.
Dije, mujer. Un tallo de venas rotas echó una flor.
Dije, hombre. Se alzaron escudos y macanas, brillaron filos y
 puntas de hueso, flotaron los plumajes, pero en alguna parte
 del combate se abrió una mano como delta.
Dije, sol. Truena el verano, un ave deslumbrante e invisible pasa
 y sólo se mira su sombra. Muestra el cielo una faz roja y
 rugiente.
Dije entonces, Dios, comiéndome las palabras, con la lengua
 volteada hacia adentro y con los ojos vaciados.

El amor era un tigre en acecho.
La muerte se acercaba lentamente bajo una nave de árboles
   estrellados.

TESTIMONIO

(*Lausanne*)

Esta ciudad de casas que se empinan
sobre el quieto animal de agua de su lago
y las oscuras frondas de algas sumergidas
que en el verano huelen a costra y a mariscos
y el cerco de montañas que la cubre
con un sereno clima de nieves y glaciares
y el orden clásico y el tiempo mítico
fundado por terrazas y filas de viñedos
y los cisnes inmóviles
en la luz que en redor de ellos estalla
y los tiernos venados domésticos del parque
y las risas de jóvenes por los muelles floridos
y la imagen sin sombras de mi adolescencia
rodeada por vuelos de gaviotas
y la mañana abierta en mis ventanas
y los cielos de plata azul que enfrían
a los ocasos cálidos de oros desangrados
y la penumbra lunada de esa alcoba
donde tú y yo juntamos tantas veces
el fuego con el mar
la noche con la aurora
las piedras con las nubes navegantes
la raíz más profunda con la flor que ya vuela
y mi pena colmada de montes y rebaños
y todo lo que puede despertarme de pronto
cual si volviera a abrirse alguna herida
y todo lo que grita callando en mi silencio
en mi desvelo ardido
en mi nostalgia
y todo lo que espero del futuro presente
del hoy y el ya y el porvenir cumplido
de ahora mismo ya que está pasando
del mismo instante en que te pienso ahora

ciego
clarividente
dichoso
desgraciado
tienen tu olor a planta femenina
tu piel lisa y tu voz de cobre ronco
tu pelo de oscurísimos destellos
la luna llena y tibia de tu vientre
la flor de sal y espumas de tu sexo
y tu verdad humana
tu nombre que los vientos diseminan
tu resplandor sufriendo en tus heridas
lo que sangraste y diste y repartiste
entre las noches claras y las grandes caídas
entre los días negros y la dicha inocente.

CACERÍA

¿Viste a la madre solícita
inclinarse sobre el hijo,
                    velarlo amorosa,
refrescar sus fiebres,
envolverlo en su sombra ondulante
—anillos que se encogen, aflojan, aprietan—
y acercar su boca hasta el cuello húmedo
y chupar con lentitud reflexiva
esa vida que fue suya?

Mira pelear a los amantes
entre sábanas, entre exasperados besos:
están cubiertos de cardos,
barajan naipes grasosos y gastados,
se apoyan en el leproso muro de los recuerdos
y gritan colmados de horror o de amor hacia ellos mismos,
hacia los otros, hacia nunca, hacia nadie.

Inminencia del crimen.
En la rosa se esconde una espina envenenada
como se esconde el disparo mortal
en el quieto paisaje lacustre

por donde se alzará al amanecer
el vuelo de los patos salvajes.

El rostro enmascara el rostro
del que acude puntualmente
a la hora de matar.
Vela el dardo de la raya
en las aguas dormidas, pacíficas.
La malaria aparta los juncos de la laguna
y mira al niño
que está mirando un lirio de agua.
Cada quien afila sus cuchillos,
a la hora del sueño
viola a su compañera de trabajo,
estupra a la niña de enfrente,
fornica en forma incestuosa,
violenta las joyerías,
suprime al cónyuge o al jefe de oficina,
dispara desde una torre
contra todo el que pase,
degüella a sus vecinos con delicia,
arrasa la ciudad para quedarse solo.

Mientras pasa la jauría,
mientras disparan los cazadores,
mientras huele a sangre derramada;
escóndete en mi huella
mientras yo me escondo en tu ausencia.

57

Frase hecha
          sin validez
usada hasta el cansancio
gastada tirada al cesto
recogida para canciones fáciles
tiene sin embargo
ahora
       hoy
          ya

en la cresta de este instante
suntuosidad antigua
aviva una dulzura sensual del recuerdo
evoca tapicerías del Paraíso
me envuelve en un clima olvidado
de islas vírgenes
por eso
al ritmo de mis pasos repito:
su cuerpo es una playa dorada
su cuerpo es una playa dorada
su cuerpo es una playa dorada...

Luz que está fuera de nosotros
en el silencio
que está fuera de nosotros
y que nos piensa
que está fuera de nosotros
con la que vemos.

XVI

La higuera en el atardecer
                recordó al animal
sintió su corteza arrugada
                piel de paquidermo
memorizó unas huellas lentas
y empezó a andar.

GASTÓN BAQUERO

Cuba, 1916. Obras: *Poemas*, 1942. *Saúl sobre su espada*, 1942.

PALABRAS ESCRITAS EN LA ARENA
POR UN INOCENTE

I

Yo no sé escribir y soy un inocente.
Nunca he sabido para qué sirve la escritura y soy un inocente.
No sé escribir, mi alma no sabe otra cosa que estar viva.
Va y viene entre los hombres respirando y existiendo.
Voy y vengo entre los hombres y represento seriamente el papel
    que ellos quieren:
Ignorante, orador, astrónomo, jardinero.

E ignoran que en verdad soy solamente un niño.
Un fragmento de polvo llevado y traído hacia la tierra por el peso
    de su corazón.
El niño olvidado por su padre en el parque.
De quien ignoran que ríe con todo su corazón, pero jamás con los
    ojos.
Mis ojos piensan y hablan y andan por su cuenta.
Pero yo represento seriamente mi papel y digo:
Buenos días doctor, el mundo está a sus órdenes, la medida exacta
    de la tierra es hoy de seis pies y una pulgada, ¿no es ésta la
    medida exacta de su cuerpo?
Pero el doctor me dice:
Yo no me llamó Protágoras, pero me llamo Anselmo.
Y usted es un inocente, un idiota inofensivo y útil.
Un niño que ignora totalmente el arte de escribir.

                           Vuelva a dormirse.

II

Yo soy un inocente y he venido a la orilla del mar.
Del sueño, al sueño, a la verdad, vacío, navegando el sueño.

Un inocente, apenas, inocente de ser inocente, despertando inocente.
Yo no sé escribir, no tengo nociones de lengua persa.

¿Y quien que no sepa el persa puede saber nada?
Sí, señor, flor, amor, puede acaso que sepa historia de la antigüedad.
En la antigüedad está parado Julio César con Cleopatra en los
    brazos
Y César está en los brazos de Alejandro.
Y Alejandro está en los brazos de Aristóteles.
Y Aristóteles está en los brazos de Filipo.
Y Filipo está en los brazos de Ciro.
Y Ciro está en los brazos de Darío.
Y Darío está en los brazos del Helesponto.
Y el Helesponto está en los brazos del Nilo.
Y el Nilo está en la cuna del inocente David.
Y David sonríe y canta en los brazos de las hijas del Rey.

Yo soy un inocente, ciego, de nube en nube, de sombra a sombra
    levantado.
Veo debajo del cabello a una mujer y debajo de la mujer a una rosa
    y debajo de la rosa a un insecto.
Voy de alucinación en alucinación como llevado por los pies del
    tiempo.
Asomado a un espejo está Absalom desnudo y me adelanto a
    estrecharle la mano.
Estoy muerto en este balcón desde hace cinco minutos llenos de
    dardos.
Estoy cercado de piedras colgado de un árbol oyendo a David.
Hijo mío Absalom, hijo mío, hijo mío Absalom!
Nunca comprendo nada y ahora comprendo menos que nunca.
Pero tengo la arena del mar, sueño, para escribir el sueño de los
    dedos.
Y soy tan sólo el niño olvidado inocente durmiéndose en la arena.

III

Yo soy el más feliz de los infelices.
El que lleva puesto sombrero y nadie lo ve.
El que pronuncia el nombre de Dios y la gente oye:
Vamos al campo a comer golosinas con las aves del campo.
Y vamos al campo aves afuera a burlarnos del tiempo con la más
    bella bufonada.
Pintando en la arena del campo orillas de un mar dentro del bosque.

Incorporando las biografías de hombres submarinos renacidos en
   árboles.
Atalía interrumpe todo esfuerzo gritando hacia los cielos traición,
   traición!
Nos encogemos de hombros y hablamos con los delfines sobre este
   grave asunto.
Contestan que se limitan a ser navíos inesperados y tálamos de
   ruiseñores.
Que los dejen vivir en todo el mar y en todo el bosque.
Escalando los delfines los árboles y las anémonas.
Comprendo y sigo garabateando en la arena.
Como un niño inocente que hace lo que le dictan desde el cielo.

IV

Bajo la costa atlántica.
A todo lo largo de la costa atlántica escribo con el sueño índice:
Yo no sé.

Llega el sueño del mar, el niño duerme garabateando en la arena,
   escucha, tú velarás, tú estarás, tú serás!
Sí, es Agamenón, es tu rey quien te despierta,
Reconoce la voz que golpea en tus oídos.
Por qué vas a despertarle rey de las medusas?
Qué vigilas cuando todos duermen y no estás oyendo?
Las cúpulas despiertas. Las interminables escaleras de la memoria.
Oye lo que canta la profunda medianoche:
Reflexiona y tírate en el río.
De la mano del rey tírate en el río.
Nada como un amigo para ser destruido.
Prepárate a morir. Invoca al mar. Mírame partir.
Yo soy tu amigo.

No! Si yo soy tan sólo un niño inocente.
Uno a quien han disfrazado de persona impura.
Uno que ha crecido de súbito a espaldas de su madre.
Pero nada comprendo ni sé, me muevo y hablo
Porque los otros vienen a buscarme, sólo quisiera
Saber con certidumbre lo que pasó en Egipto
Cuando surgió la Esfinge de la arena.
De esta arena en que escribo como un niño
Epitafios, responsos, los nombres más prohibidos.

Escribiendo su nombre y borrándolo luego.
Para que nadie lea, y los peces prosigan inocentes.
Y los niños corran por las playas sin conocer el nombre que me
    muere.

V

Qué soy después de todo sino un niño,
Complacido con el sonido de mi propio nombre,
Repitiéndolo sin cesar,
Apartándome de los otros para oírlo,
Sin que me canse nunca?

Escribo en la arena la palabra horizonte
Y unas mujeres altas vienen a reposar en ella.
Dialogan sonrientes y se esfuman tranquilas.
Yo no puedo seguirlas, el sueño me detiene, ellas van por mis brazos
Buscando el camino tormentoso de mi corazón.
El horizonte guarda los amigos perdidos, las naves naufragadas,
Las puertas de ciudades que existieron cuando existió David.

Yo no comprendo nada, yo soy un inocente.
Pero los dejo irse temblando por el camino de los brazos,
Sangre adentro, centellas silenciosas,
Ahora los escucho platicar por las venas,
Fieles, suntuosamente humildes, vencidos de antemano.
Hablan de las antiguas ciudades, hablan de mujeres esfumadas,
    gritan y corren apresurados.
Esta mano de un rey me pertenece.
Esta iglesia es mi casa. Son mis ojos
Quienes la hacen alta y luminosa. Aquel torso
Que sirve de refugio a un bienamado pueblo de palomas
Escapado ha de mí. Han escrito una letra de mi nombre
En las tibias espaldas de aquel árbol. ¿Quién es esta mujer?
La oigo mis verdades. Ella conoce el preciado alimento.
Va inscribiendo mi nombre sobre sepulcros olvidados.
Ella conoce la destreza de amor con que se yergue
Dentro de mí un cuerpo esplendoroso. Ella vive por mí.
¿Cómo responde cuando soy llamado? ¿Cómo alcanza
A su terrible boca el alimento que deparado fuera a mis entrañas?
Ahora comprendo que su cuerpo es el mío.
Yo no termino en mí, en mí comienzo.

También ella soy yo, también se extiende,
Oh muerte, oh muerte, mujer, alma encontrada,
Qué vigilas cuando todos duermen?
Oh muerte, feliz inicio, campo de batalla,
Donde las almas solas, puras almas, ya no se mueren nunca,
También se extiende hacia su extraña playa de deseos
Esta frente que en mí es destruida por ardientes deseos de otra
    frente.

Bajo ese murmullo de guerreros por dentro de las venas
Pienso en los tristes rostros de los niños.
Pienso en sus conversaciones infantiles y en que van a morirse.
Y pienso en la injusticia de que sean niños eternamente.
Y una voz me contesta:
Eres el más inocente de los inocentes.
Apresúrate a morir. Apresúrate a existir. Mañana sabrás todo.
A su oído infantil, a su inercia, a su ensueño,
Bufón, rojo anciano, sabio dominante, le dirás la verdad.
Diciendo tus verdades, bufón, anciano dominante, sabio de Dios,
    alerta.
Mañana sabrás todo. Mañana. Duerme, niño inocente, duerme hasta
    mañana.
Le mostrarás el polvoriento camino de la muerte, anciano dominante.
Bufón de Dios, poeta.

            To-morrow, and to-morrow, and to-morrow,
            Creeps in this petty pace from day to day,
            To the last syllable of recorded time;
            And all our yesterdays have lighted fools
            The way to dusty death. Out, out, brief candle!

Bufón de Dios, arrójate a las llamas, que el tiempo es el maestro
    de la muerte.
Y tú no estás, ya nadie te recuerda el cuerpo ni la sombra,
Hoy eres el bufón, que se levanta y ríe, padre de sus ficciones, sabio
    dominado.
Levántate sobre la última sílaba del tiempo que recordamos,
    levántate, terrible y seguro, imponiendo tu sombra a la luz de
    la vida.

            Life's but a walking shadow, a poor player
            That struts and frets his hour upon the stage,
            And then is heard no more; it is a tale

Told by an idiot, full of sound and fury,
Signifying nothing.

Mañana sabrás todo.
Vuelve a dormirte.

La vida no es sino una sombra errante,
Un pobre actor que se pavonea y malgasta su hora sobre la escena,
Y al que luego no se le escucha más, la vida es
Un cuento narrado por un idiota, un cuento lleno de furia y de
sonido,
Significando nada.

Vuelve a dormirte.

VI

Estoy soñando en la arena las palabras que garabateo en la arena
con el sueño índice:
Amplísimo amor de inencontrable ninfa caritativo muslo de sirena.
Éstas son las playas de Burma, con los minaretes de Burma, y las
selvas de Burma.
El marabú, la flor, el heliógrafo del corazón.
Los dragones andando de puntillas porque duerme San Jorge.
Soñar y dormir en el sueño de muerte los sueños de la muerte.
Danos tiempo para eso. Danos tiempo. Tú eres quien sueña
solamente.

No. Yo no sueño la vida,
es la vida la que me sueña a mí,
y si el sueño me olvida,
he de olvidarme al cabo que viví.

VII

Andan caminando por las seis de la mañana.
Querría usted hacer un poco de silencio?
La tierra se encuentra cansada de existir.
Día tras días moliendo estérilmente con su eje.

Día tras día oyendo a los dioses burlarse de los hombres.
Usted no sabe escucharla, ella rueda y gime.
Usted cree que escucha las campanas y es la tierra quien gime.
Recoja sus manos de inocente sobre la playa.
No escriba. No exista. No piense.
Ame usted si lo desea, ¿a quién le importa nada?
No es a usted a quien aman, compréndalo, renuncie gentilmente.
Piense en las estrellas e invéntese algunas constelaciones.
Hable de todo cuanto quiera pero no diga su nombre verdadero.
No se palpe usted el fantasma que lleva debajo de la piel.
No responda ante el nombre de un sepulcro. Niéguese a morir.
    Desista. Reconcilie.
No hable de la muerte, no hable del cuerpo, no hable de la belleza.
Para que los barcos anden,
Para que las piedras puedan moverse y hablar los árboles.
Para corroborar la costumbre un poco antigua de morirse,
Remonten suavemente las amazonas el blanco río de sus cabellos.

VIII

Yo soy el mentiroso que siempre dice su verdad.
Quien no puede desmentirse ni ser otra cosa que inocente.
Yo soy un niño que recibe por sus ojos la verdad de su inocencia.
Un navegante ciego en busca de su morada, que tropieza en las rocas
    vivientes del cuerpo humano, que va y viene hacia la tierra
    bajo el peso agobiante de su pequeño corazón.
Quien padece su cuerpo como una herejía, y sabe que lo ignora.
Quien suplica un poco más de tiempo para olvidarse.
La mano de su Padre recogiéndolo piadosa en medio del parque.
Sonriendo, sollozando, mintiendo, proclamando su nombre
    sordamente.
Bufón de Dios, vestido de pecado, sonriendo, gritando bajo la piel,
    por su fantasma venidero.
Amor hacia las más bellas torres de la tierra.
Amor hacia los cuerpos que son como resplandecientes afirmaciones.
Amor, ciegamente, amor, y la muerte velando y sonriendo en el
    balcón de los cuerpos más hermosos.
Las manos afirmando y el corazón negando.

Vuelve, vuelve a soñar, inventa las precisas realidades.
Aduéñate del corazón que te desdeña bajo los cielos de Burma.

Sueña donde desees lo que desees. No aceptes. No renuncies.
    Reconcilia.
Navega majestuoso el corazón que te desdeña.
Sueña e inventa tus dulces imprecisas realidades, escribe su nombre
    en las arenas, entrégalo al mar, viaja con él, silente navío
    desterrado.
Inventa tus precisas realidades y borra su nombre en las arenas.
Mintiendo por mis ojos la dura verdad de mi inocencia.

IX

Estamos en Ceylán a la sombra crujiente de los arrozales.
Hablamos invisiblemente la emperatriz Faustina,
Juliano el Apóstata y yo.
Niño, dijeron, qué haces tan temprano en Ceylán,
Qué haces en Ceylán si no has muerto todavía,
Y aquí estamos para discutir las palabras del patriarca Cirilo,
Y hablaremos hebreo, y tú no sabes hebreo?

El emperador Constantino sorbe ensimismado sus refrescos de fresa.
Y oye los vagidos victoriosos del niño Occidente.
Desde Alejandría le llegan sueños y entrañas de aves tenebrosas
    como la herejía.
Pasan Paulino de Tiro y Patrófilo de Shitópolis.
Pasan Narciso de Neronias, Teodoto de Laodicea, el Patriarca
    Atanasio.
Y el emperador Constantino acaricia los hombros de un faisán.
Escucha embelesado la ascensión de Occidente.
Y monta un caballo blanquísimo buscando a Arlés.
El primero de agosto del año trescientos catorce de Cristo.
Sale el emperador Constantino en busca de Arlés.
Lleva las bendiciones imperiales debajo de su toga,
Y el incienso y el agua en el filo de su espada.

Faustina me prestaba su copa de papel
y yo bebía del vino que toman los muertos a la hora de dormir.
Pero no conseguían embriagarme
Y de cada palabra que decían sacaba una enseñanza.
El pez vencerá al Arquitecto.
Los hijos son consubstanciales con el padre.

Si descubren un nuevo planeta, habrá conflagraciones, y renunciará
a existir el Sínodo de Antioquía.

                        Y de todo salía una enseñanza.

Estamos en Ceylán a la sombra de los crujientes arrozales.
Mujeres doradas danzan al compás de sus amatistas.
Niños grabados en la flor de amapola danzan briznas de opio.
Y en todo el paraninfo de Ceylán las figuras del sueño testifican:
Quién es ese niño que nos escribe en palabras en la arena?
Qué sabe él quién lo desata y lanza?

Me prestaba su copa de papel.
El patriarca hablaba desde su estatua de mármol, con su barba
     natural y voz de adolescente:
                    Preparaos a morir. La hora está aquí. Vengan.
Continuaba bebiendo el vino de los muertos y fingía dormir.
El patriarca me ponía su manto para cuidarme del sueño.
Y oía su diálogo por debajo del vuelo, la voz enjoyada de Faustina,
     la voz de la estatua, el vino de Ceylán, la canción de los
     pequeños sacrificados en la misa de Ceylán.

Quién es ese niño que nos escribe en palabras en la arena?
Qué sabe él quién lo desata y lanza?

Una voz contesta desde su garganta de mármol:
Dejadlo dormir, es inocente de todo cuanto hace,
Y sufre su sangre como el martirio de una herejía.

Dormir en la voz helena de Cirilo.
Con las soterradas manos de Faustina.
Dialogando interminablemente Juliano el Apóstata.

                              X

Echemos algunas gotas de horror sobre la dulzura del mundo.
Mira tu corazón frente a frente, piensa en la terrible belleza y
     renuncia.
Los ancianos ya tiemblan al soplo de la muerte.
Los ancianos que fueron también la belleza terrible.
Los que turbaron un día las débiles manos de un niño en la arena.

Ellos son los que tiemblan ya ahora al soplo de la muerte.
Piensa en su belleza y piensa en su fealdad.
Aun los seres más bellos conducen un fantasma.
Ellos son los que tiemblan ya ahora al soplo de la muerte.
Escapa, débil niño, a la verdad de tu inocencia.
Y a todos los que se imaginan que no son inocentes
Y adelantándose al proscenio dicen:
                            Yo sé.
Dejemos vivo para siempre a ese inocente niño.
Porque garabatea insensatamente palabras en la arena.
Y no sabe si sabe o si no sabe.
Y asiste al espectáculo de la belleza como al vivo cuerpo de Dios.
Y dice las palabras que lee sobre los cielos, las palabras que se le
     ocurren, a sabiendas de que en Dios tienen sentido.
Y porque asiste al espectáculo de su vida afligidamente.
Porque está en las manos de Dios y no conoce sino el pecado.
Y porque sabe que Dios vendrá a recogerle un día detrás del
     laberinto.
Buscando al más pequeño de sus hijos perdido olvidado en el parque.
Y porque sabe que Dios es también el horror y el vacío del mundo.
Y la plenitud cristalina del mundo.
Y porque Dios está erguido en el cuerpo luminoso de la verdad
     como en el cuerpo sombrío de la mentira.

                        Dejadlo vivo
                        para siempre.

Y el niño de la arena contesta: Gracias!
Y una voz le responde:

               Sea Pablo,
               Sea Cefas,
               sea el mundo,
               sea la vida,
               sea la muerte,
               sea lo presente,
               sea lo por venir,
               todo es vuestro:
               y vosotros de Cristo,
               y Cristo de Dios.

                        Vuelve a dormirte.

GONZALO ROJAS

Chile, 1917. Obras: *La miseria del hombre*, 1948. *Contra la muerte*, 1964.
Oscuro, 1977. *Transtierro*, 1979. *Del relámpago*, 1981.

DESDE ABAJO

Entonces nos colgaron de los pies, nos sacaron
la sangre por los ojos,
                   con un cuchillo
nos fueron marcando en el lomo, yo soy el número
25.033,
      nos pidieron
dulcemente,
casi al oído,
que gritáramos
viva no sé quién.

           Lo demás
son estas piedras que nos tapan, el viento.

PAPIRO MORTUORIO

Que no pasen por nada los parientes, párenlos
con sus crisantemos y sus lágrimas
y aquellos acordeones para la fiesta
del incienso; nadie
es el juego sino uno, este mismo uno
que anduvimos tanto por error
de un lado a otro, por error: nadie
sino el uno que yace aquí, este mismo uno.

Cuesta volver a lo líquido del pensamiento
original, desnudarnos como cantando

de la airosa piel que fuimos con hueso y todo desde
lo alto del cráneo al último
de nuestros pasos, tamaña especie
pavorosa, y eso que algo
aprendimos de las piedras por el atajo
del callamiento.

A bajar, entonces, áspera mía ánima, con la dignidad
de ellas, a lo gozoso
del fruto que se cierra en la turquesa de otra luz
para entrar al fundamento, a sudar
más allá del sudario la sangre fresca del que duerme
por mí como si yo no fuera ése,
ni tú fueras ése, ni interminablemente nadie fuera ése,
porque no hay juego sino uno y éste es el uno:
el que se cierra ahí, pálidos los pétalos
de la germinación y el agua suena al fondo
ciega y ciega, llamándonos.

Fuera con lo fúnebre; liturgia
parca para este rey que fuimos, tan
oceánicos y libérrimos; quemen hojas
de violetas silvestres, vístanme con un saco
de harina o de cebada, los pies desnudos
para la desnudez
última; nada de cartas
a la parentela atroz, nada de informes
a la justicia; por favor tierra,
únicamente tierra, a ver si volamos.

A VECES PIENSO QUIÉN

A veces pienso quién, quién estará viviendo ronco mi juventud
con sus mismas espinas, liviano y vagabundo,
nadando en el oleaje de las calles horribles, sin un cobre,
remoto, y más flexible: con tres noches radiantes en las sienes
y el olor de la hermosa todavía en el tacto.

Dónde andará, qué tablas le tocará dormir a su coraje,
qué sopa devorar, cuál será su secreto

para tener veinte años y cortar en sus llamas las páginas violentas.
Porque el endemoniado repetirá también el mismo error
y de él aprenderá, si se cumple en su mano la escritura.

VOCALES PARA HILDA

La que duerme ahí, la sagrada,
la que me besa y me adivina,
la translúcida, la vibrante,
la loca
de amor, la cítara
alta:

tú,

nadie
sino flexiblemente
tú,
la alta,
en el aire alto
del aceite
original
de la Especie:

tú,

la que hila
en la velocidad
ciega
del sol:

tú,

la elegancia
de tu presencia
natural
tan próxima,
mi vertiente
de diamante, mi
arpa,
tan portentosamente mía:

tú,

paraíso
o
nadie
cuerda
para oír
el viento
sobre el abismo
sideral:

tú,

página
de piel más allá
del aire:

tú,

manos
que amé,
pies
desnudos
del ritmo
de marfil
donde puse
mis besos:

tú,

volcán
y pétalos,
llama;
lengua
de amor
viva:

tú,

figura
espléndida, orquídea
cuyo carácter aéreo
me permite
volar:

tú,

muchacha
mortal, fragancia
de otra música
de nieve
sigilosamente
andina:

tú,

hija del mar
abierto,
áureo,
tú que danzas
inmóvil
parada
ahí
en
la transparencia
desde
lo hondo
del principio:

tú,

cordillera, tú,
crisálida
sonámbula
en el fulgor
impalpable
de tu corola:

tú,

nadie: tú:

Tú,
Poesía,
tú,
Espíritu,
nadie:

tú,

que soplas
al viento
estas vocales
oscuras,
estos
acordes
pausados
en el enigma
de lo terrestre:

tú:

¿QUÉ SE AMA CUANDO SE AMA?

¿Qué se ama cuando se ama, mi Dios: la luz terrible de la vida
o la luz de la muerte? ¿Qué se busca, qué se halla, qué
es eso: amor? ¿Quién es? ¿La mujer con su hondura, sus rosas,
    sus volcanes,
o este sol colorado que es mi sangre furiosa
cuando entró en ella hasta las últimas raíces?

¿O todo es un gran juego, Dios mío, y no hay mujer
ni hay hombre sino un solo cuerpo: el tuyo,
repartido en estrellas de hermosura, en partículas fugaces
de eternidad visible?

Me muero en esto, oh Dios, en esta guerra
de ir y venir entre ellas por las calles, de no poder amar
trescientas a la vez, porque estoy condenado siempre a una,
a esa una, a esa única que me diste en el viejo paraíso.

ALÍ CHUMACERO

México, 1918. Obras: *Páramo de sueños*, 1944. *Imágenes desterradas*, 1948. *Palabras en reposo*, 1956. *Poesía completa*, 1980.

OLA

Hacia la arena tibia se desliza
la flor de las espumas fugitivas,
y en su cristal navega el aire herido,
imperceptible, desplomado, oscuro
como paloma que de pronto niega
de su mármol idéntico el estío
o el miedo que en silencio se apresura
y sólo huella fuese de un viraje,
melancólica niebla que al oído
dejara su tranquilo desaliento.
Mas el aire es quien fragua, sosegado,
la caricia sombría, el beso amargo
que al fin fatigará el oculto aroma
de la arena doliente, deseosa,
ávida, estéril sombra pensativa,
cuerpo anegado en un cansancio oscuro
sometido al murmullo de aquel beso.

Hermosa así, desnuda, ya no es
la carne iluminada cual la flecha
que en el viento describe lujuriosa
el temblor que después ha de entregar;
ni es la boca ardiente, enamorada,
insaciable al contacto, al beso ávida
como profundo aroma silencioso;
ni la pasión del fuego hacia el aliento
destruyendo lo inmóvil de la sombra
para precipitarla en lo que ha sido,
sino que, ya ternura del cautivo
que sabe dónde amor le está esperando,
quiebra su forma, pierde su albedrío

185

y en un instante de candor o ala
ahogada en un anhelo suspendido,
como ciega tormenta despeñada
abandónase al cuerpo que la acosa
y a su encuentro es caricia, oscura imagen
de rudo impulso convertido en plumas
o tinieblas perdidas para siempre,
y sabe cómo al fin la arena es tumba,
frontera temblorosa donde se abren
las flores fugitivas de la espuma,
resueltas ya en silencio y lentitud.

PALABRAS DEL AMANTE

Persisten implacables
sílabas, frases: sólo palabras
al asombro del mar dichas en tiempo aciago,
cuando los aires eran arena,
o en hoteles vacíos de sucios corredores,
mientras se oían gallos lejanos
y en aliento calmaba la arcilla su delirio.

Del húmedo mirar
nada recuerdo, porque el amante
en orfandad consume despojos de sí mismo,
cubre de polvo ávidas áreas
de hermosas dilaciones, y corrompida furia
arde celosa junto al leopardo
del alma que en desdén amores desafía.

PROSA DEL SOLITARIO

Tras el último sorbo a su café, se levantaba
en súbita marea o párpado
y un "Deséame suerte" precedía
su cotidiano ir hacia la calle.
Al despedirse, el paso amarillento

y el desvaído oler de su perfume
el aire removían, agitaban el humo
como ardiente mirada que perturba.
Después la habitación al orden sucumbía.

Yo miraba la oculta mudez de las alcobas
noche a noche habitadas,
sus oceánicos lechos oscilantes
al gozo de aquel cuerpo de vana arquitectura.
El oído sabía el germen de su luto
al presentir las frases masculinas,
murallas de fulgor y cementerio
irónico que simultáneamente,
mientras yo recorría la longitud del cuarto,
sobre el deleite echaban halos de pedernal,
aire podrido, máscaras humedecidas por el crimen.

La espera hacía recordar vigilias
y escenas polvorientas que encendieron
de pálida vejez
nuestro invisible amor avergonzado.
Del reposo ascendía oscura compasión
para atenuar conversaciones casi conyugales,
hacer propósitos de enmienda
y negarse a pedir auxilio frente a muebles
como tristeza o musgo y ceniceros ávidos.

En óleo del insulto la lengua se tornaba,
era manzana al fermentar, pisoteado
establo y voz que atravesó
por un atardecer como salón vacío.
Sólo un nublar de espadas, un afán
de indolencia y un dormir a la sombra del muro
sin esperanza daban al corazón el testimonio
de latir en la orilla del pecado.
Todo mi ser entonces perdonaba
el "Deséame suerte" en sus tranquilos labios
aún manchados por el sorbo último.

VACACIONES DEL SOLTERO

De la ciudad ascienden nubes, humo
en olas de perdón
sobre un ayer morado, emblema de los hombres
que al sobrio desertar del cigarrillo
a la oficina asisten,
ajenos a estos días perdidos en el campo.

Ojos de lince contra el lince, el cazador
salió de madrugada:
iba a caballo la violencia al monte
imaginando bestias, vides que la embriaguez
añoran, moribundo
asido a la obediencia de su origen.

Triste morir sin hijos, el espejo
sucumbe a olor de sílabas
y ayes infantiles que nadie agrió en la boca
aunque su luz miráramos flotar
en desamparo: símbolos
del ser, puñales bajo inútil redención.

La mano al descender con la navaja ahuyenta
el mal del rostro, vence
edades y palabras y destruye
la huella sudorosa del alquilado amor:
oh, la mujer que al lado
está balanceándose en la hamaca.

Luego un paseo al río, a preparar
la noche y distraer
el sueño o la embriaguez latiendo entre las manos,
y al retorno escribir furtivamente
a quien espera lejos:
"El pueblo es sucio, en ti descansa la verdad."

Gracia que al pez evade y precipita en ciénaga,
mañana en la oficina
el campo y la mujer desertarán
del alma: el héroe encenderá su cigarrillo,
absorto en la sospecha
de no haber conocido el más allá.

CÉSAR DÁVILA ANDRADE

Ecuador, 1918-1967. Obras: *Espacio, me has vencido* y *Oda al arquitecto, Canción a Teresita, Catedral salvaje*, 1951. *Boletín y elegía de las mitas*, 1957. *Arco de instantes*, 1959. *En un lugar no identificado*, 1962. *Conexiones de tierra*, 1964. *Materia real*, 1970.

BOLETÍN Y ELEGÍA DE LAS MITAS

Yo soy Juan Atampam, Blas Llaguarcos, Bernabé Ladña,
Andrés Chabla, Isidro Guamancela, Pablo Pumacuri,
Marcos Lema, Gaspar Tomayco, Sebastián Caxicondor.
Nací y agonicé en Chorlavi, Chamanl, Tanlagua,
Niebli. Sí, mucho agonicé en Chisingue,
Naxiche, Guambayna, Paolo, Cotopilaló.
Sudor de sangre tuve en Caxaji, Quinchirana,
en Cicalpa, Licto y Conrogal.
Padecí todo el Cristo de mi raza en Tixán, en Saucay,
en Molleturo, en Cojibambo, en Tovavela y Zhoray.
Añadí así más blancura y dolor a la Cruz que trujeron mis
      verdugos.
A mí, tam. A José Vacancela, tam.
A Lucas Chaca, tam. A Roque Caxicondor, tam.
En Plaza de Pomasqui y en rueda de otros naturales,
nos trasquilaron hasta el frío la cabeza.
Oh, Pachacámac, Señor del Universo,
nunca sentimos más helada tu sonrisa,
y al páramo subimos desnudos de cabeza,
a coronarnos, llorando, con tu Sol.

A Melchor Pumaluisa, hijo de Guapulo,
en medio patio de hacienda, con cuchillo de abrir chanchos
      cortáronle testes.
Y, pateándole, a caminar delante
de nuestros ojos llenos de lágrimas.
Echaba, a golpes, chorro en ristre de sangre.
Cayó de bruces en la flor de su cuerpo.

189

Oh, Pachacámac, Señor del Infinito,
Tú, que manchas el Sol entre los muertos...

Y vuestro Teniente y Justicia Mayor,
José de Uribe: "Te ordeno." Y yo,
con los otros indios, llevábamosle a todo pedir
de casa en casa, para sus paseos, en hamaca.
Mientras mujeres nuestras, con hijas, mitayas,
a barrer, a carmenar, a tejer, a escardar,
a hilar, a lamer platos de barro —nuestra hechura—.
Y a yacer con Viracochas
nuestras flores de dos muslos,
para traer al mestizo y verdugo venidero.

Sin paga, sin maíz, sin runa-mora,
ya sin hambre, de puro no comer;
sólo calavera, llorando granizo viejo por mejillas,
llegué trayendo frutos de la yunga
a cuatro semanas de ayuno.
Recibiéronme: Mi hija partida en dos por Alférez Quintanilla.
Mujer, de conviviente de él. Dos hijos muertos a látigo.
Oh, Pachacámac, y yo, a la Vida. Así morí.

Y de tanto dolor, a siete cielos,
por setenta soles, oh, Pachacámac,
mujer pariendo mi hijo, le torcí los brazos.
Ella, dulce ya de tanto aborto, dijo:
"Quiebra maqui de guagua; no quiero
que sirva de mitayo a Viracochas." Quebré.

Y entre curas, tam, unos pareciendo diablos, buitres, había.
Iguales. Peores que los otros de dos piernas.
Otros decían: "Hijo, Amor, Cristo."
A tejer dentro de iglesia, aceite para lámpara,
cera de monumentos, huevos de ceniza,
doctrina y ciegos doctrineros.
Vihuela, india para la cocina, hija para la casa.
Así dijeron. Obedecí.

Y después: Sebastián, Manuel, Roque, Selva,
Miguel, Antonio, Matiyos, a hierba, leña, carbón,
paja, peces, piedras, maíz, mujeres, hijas. Todo servicio.
A runa-llama tam, que en tres meses

comiste dos mil corazones de ellas.
A mujer que tam comiste
cerca de oreja de marido y de hijo,
noche a noche.

Brazos llevaron al mal.
Ojos al llanto.
Hombres al soplo de sus foetes.
Mejillas a lo duro de sus botas.
Corazón que estrujaron, pisando ante mitayo,
cuerpos de mamas, mujeres, hijas.
Sólo nosotros hemos sufrido
el mundo horrible de sus corazones.

En obraje de telas, sargas, capisayos, ponchos,
yo, el desnudo, hundido en calabozos, trabajé
año cuarenta días,
con apenas puñado de maíz para el pulso
que era más delgado que el hilo que tejía.
Encerrado desde aurora hasta el otro claror,
sin comer, tejí, tejí.
Hice la tela con que vestían cuerpos los Señores
que dieron soledad de blancura a mi esqueleto,
y Día Viernes Santo amanecí encerrado,
boca abajo, sobre telar,
con vómito de sangre entre los hilos y lanzadera.
Así, entinté con mi alma, llena de costado,
la tela de los que me desnudaron.

> *Porque no hemos venido*
> *a vivir en la tierra.*
> *Sólo venimos a soñar*
> *aquí, en la Tierra.*

Y a un Cristo, adrede, tam trujeron,
entre lanzas, banderas y caballos.
Y a su nombre, hiciéronme agradecer el hambre,
la sed, los azotes diarios, los servicios de iglesia,
la muerte y la desraza de mi raza.
(Así avisa al mundo, Amigo de mi angustia.
Así, avisa. Dí. Da diciendo. Dios te pague.)

Y bajo ese mesmo Cristo,
negra nube de buitres de trapo vinieron. Tantos.
Cientos de haciendas y casas hicieron en la Patria.
Miles de hijos. Robos de altar. Pillerías de cama.
Dejáronme en una línea de camino,
sin Sur, sin Norte, sin choza, sin... ¡dejáronme!
y, después, a batir barro, entraña de mi tierra;
a hacer cal de caleras, a trabajar en batanes,
en templos, paredes, pinturas, torres, columnas, capiteles.

¡Y yo, a la intemperie!
Y después, en trapiches que tenían,
moliendo caña, moliéronme las manos:
hermanos de trabajo bebieron mi sanguaza.
Miel y sangre y llanto.
Y ellos, tantos, en propias pulperías,
enseñáronme el triste cielo del alcohol
y la desesperanza. ¡Gracias!

　　　　　　　　¡Oh Pachacámac, Señor del Universo!
　　　　　　　　Tú que no eres hembra ni varón.
　　　　　　　　Tú que eres Todo y eres Nada,
　　　　　　　　óyeme, escúchame.
　　　　　　　　Como el venado herido por la sed,
　　　　　　　　te busco y sólo a ti te adoro.

Y tam, si supieras, Amigo de mi angustia,
como foeteaban cada día, sin falta.
"Capisayo al suelo, calzoncillo al suelo,
tú, bocabajo, mitayo. Cuenta cada latigazo."
Yo iba contando: 2, 5, 9, 30, 45, 70.
Así aprendí a contar en tu castellano,
con mi dolor y mis llagas.

En seguida, levantándome, chorreando sangre,
tenía que besar látigo y mano de verdugos.
"Dioselopagui, Amito"; así decía de terror y gratitud.

Un día en santa iglesia de Tuntaqui,
el viejo doctrinero mostróme cuerpo en cruz
de Amo Jesucristo;
único Viracocha sin ropa, sin espuelas, sin acial.

Todito Él era una sola llaga salpicada.
No había lugar ya ni para un diente de hierba
entre herida y herida.
En Él cebáronse primero, luego fue en mí.
¿De qué me quejo, entonces? —No. Sólo te cuento.
Me despeñaron. Con punzón de fierro,
me punzaron el cuerpo.
Me trasquilaron. Hijo de ayuno y de destierro fui.
Con yescas de magüey encendidas, me pringaron.
Después de los azotes, yo aún en el suelo.
Ellos entregolpeaban sobre mí dos tizones de candela
y me cubrían con una lluvia de chispas puntiagudas
que hacía chirriar la sangre de mis úlceras. Así.

Entre lavadoras de platos, barrenderas, hierbateras,
a una llamada Dulita cayósele una escudilla de barro,
y cayósele, ay, a cien pedazos.
Y vino el mestizo Juan Ruiz, de tanto odio para nosotros
por retorcido de sangre.
A la cocina llevóle pateándole nalgas, y ella sin llorar
ni una lágrima. Pero dijo una palabra suya y nuestra: Carajú.
Y él, muy cobarde, puso en fogón una cáscara de huevo
que casi se hace blanca brasa y que apretó contra los labios.
Se abrieron en fruta de sangre; amaneció con maleza.
No comió cinco días, y yo, y Joaquín Toapanta de Tubabiro,
muerta le hallamos en la acequia de los excrementos.

Y cuando en hato, allá en alturas,
moría ya de buitres o de la pura vida,
sea una vaca, una ternera o una oveja,
yo debía arrastrarle por leguas de hierba y lodo,
hasta patio de hacienda
a mostrar el cadáver.
Y tú, señor Viracocha,
me obligaste a comprar esa carne engusanada ya.
Y como ni esos gusanos juntos
pude pagar de golpe,
me obligaste a trabajar otro año más;
¡hasta que yo mismo descendí al gusano
que devora a los amos y al mitayo!
A Tomás Quitumbe, del propio Quito, que se fue huyendo
de terror, por esas lomas de sigses de plata y pluma,
le persiguieron; un alférez iba a la cabeza.

Y él, corre, corre, gimiendo como venado.
Pero cayó, rajados ya los pies de muchos pedernales.
Cazáronle. Amarráronle el pelo a la cola de un potro alazán
y con él, al obraje de Chillos,
a través de zanjas, piedras, zarzales, lodo endurecido.
Llegando al patio, rellenáronle heridas con ají y con sal,
así los lomos, hombros, trasero, brazos, muslos.
Él gemía, revolcándose de dolor: "Amo Viracocha, Amo Viracocha."
Nadie le oyó morir.
Y a mamá Susana Pumancay, de Pnazaleo;
su choza entre retamas de mil mariposas ya de aleteo;
porque su marido Juan Pilataxi desapareció de bulto,
le llevaron, preñada, a todo paso, a la hacienda,
y al cuarto de los cepos, en donde le enceparon la derecha,
dejándole la izquierda sobre el palo.
Y ella, a medianoche, parió su guagua
entre agua y sangre.
Y él dio de cabeza contra la madera, de que murió.
¡Leche de plata hubiera mamado un día, carajú!
Minero fui, por dos años, ocho meses.
Nada de comer. Nada de amar. Nunca vida.
La bocamina fue mi cielo y mi tumba.
Yo, que usé el oro sólo para las fiestas de mi Emperador,
supe padecer con su luz
por la codicia y la crueldad de otros.
Dormimos miles de mitayos
a pura mosca, látigo, fiebres, en galpones,
custodiados con un amo que sólo daba muerte.
Pero, después de dos años, ocho meses, salí.
Salimos seiscientos mitayos
de veinte mil que entramos.
Pero salí. ¡Oh, sol reventado por mi madre!
Te diré, oh, Pachacámac, muerto
en los brazos que ahora hacen esquina
de madera y de clavos a otro Dios.
Pero salí. No reconocía ya mi Patria.
Desde la negrura, volví hacia el azul.
Quitumbe de alma y sol, lloré de alegría.
Volvíamos. Nunca he vuelto solo.
Entre cuevas de cumbre, ya en goteras de Cuenca,
encontré, vivo de luna, el cadáver
de Pedro Axitimbay, mi hermano.
Vile mucho. Mucho vile, y le encontré el pecho.

Era un hueso plano. Era un espejo. Me incliné.
Me miré, pestañeando. Y me reconocí. Yo era el mismo.
Y dije: ¡Oh Pachacámac, Señor del Universo!
Oh Chambo, Mulaló, Sibambe, Tomebamba;
Guangara de don Nuño Valderrama.
Adiós. Apachacámac. Adiós. Rimini. ¡No te olvido!
A ti, Rodrigo Núñez de Bonilla.
Pedro Martín Montanero, Alonso de Bastidas,
Sancho de la Carrera, hijo. Diego Sandoval.
Mi odio. Mi justicia.

A ti, Rodrigo Darcos, dueño de tantas minas,
de tantas vidas de curicamayos.
Tus lavaderos del río Santa Barbola.
Minas de Ama Virgen del Rosario en Cñaribamba.
Minas del gran cerro de Malal, junto al río helado.
Minas de Zaruma; minas de Catacocha. ¡Minas!
Gran buscador de riquezas, diablo del oro.
¡Chupador de sangre y lágrimas del indio!
Que cientos de noches cuida tus acequias
para moler tu oro
en tu mortero de ocho martillos y tres fuelles.
Oro para ti. Oro para tus mujeres. Oro para tus reyes.
Oro para mi muerte. ¡Oro!

Pero un día volví. ¡Y ahora vuelvo!
¡Ahora soy Santiago Agag Roque Buestende,
Mateo Comaguara, Esteban Chuquitaype, Pablo Duchinachay,
Gregorio Guartatana, Francisco Nati-Cañar, Bartolomé Dumbay!
Y ahora, toda esta Tierra es mía.
Desde Llangagua hasta Burgay;
desde Irubí hasta el Buerán;
desde Guaslan hasta Punsara, pasando por Biblián.
Y es mía para adentro, como mujer en la noche.
Y es mía para arriba, hasta más allá del gavilán.

¡Vuelvo, álzome!
¡Levántome después del Tercer Siglo, de entre los Muertos!
¡Con los muertos, vengo!
La tumba india se retuerce con todas sus caderas,
sus mamas y sus vientres.
La Gran Tumba se enarca y se levanta
después del Tercer Siglo, de entre las lomas y los páramos,

la cumbre, las yungas, los abismos,
las minas, los azufres, las cangaguas.

Regreso desde los cerros, donde moríamos
a la luz del frío.
Desde los ríos, donde moríamos en cuadrillas.
Desde las minas, donde moríamos en rosarios.
Desde la Muerte, donde moríamos en grano.

Regreso.

¡Regresamos! ¡Pachacámac!
¡Yo soy Juan Atampam! ¡Yo, Tam!
¡Yo soy Marcos Guamam! ¡Yo, Tam!
¡Yo soy Roque Jadán! ¡Yo, Tam!

¡Comaguara, soy. Gualanlema, Quilaquilago, Caxicondor,
Pumacuri, Tomayco, Chuquitaype, Guartatana, Duchinachay,
Dumbay, soy!

¡Somos! ¡Seremos! ¡Soy!...

PERSONA

Persona, por favor, de calcio, de líneas
de betún y buril, persona. Los hombros así,
bajo los hombros, como si colgaran para la carga
o la sombra.
Persona toda tú. En nombre del Padre. Persona.
Más cal sobre más piedra. Personalmente.
Y en lo íntimo, detenciones y límites.
Es de derecho y de plexo. Persona.
Derecho personal en polvillo. Iris del hombre.
Persona, ya te tocan. Vuelves. Te asombras
de estar en el mismo sitio, entre personas.
Ha reventado el albedrío y desangras.
Es tu persona de sílice contra la de pómez.
Persona, tú, y sobre ti la Persona Infinita
que te ama, pisándote las huellas.
Persona, no te olvides,
sal de ti ahora mismo.

PROFESIÓN DE FE

No hay angustia mayor que la de luchar envuelto
en la tela que rodea
la pequeña casa del poeta durante la tormenta.
Además,
están ahí las moscas,
veloces en su ociosidad,
buscando la sabor adulterina
y dale y dale vueltas
frente a las aberturas del rostro más entregado
a su verdadera cualidad.
El forcejeo con la tela obstructiva
se repliega en las cuevas comunicantes del corazón
o dentro de la glándula de veneno del entrecejo
cuyos tabiques son
verticales al Fuego
y horizontales al Éter.
Y la Poesía, el dolor más antiguo de la Tierra,
bebe en los huecos del costado de San Sebastián
el sol vasomotor
abierto por las flechas.
                           Pero la voluntad del poema
embiste
      aquí
          y
          allá
la tela
y elige, a oscuras aún, los objetos sonoros,
las riñas de alas,
los abalorios que pululan en la boca del cántaro.
        Pero la tela se encoge y ninguna práctica
        es capaz de renovar
        la agonía creadora del delfín.
El pez sólo puede salvarse en el relámpago.

CAMPO DE FUERZA

        ¿En qué instante se une el Buscador
        a lo buscado, y

Materia y Mente entran en la embriaguez
del mutuo conocimiento?

En qué relámpago se funden los contrarios
como gota de esmalte
que deslumbra
la pupila central del girasol?
                    Escuchad:
                              Una detención
del milenario flujo de la respiración
sobre el húmedo vértice del aliento
y la ampolla de Éter
circunvala y detiene la cabeza erizada
del Dragón.
                    El Sabor de la Piedra al pasar por el anteojo
inaugura la fiesta de los quitasoles
y el ángel se acumula furiosamente en la ananá.
                    Ombligo Corazón y Retina
son saboreados por el áspid que mana
                    sin cesar
de la Boca Santísima de la Carne.

ALBERTO GIRRI

Argentina, 1918. Obras: *El tiempo que destruye*, 1951. *Escándalo y sole-dades*, 1952. *Línea de la vida*, 1955. *Examen de nuestra causa*, 1956. *La penitencia y el mérito*, 1957. *Propiedades de la magia*, 1959. *La condición necesaria*, 1960. *Elegías italianas*, 1962. *El ojo*, 1963. *Poemas elegidos*, 1965. *Envíos*, 1967. *Casa de la mente*, 1968. *Antología temática, 1946-1967*, 1970. *En la letra, ambigua selva*, 1972. *Poesía de observación*, 1973. *Quien habla no está muerto*, 1975. *El motivo es el poema*, 1976. *Árbol de la estirpe humana*, 1978. *Lo propio, lo de todos*, 1980. *Homenaje a W. C. Williams*, 1981. *Lírica de percepción*, 1983.

CAZADOR EN LA SELVA

Primera instancia
del traspié, del veneno,
la mordedura:
                    rápidamente
por el cazador cazado suben
calores, afrenta
a las piernas, entorpecidas,
y a la lengua, hinchazón
que la enmudece.

Segunda:
            el gran aflojamiento, tumbarse
para placer y malicia de insectos,
constancia de hormigas bordando
en las carnes difusos mapas, rutas.

Tercera:
            alcanzado
por el entero abandono, inmerso
en agitaciones hasta la raíz,
y tan descolorido que no tiene
como abominable lo que ocurre,
a sus párpados van las somnolencias,
un poco de cabeceo, un poco de dormitar,
como el perezoso.

Cuarta instancia:
                    insectos y hormigas
se le desenlazan, por sorpresa
lo abandonan, sorpresivamente
ahora inicia con el veneno
relaciones de camaradería,
                              es punzado
a que sin armas, las armas en reposo,
retome desde el suelo sus artes del diablo,
les agregue la trampa de fascinar con la mirada
pájaros desplomándose de las ramas,
fieras que se llegan a olfatearlo,
sólo curiosas, sin apetito.

SEE HER, SEE HER IN THIS COMMON WORLD

Curioso, fascinante contacto
con lo peor que inerte,
                         como echada
en medio de un desierto
                    disuelta en *librium*
la blanda y feroz sonrisa
que sus músculos faciales aún retienen,
                    y escalofríos
arando sobre escalofríos, roturando
lo que ella ya no cultiva, lo vivido
y el sueño de lo vivido,
                              ese
degradarse de un carácter
con menos ánimo que sensibilidad,
menos sensibilidad que desaprensión,
                    que sabe
que no tiene a nadie a quien acusar
de lo que deforma vientre y cuello,
                    y que la suerte del cuerpo,
lo escultórico, esos toques
en el modelado de los miembros,
se juega en otras zonas, mucho antes
de que virus y glándulas interfirieran
haciendo quejumbrosos restos
de lo que parecía más bello de lo soportable.

Pelo quebradizo, piel reseca,
andrajosos senos,
                en una sola visión
todas las visiones para el exorcismo
de acompañarla rechazándola,
pensarla en un basural,
el lecho como basural,
                y no en la incauta,
desprevenida esperanza que aspira a probar
que entre tantos simulacros de entrega
hubo uno que remontó el cuarto,
se filtró por las puertas,
quemó la casa, incendió el corazón.

FANTASEO EN EL JARDÍN

La senectud es el momento
cuando las manos sólo consiguen
acariciar y mecer sustitutos,
                                guijarros
en lugar de pan;
        y la simulación
de vestir una túnica,
despojados al máximo,
                        abandonándonos
al sonido del grillo en el pasto,
no obstante que lo que resulte
sea doblarnos, cerrar el círculo,
alegoría de la serpiente
que se muerde la cola,
                        retroceso
donde sucederá de nuevo
un nacimiento.

Es esta anciana
que desecha la poética idea
de la senectud como un sueño de pájaros
piando y rozando árboles invernales,
        y se ve
sometida a especiales cirugías
que modifican órganos, proporcionan

la nariz armoniosa, griega y egipcia,
métodos correctores del vello, los labios
inertes, desdibujados,
                    todo
cuanto la ayude a arribar
incólume, floreciente,
al cristiano golpe que ha de rematarla,
                    paz en el jardín.

DURANTE LA MAREA BAJA

Mejor que el antílope
de cuernos rectos, supremos
y gentiles en el combate,
            y el crótalo
accionando con el mortífero
rayo de los ojos,
            sabe el cangrejo
que en el acto del amor
la gratificación es precedida
por la dificultad.

Conoce,
            mejor que la polilla
experta en vuelos evasivos,
            y la araña
que arma trampas, enlaza víctimas,
            y las abejas
condenadas a una suerte
de danza invariable,
            que la urgencia del que elige
            supera a la del elegido.

Mejor que ninguno
procura imponer
los méritos que lo hacen deseable,
y furiosamente lustra su blanca pinza
alzándola para atraer a la hembra, la dama
que se pasea entre las rocas,
            su condesa de Castiglione,

cisne del mar, mañoso y cruel,
algo devorador y algo inasible
sobre quien el cangrejo porfía
y queda exhausto.

BYRON REVISITED

Primero, el simple, fiel
reconocimiento de esos
que se guían por lo que sienten,
lo que creen sentir,
y cuyo tributo
es acercársele
como para tomar una flor,
recapturar briznas
de cantos,
como enamorarse
y cándidamente
arrojar
luz en devotos fragmentos,
fósiles, la amarilla
fronda de un alma
presa del tedio, aislada
en su privilegio
de amistad con el Ángel.

Luego,
el desdén crítico
paseándolo en un territorio
pleno de exageraciones,
algo gótico, la sumisión
al confuso siglo romántico,
a lasitudes
que tocan pasadas grandezas,
intimidades en desuso;
y la obra
entrelazada al escándalo
que se entrelaza con la precocidad
de un gigante, un cojo, un pie maltrecho
deshaciendo desde niño
innúmeros brazos.

Agréguense
sus afectaciones, las ahora
módicamente seductoras poses,
el Maldito, el Amador, el Libertario,
el Protestante moderado y flexible,
su oculto empeño
en hacer coincidir arte y creencia.

Y a través de unos y otros,
sin signos de fatiga,
lo que permanecerá inmune,
la peculiar carga del verso
(juego literario aparte,
aparte estilo, manera,
trucos, esfuerzos retóricos
en pos de una individualidad),
exigiéndonos aceptar que ella,
no el desplante verbal,
es lo decisivo
y lo que su inmortalidad ofrece
como postura, fecundo germen
del que puedes extraer tu materia,
tu oído, forjarlos
en medio de asociaciones,
referencias, símiles,
y la traicionera y dulce idea
de un tono que sea exclusivo de ti,
byroniano por el ímpetu
pero adecuadamente moderno
en los detalles,
al nivel de tiempos y torturas
un poco viejos hoy, tan temidos
como entonces,
cuando el insociable lord componía.

PREGUNTARSE, CADA TANTO

Qué hacer
del viejo yo lírico, errático estímulo,
al ir avecinándonos a la fase
de los silencios, la de no desear

ya doblegarnos animosamente
ante cada impresión que hierve,
y en fuerza de su hervir reclama
exaltación, su canto.

        Cómo, para entonces,
persuadirlo a que reconozca
nuestra apatía, convertidas
en reminiscencias de oficios inútiles
sus constantes más íntimas, sustitutivas
de la acción, sentimiento, la fe:
                     su desafío
a que conjuremos nuestras nadas
con signos sonoros que por los oídos andan
sin dueños, como rodando, disponibles
y expectantes,
            ignorantes
de sus pautas de significados,
de dónde obtenerlas;

              y su persistencia, insaciable
para adherírsenos, un yo
instalado en otro yo, vigilando
por encima de nuestro hombro
qué garabateamos;

           y su prédica
de que mediante él hagamos
florecer tanto melodía cuanto gozosa
emulación de la única escritura
nunca rehecha por nadie,
           la de Aquel
que escribió en la arena, ganada
por el viento, embrujante poesía
de lo eternamente indescifrable.

        Preguntárnoslo, toda vez
que nos encerremos en la expresión
idiota del que no atina a consolarse
de la infructuosidad de la poesía
como vehículo de seducción, corrupción
           y cada vez
que se nos recuerde que el verdadero

hacedor de poemas execra la poesía,
que el auténtico realizador
de cualquier cosa detesta esa cosa.

ARTISTA ADOLESCENTE

I

Variedad de préstamos
en variedad de dosis,
                              tus modelos
y sus secretos profesionales,
y secretos de Polichinela;

                    ya partidarios
de que el encanto expresivo
no sólo te es dado, o se te niega,
pero también puede forjárselo, depende
de lo que de verdad tu corazón
ponga en obras,

                    ya defensores
del saqueo, expoliar,
                              del acento
guiado por el rabelesiano
je prend mon bien où je le trouve,
o vertido como:
                    "Lo que otros, antes,
hayan dicho bellamente, unidas
la pertinencia y el primor,
pasa a ser mío, puesto que me sirve
me lo apropio",

                    y ofreciéndosete, amparo
letra a letra de tus modestas
y temerosas osadías, versos
reflejos, derivativos,
                              ¡el sentimiento
de tu novedad, precoz,
cuando comparas mujeres con cisnes,

ciudades con paisajes de necrópolis,
escenas de amor con escenas de caza!
                    ¡cuando afinidades,
copias, paráfrasis, te dejan
vislumbrar lo que en tus elegidos
hay de atípico, intransferible,
reconciliación de opuestos en los Eliot,
sibilina distinción en Tou Fou,
áspera melancolía en los Li Po!

                    II

Ni pegado a sus puertas
ni alucinado por sus abismos,
                         más bien
que tu necesidad se colme escuchándolos
como desde la última fila
de una platea,
                    una perspectiva
para destacar no nombres sino grupos, familias,
y radicalmente los dos que tocan, espejean,
la médula de toda escritura,
                         modelos
según el principio de aludir
hacia abajo, adentro, decoro y sutileza,
                    y modelos
cuyos rasguidos van
por la inmediatez, enseñarte
cómo se da lo absoluto en el marco
de lo crudo, natural.

FERNANDO CHARRY LARA

Colombia, 1920. Obras: *Cántico*, 1944. *Nocturno y otros sueños*, 1949.
Los adioses, 1963. *Pensamientos del amante*, 1981.

A LA POESÍA

Al soñar tu imagen,
bajo la luna sombría, el adolescente
de entonces hallaba
el desierto y la sed de su pecho.
Remoto fuego de resplandor helado,
llama donde palidece la agonía,
entre glaciales nubes enemigas
te imaginaba y era
como se sueña a la muerte mientras se vive.
Todo siendo, sin embargo, tan íntimo.
Apenas una habitación,
apenas el roce de un ala o un amor que atravesase noches,
con pausado vuelo lánguido,
con solamente el ruido, el resbalar
de la lluvia sobre dormidos hombros adorados.

Sí, dime de dónde llegabas, sueño o fantasma,
hasta mi propia sombra, dulce, tenaz, al lado.
Así asomas ahora,
silenciosa,
tal entre los recuerdos
el cuerpo amado avanza
y al despertar, a la orilla del lecho,
entre olvido y años,
al entreabrir los ojos a su deslumbramiento,
hoy es sólo
la gracia melancólica que huye,
invisible hermosura de otro tiempo.
No existe sino un día, un solo día,
existe un único día inextinguible,
lento taladro sin fin royendo sombras:

¡No soy aquél ni el otro,
y ayer ni ahora soy como soñaba!

Qué turbadora memoria recobrarte,
adorar de nuevo tu voracidad,
repasar la mano por tu cabellera en desorden,
brazo que ciñe una cintura en la oscuridad silenciosa.
Ser otra vez tú misma,
salobre respuesta casi sin palabras,
surgida de la noche
con tristes sonidos, rocas, lamentos arrancados del mar.

Tú sola, lunar y solar astro fugitivo,
contemplas perder al hombre su batalla
mas tú sola, secreta amante,
puedes compensarle su derrota con tu delirio.
Míralo por la tierra vagar a través de su tiniebla:
crúzalo con la espada de tu relámpago,
condúcelo a tu estación nocturna,
enajénalo con tu amor y tu desdén.
Y luego, en tu desnudez eterna,
abandóname tu cuerpo
y haz que sienta tibio tu labio cerca de mi beso,
para que otra vez, despierto entre los hombres,
te recuerde.

CIUDAD

Por el aire se escucha el alarido, el eco, la distancia.

Alguien con el viento cruza por las esquinas y es un instante
su mirada como puñal que arañara la sombra.
Desde el desvelo se oyen sus pisadas alejarse en secreto
por la calle desierta tras un grito.
Una mujer o nave o nube por la noche desliza como río.
Junto al agua taciturna de los pasos
nadie le observa el rostro, su perfil helado
frente al silencio blanco del muro.

(Por el mar bajo la luna su navegación no sería
tan lenta y pálida,

como por los andenes, ondulante,
su clara forma en olas
avanza y retrocede.

Esos pasos, rozando el aire, se niegan a la tierra:
no es el repetido cuerpo que en hoteles de media hora
entre repentinos amantes y porteros
su desnudo deslumbra bajo manos y manos
y despierta soñoliento en un
apagado movimiento
mientras a la memoria
acuden en desorden lamentos.

En la oscuridad son relámpagos
la humedad en llamas de esos ojos
de oculta fiera sorprendida,
y algo instantáneo brilla,
la rebeldía del ángel súbito
y su desaparición en la tiniebla.)

La noche, la plaza, la desolación
de la columna esbelta contra el tiempo.
Entonces, un ruido agudo y subterráneo
desgarra el silencio
de rieles por donde coches pesados de sueño
viajan hacia las estaciones del Infierno.

Duermevela el reloj, su campanada el aire rasga claro.
En el desierto de las oficinas, en patios,
en pabellones de enronquecida luz sombría,
el silencio con la luna crece
y, no por jardines, se estaciona en bocinas,
en talleres, en bares,
en cansados salones de mujeres solas,
hasta cuando, como con fatiga,
la sombra se desvanece en sombra más espesa.

Desde la fiebre en círculos de cielos rasos,
oh triste vagabundo entre nubes de piedra,
el sonámbulo arrastra su delirio por las aceras.
El viento corre tras devastaciones y vacíos,
resbala oculto tal navaja que unos dedos acarician,

retrocede ante el sueño erguido de las torres,
inunda desordenadamente calles como un mar en derrota.
Siguen por avenidas sus alas, su vuelo lúgubre por suburbios:
se ahonda la eternidad de un solo instante
y por el aire resuena el alarido, el eco, la distancia.

Muerte y vida avanzan
por entre aquella oscura invasión de fantasmas.
Los cuerpos son uniformemente silenciosos y caídos.
Un cuerpo muere, mas otro dulce y tibio cuerpo apenas duerme
y la respiración ardiente de su piel
estremece en el lecho al solitario,
llegándole en aromas desde lejos, desde un bosque
de jóvenes y nocturnas vegetaciones.

EL LAGO

By the waters of Leman I sat down and wept

T. S. ELIOT

Érase entre la luz de la mañana
Alta y desierta nube de otro tiempo
Me mirabas llegar desconocido
Aire frío cristal pálido día

Llovía luego un agua verde entre el paisaje
Un agua azul y plata por el lago
Un agua ronca con sollozos a mares
Despedazándose rota en ventanales

Me veías llegar desconocido me veías
Amante que perdió su memoria el rostro amado
Me veías ráfaga de huracanadas
Olas de luz y viento y tempestades

Dejabas penetrado de relámpagos
Al extranjero corazón a oscuras
La ciudad que rodea de verdor el lago
Cuando a la hora última la tarde
Dejabas tu desolación en las esquinas

Cuerpo insinuándose al recuerdo
Dejabas tus sedosas violetas esparcidas

El mundo extraño apenas prodigando
Leves fulgores perlas por el aire
Frágil contra la sombra el muro el árbol
La viuda cabellera de las luces
De noche tiernas lunas
Sobre los pavimentos y las lluvias

Cuando eres tú y a tu lado impalpable
Una joven cintura entredormida
O femenino cráter insospechado ardiendo
Ebrio de tristes pasos cuando el eco
Por soledades vagas como espejos
Como calles por nadie nunca recorridas
Que hace más años tú ya presentías
Ser el desconocido
                        De súbito al encuentro

El rugido del viento en las orillas
Ecos de ahogados flotan sordamente en insomnio
La oscuridad el cielo inmóvil
Las aguas que noche y día son tu pensamiento
Lago tal corazón desbordado
Bajo la madrugada sollozando
A solas su imagen tan desierta
Un momento le creíste
                        palpitación o llamarada
Como tú
De amor y luz y tiempo ausentes

Contemplar aún su claro pecho irisado
Mientras la vastedad del agua amaneciendo
Lago era entonces sin furor
Invisible al deseo
                        Cuello jazmín apenas
Solitario de silenciosa blancura
Muslos apenas grises de nácares helados

Alejándose entonces la presencia y el sueño
Borrando al alba en cansancio su latir obstinado
Llegar por fin a ti la vida en secreto

La vida ahora que asoma entre tus labios
Tus mudos labios volviendo a tu vida
Aquel desconocido
    De siempre a tu encuentro
El cuerpo del pensamiento de ti mismo
       Aquel
Amante que perdió su memoria el rostro amado
Huésped del laberinto y la nada

PENSAMIENTOS DEL AMANTE

Ya que la intimidad la noche la criatura
Sombreada contra el Sol aquella tarde
Y por una avenida de incorpórea
Luz los pasos que hoy resuenan
En un espacio donde todo calla

(Es más hondo el amor que nadie nombra
Más amarga la desdicha de un espejo
Cuando de pronto lo empaña el lento vaho
De una tristeza a lo lejos de alguien
Que ignorado cruza errante el vacío)

El arco de las cejas encendiéndose
La multitud del oro los hombros en reposo
Un río subterráneo entre su pecho
Los muslos firmemente dueños de la tierra
La mirada que en un duelo trémula estallaba

(Vencida por el tiempo la esperanza
Un caminar perpetuo entre la lluvia
Una ciudad de nubes y agonías
Contra todo y sin fin seguirte siempre
Oh roce frío de invisible llama)

El sol occidental ensangrentado
Más allá de los cielos el verano
El ondular delgado paraíso
La cabellera húmeda de selva
Muchacha por un patio de violetas

(¿Por qué retrocedías y callabas
Te pensabas temblando como un niño
Lamento entrecortado en tu garganta
Devorado en la red de una tiniebla
Entristecido por tu propio sueño?)

Luego por yertas calles la alborada
Traje al azar indescifrable un rostro
Rubio fulgor entre azulosa niebla
Furia de soledad y la nostalgia
De en otra desnudez hallarse vivo

Te persiguen la sed y el pensamiento
Tu ausencia te la invade sólo un cuerpo
Ese convulso perfil del deseo volando
Hacia nubes donde son verdes los ojos
Donde implacables son verdes aún y sombríos

Confusos giran grises en sucesión los días
Pálidos de lloviznas e incertidumbres
Cuando junto al anochecer existes
Con penumbra de seres a tu alrededor
Su desdeñosa sordera impenetrable

Enrojece delira Bogotá como un incendio
La multiplicidad de luces gentes bullicios
Mas luego el aire de la noche tímido impasible
Y por entre las sombras un afán persistente
Oh tú que ignorada rodeas y estrechas y amas

(Sólo dentro de tu corazón pasan las cosas
Solamente oyes una ronca bocina por tu sangre
El tiempo acumulándose en cenizas
Vuelves a mirar las luces en el atardecer
En la noche te adormecen otra vez mudos labios)

Cuerpo que no camina sino
Por constelaciones de incandescente retorno
Trae tus pies acostumbrados a la aurora
A pisar esta isla de nadie esta puerta
Donde el amor golpea con fantasmas

(No es el sueño sino somos nosotros
Como el destino es áspero y contrario
La desierta esperanza sin sustento
En duermevela fluyen días y pensamientos
Cadáveres de sol y lluvia en la memoria)

Ven siempre tras sigilosos pasos lluvias ecos
Gesto callando que sospecha el aire
Al desvanecerse de nuevo tus huellas
Como al final del tiempo o de la noche
Otra vez invisible en la luz fuera del mundo

ELISEO DIEGO

Cuba, 1920. Obras: *En las oscuras manos del olvido*, 1942. *En la Calza-da de Jesús del Monte*, 1949. *Por los extraños pueblos*, 1958. *El oscuro esplendor*, 1966. *Muestrario del mundo o Libro de las maravillas de Bo-loña*, 1968. *Versiones*, 1970. En 1973, con el título de *Nombrar las cosas*, fue reunida la totalidad de su obra poética editada, y algunos nuevos poemas. *Los días de tu vida*, 1977. *A través de mi espejo*, 1981.

ACERCAMIENTOS

Piadosa es la noche, porque viene
secretamente
                    (como una madre
que no estorba el tesoro de la fiebre)
                    y

piadosa es la noche, porque da
sus consuelos al muro
                              (los veloces
prodigios de la luna)
pero el día

es justo como un niño,
                              y es
minucioso y enorme como el mar,
como el descanso
de Dios, como sus ojos.

RETRATO CON LA PRODIGIOSA BANDA

La prodigiosa banda en la glorieta
levanta de pronto el aire del año veinte
y sopla entre las cintas blancas
de la esbelta muchacha por la que no pasa el tiempo.

Y taciturna, inmóvil, agradable, diferente,
con vagos y bellos ojos mira
la primavera de otro año
—lejano ya, lejano el año veinte.

No mires, no, mi cuarto, mira la glorieta,
no mires, no, la página vacía,
vuélvete al músico, a la brisa
moviendo el empolvado telón de los laureles.

Por ti no pasa nunca el tiempo.

TESOROS

Un laúd, un bastón,
          unas monedas,
un ánfora, un abrigo,

una espada, un baúl,
          unas hebillas,
un caracol, un lienzo,
          una pelota.

EN VEZ DE LOS ABISMOS DEL SILENCIO

Una mujer feliz
yendo y viniendo de la luz al tiempo,
de las sordas cazuelas
al fulgor de los paños en el viento,
de las fiestas del polvo
a las visitaciones del invierno;

soplando en el carbón
las secretas virtudes de su aliento,
yendo a la sal, echando
la sal en el hervor espeso,

radiante, rumoroso,
del caos oscuro de los alimentos;

una mujer en pie
de guerra por la casa adentro,
volando y espantando
los lóbregos propósitos del tiempo,
moviéndose tranquila
con el cariño por conocimiento;

puesta a virarlo todo
si va la luz en donde estuvo el sueño,
la loza y la madera
donde la noche abrió su hueco negro,
y una canción no más
en vez de los abismos del silencio.

CARRUSEL

La música da vueltas
tras de los reyes que se van volando,
tras de los ciervos,
los bosques y cañadas,
todo este mundo tan veloz girando.

La dicha de los niños
tras los corceles que se fueron cuando
volvían las cascadas
y rápidos bajeles
tras de los ciervos que se van callando.

Y así la tarde huye
tras de los niños y su raudo bando,
y a poco ya no queda
sino el rumor extraño
de la memoria que los va soñando.

NO ES MÁS

por selva oscura

Un poema no es más
que una conversación en la penumbra
del horno viejo, cuando ya
todos se han ido, y cruje
afuera el hondo bosque; un poema

no es más que unas palabras
que uno ha querido, y cambian
de sitio con el tiempo, y ya
no son más que una mancha, una
esperanza indecible;

un poema no es más
que la felicidad, que una conversación
en la penumbra, que todo
cuanto se ha ido, y ya
es silencio.

TESTAMENTO

Habiendo llegado al tiempo en que
la penumbra ya no me consuela más
y me apocan los presagios pequeños;

habiendo llegado a este tiempo;

y como las heces del café
abren de pronto ahora para mí
sus redondas bocas amargas;

habiendo llegado a este tiempo;

y perdida ya toda esperanza de
algún merecido ascenso, de
ver el manar sereno de la sombra;

y no poseyendo más que este tiempo;

no poseyendo más, en fin,
que mi memoria de las noches y
su vibrante delicadeza enorme;

no poseyendo más
entre cielo y tierra que
mi memoria, que este tiempo;

decido hacer mi testamento.
Es
éste: les dejo
el tiempo, todo el tiempo.

IDEA VILARIÑO

Uruguay, 1920. Su poesía entre 1941 y 1967 se halla reunida en el volumen *Poesía*, 1970. *Poemas de amor*, 1976. *No*, 1980.

Y O

No sé quién soy.
Mi nombre
ya no me dice nada.
No sé qué estoy haciendo.
Nada tiene que ver ya más
con nada.
Tampoco yo
tengo que ver con nada.
Digo yo
por decirlo de algún modo.

Y A N O

Ya no será
ya no
no viviremos juntos
no criaré a tu hijo
no coseré tu ropa
no te tendré de noche
no te besaré al irme
nunca sabrás quién fui
por qué me amaron otros.
No llegaré a saber
por qué ni cómo nunca
ni si era de verdad
lo que dijiste que era
ni quién fuiste
ni qué fui para ti

221

ni cómo hubiera sido
vivir juntos
querernos
esperarnos
estar.
Ya no soy más que yo
para siempre y tú
ya
no serás para mí
más que tú. Ya no estás
en un día futuro
no sabré dónde vives
con quién
ni si te acuerdas.
No me abrazarás nunca
como esa noche
nunca.
No volveré a tocarte.
No te veré morir.

NADIE

Ni tú
nadie
ni tú
que me lo pareciste
menos que nadie
menos que cualquier cosa de la vida
y ya son poco y nada
las cosas de la vida
de la vida que pudo ser
que fue
que ya nunca podrá volver a ser
una ráfaga
un peso
una moneda viva y valedera.

Y QUÉ

Tomo tu amor
y qué
te doy mi amor
y qué
tendremos tardes noches
embriagueces
veranos
todo el placer
toda la dicha
toda la ternura.
Y qué.
Siempre estará faltando
la honda mentira
el siempre.

QUÉ LÁSTIMA

Qué lástima
que sea sólo esto
que queda así
no sirva más
esté acabado
venga a parar en esto.
Qué lástima que no
pudiéramos
sirviéramos
que no sepamos ya
que ya no demos más
que estemos ya tan secos.

Qué lástima
qué lástima
estar muertos
faltar
a tan hondo deber
a tan preciada cita
a un amor tan seguro.

NO TE AMABA

No te amaba
no te amo
bien sé que no
que no
que es la hora
es la luz
la tarde de verano.
Lo sé
pero te amo
ahora te amo
hoy
esta tarde te amo
como te amé otras tardes
desesperadamente
con ciego amor
con ira
con tristísima ciencia
más allá de deseos
o ilusiones
o esperas
y esperando no obstante
esperándote
viendo
que venías
por fin
que llegabas
de paso.

A UN RETRATO DE CHARLES BAUDELAIRE

También tú hijo de perra
también tú te moriste
como yo estoy viviendo
solo solo en el mundo
sin nada
abandonado
a tu pobre armazón
a tu mentida hechura.

Mendigo
pobre hombre
orgullo de nada
empecinado imbécil
estirando la mano.
Ahí estás solo solo
hijo de perra
solo
pero aún estás pidiendo
con la mano escondida
tras la pupila fiera.

CINTIO VITIER

Cuba, 1921. Obras: *Poemas* (1937-1938), *Luz ya sueño*, 1938. *Sedienta cita*, 1943. *Extrañeza de estar*, 1944. *De mi provincia*, 1945. *Capricho y homenaje*, 1947. *El hogar y el olvido*, 1949. *Sustancia*, 1950, *Conjeturas*, 1951. *Vísperas*, 1953 (en este volumen se recoge su poesía publicada entre 1938 y 1953). *Canto llano*, 1956. *Escrito y cantado*, 1959. *Testimonios*, 1968. *La fecha al pie*, 1981.

LA MANO EXTENDIDA EN EL UMBRAL

El adolescente

Una tarde lluviosa me sirve para ir a la costa solitaria
donde hay un faro, y la familia del torrero
se reúne por las tardes en una sala fragante de humo de arroz.
Estoy allí pasando las vacaciones, o bien soy un náufrago
que seca sus ropas junto al fuego, pensando
en las ciudades que empiezan a encender sus anuncios,
poesía concreta y terrible del cielo de los hombres,
exhalando ese olor a polvo húmedo, a conchas y petróleo,
mientras los restoranes secretamente giran
hundiéndose en la carcajada tenebrosa que llega hasta los barrios
y sigue en los círculos que hace la moneda
en el agua del puerto.

El padre

Cuando llueve así, es que todo ha terminado.
Después vendrán los días ansiosos,
las ásperas jornadas en el fervor o la amargura,
y los inmensos, ocultos espejismos
que nos empujan más allá de cada límite...

El adolescente

Olas suspirantes, pero de una densidad extraña,
chasquean tenazmente en los guijarros y los charcos empapados

226

de la playa salvaje. La noche viene del horizonte
como una bestia de antigua pesadumbre
que algunos sorprenden en la madrugada de los callejones,
cuando regresan a la casa de los huéspedes
donde el olor a sopa y a alfombra miserable se confunden,
pero donde a veces están encendidas las arañas de la videncia,
y un gran balde de agua al estallar en el piso
inaugura el sol de los pobres...

El padre

Después vendrá la fantástica ambición,
navío en llamas crujiendo ante una costa desierta,
y más tarde la frialdad de los sentidos
cuando se vuelve a la costumbre desolada.
Pero ahora está lloviendo en la hora irreparable,
y sabemos que el mundo será así cuando no exista
este rincón oscuro, esta conciencia
que nos arrastra a la locura, al juicio y al deseo...

El adolescente

En todo caso no podré ser hallado.
Si me buscan en la sala del torrero, estaré junto a un sicomoro
de Nueva Orleáns (también allí sigue lloviendo mansamente
sobre el río arcilloso y las tejas francesas
del huesudo anticuario). Si me buscan en la casa de huéspedes,
estaré disfrazado de mi buscador,
y a mis funerales irán solamente un perro y una nube.

El padre

Después será el rebaño de crepúsculos
saliendo vagamente del corral de su misterio
hacia la llanura que no acaba, y que el oído
recoge en el blancor de las postrimerías.
Los proyectos cumplidos mostrarán su mueca demoniaca
y el amor se irá pareciendo
a la calle por donde iba nuestra infancia:
la calle del talabartero y el dentista.

El mendigo

Extiendo la mano a la puerta de estos hombres
y sólo recibo un puñado de palabras.
Ellos creen que soy un transeúnte
y que me basta soñar con el oro de sus cenas
para seguir mi camino hacia el atrio que bate el oleaje.

El padre

Sin embargo este mundo es más extraño aún, porque regresa,
y cada punto de la mirada vuelve al centro
de donde partía la razón incomprensible.
La mano extrañada se torna la mano razonable,
para que el hijo comience a crepitar en otro fuego.
Pero ahora no hay fuego ni visiones en el fuego,
sino un agua que cae después del fin,
mientras la noche también cae, penetrante y suavísima,
como un bálsamo sobre una llaga...

El adolescente

Y lo que sigue no es lo definido
por el ojo de la ley, sino el ocultamiento
que nos permitirá clandestinas incursiones
de las que saldremos como el padre, el transeúnte o el mendigo,
más lejos cada vez de la mano que en lo oscuro nos buscaba.
Porque somos ladrones de la ley,
nos deslizamos silenciosos al pie de sus murallas,
y saltando como bufones por los campos solitarios
(terminó de llover, una luna fatigada
asoma entre los árboles inmóviles) llegamos a la aldea prodigiosa.
¡Oh banalidad, oh lumbres
escondidas!

El mendigo

¿No tendrán otra cosa para darme
que sus discursos infinitos?
¿No ven que estar oculto es igual que estar despierto,
y ser otro, idéntico a ser uno?

¿No comprenden que estoy establecido ante sus puertas,
que para mí son ellos los que pasan
y se deshacen como la espuma en las murallas de la ley?

EL LUGAR VACÍO

El invitado
que, un poco distraídamente,
poniéndose los guantes con elegancia
madura, casi eterna en su despreocupación,
saludaba a las señoras vaporosas,
ya no volvería más; ni ellas tampoco.

Sólo las olas vuelven; sólo,
quizás, las nubes, los pájaros, las primaveras,
en su tuétano huraño, son equivalentes.
No los amantes; no la violencia;
ni siquiera el tedio.

Así a veces uno entra en un lugar vacío,
por error. Mira las cosas que están de espaldas,
que apenas se mueven para atisbarnos
y siguen, en la penumbra, despeñadas,
muertas de sueño. Es que hemos entrado en el salón
donde antaño, noche tras noche, celebraban
las espléndidas fiestas.

                    No tenemos nada
que hacer allí. Con una vaga disculpa,
con una torpe reverencia interrumpida
por el súbito fastidio de lo inútil,
nos despedimos apresuradamente, para entrar
en el otro cálido salón que todavía
está encendido.

                    Y allí acaso un comensal,
apoyado en su sonrisa casi eterna, seguro
de ver mañana a los mismos amigos,
se dispone, indolente, a salir
por la puerta que ya toca el temible rostro de las albas.

DOMINGO

La tanda, la jira, el pic-nic
flotando con la luz del cine del domingo
—ay, Rosa, las seis y la dicha
nos mira, opalescente y muerta, en los tejados
de la ciudad que no se puede atravesar—
sobre el jardín ansiado de las afueras
con sus árboles enormes y pequeños que la bruma
de un grabado de Laplante va invadiendo,
con sus vagas extensiones dulzonas y vacías
que de pronto no es posible atravesar.
Y allí, en lugar de los grasosos papeles
o las marchitas flores —y qué lejos,
Rosa, de la voz de Gardel o de Irusta llegando
hasta los ojos inocentes y oscuros de la vida—,
las palabras increíbles cayendo entre los globos
y las sillitas, el espectáculo
silencioso y vacío presidido
por un caballo de cartón descabezado.
¡Ay, Rosa, tú que ya estás muerta, mira
la fiesta infantil del domingo
en la boca del infierno!
¡Que no tenga que entrar por esta puerta,
que podamos oír juntos otra vez
el danzón arrobador y poderoso
debajo de los astros de la huraña realidad!

UN EXTRAÑO HONOR

El árbol sabe, con sus raíces y sus ramas,
todo aquello que puede ser un árbol:
¿o acaso también falta
a su mitad visible otro esplendor
que es lo que está sufriendo y anhelando?
No lo sabemos. Pero él
no necesita conocerse. Basta
que su misterio sea, sin palabras
que vayan a decirle lo que es, lo que no es.

El árbol, majestuoso como un árbol,
lleno de identidad hasta las puntas,
puede medirse cara a cara con el ángel.

Y nosotros ¿con quién nos mediremos,
quién ha de compartir nuestra congoja?
Ved ese rostro, escrutad esa mirada
donde lo que brilla es un vacío,
repasad como en sueños
esas líneas dolorosas en torno de los labios,
ese surco que ha de ahondarse en la mejilla,
la desolada playa de la frente,
la nariz como un túmulo funesto. ¡Qué devastado reino,
qué fiero y melancólico despojo, humeando todavía!
Sólo otro rostro podría comprenderlo.
Así nos miramos cara a cara, el alma desollada,
con el secreto júbilo insondable que nos funda, que está
        hecho de vergüenza
y de un extraño honor.

MURAL DE SOR JUANA INÉS DE LA CRUZ

(1651-1951)

Entre rosas de números y signos
aparece Sor Juana deslumbrada,
dormida en su visión como en un lienzo:
¡eterna, sí, mas lúcida en el aire
de la mental planicie mexicana!

¿Quién la nombra esta noche o la conjura
desde la ciega geografía ardiendo
como un ascua miniada en sus pupilas?
¿Quién despierta en su frente cuando rasga,
cristalina Gioconda teologal,
el pergamino cándido en que huyen
otra vez linces, galgos, cervatillos,
ligerísimos tropos, cetrería
junto al abismo de sus soledades?
¿Quién es, si al responder no se conoce,
persona de insondable transparencia,

y dice yo como diría el mar,
el bosque, la ilusión, o la mirada
que la envuelve sedienta en el temblor
del penumbroso mundo americano?

¡Ah inocente sibila, melancólica
es toda aparición, mas tú nos hablas
desde tu luz criolla y teresiana,
adolescente y maternal, la lengua
que habemos menester en esta hora:
la de insaciable sed, la de medida!
Porque viste que el mundo es fascinante
geometría, Oscuro pitagórico,
y rodeada de un vasto sacrificio
que mugía en las rotas extensiones,
contemplaste nacer, tácita aurora,
detrás del abanico y el sollozo,
la dulzura astronómica del Reino.
Y soñaste que todo es caracol
de música, pirámide de sombra,
espiral de una esfera inalcanzable
o fáustica redoma donde el búho
gobierna las morosas potestades;
mas también juego, reverencia, pluma.

Neptúnico el Virrey entra al enigma
por una abigarrada niebla azteca
con pompa imaginaria, y cejijunto
descubre ya el grabado de la muerte
bajo el arco erudito y alegórico
que improvisó floral tu fantasía.
Porque la cifra ptolomeica o griega,
la sal latina o la linterna mágica
son flores en tus manos conceptistas,
estrellas en tus ojos conventuales,
surtidor en tu voz enamorada
del capitoso iris de la Vida.

Y ansiabas penetrar la gracia, oír
los acentos del júbilo en la ley
que ordenara nupcial la perspectiva,
y el gozo de las causas más humildes:

los villancicos, las epifanías
del fuego, del aceite, del membrillo.
Querías descifrar y poseer
la sustancia temblando en el enjambre
retórico de Amor, y en el torcido
impulso de la piedra jesuíta
soplada por un hálito salvaje:
¡los pámpanos de oro al Paraíso!
Querías un espacio que se ofrece
para alojar la gloria de esos monstruos,
un tiempo que no sale de su heráldica
o de la tosca ronda por los muros,
sino del golpe virgen de la espuma
y la sorpresa en lo desconocido.

Pero el volcán era un fantasma y sólo
brillaban las bujías del palacio
frente a una muchedumbre de alfareros,
de tigres y personas de rocío.
¡Orbe de ecos, de clamor cerrado:
y aún en la mañana más espléndida
la gaviota y el viento oscuramente
contra el abstracto sol del Escorial!

Hispánico el ocaso te alcanzaba
como un manto de púrpura cayendo
sobre tus hombros: ¡ay, mas tu cabeza
estaba en el albor, entre los pájaros!
Y cuando, enferma de esperanza, vino
al ardiente zureo, al fiel rosario
de tus horas de estudio y de plegarias,
lo inmedible, el escándalo del caos
(la sombra no fantástica, infernal),
olvidaste el infolio, el astrolabio,
el laúd, y pusiste gravemente
la docta mano en la terrible llaga.

Supiste renunciar, callar, servir.
Como si hubieras vislumbrado un rostro
frente a cuyo esplendor el laberinto
de la historia, y las máscaras, se esfuman,
regresaste velada, silenciosa,
al esencial donaire de tu origen.

¡Vuelve a él, dulce Niña americana,
parlera quimerista de candor,
y ruega por nosotros que venimos,
amargas olas de implacable sangre,
del hermético espanto que se echaba,
cual bestia mitológica, a tus pies!

JAIME SÁENZ

Bolivia, 1921. Obras: *El escalpelo*, 1955. *Muerte por el tacto*, 1957. *Aniversario de una visión*, 1960. *Visitante profundo*, 1964. *El frío*, 1967.

MUERTE POR EL TACTO

Mi soñoliento cuerpo despierta finalmente, y me hallo frente a mis
    amigos muertos
    y me levanto triste a veces porque de haber un muro a mi frente,
de haber una valla o un duende a mi frente,
    yo no estaría triste ni pensaría en ti ni en mí ni en ellos
    y es así que salgo encorvado a contemplar el interior de la ciu-
dad y uso del tacto desde mis entrañas oscuras
    en el secreto deseo de encontrar allá, allá el medio propicio
para hacer que el mundo sea envuelto por el olvido
    para que el olvido impere en las primeras máscaras inventadas
por la humanidad
    para que el olvido sea la fuerza motora y suprema y para que
del olvido sólo surja el olvido
    ¡no puedes tener idea del olvido porque no conoces a mis amigos
muertos!
    y para que en el curso de las edades el olvido llegue a generar
la soledad
    para ello habrás de estar presente en aquella estrella,
    en el rumbo indeciso,
    en el caos de la mirada
    en modo alguno para determinar, y sí para que se justifique la
razón inexorable de lo habido y lo por haber
    de modo que lo armonioso sea siempre armonioso, has de estar
presente sin poder saberlo
    y yo estaré presente y no podrás saberlo pero seremos el olvido
y la soledad
    porque ya hemos sido olvido y soledad cuando nada sabíamos
cuando no teníamos la noción de la oreja y del dolor
    ni sed
    yo te anuncio que sabemos y seremos
    harto conocido es el continente de aquél o de aquéllos o del
que hace cábalas con una jorobita

conocemos a las gentes pero sólo tal cual son y no las sabemos
tal cual no son
    pese a que carecen de facultad de no ser porque no saben que
pueden no ser o ser
    las saben en toda su magnitud mis amigos muertos y yo hablo
de ellos con seguridad y orgullo
    son mis maestros
    el que hayan muerto dice que han existido eternamente antes
de que yo existiera
    su muerte y sus muertes me enseñan no sólo que puedo ser
fabricante de azúcar sino marino, relojero, pintor, físico, geomán-
tico y muchas otras cosas
    que puedo tener además desconocidas profesiones y que puedo
afectar alegría
    coma o no

Te tocas y no hay música. Te tocas y súbitamente sabes que
no hay tú, y lo que tocas no sirve más que para saber que no tocas
    lo que tocas no hay,
    no es ilusorio porque todavía no has muerto
    por qué no has de hablar en serio
    y ver si pasa algo en el cielo que siempre es nuevo
    si pasa algo en tus manos
    y en la superficie de tu carne
    cuando conspires contra la armonía y contra la propia mirada
y revientes como un tallo sin haber dicho "a".
    El derredor de lo que no hay no podrá más y hará que estés
callado y vistas al mundo con un ropaje inmenso y hondo
    para que nadie lo vea ni desde el principio ni desde el fin
    para que en el albor la rítmica de lo desconocido vuelva los
ojos hacia una totalidad ciega y callada
    y juzgues perplejo
    el que ahuyenten con agua a los perros —justifican jubilosos
la vida para que otros duerman
    las cosas contempladas como si no fueran parte de uno mismo.
    Cual si no fuese un decir más de la vida, uno más con los otros
    que también se hurgan las uñas y salen a las calles y miran la
vida a través de sus hijos que a su vez miran la vida como si tuviesen
hijos el instante de mirar la vida

                te tocas y no hay
                tienes miedo —sabes que no habrá
                formulas una sonrisa para la vida

y ensayas tu tacto
desconfías.

Todo es movilizado por el tacto desde el principio de los tiempos. El tacto es el mayor milagro porque hace que rueden dos bolitas siendo tan sólo una y se confirma lo yerto por el tacto

de qué te sirve el tacto si estás tan triste
nadie dice que sin tristeza disfrutarás mucho del tacto
sino que estarás más ávido
el tacto al servicio de lo que has tenido y podido
sin que un gesto de olvido te dé la medida del olvido
el tacto al servicio de lo elemental
de modo que nada turbe su uso y beneficio
y tengas al fin algo más concreto que la mirada y la vida.
Se vaporiza el tacto y lo previo y lo sin remedio es mágico.

Yo te digo: te esperaré a través de todos los tiempos. Siempre estaré aquí o allá, estaré siempre tanto en ti como en las cosas
y tú lo sabrás cuando te rodees de la melancolía por el tacto.
Yo estaré siempre: conocerás que estoy por el tacto; siempre estaré en ti, aunque tú no hayas; porque cuando no hayas, sabrás siempre que no eres.
En la espera de ser, estaré siempre. En ti me quedo yo, confiado, y olvido a mí, y me cierro, y me vierto, y amo a todo y renuncio a todo.
Yo me quedo en ti porque así es mágico y porque basta un instante para confirmarme por el tacto.

II

No me veo obligado a conjurar nada que no deje de tener sentido, ni a conjurar aquello que deje de tener un sentido porque estoy en la noche —solo y callado en busca de mi alma.
Cuando encuentre mi alma, otros serán los ruidos y otros los acicates que me conduzcan a un camino para el encuentro final con el mundo
cuando nada más tenga que mi alma y haya dejado atrás lo inútil, lo que tan sólo deja vivir pero no determina la razón de los caminos —cuando haya cortado mi hablar y sólo mantenga relación cristalina con las cosas
ése será el día en que diga

soy feliz
conmigo o sin mí
que todos hagan lo mismo que yo
y cada uno tome la música
por su propia cuenta
para aniquilar
aquello que está de más.

sufren los animales y las cosas y aun las personas —hay mucho
que está de más, que gusta y no gusta y yo digo que debiera haber
solamente aquello que gusta (para que lo otro haga su desaparición
con un ruido que se reproduzca escribiendo la palabra "tric").

No hay que contentar a nadie, ni sonreír a nadie y sí revelar las
cosas con un soplo o por intermedio de los árboles o por los animales, que te dan tan espontáneamente la medida del espanto porque cada vez que los miras

con sorna y sorpresa
finges que no los estás mirando
haciéndote el del otro mundo
para disimular tu presencia

esos animales son más expresivos que los animales mismos
simulan no tener medios para revelar
nada necesitan revelar porque saben que todo está revelado y
que la revelación solamente cabe en los muertos
por eso
cuando se comprenda muchas cosas por el tacto
incomprensibles para los demás sentidos

se sabrá que todo es lo mismo
y que es sin embargo distinto

las cosas serán tan inmóviles como nunca, las personas alcan-
zarán una dignidad jamás alcanzada
no habrá palabras y el silencioso mundo vivirá solamente para
ser sentido —desaparecerá la maligna diversidad y todo será uno
solo

para ser sentido
por uno solo

tu suspiro será la electricidad de la ballena al recorrer el mundo, tu mirada tendrá la jerarquía de tu propia mirada, sí, todo será
uno solo

los sonidos, las formas y los colores entrarán en ebullición y se fundirán con el mundo y contigo en una sola cosa
y el tacto tendrá absoluta, lúgubre y alegre preponderancia

> así podrá sentirse uno
> como recién nacido
> o como recién muerto
> al descubrir que tiene manos y abdomen
> que tiene el silencio y la dulzura suprema

se descubrirá que el cuerpo es infinitamente humano y sencillo y no complicado y tenebroso como crees que ahora es

> todo tan distinto entre sí
> indeleble
> perjudicial para las buenas costumbres
> sobre todo para el crecimiento de los niños
> todo tan diverso

pudiera ser una sola cosa para que no haya sufrimiento ante tantas perspectivas

> tantos puntos de vista
> que pueden enloquecer los animales
> y ésa sería la mayor desgracia.

Se sabe por comprobación que viviremos siempre en los otros aunque nosotros no lleguemos a saberlo y en este fenómeno reside la importancia del tacto porque no se ha comprobado aún nada y por lo tanto es dable afirmar cosas increíbles sin riesgo de caer en desgracia ante los hombres

> esto último que digo tampoco afligiría a nadie
> lo importante es decir:
> creo en el tacto por tales y cuales razones
> quién no ha de tener fe en el tacto

aunque para ello sea necesario hacer experimentos con todo género de esferas
para lograr un grado de delirio y comprobar siquiera que nada se comprueba
que todo es helado
que no puede haber soledad más irremediable que la del propio vivir

> que esto y aquello te mueven a condolerte de las cosas
> que por todo eso no hay para qué

que no hay escape posible y que estás condenado a esperar lo
habido y lo por haber
pero que tampoco podrás esperar por el inexorable y expectante
desgaste de las cosas
te estás yendo burlonamente
pero antes abre algo y ve qué pasa
sacia tu curiosidad
acopia cosas e instrumentos
para aprender gradualmente la vida a su manera nadie calcula
distancias ni dobla apresuradamente una esquina ni vigila ni viene
ni va sin motivo
hay que neutralizar los límites y las limitaciones con un poco
más de perejil
y tener el secreto de los tallos
y conocer el sentido del cuerpo
y hacer que de los volcanes salgan cosas más razonables
e invocar para que el alma esté menos distante —tenga más
confianza en uno

en forma más plausible
con un sutil estruendo

tiene que insinuarse el irremisible objeto de las cosas, su destino final.
Allí habremos de señalar el rumbo de la codorniz, el fulgor de
esto y de aquello, el rumbo y el fulgor de todo cuanto ha nacido
y está por nacer.

IV

Los grandes malestares causados por las sombras, las visiones
melancólicas surgidas de la noche,
todo lo horripilante, todo lo atroz, lo que no tiene nombre, lo
que no tiene porqué,
hay que soportarlo, quién sabe por qué.

Si no tienes qué comer sino basura, no digas nada.
Si la basura te hace mal, no digas nada.
Si te cortan los pies, si te queman las manos, si la lengua se te
pudre, si te partes la espalda, si te rompes el alma, no digas nada.
Si te envenenan no digas nada, aunque se te salgan las tripas
por la boca y se te paren los pelos de punta; aunque se aneguen tus
ojos en sangre, no digas nada.

Si te sientes bien no te sientas bien. Si te quedas no te quedes.
Si te mueres no te mueras. Si te apenas no te apenes. No digas nada.
 Vivir es difícil; cosa difícil no decir nada.
 Soportar a la gente sin decir nada no es nada fácil.
 Es muy difícil —en cuanto pretende que se la entienda sin decir
nada,
  entender a la gente sin decir nada.
 Es terriblemente difícil y sin embargo muy fácil ser gente;
  pero es lo difícil no decir nada.

X

En las profundidades del mundo existen espacios muy grandes
  —un vacío presidido por el propio vacío,
  que es causa y origen del terror primordial, del pensamiento y
del eco.
 Existen honduras inimaginables, concavidades ante cuya fascinación, ante cuyo encantamiento,
  seguramente uno se quedaría muerto.
 Ruidos que seguramente uno desearía escuchar, formas y visiones que seguramente uno desearía mirar,
  cosas que seguramente uno desearía tocar, revelaciones que seguramente uno desearía conocer,
  quién sabe con qué secreto deseo de llegar a saber quién sabe
qué.

 En el ánima substancial, de la sincronía y de la duración del
mundo,
  que se interna en el abismo en que comenzó la creación del
mundo, y que se hunde en la médula del mundo,
  se hace perceptible un olor, que podrás reconocer fácilmente,
por no haber conocido otro semejante;
  el olor de verdad, el solo olor, el olor del abismo —y tendrás
que conocerlo.
 Pues tan sólo cuando hayas llegado a conocerlo te será posible
comprender cómo así era cierto que la sabiduría consiste en la falta
de aire.

 En la oscuridad profunda del mundo ha de darse la sabiduría;
en los reinos herméticos del ánima;
  en las vecindades del fuego y en el fuego mismo, en que el mismo fuego junto con el aire es devorado por la oscuridad.

Y es por lo que nadie tiene idea del abismo, y por lo que nadie ha conocido el abismo ni ha sentido el olor del abismo,
por lo que no se puede hablar de sabiduría entre los hombres, entre los vivos.
Mientras viva, el hombre no podrá comprender el mundo; el hombre ignora que mientras no deje de vivir no será sabio.
Tiene aprensión por todo cuanto linda con lo sabio; en cuanto no puede comprender, ya desconfía
—no comprende otra cosa que no sea el vivir.

Y yo digo que uno debería procurar estar muerto.
Cueste lo que cueste, antes que morir. Uno tendría que hacer todo lo posible por estar muerto.
Las aguas te lo dicen —el fuego, el aire y la luz, con claro lenguaje.
Estar muerto.
El amor te lo dice, el mundo y las cosas todas, estar muerto.
La oscuridad nada dice. Es todo mutismo.

Hay que pensar en los espacios cerrados. En las bóvedas que se abren debajo de los mares.
En las cavernas, en las grutas —hay que pensar en las fisuras, en los antros interminables,
en las tinieblas.
Si piensas en ti, en alma y cuerpo, serás el mundo —en su interioridad y en sus formas visibles.
Acostúmbrate a pensar en una sola cosa; todo es oscuro.
Lo verdadero, lo real, lo existente; el ser y la esencia, es uno y oscuro.
Así la oscuridad es la ley del mundo; el fuego alienta la oscuridad y se apaga —es devorado por ésta.

Yo digo: es necesario pensar en el mundo —el interior del mundo me da en qué pensar. Soy oscuro.
No me interesa pensar en el mundo más allá de él; la luz es perturbadora, al igual que el vivir —tiene carácter transitorio.

Qué tendrá que ver el vivir con la vida; una cosa es el vivir, y la vida es otra cosa.
Vida y muerte son una y misma cosa.

JORGE EDUARDO EIELSON

Perú, 1921. Obras: *Reinos*, 1946. *Canción y muerte de Rolando*, 1959. *Mutatis mutandis*, 1967. *Poesía escrita*, 1976.

JUNTO AL TÍBER LA PUTREFACCIÓN EMITE DESTELLOS GLORIOSOS

heme aquí juntando
palabras otra vez
palabras aún
versos dispuestos en fila
que anuncien brillantemente
con exquisita fluorescencia
el nauseabundo deceso
del amor
millares y millares
de palabras escritas
en un *water-closet*
mientras del cielo en llamas
de roma
cuelgan medias y calzoncillos
amarillos
cómo puedo yo escribir
y escribir tranquilamente
y a la sombra
de una cúpula impasible
de una estatua
que sonríe
y no salir gritando
por los barrios horrendos
de roma
y lamer las llagas de un borracho
desfigurarme la cara
con botellas rotas
y dormir luego en la acera
sobre los excrementos tibios
de una puta o un pordiosero
podría llenar cuartillas

y cuartillas aún peores
contar historias abyectas
hablar de cosas infames
que nunca he conocido
mi vergüenza es sólo un manto
de palabras
un delicado velo de oro
que me cubre diariamente
y sin piedad
pero si algún día
un instante junto al tíber
sin un ruido
ni un silbido
ni una nube
ni una mosca
al pie del río
con tan sólo
un cigarrillo
una cerilla
y una silla
en tanto estío
se levanta en mí un sollozo
¡oh maravilla!
semejante a una montaña
o a un mosquito que aparece
cada siglo en el cenit
aquel día
yo os lo juro
arrojaré al canasto
el universo entero
renacerá el amor
entre mis labios resecos
y en estos versos dormidos
que ya no serán versos
sino balazos

PIAZZA DI SPAGNA

¿quién ha dicho que el cielo
no es sino un viejo tambor
completamente inútil
y sin sonido?

subamos por la escalinata
más suave del mundo
miremos hacia villa médicis
sin perder de vista
nuestra barca de mármol allá abajo
ni al capitán bernini
ni la pequeña isla
con sus tres palmeras africanas
a la *destra*
y miremos el ocaso incomparable
que yo compararé sin embargo
a una trompeta
mejor
a todo un grupo de trompetas
mientras las nubes son violines
encendidos ciertamente
harpa el agua de las fuentes
contrabajo el viento fuerte
y los gorriones
flautas y caramillos
ninguna orquesta es concebible
sin un golpe de tambores
en el fondo
pero si el viejo cuero azul
resuena todavía
en trinidad del monte
ello se debe en gran parte
a un increíble sistema
de acústica divina
gracias al cual descubriremos
voces y melodías
que ya nadie escucha
volvamos para ello la cabeza
desde el último peldaño
de la augusta escalinata
justo en el mismo segmento
en donde la balaustrada maliciosa
suma veintitrés columnas
y cae a plomo bruscamente
desde un agudo obelisco
sobre la gran terraza
(por donde siempre pasa un niño
como un anillo sin dueño
el cabello rubio al viento
la voz completamente blanca)

y miremos a la izquierda
hacia abajo
hacia el ocaso nuevamente pero
más cerca de nosotros casi
a nuestro alcance apenas
a un tiro de escopeta
¿qué cosa vemos?
un segundo sol
más pequeño y luminoso
que el de siempre
y que se inclina lentamente
de nombre keats
un tercer sol diminuto como un niño
con el cabello rubio al viento
de nombre shelley
ambos ingleses y puros
niños poetas que la eternidad ha encerrado
en un mismo crepúsculo latino
juntos los dos y nunca divididos
ni por las mujeres
ni por la gloria
ni por la misma tierra elegida
dulces poetas de albión
¿duermen desnudos todavía
los estetas
en una alcoba de roma
perfecto dúo sin vida que aún murmura
una divina melodía
que ya nadie recuerda?

PRIMERA MUERTE DE MARÍA

A pesar de sus cabellos opacos, de su misteriosa delgadez,
de su tristeza áurea y definitiva como la mía,
yo adoraba a mi esposa,
alta y silenciosa como una columna de humo.

María vivía en un barrio pobre,
cubierto de deslumbrantes y altísimos planetas,
atravesado de silbidos, de extrañas pestilencias
y de perros hambrientos.

Humedecido por las lágrimas de María
todo el barrio se hundía irremediablemente en un rocío tibio.

María besaba los muros de las callejuelas
y toda la ciudad temblaba de un violento amor a Dios.
María era fea, su saliva sagrada.

Las gentes esperaban ansiosas el día en que María,
provista de dos alas blancas,
abandonase la tierra sonriendo a los transeúntes.
Pero los zapatos rotos de María, como dos clavos milenarios,
continuaban fijos en el suelo.
Durante la espera, la muchedumbre escupía la casa,
la melancolía y la pobreza de María.

Hasta que aparecí yo como un caballo sediento y me apoderé de sus
    senos.
La virgen espantada derramó una botella de leche y un río de perlas
    sucedió a su tristeza.
María se convirtió en mi esposa.
Algún tiempo más tarde, María caía a tierra envuelta en una
    llamarada.
Esposo mío —me dijo—, un hijo de tu cuerpo devora mi cuerpo.
Te ruego, señor mío, devuélveme mi perfume, mi botella de leche,
    mi barrio miserable.

Yo le acerqué su botella de leche y le hice beber unos sorbos
    redentores.
Abrí la ventana y le devolví su perfume adorado, su barrio
    polvoriento.
Casi enseguida, una criatura de mirada purísima abrió sus ojos
    ante mí,
mientras María cerraba los suyos
cegados por un planeta de oro: la felicidad.

Yo abracé a mi hijo y caí de rodillas ante el cuerpo santo
de mi esposa: apenas quedaba de él un hato de cabellos negros,
una mano fría sobre la cabeza caliente de mi hijo.
¡María, María —grité—, nada de esto es verdad, regresa a
tu barrio oscuro, a tu melancolía, vuelve a tus callejuelas
estrechas, amor mío, a tu misterioso llanto de todos los días!
Pero María no respondía.

La botella de leche yacía solitaria en una esquina,
como en un cono de luz divina.

En la oscuridad circundante, toda la ciudad me reclamaba a mi hijo,
repentinamente henchida de amor a María.
Yo lo confié al abrigo y la protección de algunos bueyes,
cuyo aliento cálido me recordaba el cuerpo tibio y la impenetrable
    pureza de María.

SERENATA

El dulce Caco clama entre sus joyas, sus amores y sus heces.
Quieto animal de hastío: cubridlo de rocío.
Mansa mujer que atravesáis su cuerpo dormido:
Tended vuestro armiño, vuestro cabello, apaciguad su sangre.
Dormido así, su vida es sólo baba y olvido,
Y viento que abriga y perdona, económico y dulce,
Y un saxofón perdido, como una ola de oro,
salpica su corazón sin despertarlo. Deber tuyo es,
Mujer vestida de iguana, arrodillarte y decirle:
Bendito seas, amor mío, por luminoso e imbécil,
Por desordenado y triste, porque te comes las uñas
Y los piojos y los lirios de tu santa axila,
Y amaneces como un loco sentado en una copa.
Bendito seas, amor mío, que nunca has llorado,
Bello rostro agusanado y borrado antes del beso,
Después del poema, el canto y la pura blasfemia.
Bendito seas, amor mío, por tener huesos y sangre,
Y una cabeza pálida y soberbia, partida por el rayo.
Y por no estar jamás ni en triunfo ni en derrota,
Sino amarrado como un tigre a mis cabellos y mis uñas.
Bendito seas por gruñón, por delicado y estúpido,
Por no tener infierno ni cielo conocido, ni muerte
Ni vida, ni hambre ni comida, ni salud ni lepra;
Medusa de tristes orgías, de penas jubilosas,
De torpes esmeraldas en la frente, y bosques
De cabellos devorados por el viento.
Vacío de sesos, de corazón, de intestinos y de sexo.
Bendito seas, amor mío, por todo esto y por nada,
Por miserable y divino, por vivir entre las rosas
y atisbar por el ojo de la cerradura cuando alguien se desnuda.
Viva sombra destructora de mejillas y de espejos,
Ladrón de uvas, rapazuelo, dios de los naipes y la ropa sucia.
Dulce Caco de celestes dedos y cuernos de hierro,
Señor del vino que me matas con dagas de heliotropo.

Bendito seas, labios de gusano, cascada de avena,
Por poderoso e idiota, por no tener hijos ni padres,
Ni barbas ni senos, ni pies ni cabeza, ni hocico ni corola,
Sino un ramo triste de botones sobre el pecho.
Bendito seas, amor mío, por todo esto y por nada,
Bendito seas, amor, yo me arrodillo, bendito seas.

JAVIER SOLOGUREN

Perú, 1921. Obras: *El morador*, 1944. *Detenimientos*, 1947. *Dédalo dormido*, 1949. *Bajo los ojos del amor*, 1950. *Otoño, endechas*, 1959. *Estancias*, 1960. *La gruta de la sirena*, 1961. *Vida continua, 1944-1966*, 1966. *Recinto*, 1968. *Surcando el aire oscuro*, 1970. *Vida continua*, 1971. *Corola parva*, 1977. *Folios del enamorado y la muerte, Vida continua, 1945-1980*, 1981.

TOAST

La inquieta fronda rubia de tu pelo
   hace de mí un raptor;
   hace de mí un gorrión
la derramada taza de tu pelo.

La colina irisada de tu pecho
   hace de mí un pintor;
   hace de mí un alción
la levantada ola de tu pecho.

Rebaño tibio bajo el sol tu cuerpo
   hace de mí un pastor;
   hace de mí un halcón
el apretado blanco de tu cuerpo.

Cuando nos cubran las altas yerbas
y ellos

los trémulos   los dichosos
lleguen hasta nosotros
se calzarán de pronto
se medirán a ciegas
romperán las líneas del paisaje

y habrá deslumbramientos en el aire
giros lentos y cálidos
sobre entrecortados besos

nos crecerán de pronto los recuerdos
se abrirán paso por la tierra
se arrastrarán en la yerba
se anudarán a sus cuerpos

memorias palpitantes
tal vez ellos
los dichosos   los trémulos
se imaginen entonces
peinados por
desmesurados
imprevistos resplandores
luces altas
desde la carretera

                          (epitalamio)

                  5

la tarde pestañea
blandamente
en las persianas
        vaga su luz
              su vaho tibio
por entre las cosas
        sumarias y
        bien puestas
da vueltas
        en torno
al sagitario
        vaso de retamas
que en cierto modo
        concluye
el latido natural
de la pieza
        donde escribo
una resaca silenciosa
        se va
              arrastrando mis palabras
y sé
que es noche

Yo que pasé
                por
        la luz
        de las aulas
(pájaro espantado
                        al que un
exacto alfiler
el ojo le buscó
inquieto)

encanecí

mis plumas se emplomaron
arrastré la patita

y el cálido canto
                de la cascada
                del sol
                del
                corazón

el ascendente vuelo
                        hacia
calidoscópicos cielos

la graciosa locura
que fue
                mi alpiste y
mi agua brillante

los dispersados vientos
que tejí
                entre
las hojas
ansiosas
todos y cada uno
                        de estos
sucesos
siempre en vilo
y predecibles y nuevos
                        hasta
el insensato
gorjeo

de golpe
          entraron
en el aula en el tintero
una sola sustancia
no azul ni negra
                    pero
tácitamente oscura
bañó de muerte
mi pasado

                         (*sinrazón*)

Me acerco
     a la oscura
abundancia de las rosas
          siento
el lento claro de tu pecho
acariciado
por algo que no son
sólo mis manos
ni el mirarte
tampoco suficiente

bulle
     en el centro
de mi cuerpo
               el secreto
de tu réplica
traspasándome
          su aliento
sus años jóvenes
su díscola sazón

entonces
          entonces
balbuceo
saliva y lágrimas
me recorren

muda mudanza
instante en que
soy
todo yo

en que ya
no soy
yo
sino
el arranque y el golpe
y tú
la cómplice
                    dulcísima

golpeada
infinitamente
golpeada

                    (*el amor y los cuerpos*)

MEMORIA DE GARCILASO EL INCA

En todo amor se escucha siempre
la soledosa vena de agua
donde se copia ausente
un rostro vivo que fue nuestro.

El agua surge, el agua nombra,
con suaves labios transparentes,
la vieja cuna sola
y unas palabras en rescoldo.

El amor es así. Nos siembra
sol en el alma, y con el agua
cánticos de la tierra
nos traen anhelos memoriosos.

Paloma triste de mi madre
abre en mi pecho la nostalgia;
Córdoba es adusta, y cae
en mí un ocaso susurrante.

Mi padre cabalgando, en marcha,
en hierro gris, en enemiga;
el Cuzco, noble patria,
piedra viril ante el destino.

Oh corazón, sé pozo quieto
pero vivo de amor por ellos;
guarda sus sombras, guarda
sus muy humanos resplandores.

Por sobre ti pongo el oído
y siento el rumor del sol, la luz
del agua, el surco tibio,
la mano buena del labriego.

El amor es así. La sangre,
el país que me habla por dentro,
me hacen saber, y sabe
ser corriente agua el recuerdo.

JUAN SÁNCHEZ PELÁEZ

Venezuela, 1922. Obras: *Elena y los elementos*, 1951. *Animal de costumbre*, 1959. *Filiación oscura*, 1966. *Un día sea* (antología), 1969. *Rasgos comunes*, 1975. *Por cual causa o nostalgia*, 1981.

14

Mi animal de costumbre me observa y me vigila.
Mueve su larga cola. Viene hasta mí
A una hora imprecisa.

Me devora todos los días, a cada segundo.

Cuando voy a la oficina, me pregunta:
   "¿Por qué trabajas
   Justamente
   Aquí?"

Y yo le respondo, muy bajo, casi al oído:
"Por nada, por nada."
Y como soy supersticioso, toco madera
De repente,
Para que desaparezca.

Estoy ilógicamente desamparado:
De las rodillas para arriba,
A lo largo de esta primavera que se inicia.

Mi animal de costumbre me roba el sol
Y la claridad fugaz de los transeúntes.

Yo nunca he sido fiel a la luna ni a la lluvia ni a los
   guijarros de la playa.

Mi animal de costumbre me toma por las muñecas, me seca
   las lágrimas.

A una hora imprecisa
Baja del cielo.

A una hora imprecisa
Sorbe el humo de mi pobre sopa.

A una hora imprecisa
En que expío mi sed
Pasa con jarras de vino.

A una hora imprecisa
me matará, recogerá mis huesos
Y ya mis huesos metidos en un gran saco, hará de mí
Un pequeño barco,
Una diminuta burbuja sobre la playa.

Entonces sí
Seré fiel
A la luna
La lluvia
El sol
Y los guijarros de la playa.

7

Yo me identifico, a menudo, con otra persona que no me revela su
nombre ni sus facciones. Entre dicha persona y yo, ambos extrañamente rencorosos, reina la beatitud y la crueldad. Nos amamos
y nos degollamos. Somos dolientes y pequeños. En nuestros lechos
hay una iguana, una rosa mustia (para los días de lluvia) y gatos
sonámbulos que antaño pasaron sobre los tejados.

Nosotros, que no rebasamos las fronteras, nos quedamos en el umbral, en nuestras alcobas, siempre esperando un tiempo mejor. El
ojo perspicaz descubre en este semejante mi propia ignorancia, mi
ausencia de rasgos frente a cualquier espejo.

Ahora camino desnudo en el desierto. Camino en el desierto con
las manos.

SI COMO ES LA SENTENCIA

Los juiciosos, bien mojados desde su cuna con la punta necesaria
de la sabiduría
bien mecidos desde ahí
    con apetitos
que no son fatales
jamás,
    ponen ni dichosos
ni trágicos
    las varas de la ley, y fijan límites imperiosos,
y en la picota nuestra jerga boba muy ribeteada
con flores y pajarillos.

Si, de una parte,
el mortal amado por los dioses
muere pronto,
    aquella plaga
    por el contrario
sobrevive a todos los inviernos.

No te vayas a atribular,
tú
    que no tienes
planes hechos para el futuro
y que empujas el musgo
    de los días
con tu trauma y
tu hierro marcado al rojo vivo en la nuca.

IV

Me siento sobre la tierra negra
y en la hierba
humildísima

      y escribo
con el índice
      y me corrijo
con los codos del espíritu.

Hilo mis frases de amor
a la intemperie
bajo los árboles de muda historia.

Celebro los olvidos eternos
de mi tierra negra y ensimismada.

Al fin por fin
hago este día más límpido.

Y un caballo de sol
                    que se asoma a lo imposible
como estrella de mar
fugaz
relincha en todas las ventanas.

IX

Lo inmediato
        claro y fugitivo
es el horizonte
que nos rodea
                    jamás es la corona de sangre
de tus abuelos

ellos prueban el higo y la sal
como un mundo más vasto

tú mides apenas el tamaño
de tu traje taciturno

y la mañana perdida
te busca

y algún lenguaje

para despertarte
o hacer real tu verdadero nombre.

XII

Quien habla
            sueña
quien dice
            no
            es un muchacho con cuchillos
quien da en el blanco
                        es por angustia
quien se rectifica
                es porque va
                            a nacer
quien dice
        sí
            es una muchacha de las Antillas
el que despierta
                tiene claras orejas
                y otro burro nativo
soy yo
el que va por la carretera de Sintra
                                cada vez más cerca
lo probable o real
                desde aquí
                            hasta ahí
buscándome
            entre el ir y venir.

OLGA OROZCO

Argentina, 1922. Obras: *Desde lejos*, 1946. *Las muertes*, 1952. *Los juegos peligrosos*, 1962. *Museo salvaje*, 1974. *Cantos a Berenice*, 1977. *Mutaciones de la realidad*, 1979. En 1975, con prólogo de Juan Liscano, se publicó en Monte Ávila, de Caracas, una selección de la obra de Olga Orozco titulada: *Veintinueve poemas. La noche a la deriva*, 1983.

PARA HACER TU TALISMÁN

Se necesita sólo tu corazón
hecho a la viva imagen de tu demonio o de tu dios.
Un corazón apenas, como un crisol de brasas para la idolatría.
Nada más que un indefenso corazón enamorado.
Déjalo a la intemperie,
donde la hierba aúlle sus endechas de nodriza loca
y no pueda dormir,
donde el viento y la lluvia dejen caer su látigo en un golpe
    de azul escalofrío
sin convertirlo en mármol y sin partirlo en dos,
donde la oscuridad abra sus madrigueras a todas las jaurías
y no logre olvidar.
Arrójalo después desde lo alto de su amor al hervidero de la
    bruma.
Ponlo luego a secar en el sordo regazo de la piedra,
y escarba, escarba en él con una aguja fría hasta arrancar
    el último grano de esperanza.
Deja que lo sofoquen las fiebres y la ortiga,
que lo sacuda el trote ritual de la alimaña,
que lo envuelva la injuria hecha con los jirones de sus
    antiguas glorias.
Y cuando un día un año lo aprisione con la garra de un siglo,
antes que sea tarde,
antes que se convierta en momia deslumbrante,
abre de par en par y una por una todas sus heridas:
que las exhiba al sol de la piedad, lo mismo que el mendigo,
que plaña su delirio en el desierto,
hasta que sólo el eco de un nombre crezca en él con la furia
    del hambre:
un incesante golpe de cuchara contra el plato vacío.

Si sobrevive aún,
si ha llegado hasta aquí hecho a la viva imagen de tu demonio
    o de tu dios;
he ahí un talismán más inflexible que la ley,
más fuerte que las armas y el mal del enemigo.
Guárdalo en la vigilia de tu pecho igual que a un centinela.
Pero vela con él.
Puede crecer en ti como la mordedura de la lepra;
puede ser tu verdugo.
¡El inocente monstruo, el insaciable comensal de tu muerte!

ENTRE PERRO Y LOBO

Me clausuran en mí.
Me dividen en dos.
Me engendran cada día en la paciencia
y en un negro organismo que ruge como el mar.
Me recortan después con las tijeras de la pesadilla
y caigo en este mundo con media sangre vuelta a cada lado:
una cara labrada desde el fondo por los colmillos de la furia a
    solas,
y otra que se disuelve entre la niebla de las grandes manadas.
No consigo saber quién es el amo aquí.
Cambio bajo mi piel de perro a lobo.
Yo decreto la peste y atravieso con mis flancos en llamas las
    planicies del porvenir y del pasado;
yo me tiendo a roer los huesecitos de tantos sueños muertos
    entre celestes pastizales.
Mi reino está en mi sombra y va conmigo dondequiera que vaya,
o se desploma en ruinas con las puertas abiertas a la invasión del
    enemigo.
Cada noche desgarro a dentelladas todo lazo ceñido al corazón,
y cada amanecer me encuentra con mi jaula de obediencia en el
    lomo.
Si devoro a mi dios uso su rostro debajo de mi máscara,
y sin embargo sólo bebo en el abrevadero de los hombres un
    aterciopelado veneno de piedad que raspa las entrañas.
He labrado el torneo en las dos tramas de la tapicería:
he ganado mi cetro de bestia en la intemperie,
y he otorgado también jirones de mansedumbre por trofeo.
Pero ¿quién vence en mí?

¿Quién defiende mi bastión solitario en el desierto, la sábana
    del sueño?
¿Y quién roe mis labios, despacito y a oscuras, desde mis propios
    dientes?

SI ME PUEDES MIRAR

Madre: es tu desamparada criatura quien te llama,
quien derriba la noche con un grito y la tira a tus pies como un
    telón caído
para que no te quedes allí, del otro lado,
donde tan sólo alcanzas con tus manos de ciega a descifrarme en
    medio de un muro de fantasmas hechos de arcilla ciega.
Madre: tampoco yo te veo,
porque ahora te cubren las sombras congeladas del menor tiempo
    y la mayor distancia,
y yo no sé buscarte,
acaso porque no supe aprender a perderte.
Pero aquí estoy, sobre mi pedestal partido por el rayo,
vuelta estatua de arena,
puñado de cenizas para que tú me inscribas la señal,
los signos con que habremos de volver a entendernos.
Aquí estoy, con los pies enredados por las raíces de mi sangre en
    duelo,
sin poder avanzar.
Búscame entonces tú, en medio de este bosque alucinado
donde cada crujido es tu lamento,
donde cada aleteo es un reclamo de exilio que no entiendo,
donde cada cristal de nieve es un fragmento de tu eternidad,
y cada resplandor, la lámpara que enciendes para que no me
    pierda entre las galerías de este mundo.
Y todo se confunde.
Y tu vida y tu muerte se mezclan con las mías como las máscaras
    de las pesadillas.
Y no sé dónde estás.
En vano te invoco en nombre del amor, de la piedad o del perdón,
como quien acaricia un talismán,
una piedra que encierra una gota de sangre coagulada capaz de
    revivir en el más imposible de los sueños.
Nada. Solamente una garra de atroces pesadumbres que descorre
    la tela de otros años
descubriendo una mesa donde partes el pan de cada día,

un cuarto donde alisas con manos de paciencia esos pliegues que
　　graban en mi alma la fiebre y el terror,
un salón que de pronto se embellece para la ceremonia de
　　mirarte pasar
rodeada por un halo de orgullosa ternura,
un lecho donde vuelves de la muerte sólo por no dolernos
　　demasiado.
No. Yo no quiero mirar.
No quiero aprender otra vez el nombre de la dicha en el momento
　　mismo en que roen su rostro los enormes agujeros,
ni sentir que tu cuerpo detiene una vez más esa desesperada
　　marea que lo lleva,
una vez más aún,
para envolverme como para siempre en consuelo y adiós.
No quiero oír el ruido del cristal trizándose,
ni los perros que aúllan a las vendas sombrías,
ni ver cómo no estás.
Madre, madre, ¿quién separa tu sangre de la mía?,
¿qué es eso que se rompe como una cuerda tensa golpeando las
　　entrañas?,
¿qué gran planeta aciago deja caer su sombra sobre todos los
　　años de mi vida?
¡Oh, Dios! Tú eras cuanto sabía de ese olvidado país de donde
　　vine,
eras como el amparo de la lejanía,
como un latido en las tinieblas.
¿Dónde buscar ahora la llave sepultada de mis días?
¿A quién interrogar por el indescifrable misterio de mis huesos?
¿Quién me oirá si no me oyes?
Y nadie me responde. Y tengo miedo.
Los mismos miedos a lo largo de treinta años.
Porque día tras día alguien que se enmascara juega en mí a las
　　alucinaciones y a la muerte.
Yo camino a su lado y empujo con su mano esa última puerta,
esa que no logró cerrar mi nacimiento,
y que guardo yo misma vestida con un traje de centinela
　　funerario.
¿Sabes? He llegado muy lejos esta vez.
Pero en el coro de voces que resuenan como un mar sepultado
no está esa voz de hoja sombría desgarrada siempre por el amor
　　o por la cólera;
en esas procesiones que se encienden de pronto como bujías
　　instantáneas
no veo iluminarse ese color de espuma dorada por el sol;

no hay ninguna ráfaga que haga arder mis ojos con tu olor a
    resina;
ningún calor me envuelve con esa compasión que infundiste a
    mis huesos.
Entonces, ¿dónde estás?, ¿quién te impide venir?
Yo sé que si pudieras acariciarías mi cabeza de huérfana.
Y sin embargo sé también que no puedes seguir siendo tú sola,
alguien que persevera en su propia memoria,
la embalsamada a cuyo alrededor giran como los cuervos unos
    pobres jirones de luto que alimenta.
Y aunque cumplas la terrible condena de no poder estar cuando
    te llamo,
sin duda en algún lado organizas de nuevo la familia,
o me ordenas las sombras,
o cortas esos ramos de escarcha que bordan tu regazo para
    dejarlos a mi lado cualquier día,
o tratas de coser con un hilo infinito la gran lastimadura de mi
    corazón.

OBJETOS AL ACECHO

¿Dónde oculta el peligro sus lobos amarillos?
No hay ni siquiera un despliegue en la corriente inmóvil que
    tapiza este día;
ni un zarpazo fugaz contra el manso ensimismamiento de las
    cosas.
Ninguna dentellada;
nada que abra una brecha en estas superficies que proclaman su
    lugar en el mundo:
mis dominios inmunes,
mi pequeña certeza cotidiana frente a las invasiones de la
    oscuridad.
Y sin embargo surge la amenaza como un fulgor perverso,
o como una estridencia sofocada;
quizás como un latido a punto de romper la frágil envoltura
    de las apariencias.
Ha cundido la impía rebelión en mi tribu doméstica,
acostumbrada antes al ritual de mis manos y a la mirada que
    no ve.
Los objetos adquieren una intención secreta en esta hora que
    presagia el abismo.

Exhalan cierto brillo de utensilios hechos para la enajenación y
el extravío,
contienen el aliento para el ataque indescifrable,
transforman sus oficios en esta exasperada, malsana geometría
del suspenso.
Son gárgolas ahora.
Son ídolos alertas en muda interrogación a mi poder incierto.
Se ha cambiado la ley:
mis posesiones me presencian.
Se han mudado los credos:
el bello acatamiento se extingue bajo el sol de la sospecha.
Y ninguna palabra que devuelva las cosas ilesas a sus humildes
sitios.
Y ningún catecismo que haga retroceder esta extraña asamblea
que me acecha,
este cruel tribunal que me expulsa otra vez de un irreconocible
paraíso,
recuperado a medias cada día.

DENSOS VELOS TE CUBREN, POESÍA

No es en este volcán que hay debajo de mi lengua falaz donde te
busco,
ni en esta espuma azul que hierve y cristaliza en mi cabeza,
sino en esas regiones que cambian de lugar cuando se nombran,
como el secreto yo
y las indescifrables colonias de otro mundo.

Noches y días con los ojos abiertos bajo el insoportable parpadeo
del sol,
atisbando en el cielo una señal,
la sombra de un eclipse fulgurante sobre el rostro del tiempo,
una fisura blanca como un tajo de Dios en la muralla del planeta.
Algo con que alumbrar las sílabas dispersas de un código perdido
para poder leer en estas piedras mi costado invisible.

Pero ningún pentecostés de alas ardientes desciende sobre mí.
¡Variaciones del humo,
retazos de tinieblas con máscaras de plomo,
meteoros innominados que me sustraen la visión entre un batir de
puertas!

Noches y días fortificada en la clausura de esta piel,
escarbando en la sangre como un topo,
removiendo en los huesos las fundaciones y las lápidas,
en busca de un indicio como de un talismán que me revierta
    la división y la caída.

¿Dónde fue sepultada la semilla de mi pequeño verbo aún sin
    formular?
¿En qué Delfos perdido en la corriente
suben como el vapor las voces desasidas que reclaman mi voz
    para manifestarse?
¿Y cómo asir el signo a la deriva
—ése y no cualquier otro—
en que debe encarnar cada fragmento de este inmenso silencio?

No hay respuesta que estalle como una constelación entre
    harapos nocturnos.
¡Apenas si fantasmas insondables de las profundidades,
territorios que comunican con pantanos,
astillas de palabras y guijarros que se disuelven en la insoluble
    nada!

Sin embargo
ahora mismo
o alguna vez
no sé
quién sabe
puede ser
a través de las dobles espesuras que cierran la salida
o acaso suspendida por un error de siglos en la red del instante
creí verte surgir como una isla
quizás como una barca entre las nubes o un castillo en el que
    alguien canta
o una gruta que avanza tormentosa con todos los sobrenaturales
    fuegos encendidos.

¡Ah las manos cortadas,
los ojos que encandilan y el oído que atruena!

¡Un puñado de polvo, mis vocablos!

LA REALIDAD Y EL DESEO

A Luis Cernuda

La realidad, sí, la realidad,
ese relámpago de lo invisible
que revela en nosotros la soledad de Dios.

Es este cielo que huye.
Es este territorio engalanado por las burbujas de la muerte.
Es esta larga mesa a la deriva
donde los comensales persisten ataviados por el prestigio de
    no estar.
A cada cual su copa
para medir el vino que se acaba donde empieza la sed.
A cada cual su plato
para encerrar el hambre que se extingue sin saciarse jamás.
Y cada dos la división del pan:
el milagro al revés, la comunión tan sólo en lo imposible.
Y en medio del amor,
entre uno y otro cuerpo la caída,
algo que se asemeja al latido sombrío de unas alas que vuelven
    desde la eternidad,
al pulso del adiós debajo de la tierra.

La realidad, sí, la realidad:
un sello de clausura sobre todas las puertas del deseo.

ÁLVARO MUTIS

Colombia, 1923. Obras: *La balanza*, 1947, escrita en colaboración con Carlos Patiño. *Los elementos del desastre*, 1953. *Los trabajos perdidos*, 1965. *Summa de Maqroll el Gaviero*, 1973, reúne la totalidad de su trabajo poético. *Caravansary*, 1981. *Los emisarios*, 1984.

EL VIAJE

No sé si en otro lugar he hablado del tren del que fui conductor. De todas maneras, es tan interesante este aspecto de mi vida, que me propongo referir ahora cuáles eran algunas de mis obligaciones en ese oficio y de qué manera las cumplía.

El tren en cuestión salía del páramo el 20 de febrero de cada año y llegaba al lugar de su destino, una pequeña estación de veraneo situada en tierra caliente, entre el 8 y el 12 de noviembre. El recorrido total del tren era de 122 kilómetros, la mayor parte de los cuales los invertía descendiendo por entre brumosas montañas sembradas íntegramente de eucaliptos. (Siempre me ha extrañado que no se construyan violines con la madera de ese perfumado árbol de tan hermosa presencia. Quince años permanecí como conductor del tren y cada vez me sorprendía deliciosamente la riquísima gama de sonidos que despertaba la pequeña locomotora de color rosado, al cruzar los bosques de eucaliptos.)

Cuando llegábamos a la tierra templada y comenzaban a aparecer las primeras matas de plátano y los primeros cafetales, el tren aceleraba su marcha y cruzábamos veloces los vastos potreros donde pacían hermosas reses de largos cuernos. El perfume del pasto "yaraguá" nos perseguía entonces hasta llegar al lugarejo donde terminaba la carrillera.

Constaba el tren de cuatro vagones y un furgón, pintados todos de color amarillo canario. No había diferencia alguna de clases entre un vagón y otro, pero cada uno era invariablemente ocupado por determinadas gentes. En el primero iban los ancianos y los ciegos; en el segundo los gitanos, los jóvenes de dudosas costumbres y, de vez en cuando, una viuda de furiosa y postrera adolescencia; en el tercero viajaban los matrimonios burgueses, los sacerdotes y los tratantes de caballos; el cuarto y último había sido escogido por las parejas de enamorados, ya fueran recién casados o se tratara de alocados muchachos que habían huido de sus hogares. Ya para terminar el viaje, comenzaban a oírse en este último coche los tiernos lloriqueos de más de una criatura y, por la noche, acompañadas por el traqueteo adormecedor de los rieles, las madres arrullaban a sus pequeños mientras los jóvenes padres salían a la plataforma para fumar un cigarrillo y comentar las excelencias de sus respectivas compañeras.

La música del cuarto vagón se confunde en mi recuerdo con el ardiente clima de una tierra sembrada de jugosas guanábanas, en donde hermosas mujeres de mirada fija y lento paso escanciaban el guarapo en las noches de fiesta.

Con frecuencia actuaba de sepulturero. Ya fuera un anciano fallecido en forma repentina o se tratara de un celoso joven del segundo vagón envenenado por sus compañeros, una vez sepultado el cadáver permanecíamos allí tres días vigilando el túmulo y orando ante la imagen de Cristóbal Colón, santo patrono del tren.

Cuando estallaba un violento drama de celos entre los viajeros del segundo coche o entre los enamorados del cuarto, ordenaba detener el tren y dirimía la disputa. Los amantes reconciliados, o separados para siempre, sufrían los amargos y duros reproches de todos los demás viajeros. No es cualquier cosa permanecer en medio de un páramo helado o de una ardiente llanura donde el sol reverbera hasta agotar los ojos, oyendo las peores indecencias, enterándose de las más vulgares intimidades y descubriendo, como en un espejo de dos caras, tragedias que en nosotros transcurrieron soterradas y silenciosas, denunciando apenas su paso con un temblor en las rodillas o una febril ternura en el pecho.

Los viajes nunca fueron anunciados previamente. Quienes conocían la existencia del tren se pasaban a vivir a los coches uno o dos meses antes de partir, de tal manera que, a finales de febrero, se completaba el pasaje con alguna ruborosa pareja que llegaba acezante o con un gitano de ojos de escupitajo y voz pastosa.

En ocasiones sufríamos, ya en camino, demoras hasta de varias semanas debido a la caída de un viaducto. Días y noches nos atontaba la voz del torrente, en donde se bañaban los viajeros más arriesgados. Una vez reconstruido el paso, continuaba el viaje. Todos dejábamos un ángel feliz de nuestra memoria rondando por la fecunda cascada, cuyo ruido permanecía intacto y, de repente, pasados los años, nos despertaba sobresaltados, en medio de la noche.

Cierto día me enamoré perdidamente de una hermosa muchacha que había quedado viuda durante el viaje. Llegado que hubo el tren a la estación terminal del trayecto me fugué con ella. Después de un penoso viaje nos establecimos a orillas del Gran Río, en donde ejercí por muchos años el oficio de colector de impuesto sobre la pesca del pez púrpura que abunda en esas aguas.

Respecto al tren, supe que había sido abandonado definitivamente y que servía a los ardientes propósitos de los veraneantes. Una tupida maraña de enredaderas y bejucos invade ahora completamente los vagones y los azulejos han fabricado su nido en la locomotora y el furgón.

CITA

In memorian J. G. D.

Bien sea en la orilla del río que baja de la cordillera
golpeando sus aguas contra troncos y metales dormidos,
en el primer puente que lo cruza y que atraviesa el tren
en un estruendo que se confunde con el de las aguas;
allí, bajo la plancha de cemento,
con sus telarañas y sus grietas
donde moran grandes insectos y duermen los murciélagos;
allí, junto a la fresca espuma que salta contra las piedras;
allí bien pudiera ser.
O tal vez en un cuarto de hotel,
en una ciudad a donde acuden los tratantes de ganado,
los comerciantes en mieles, los tostadores de café.
A la hora de mayor bullicio en las calles,
cuando se encienden las primeras luces
y se abren los burdeles
y de las cantinas sube la algarabía de los tocadiscos,
el chocar de los vasos y el golpe de las bolas de billar;
a esa hora convendría la cita
y tampoco habría esta vez incómodos testigos,
ni gentes de nuestro trato,
ni nada distinto de lo que antes te dije:
una pieza de hotel, con su aroma a jabón barato
y su cama manchada por la cópula urbana
de los ahítos hacendados.
O quizás en el hangar abandonado en la selva,
a donde arribaban los hidroaviones para dejar el correo.
Hay allí un cierto sosiego, un gótico recogimiento
bajo la estructura de vigas metálicas
invadidas por el óxido
y teñidas por un polen color naranja.
Afuera, el lento desorden de la selva,
su espeso aliento recorrido

de pronto por la gritería de los monos
y las bandadas de aves grasientas y rijosas.
Adentro, un aire suave poblado de líquenes
listado por el tañido de las láminas.
También allí la soledad necesaria,
el indispensable desamparo, el acre albedrío.
Otros lugares habría y muy diversas circunstancias;
pero al cabo es en nosotros
donde sucede el encuentro
y de nada sirve prepararlo ni esperarlo.
La muerte bienvenida nos exime de toda vana sorpresa.

CARAVANSARY

A Octavio y Mari Jo

1

Están mascando hojas de betel y escupen en el suelo con la monótona regularidad de una función orgánica. Manchas de un líquido ocre se van haciendo alrededor de los pies nervudos, recios como raíces que han resistido el monzón. Todas las estrellas, allá arriba, en la clara noche bengalí, trazan su lenta trayectoria inmutable. El tiempo es como una suave materia detenida en medio del diálogo. Se habla de navegaciones, de azares en los puertos clandestinos, de cargamentos preciosos, de muertes infames y de grandes hambrunas. Lo de siempre. En el dialecto del Distrito de Birbhum, al oeste de Bengala, se ventilan los modestos negocios de los hombres, un sórdido rosario de astucias, mezquinas ambiciones, cansada lujuria, miedos milenarios. Lo de siempre, frente al mar en silencio, manso como una leche vegetal, bajo las estrellas incontables. Las manchas de betel en el piso de tierra lustrosa de grasas y materias inmemoriales van desapareciendo en la anónima huella de los hombres. Navegantes, comerciantes a sus horas, sanguinarios, soñadores y tranquilos.

2

Si te empeñas en dar crédito a las mentiras del camellero, a las truculentas historias que corren por los patios de las posadas, a las promesas de las mujeres cubiertas de velos y procaces en sus ofertas; si persistes en ignorar ciertas leyes nunca escritas sobre la conducta sigilosa que debe seguirse al cruzar tierras de infieles; si continúas en tu necedad, nunca te será dado entrar por las puertas de la ciudad de Tashkent, la ciudad donde reina la abundancia y predominan los hombres sabios y diligentes. Si te empeñas en tu necedad...

3

¡Alto los enfebrecidos y alterados que con voces chillonas demandan lo que no se les debe! ¡Alto los necios! Terminó la hora de las disputas entre rijosos, ajenos al orden de estas salas. Toca ahora el turno a las mujeres, las egipcias reinas de Bohemia y de Hungría, las trajinadoras de todos los caminos; de sus ojos saltones, de sus altas caderas, destilará el olvido sus mejores alcoholes, sus más eficaces territorios. Afinquemos nuestras leyes, digamos nuestro canto y, por última vez, engañemos la especiosa llamada de la vieja urdidora de batallas, nuestra hermana y señora erguida ya delante de nuestra tumba. Silencio, pues, y que vengan las hembras de la pusta, las damas de Moravia, las egipcias a sueldo de los condenados.

4

Soy capitán del 3º de Lanceros de la Guardia Imperial, al mando del coronel Tadeuz Lonczynski. Voy a morir a consecuencia de las heridas que recibí en una emboscada de los desertores del Cuerpo de Zapadores de Hesse. Chapoteo en mi propia sangre cada vez que trato de volverme buscando el imposible alivio al dolor de mis huesos destrozados por la metralla. Antes de que el vidrio azul de la agonía invada mis arterias y confunda mis palabras, quiero confesar aquí mi amor, mi desordenado, secreto, inmenso, delicioso, ebrio amor por la condesa Krystina Krasinska, mi hermana. Que Dios me perdone las arduas vigilias de fiebre y deseo que pasé por ella, durante nuestro último verano en la casa de campo de nuestros padres en Katowicze. En todo instante he sabido guardar silencio. Ojalá se me tenga en cuenta en breve, cuando comparezca ante la Presencia Ineluctable. ¡Y pensar que ella rezará por mi alma al lado de su esposo y de sus hijos!

5

Mi labor consiste en limpiar cuidadosamente las lámparas de hojalata con las cuales los señores del lugar salen de noche a cazar el zorro en los cafetales. Lo deslumbran al enfrentarle súbitamente estos complejos artefactos, hediondos a petróleo y a hollín, que se oscurecen en seguida por obra de la llama que, en un instante, enceguece los amarillos ojos de la bestia. Nunca he oído quejarse a estos animales. Mueren siempre presas del atónito espanto que les causa esta luz inesperada y gratuita. Miran por última vez a sus verdugos como quien se encuentra con los dioses al doblar una esquina. Mi tarea, mi destino, es mantener siempre brillante y listo este grotesco latón para su nocturna y breve función venatoria. ¡Y yo que soñaba ser algún día laborioso viajero por tierras de fiebre y aventura!

6

Cada vez que sale el rey de copas hay que tornar a los hornos, para alimentarlos con el bagazo que mantiene constante el calor de las pailas. Cada vez que sale el as de oros, la miel comienza a danzar a borbotones y a despedir un aroma inconfundible que reúne, en su dulcísima materia, las más secretas esencias del monte y el fresco y tranquilo vapor de las acequias. ¡La miel está lista! El milagro de su alegre presencia se anuncia con el as de espadas. Pero si es el as de bastos el que sale, entonces uno de los paileros ha de morir cubierto por la miel que lo consume, como un bronce líquido y voraz vertido en la blanda cera del espanto. En la madrugada de los cañaverales, se reparten las cartas en medio del alto canto de los grillos y el escándalo de las aguas que caen sobre la rueda que mueve el trapiche.

7

Cruzaba los precipicios de la cordillera gracias a un ingenioso juego de poleas y cuerdas que él mismo manejaba, avanzando lentamente sobre el abismo. Un día, las aves lo devoraron a medias y lo convirtieron en un pingajo sanguinolento que se balanceaba al impulso del viento helado de los páramos. Había robado una hembra de los constructores del ferrocarril. Gozó con ella una breve noche de inagotable deseo y huyó cuando ya le daban alcance los machos ofendidos. Se dice que la mujer lo había impregnado en una substancia nacida de sus vísceras más secretas y cuyo aroma enloqueció a las grandes aves de las tierras altas. El despojo terminó por secarse al sol y tremolaba como una bandera de escarnio sobre el silencio de los precipicios.

8

En Ákaba dejó la huella de su mano en la pared de los abrevaderos.

En Gdynia se lamentó por haber perdido sus papeles en una riña de taberna, pero no quiso dar su verdadero nombre.

En Recife ofreció sus servicios al Obispo y terminó robándose una custodia de hojalata con un baño de similor.

En Abidján curó la lepra tocando a los enfermos con un cetro de utilería y recitando en tagalo una página del memorial de aduanas.

En Valparaíso desapareció para siempre, pero las mujeres del barrio alto guardan una fotografía suya en donde aparece vestido como un agente viajero. Aseguran que la imagen alivia los cólicos menstruales y preserva a los recién nacidos contra el mal de ojo.

9

Ninguno de nuestros sueños, ni la más tenebrosa de nuestras pesadillas, es superior a la suma total de fracasos que componen nuestro destino. Siempre iremos más lejos que nuestra más secreta esperanza, sólo que en sentido inverso, siguiendo la senda de los que cantan sobre las cataratas, de los que miden su propio engaño con la sabia medida del uso y del olvido.

10

Hay un oficio que debiera prepararnos para las más sordas batallas, para los más sutiles desengaños. Pero es un oficio de mujeres y les será vedado siempre a los hombres. Consiste en lavar las estatuas de quienes amaron sin medida ni remedio y dejar enterrada a sus pies una ofrenda que, con el tiempo, habrá carcomido los mármoles y oxidado los más recios metales. Pero sucede que también este oficio desapareció hace ya tanto tiempo, que nadie sabe a ciencia cierta cuál es el orden que debe seguirse en la ceremonia.

INVOCACIÓN

¿Quién convocó aquí a estos personajes?
¿Con qué voz y palabras fueron citados?
¿Por qué se han permitido usar
el tiempo y la substancia de mi vida?

¿De dónde son y hacia dónde los orienta
el anónimo destino que los trae a desfilar frente a nosotros?

Que los acoja, Señor, el olvido.
Que en él encuentren la paz,
el deshacerse de su breve materia,
el sosiego a sus almas impuras,
la quietud de sus cuitas impertinentes.

No sé, en verdad, quiénes son,
ni por qué acudieron a mí
para participar en el breve instante
de la página en blanco.
Vanas gentes estas,
dadas, además, a la mentira.
Su recuerdo, por fortuna,
comienza a esfumarse
en la piadosa nada
que a todos habrá de alojarnos.
Así sea.

EL SUEÑO DEL PRÍNCIPE-ELECTOR

A Miguel de Ferdinandy

A su regreso de la Dieta de Spira, el Príncipe-Elector se detuvo a pasar la noche en una posada del camino que conducía hacia sus tierras. Allí tuvo un sueño que lo inquietó para siempre y que, con frecuencia, lo visitó hasta el último día de su vida, con ligeras alteraciones en el ambiente y en las imágenes. Tales cambios sirvieron sólo para agobiar aún más sus atónitas vigilias.

Esto soñó el Príncipe-Elector:

Avanzaba por un estrecho valle rodeado de empinadas laderas sembradas de un pasto de furioso verdor, cuyos tallos se alzaban en la inmóvil serenidad de un verano implacable. De pronto, percibió que un agua insistente bajaba desde lo más alto de las colinas. Al principio era, apenas, una humedad que se insinuaba por entre las raíces de la vegetación. Luego se convirtió en arroyos que corrían con un vocerío de acequia en creciente. En seguida fueron amplias cataratas que se precipitaban hacia el fondo del valle, amenazando ya inundar el sendero con su empuje vigoroso y sin freno.

Un miedo vago, un sordo pánico comenzó a invadir al viajero. El estrépito ensordecedor bajaba desde la cima y el Príncipe-Elector se dio cuenta, de repente, que las aguas se despeñaban desde lo alto como si una ola de proporciones inauditas viniera invadiendo la tierra.

El estrecho sendero por el que avanzaba su caballo mostraba apenas un arroyo por el que la bestia se abría paso sin dificultad. Pero era cuestión de segundos el que quedara, también, sepultado en un devastador tumulto sin límites.

Cambió de posición en el lecho, ascendió un instante a la superficie del sueño y de nuevo bajó al dominio sin fondo de los durmientes. Estaba a orillas de un río cuyas aguas, de un rojizo color mineral, bajaban por entre grandes piedras de pulida superficie y formas de una suave redondez creada por el trabajo de la corriente. Un calor intenso, húmedo, un extendido aroma de vegetales quemados por el sol y desconocidos frutos en descomposición, daban al sitio una atmósfera por entero extraña para el durmiente. Por trechos las aguas se detenían en remansos donde se podía ver, por entre la ferruginosa transparencia, el fondo arcilloso del río.

El Príncipe-Elector se desvistió y penetró en uno de los remansos. Una sensación de dicha y de fresca delicia alivió sus miembros adormecidos por el largo cabalgar y por el ardiente clima que minaba sus fuerzas. Se movía entre las aguas, nadaba contra la corriente, entregado, de lleno, al placer de esa frescura reparadora. Una presencia extraña le hizo volver la vista hacia la orilla. Allí, con el agua a la altura de las rodillas, lo observaba una mujer desnuda, cuya piel de color cobrizo se oscurecía aún más en los pliegues de las axilas y del pubis. El sexo brotaba, al final de los muslos, sin vello alguno que lo escondiera. El rostro ancho y los ojos rasgados le recordaron, vagamente, esos jinetes tártaros que viera de joven en los dominios de sus primos en Valaquia. Por entre las rendijas de los párpados, las pupilas de intensa negrura lo miraban con una vaga somnolencia vegetal y altanera. El cabello, también negro, denso y reluciente, caía sobre los hombros. Los grandes pechos mostraban unos pezones gruesos y erectos, circuidos por una gran mancha parda, muy oscura. El conjunto de estos rasgos era por entero desconocido para el Príncipe-Elector. Jamás había visto un ser semejante. Nadó suavemente hacia la hembra, invitado por la sonrisa que se insinuaba en los gruesos labios de una blanda movilidad selvática. Llegó hasta los muslos y los recorrió con las manos mientras un placer hasta entonces para él desconocido le invadía como una fiebre instantánea, como un delirio implacable. Comenzó a incorporarse, pegado al cuerpo de móvil y húmeda tersura, a la piel cobriza y obediente que lo iniciaba en la delicia de un deseo cuya novedad y devastadora eficacia lo transformaban en un hombre diferente, ajeno al tiempo y al sórdido negocio de la culpa.

Una risa ronca se oyó a distancia. Venía de un personaje recostado en una de las piedras, como un lagarto estirándose al sol de la cañada. Lo cubrían unos harapos anónimos y de su rostro, invadido por una hirsuta barba entrecana, sólo lograban percibirse los ojos en donde se descubrían la ebriedad de todos los caminos y la experiencia de interminables navegaciones. "No, Alteza Serenísima, no es para ti la dicha de esa carne que te pareció tener ya entre tus brazos. Vuelve, señor, a tu camino y trata, si puedes, de olvidar este instante que no te estaba destinado. Este recuerdo amenaza minar la materia de tus años y no acabarás siendo sino eso: la imposible memoria de un placer nacido en regiones que te han sido vedadas." Al Príncipe-Elector le molestó la confianza del hombre al dirigirse a él. Le irritaron también la certeza del vaticinio y una cierta lúcida ironía manifiesta, más que en la voz, en la posición en que se mantenía mientras hablaba; allí echado sobre la tersa roca, desganado, distante y ajeno a la presencia de un Príncipe-Elector del Sacro Imperio. La hembra había desaparecido, el río ya no tenía esa frescura reparadora que le invitara a bañarse en sus aguas.

Un sordo malestar de tedio y ceniza lo fue empujando hacia el ingrato despertar. Percibió el llamado de su destino, teñido con el fastidio y la estrechez que pesaban sobre su vida y que nunca había percibido hasta esa noche en la posada de Hilldershut, en camino hacia sus dominios.

FINA GARCÍA MARRUZ

Cuba, 1923. Obras: *Poemas*, 1942. *Transfiguración de Jesús en el monte*, 1947. *Las miradas perdidas*, 1951. *Visitaciones*, 1970.

SI MIS POEMAS...

Si mis poemas todos se perdiesen
la pequeña verdad que en ellos brilla
permanecería igual en alguna piedra gris
junto al agua, o en una verde yerba.

Si los poemas todos se perdiesen
el fuego seguiría nombrándolos sin fin
limpios de toda escoria, y la eterna poesía
volvería bramando, otra vez, con las albas.

TAMBIÉN TÚ

Dijiste que eras
la Vida,
no su amo.

También Tú estás sólo.

YA YO TAMBIÉN ESTOY ENTRE LOS OTROS

Ya yo también estoy entre los otros
que decían, mirándonos con aire
de tan fina tristeza, "Vamos, jueguen",
para apartarnos. Y en la penumbra bella
de los bancos del parque atardecidos
¿de qué hablaban, oh dí, y quiénes eran?

Superiores, cual dioses, daban pena.
Se parecían muchísimo si lentos
nos miraban distantes, como un grupo
de árboles que une un día de otoño.

Ya yo también estoy entre los otros
de quienes nos burlábamos a veces,
allí como unos tontos, tan cansados.
Nosotros, los pequeños, los que nada
teníamos, mirábamos, sin verlos,
aquel su modo de estar todos de acuerdo.

Y ahora
que he caminado lenta hasta sus bancos
a reunirme con ellos para siempre,
ya yo también estoy entre los otros,
los mayores de edad, los melancólicos,
y qué extraño parece, ¿no es verdad?

MONÓLOGOS

1

A cada uno su propia vida va cercando.
Cada hecho engendrando un semejante,
cada causa, un efecto, y esas celestes
máquinas, gobernadas desde adentro,
prosiguen. Hora extraña! En la profunda
casa ya todos duermen. Al nacer, ya caímos
en la trampa. A sufrir, a errar! Vamos!
Niño! No esperes recorrer los caminos
del jardín. Sólo hay uno
por el que irás y en donde, entre la yerba,
el lagarto enseña su lengua roja, y se esconde.

2

Siempre vuelven al pórtico los viejos
mercaderes. Tanto diste, recibes
tanto. No, no es dable
aguardar un enorme iris, un consuelo

inaudito. Esperaba que se fuera
la visita y salir con mamá. ¡Menudas
fatalidades! Está echada la suerte.
Que no venga el que aguardas
junto a la luz, y como un borracho
vuelque la mesa de la medianoche!

3

Uno que va a morir dijo: Me gustaría
ese pueblecito. Un moribundo
piensa en un pueblecito: sería bueno
vivir allí. ¿Dónde jamás viviera
antes? Alguien que no espera la dicha
y está cumplido piensa que es suficiente
el pueblo de los sillones polvorientos,
el pueblo del espiritista y el protestante
(buena gente), solamente alguien
que no espera la dicha
puede ver un tamaño real en lo desnudo,
y el gran oro en que brillan
esas piedras que no pueden detener el ocaso.

4

Miraba el sauce enorme. Es precisa
una consumación. Todos quisiéramos
comernos nuestros días cual pan inacabable
y que eso fuera todo. Pero es precisa
una consumación. Algo más que la muerte
a esa loca mitad que es cada vida,
otro interlocutor más comprensivo.
Gracia piden los dones. ¿Y la culpa
quedárase sin rabo, como perro de calle?
Amemos ese exceso, el cumplimiento
de la luz. El presagio regresa
y ama el polvo, mientras que, locamente
se yergue el manantial del sauce, enorme.

5

Soy el adolescente que regresa de Europa
con abrigo de lana, libros. Soy el comerciante

que reposa en el mediodía de la bodega.
Fui un niño junto a lucetas moradas
y el amarillear de la lámpara. Eché barcos
inclinado en el lago de una quinta,
en Noviembre. (Los mayores
hablan con ceremonia junto a trajes
severamente fantásticos.) Fui la pordiosera
junto al cubo de agua, saludada
por el final vacío de la calle.
Fui el soldado que reduce su gran muerte
al punto fijo de un dolor en la sien,
mientras se quita el casco de metralla, en el humo.

6

Hora distinta! Exacta madurez.
Nada añade el orgullo al peso sacro
de las casas. Miraba el jardinero
saliendo del verdor con ojillos de pájaro,
picoteado el sombrero de alas anchas.
¿Ese reflejo verde en las mejillas
fiel lo cumple? No más! Y de una vez comprendamos
que entra en lo desconocido y participa
del deseo de ser, como la luz,
algo más que lo que gana o lo que pierde.

7

El moribundo piensa
en un pueblo. Polvo, luz desierta.
En el blancor, el perro
pasa junto al portal vacío. Apacible
leer! Se alegrará de vernos.
Últimos caldos, sopillas! Tintineo
a mitad de mañana.
¿Muy temprano? Querrá hacernos
sus cuentos. (Vastas zonas no tocan
ganancia, eterna pérdida, abren mudas
pequeñas magnitudes de deseo,
fragmentos que no siguen, cuerpos tuyos
de animal en la luz.) En lo desnudo
el niño abre la puerta, en el absoluto
desnudo.

8

San Juan, Cap. 11

Cese el omnipotente funeral,
la procesión de adentro aulladora,
que es un ahora y siempre todo ahora
y no se puede echar un día atrás.

Se puede una montaña descuajar,
mudarse en hombre un niño, en oro el mar,
puede el trueno el rugido trasvolar
en nube negra, alición, tormenta o sal.

Pero el día que fue no cambiará.
Cese el juicio incesante, el tribunal
del oro cese, callen las culpas lázaros

que nos cargan la espalda. Rompe, mece,
Señor, burla la cuenta, haz el milagro.
Van cuatro noches y el cadáver hiede.

DESPEDIDA DE ARROYO

No es esta luz cayendo la que veo.
Veo un poniente amarillo entre los pinos.
Más allá, la línea del tren, baja.
Arriba, ordenadas estancias, grabado
de las palmas, con alto espacio al fondo.

Ésta no es aquella luz, la nuestra,
el sosiego en que el tiempo imperceptible
deja en el pecho como un cristal temblando.
¡Caimitos verdinegros, de brillos desiguales,
pinos viejos, altísimos, enfermos,
fuente rota, entre el enmarañado
y ligero verdor, cayendo a trechos!
¡Senderos raros de las familiares
pisadas, que alguien cruza, sonriendo,
para empezar las variaciones lentas
de la hora desplazándose! ¡Máquina

doblando por los trillos emboscados
desde la entrada principal, hasta quedarse
echada como un perro junto al árbol
enorme porque trepan las hojazas!
¡Tardes lentas, lentísimas, doradas!

La noche empieza en el portal ya oscuro,
tintinea en los altos encendidos
antes de dar afuera en los macizos
de sombra. Alto el pecho de la noche.
Casi tan íntima como las estrellas,
la cocina pacífica acoge, enciende
lumbres de hondos diálogos que bullen
junto al fuego central, el horno madre.

Crujen las escaleras, bajan, suben,
voces, llegadas y partidas. Todo
es fuente y es raíz, aun el raro abrigo
de no podernos quedar. Irse
con la familia toda ya en la mesa,
bajo la vieja lámpara que acoge
también las diminutas, las parleras
sombras! Candelada de inmensa y fiel dulzura
chisporroteando, cuida ahora el adiós!

RUBÉN BONIFAZ NUÑO

México, 1923. Obras: *La muerte del ángel*, 1945. *Imágenes*, 1953. *Los demonios y los días*, 1956. *El manto y la corona*, 1958. *Canto llano a Simón Bolívar*, 1958. *Fuego de pobres*, 1961. *Siete de espadas*, 1966. *El ala del tigre*, 1969. *La flama en el espejo*, 1971. *De otro modo lo mismo*, 1979.

28

Están cantando adentro;
hay cantares ahora en esta casa.

Entonces, fue verdad. Tengo la llave,
pero toco en la puerta
como cuando era el nadie que llegaba:
el sin cara y en busca,
el recién despertado, el todavía
dormido a medias, estirándose
en rodillas torpes levantado.

La enmascarada esconde sus cabellos
con diadema florida,
su boca instrumental oculta
con labios lentos; enjaulados
vuelan los pájaros de la mirada.

Es hora, pues, de fiesta;
de aceptar que son breves las raíces
bajo la tierra del encuentro,
y, como en cartas familiares,
las felices noticias, los retratos
últimos, la promesa
del no tangible abrazo al despedirse.

Todo venía de camino, y viene
y desata la almendra en que se anudan
el rumbo del aroma y el del trigo
y el vino y el carbón enllamarado.

Y hay cantares aquí, y he merecido
tomar mi parte en el cantar.
                                   Amigos,
¿qué podemos perder con alegrarnos?

Lengua de agujas, y costumbre
de espinas soportamos, y cilicios.
Si estamos de pasada,
si nada más nos saludamos,
si habré de irme aunque no quiero.

Mi lámpara casual para escogerme
yo mismo, se me dio; con la esperanza
fugaz, y el calentado aceite
del cerco de esta noche en donde invento
mi jerarquía diurna de palabras.

Me aconsejo, me advierto, me amenazo;
soy, pues, aquí, yo mismo.

Y otro será el que salga, y no me importa,
por el zaguán de madrugada,
y cogerá los cantos que sembramos.

MARIACHI

Alcohol la canción también, memoria,
bocanada de bilis.
                          Y esta pata
áspera de sonidos como agujas,
voz de la entraña en llaga,
pujido destrozador, ardor, sollozo,
busca dentro de mí, rasca en el alma
la mugre, hasta sangrar; me despepita.

Si me dejaste, si te alegras.
Pero en el quicio de esta boca
me siento, y a esperar lo que he tenido
me pongo, y a olvidar lo que no tengo.

Ponzoña musical que entra en la oreja
con su pata de pájaro mendigo,

rasguido amargo, escala carcomida
bajada a tropezones,
estruendo roto de vajilla inmóvil.

Y un dolor de animal que no comprende,
de espinazo quebrado, de pregunta
que mira a todos lados y no encuentra,
ocupa, y lame, y muerde.

Y echa sombra de ahorcado el silencioso
corazón del que escucha,
la visceral miseria que recibe
el aguinaldo de su mala suerte.

Si pudiera, a lo menos, decidirme,
y escribir la palabra.
Pero no es eso; ni llorar tan sólo.

Más bien es como escoba amarillenta,
como cola de polvo. Para el pobre
tiene medida la embriaguez, y tiempo.

Vergüenza humilde del borracho a solas,
salario bien gastado en acordarse
y en ver dos abandonos donde hay uno.

Ancla de bilis en la colectiva
soledad de la fiesta; agujas, gozo
desolador. Y es cierto que te fuiste,
como es más cierto que oigo y que me aflijo.

46

Oleaje manso de las cosas
susceptibles a la tristeza.
Trabajo humilde que madura
la mazorca azul de las entrañas.
Moscas de camposanto pobre
sobre flores mustias de noviembre.

En las oficinas, en las calles,
se opaca el amor, o se siembra

hasta la rodilla en el asfalto.
Vida de alquiler en las esquinas
quema otra vez la primavera,
y ceniza y polvo entre los dientes.

Desconocido amor, sembrada
semilla de muerte melancólica,
entre absurdas simientes nace.
Recámara ardiente, compartida
por cansados huéspedes. Ternura
apacentada en mustias flores.

n

Serena y justa y revestida
con el color de las virtudes,
viene la muy amada y deja,
compasivamente, que la miren.

Y amor nace a su vista, inerme,
y sube y la ciñe como incienso
primaveral, o como salto
en ascenso de mareas claras,
y desciende y colma, trasmutado.

Apoyada en su trono altísimo,
da el vuelo al águila, legisla
con leyes de amor, y distribuye
el orden, y enseña los caminos
que bajo sus párpados contempla.

Y la aurora rejuvenecida
se abre por ella, y de sus pechos
misericordes mana el alba
de un inmenso día renovado:
jardín de cándidas delicias,
buena nueva del alma, gradas
de la iluminación celeste.

Obra de fe, raíz primera
del esplendor, agricultura
celestial que rinde ardientes frutos.

Frondas de la oliva sobre el blanco
velo retienen sus cabellos;
ancla de las anclas, la certeza
de la esperanza está en su manto;
carbunclo sus ropas, aligeran
—en vela y con cánticos— la noche.

Y en la prisión y libertado,
y despierto y entre sueños suyos,
ya me parece ver sus ojos.

ERNESTO MEJÍA SÁNCHEZ

Nicaragua, 1923. Obras: *Ensalmos y conjuros*, 1947. *La carne contigua*, 1948. *Antología, 1946-1952*, 1953. *Contemplaciones europeas*, 1957. *Prosemas del Sur y del Levante*, 1968. *Recolección a mediodía*, 1980.

LUIS CERNUDA

El español aquel.
            El andaluz.
El solo, decoroso, limpio, altivo
le dio cara a la muerte con descaro—
peor que soldado iluminado súbitamente
por la granada roja de su propia conciencia.

Adolescente envejecido, ángel malvado
y generoso: No lo toquéis.
                    Más que poeta.
Ni la animala pudo meterle maña
en la bragueta.
         Unos libros ingleses por aquí,
una pipa de fresno, la
                página blanca o escarlata.
                la historia. NO. Cernuda
                NO pasará

LIBERTAD DE PENSAMIENTO

I

Yo fui durante años, por propia voluntad
y estudio, a los archivos de la Santa Inquisición
de la Nueva España. Me empantané
en herejías y supersticiones,
en oraciones mágicas y bailes deshonestos,
en crímenes cortesianos y judaizantes.

290

Podría superar fácilmente la bibliografía
especializada. He visto confesiones y delaciones
firmadas con la sangre de los inocentes,
he visto marcas de fuego en la abierta
libertad de los libros, el mal amor,
la maldad, la cobardía y el miedo,
el falo ofrecido a la Virgen
y la dogmática embriaguez.
He visto el delirio y la perversión de la fe,
el juramento falso y la crueldad,
el empecinamiento y la fortaleza.
Yo podría contarles muchas historias,
como don Artemio de Valle-Arizpe.
Pero prefiero callar este borrón puerco
de los hombres o sacar una lección de pudor
y respeto para el pensamiento de mis hijos.

II

Y yo que quería escribir lo que me viniera
en gana, como un hombre, y ellos me dijeron
que eso era pura mariconería, que las ideas
debían ser revisadas. Yo les dije que la poesía
se escribía con palabras y que la política,
sin ideas. Y me dijeron (los muy sabidos)
que el tipo ese se pasó la vida abanicándose
con los abanicos de Mme y Mlle Mallarmé, y
que todo eso me iba a pesar, porque instalarían
la dictadura del bien, perfecta e infalible.
Y a mi hermana la monja la dejaron desnuda
en plena calle y a mis niños les dieron un silabario
perfecto, intolerante, sin elogio de la locura.
Yo no tengo nada contra los negros ni contra
la repartición de la tierra; pero no estoy
conforme con la sumisión de las letras negras
de la imprenta ni con el despilfarro de balas
rojas de odio. El capitalismo está sentenciado.
Yo moriré con él, dicen, y muchos más morirán.
¡Pobres de nosotros, y sin haberlo gozado!

PÁGINA BLANCA

A Octavio Paz

Lucidez y/o borrachera del poema. Insolencia del ser
que desborda de su propia mirada, plenitud o más,
derroche, por el ocioso estremecimiento del favorito,
pues que los dones ni siquiera están contados y los
prodigas con generosidad viciosa. Aleluya. Alabado
quien venga en nombre del despilfarro, que sólo
quiere entregar el exceso de poderío. Yo te celebro,
salud, fruto de la tierra, parto sin dolor, fluyente leche
tibia, vino rebosante, imaginación de la sangre, porque
significas el SÍ que sobrepasa la mera existencia; porque nadie merece lo que no puede dar.

LONG PLAY/BOLEROS

I

Peste, gangrena de la voluntad, bestezuela,
alcohol que no enloquece sino que alucina,
pezón de cinamono en los dientes del pródigo
(te quiero, te he querido, querida, muy querida).
Eres la que devora el sexo a los maricas, Lilith,
la que derrama bilis caliente e ira en la entraña
del hombre y la mujer, perdón del infeliz y mirada
de vidrio y moreno joyel para la noche del capricho,
fuego verde en el jardín de los tigrillos, pusiste
la pezuña en las violetas, diste a sorber el vino
azul que mata en los labios de la madrugada.

Fuera del corazón, golosina y veneno, veneno
corrompido pero dulce y querido en el lecho
del náufrago, gozo y castigo y purgatorio
(te quiero, te he querido, querida, muy querida).

II

Tu rostro se borra como el de la moneda en las yemas
del avaro,

date prisa, y no finjas. No te conozco, pero sé lo que seas.
Sin pudor, que no hay tiempo. Que no hay tiempo fuera del
    Tiempo.
Lo que más me jode es el bien pasajero desaprovechado.
La mirada azul y oro inofensiva como de puta,
la patita blanca sin mácula, sin salud, pero blanca.
Sube, perrilla fina, hasta el lecho del moribundo.

III

Seguro amor se jura el pasajero en la noche.
Toda separación, duro pensamiento soez.
Pero ¿quién discute al final? Si la agresiva
timidez y el terror pueden más que el yo
y las promesas, ¿cómo parar el brusco minuto?
¿Quién se negará un trozo de mezquina
belleza? Goza con tu goce, amiga, y olvídame.
No jures mi nombre en vano. No sabes que ya
todo está dicho. Nadie te creerá, ni yo mismo.
Han retirado la pasarela. Vuelvo a mis aguas
turbias. La mariposa revuelve el cieno
con indolente ofuscación. No me busques.
Estoy en todas partes, doncella que mi vista
ha favorecido. Tendré una torpeza divina,
un vicio o calumnia que justifique mi decoro.
Pero no quiero justificación, sólo castigo
y denuncia, pues no hay desorden que me sea
envidiable. Empalidezco a fuerza de sonrojos.
Sé que estoy pagando justo por pecador,
justamente por pecador, ¿pero quién es el justo?

IV

Y la mujer pagada y pagada de sí,
con uñas de oro y cabello dorado
y el sexo pequeño de lavarlo al momento
y se cree diosa del día y no hace más
que robarme los hijos de la fertilidad
y ganarme el despego, el odio,
el desamor y el dinero, por lo que yo
ofrecí que era pobre pero limpio,
porque sobre la nada de la mujer no hay
nada escrito que diga nada sobre su nada.

V

Azorado gotón de miel en el nido de flechas,
a la sombra querida de enconada ternura.
En esta selva malva de betún y de vello
cruzan rápidos buitres, pasan peces de azogue
en el oro del fondo compasivo y moreno.
Pones tu corazón en los anzuelos (voy de lejos)
y los dardos que la bestia herida sacude
vuelven a ti por las aguas salobres de la mirada.

VI

Después del frenesí y de la ofensa, anchos,
húmedos besos bajo el pelo de cobre,
sorbidos entre el vellocino de la nuca,
sólo escuchados por la orquídea de la oreja
o por el ópalo pendiente. No quiero decir
por hombre las cosas que ella decía mientras
tanto, con la desvergonzada naturalidad de quien
recibe una injuria y la devuelve quizá con creces
para corresponder nuestros halagos. Falacias
como éstas: ¡Te encontré tarde en mi camino!
Mentira, cuando fue en el mero momento.
O: No me quieres tanto como yo. Lo que tampoco es cierto.

VII

Las hijas del amor somos nosotras,
más que nuestros hijos. Te quise,
alma vulgar, para deleite y condenación.
Sólo sabía decir estos reproches: Cómo
me engañaste, ignorando que el único
engañado fue el amor o algo parecido.

VIII

¡Cómo cuidas, criatura, mi cabeza! Entre
las piernas de oro macizo y el regazo de Venus,
entre el ombligo solar y los frutos de Hespérides,
hallas lugar preciso para la frente desvivida.
¡El cuerpo/el alma, qué invención! Con sólo

entornar la puerta, la mano ceñida, quemada
ya por los besos imaginados, estalla la brizna
ardiendo del soplo de los dioses. No he querido
forma o música, diapasón de la cintura al corazón
herido por el deseo marino, osar la flama azul
del fulgor en vela de tu sombra, cuando, he aquí,
que llegas con el clavel entreabierto, trémula
y jadeante, al *hall* del hotel, hacia la jaula
vertiginosa y ascendente que conduce al paraíso.
No es hora de dormir, sino de soñar... Avive
el sexo y despierte/contemplando... Ya no eres
ni tú ni yo, ni siquiera nosotros. El Universo
gira con una estrella nova, niña, en la cabeza.

SEBASTIÁN SALAZAR BONDY

Perú, 1924-1965. Obras: *Voz desde la vigilia*, 1944. *Cuaderno de la persona oscura*, 1946. *Los ojos del pródigo*, 1950. *Confidencia en alta voz*, 1960. *Conducta sentimental*, 1963. *El tacto de la araña*, 1965. *Poemas*, 1967.

CONFIDENCIA EN ALTA VOZ

Pertenezco a una raza sentimental,
a una patria fatigada por sus penas,
a una tierra cuyas flores culminan al anochecer,
pero amo mis desventuras,
tengo mi orgullo, doy vivas a la vida bajo este cielo mortal
y soy como una nave que avanza hacia una isla de fuego.

Pertenezco a muchas gentes y soy libre,
me levanto como el alba desde las últimas tinieblas,
doy luz a un vasto campo de silencio y oros,
sol nuevo, nueva dicha, aparición imperiosa
que cae horas después en un lecho de pesadillas.

Escribo, como ven, y corro por las calles,
protesto y arrastro los grillos del descontento
que a veces son alas en los pies,
plumas al viento que surcan un azul oscuro,
pero puedo quedarme quieto, puedo renunciar,
puedo tener como cualquiera un miedo terrible,
porque cometo errores y el aire me falta
como me faltan el pecado, el pan, la risa, tantas cosas.

El tiempo es implacable como un número creciente
y comprendo que se suma en mi frente, en mis manos,
en mis hombros, como un fardo,
o ante mis ojos como una película cada vez más triste,
y pertenezco al tiempo, a los documentos, a mi raza y mi país,
y cuando lo digo en el papel, cuando lo confieso,
tengo ganas de que todos lo sepan y lloren conmigo.

OTRO REINO

A espaldas de Darío rasgo la página y digo:
"Amo esta cárcel en cuyo fondo palpitan
esos oscuros héroes que pintan sus leves casas
con el color del río o el océano,
en el cerro de San Cosme o en las dichosas playas de Acapulco,
mientras ponen banderas, leves macetas, peluquerías para
    caballeros."

Digo que amo un poco la suciedad de esas paredes
que las postales no nombran y que amo también
sus tristes grupos humanos que saben dar los buenos días
al temblor de tierra, al aluvión, a la muerte,
con el mismo humor con que consumen
el plato de comida que crece en las manos de las doncellas.

Es como si alguien martillara de pronto mi rincón
y repitiera en mi oído un credo de maldicientes,
a media voz y sobre el filo del asombro,
mientras Darío, entre cisnes, cierra los ojos y exclama:
"Mi reino, ay, ya no es de este mundo."

PATIO INTERIOR

A Luis Loayza

Viejas, tenaces maderas
que vieron a tantas familias despedirse,
volverse polvo y llovizna,
retornar a las dunas como otra ondulación,
os debo algo,
dinero, melancolía, poemas,
os debo cierta ceniza plateada y claustral.

Columnas fermentadas que persisten
soportando la sala, la alcoba, la despensa,
la cocina donde humeó algún sabor frugal,
os debo riquezas sin ira,
grandes palideces pensativas.

Patio interior,
cuervo de ociosas neblinas
entre cuyas largas plumas los amantes
se deslíen como una inscripción de pañuelo,
os debo ahora mismo mi fosforescente vicio,
y os habito,
os corrijo,
os firmo con mi rápido nombre de cuchillo.

REALIDAD TODA MUJER

A Irma otra vez

Mujer, mira al hombre
que apiñado en tu cripta inhala dioses,
que asciende tu escalera taciturna,
que tu arpa de penurias
toca en la noche
con sus inertes sueños.

Mira su sombra de tigre
alargarse al ocaso por tu bosque,
mira las redes de tu sangre
recoger el otoño de sus garras,
mira al hijo, al marido, al padre,
que uno son y son todos
sólo por tu presencia.

Mira ya humano al hombre
sólo por tu presencia, oh real.

EL POETA CONOCE LA POESÍA

Permítanme decir que la poesía
es una habitación a oscuras, y permítanme también
que confiese que dentro de ella nos sentimos muy solos,
nos palpamos el cuerpo y lo herimos,
nos quitamos el sombrero y somos estatuas,

nos arrojamos contra las paredes y no las hallamos,
pisamos en agua infinita y aspiramos el olor de la sangre
como si la flor de la vida exhalara en esa soledad
toda su plenitud sin fracasos.

Permítanme, al mismo tiempo, que pregunte
si un peruano, si un fugitivo de la memoria del hombre,
puede sentarse allí como un señor en su jardín,
tomar el té y dar los buenos días a la alegría.
Qué equivocados estamos, entonces, qué pálida
es la idea que tenemos de algo tan ardiente y doloroso.
Porque, para ser justos, es necesario que envolvamos nuestra ropa,
demos fuego a nuestras bibliotecas,
arrojemos al mar las máquinas felices que resuenan todo el día,
y vayamos al corazón de esa tumba
para sacar de ahí un polvo de siglos que está olvidado todavía.

No sé si esto será bueno, pero permítanme que diga
que de otro modo la poesía está resultando un poco tonta.

JAIME GARCÍA TERRÉS

México, 1924. Obras: *Las provincias del aire*, 1956. *Los reinos combatientes*, 1962. *Todo lo más por decir*, 1971. *Corre la voz*, 1980.

SOBRE LOS MUERTOS

¡Qué sé yo de los muertos!
    ...están aquí, se sientan a mi mesa,
compartimos la sopa, conversamos
entre viejos aromas; los escucho, los veo,
presenciamos el mismo crepúsculo;
          mas ellos
tienen sin duda penas que no dicen;
acaban yéndose, moviendo la cabeza.

En sus gestos escuálidos me busco;
me lastima su llanto vegetal,
    menguada ceremonia;
mi vida toda clama pronta venganza de sus párpados.
Y sin embargo,

    no, no los comprendo.
Semejante pudor aturde mi sentido.
Tanta derrota fría desparrama
semillas de distancia.

Están aquí: someras alusiones al tedio,
a los maderos apagados en la chimenea.
Reproches al vigor
que danza frescas travesuras
y sacude borracho la preñez dormida.

Están aquí, bien muertos
en un sudario transparente;
siempre resbaladizos atajos a la tierra yerma.
¿Cómo llegar a conocerlos? ¿Cómo
descifrar sus vergüenzas obstinadas?
Laten

detrás de un diáfano despecho;
luego se van adonde nadie vivo
puede seguirlos ya. ¡Qué sé de sus exilios,
de sus raíces, de sus llagas!
¡Qué sé yo de los muertos!

ESTA DESMEMORIA MÍA

Yo no tengo memoria para las cosas que pergeño.
Las olvido con una
torpe facilidad. Y se despeña
mi prosa por abismos fascinantes,
y los versos esfuman su tozudez como si nada.

A veces ni siquiera recuerdo los favores
de la bastarda musa pasajera,
ni los ayes nerviosos del alumbramiento.
No sé, pero me cansan tantos
anacrónicos ecos, tantos rastros
gustados a deshora.

Mejor así, progenie de papel y de grafito.
Mejor que te devoren
los laberintos del cerebro,
apenas declarado tu primer vagido.

Así yo seguiré sin lastre alguno
fraguando más capullos (devociones
efímeras, incendios absolutos),
y después otros más, y más aún, hasta morir del todo.

CANTAR DE VALPARAÍSO

¿Recuerdas que querías ser un poeta *telúrico*?
Con fervor aducías los admirables ritos del paisaje,
paladeabas
nombres de volcanes, ríos, bosques, llanuras,

y acumulabas verbos y adjetivos
a sismos o quietudes (aun a las catástrofes
extremas del planeta) vinculados.

Hoy prefieres viajar a medianoche, y en seguida
describes episodios efímeros.
Tus cuadernos registran el asombro
de los rostros dormidos en hoteles de paso.
Encoges los hombros cuando el alba precipita
desde lo alto de la cordillera blondos aluviones.

¿Qué pretendes ahora? ¿Qué deidad escudriñas?
Acaso te propones glorificar el orbe claroscuro
del corazón. O merodeas al margen de los cánticos,
y escribes empujado ya tan sólo
por insondables apetencias,
como fiera que busca su alimento donde la sangre humea,
y allí filos de amor
dispone ciegamente.

LEYENDA SOBRE UN SEPULCRO VACÍO

Aquí mismo,
    a no mediar su lastimosa pérdida
por una de esas cosas que suelen suceder a los cadáveres
en el trajín de la vicisitud histórica,
                    reposarían
los despojos venerables de fray Bernardino de Ribeiro,
natural de Sahagún, letrado de Salamanca,
profeso de San Francisco,
misionero que vino a lucubrar y morir en estos lugares
a la sazón inéditos, y nos legó a su hora
el tapiz monumental de la cultura derrotada.

Si los años y folios fueron muchos en su cristiana vida
no fue menor el número de sus contradicciones.
Fustigó con latines iracundos, exorcismos al uso
    y apostólica suspicacia
los ritos y creencias, aun los más edificantes,
del horizonte mexicano;
                legitimó, tal vez

por admitirla como justa
                    o cuando menos *in facie Ecclesiae*,
la destrucción material del escenario.
Asimismo deparó los infiernos a Quetzalcóatl,
de quien abominó llamándolo
no sólo mortal y corruptible, fatalidades éstas
no deshonrosas en la condición humana,
sino también mendaz, maldito, sirviente de Luzbel,
adjetivos inhábiles en el mejor de los casos
puesto que se trataba del símbolo más puro,
                                      Quetzalcóatl,
recto Señor de Tula, predicador opuesto a la hierática
sangría, voz amiga, proteica cifra terrestre que flechaba
       los suelos y los cielos, ora grave reptil,
       ora flor, mariposa, pájaro solar o dios en fuga,
cuya virtud no merecía tan avieso repudio.

Mas en descargo de las fallas dichas,
imputables por sólitas a la época,
nuestro docto franciscano pergeñó su monumento,
registrando costumbres, vicios reales o supuestos,
modos de vestir y beber, cosmogonías
no por contrarias a la fe del Capitán indignas
del magistral estudio;
                    para ello
aprendió no sin larga paciencia y amor
la evanescente lengua de los idólatras,
y aseguró de paso, con transcripciones únicas,
la rica descendencia y el prestigio de aquéllos,
gloria manifiesta en un país nunca soñado
por los conquistadores, ni por los indios que confiaban
sus recuerdos personales y sus tradiciones al sagaz
       manuscrito del fraile.
Nadie pensó, siglos atrás, que fuéramos un día
este crucial enjambre mestizo, punta de ambas estirpes,
diestros beneficiarios de ninguna de las dos;
                                      pero ávidos
oscuramente de ser comprendidos por nuestros nietos,
así como nosotros comprendemos, aunque no del todo,
las aventuras ancestrales llovidas a la generosa
       mano del cronista sumo.

JAIME GARCÍA TERRÉS

EL HOY DE TU MAÑANA

Después de trasplantar el domicilio
cuantas veces lo quiso la mendaz
pasión del andariego
                         me seduce
por fin esta quietud aposentada
bajo las frondas de tu compañía.
Desfilan otras casas,
                         otras puertas
avivan el compás de la memoria,
pero ya nada son sino resquicios
por donde se me van miradas muertas.
Acércame tu cuerpo: talismán
para borrar historias al unísono,
sacrificando treguas y combates
a nuestra comunión opalescente.
Ya no quiero más luto por el aire
ni más resquebraduras en el suelo.
Descombra tu morada venidera
con súbitos balcones al destino
de galaxias invictas;
                         en los troncos
aglomerados de la chimenea
quémense mis peligros y los tuyos
alumbrando la piel anubarrada.
Tenderemos impávidas alfombras,
aprenderemos a sembrarlas todas
de música y aromas vitalicios,
y al desaparecer el zumbo trágico
el alba no veré
                         porque tampoco
llegará por nosotros el ocaso.
Tal es el horizonte,
                         la promesa
doméstica:
                         los labios generosos
abiertos por el hoy en tu mañana.

EZRA POUND EN ATENAS

Nos encontramos
en un atroz vestíbulo, cercados
por los fotógrafos y la demás gente curiosa,
    con algunos recuerdos compartidos.
'*And you were glad and laughing*
With a laughter not of this world.'
No,
no es el hospital de Saint Elizabeths,
no es Rapallo
                ni tampoco Brunnenburg,
es un hotel de la ciudad soñada
        por casi todos los poetas,
un lago de silencio en el que las palabras
bogan intrusas contra la corriente.
Las manos del artífice descansan
y sus ojos prefieren vaciarse de miradas.
(Le pregunto si vive
en paz, y me responde:
Ah ¿de qué sirve
mi paz cuando los otros
quieren sólo pelea?)

TIEMPO DE AGUAS

Escribo "llueve".
            No digo "la lluvia"
ni "los cambios abruptos del paisaje".
Tampoco llueve *sur mon coeur*.
            No es lo que designo
con mi palabra sola
            derribada
sobre campos ajenos a punto de secarse:
Dos sílabas sabidas que ya no pertenecen
a nadie porque son del poema,
                ya húmedo
por eso, del jardín incipiente,
                rumor
vuelto rodar de letras verdinegras,
con la savia recién salida de la sombra.

Aquí brilla mi noche,
                    soberana,
más llena de pudores pero menos
indecisa,
           gradual en el abrirse,
de dos en dos, los pétalos de lumbre,
luego lenguas sedentes en la Babel oscura.

Y tiembla cada gota del agua de papel
dispuesta por su blanco delirio sin dueño,
al norte sus deidades,
               al sur vanos infiernos,
y entre las dos regiones extremas este valle minúsculo,
los párpados abiertos a signos encontrados,
en donde solamente
llueve.

JORGE GAITÁN DURÁN

Colombia, 1924-1962. Obras: *Insistencia en la tristeza*, 1946. *Presencia del hombre*, 1947. *Asombro*, 1951. *El libertino*, 1954. *Amantes*, 1958. *Si mañana despierto*, 1961. *Obra literaria*, 1975.

SE JUNTAN DESNUDOS

Dos cuerpos que se juntan desnudos
solos en la ciudad donde habitan los astros
inventan sin reposo al deseo.
No se ven cuando se aman, bellos
o atroces arden como dos mundos
que una vez cada mil años se cruzan en el cielo.
Sólo en la palabra, luna inútil, miramos
cómo nuestros cuerpos son cuando se abrazan,
se penetran, escupen, sangran, rocas que se destrozan,
estrellas enemigas, imperios que se afrentan.
Se acarician efímeros entre mil soles
que se despedazan, se besan hasta el fondo,
saltan como dos delfines blancos en el día,
pasan como un solo incendio por la noche.

SI MAÑANA DESPIERTO

De súbito respira uno mejor y el aire de la primavera
llega al fondo. Mas sólo ha sido un plazo
que el sufrimiento concede para que digamos la palabra.
He ganado un día; he tenido el tiempo
en mi boca como un vino.
                                    Suelo buscarme
en la ciudad que pasa como un barco de locos por la noche.
Sólo encuentro un rostro: hombre viejo y sin dientes
a quien la dinastía, el poder, la riqueza, el genio,
todo le han dado al cabo, salvo la muerte.
Es un enemigo más temible que Dios

307

el sueño que puedo ser si mañana despierto
y sé que vivo.
                    Mas de súbito el alba
me cae entre las manos como una naranja roja.

SÉ QUE ESTOY VIVO

Sé que estoy vivo en este bello día
acostado contigo. Es el verano.
Acaloradas frutas en tu mano
vierten su espeso olor al mediodía.

Antes de aquí tendernos no existía
este mundo radiante. ¡Nunca en vano
al deseo arrancamos el humano
amor que a las estrellas desafía!

Hacia el azul del mar corro desnudo.
Vuelvo a ti como al sol y en ti me anudo,
nazco en el esplendor de conocerte.

Siento el sudor ligero de la siesta.
Bebemos vino rojo. Ésta es la fiesta
en que más recordamos a la muerte.

EL REGRESO

El regreso para morir es grande.
(Lo dijo con su aventura el rey de Ítaca.)
Mas amo el sol de mi patria,
el venado rojo que corre por los cerros,
y las nobles voces de la tarde que fueron
mi familia.
                    Mejor morir sin que nadie
lamente glorias matinales, lejos
del verano querido donde conocí dioses.
Todo para que mi imagen pasada
sea la última fábula de la casa.

VALLE DE CÚCUTA

Toco con mis labios el frutero del día.
Pongo con las manos un halcón en el cielo.
Con los ojos levanto un incendio en el cerro.
La querencia del sol me devuelve la vida.
La verdad es el valle. El azul es azul.
El árbol colorado es la tierra caliente.
Ninguna cosa tiene simulacro ni duda.

Aquí aprendí a vivir con el vuelo y el río.

FUENTE EN CÚCUTA

El rumor de la fuente bajo el cielo
habla como la infancia.
Todo convida a la tórrida calma.
                        Alrededor
de la casa: el mismo patio blanco
entre los árboles, la misma siesta
con la oculta cigarra de los días.

Nubes que no veía desde entonces
como la muerte pasan por el agua.

ENVÍO

No he podido olvidarte. He conseguido
que este inútil desorden de mis días
solitarios concluya en las porfías
de un corazón que da cada latido

a tu memoria. En tu mundo abolido,
he luchado por ti contra las pías
obras de Dios. Cuanto ayer le exigías
será invención del hombre que ha nacido.

Tantas razones tuve para amarte
que en el rigor oscuro de perderte
quise que le sirviera todo el arte

a tu solo esplendor y así envolverte
en fábulas y hallarte y recobrarte
en la larga paciencia de la muerte.

CARLOS MARTÍNEZ RIVAS

Nicaragua, 1924. Obras: Ha publicado, hasta la fecha, un solo libro: *La insurrección solitaria*, 1953, reeditado varias veces. Otros poemas suyos se hallan dispersos en revistas.

CANTO FÚNEBRE A LA MUERTE DE JOAQUÍN PASOS

I

Con el redoble de un tambor
en el centro de una pequeña Plaza de Armas,
como si de los funerales de un héroe se tratara;
así querría comenzar. Y lo mismo
que es ley en el rito de la Muerte,
de su muerte olvidarme y a su vida,
y a la de los héroes apagados
que igual que él ardieron aquí abajo, volverme.
Porque son muchos los poetas jóvenes que antaño han muerto.
A través de los siglos se saludan y oímos
encenderse sus voces como gallos remotos
que desde el fondo de la noche se llaman y responden.

Poco sabemos de ellos: que fueron jóvenes y hollaron
con sus pies esta tierra. Que supieron tocar algún instrumento.
Que sintieron sobre sus cabezas el aire del mar
y contemplaron las colinas. Que amaron a una muchacha
y a este amor se aferraron al extremo de olvidarse de ellas
y poder hoy donárnoslas inmortales y vírgenes.
Que todo esto lo escribían hasta muy tarde, corrigiéndolo mucho,
pero un día murieron. Y ya sus voces se encienden en la noche.

II

Sin embargo nosotros, Joaquín, sabemos
tanto de ti. Sé tanto... Retrocedo
hasta el día aquel que en brazos de tu aya
en que, de pronto, te diste cuenta de que existías.

311

Y ante ese percatarse fuiste, y fueron tus ojos
y el ver más puro fue que hasta entonces sobre
los seres se posara. No obstante, los mirabas
sólo con una boba pupila sin destino,
sin retenerlos para el amor o el odio.
(Aun tus mismas manitas sabían ser más hábiles
en eso de coger un objeto y no soltarlo.)
Una mañana te llevaron a una peluquería, en donde
te sentaron muy serio, y todo el tiempo
te portaste como un caballerito
y bromearon contigo los clientes. Todo esto
mientras te cortaban los bucles y te hacían
parecer tan distinto.
A la calle saliste después. A la otra calle
y a la otra edad, en la que se le pintan
bigotes a la Gioconda de Leonardo
y se es greñudo y cruel...
Mas luminosa irrumpe pronto la juventud.

Después, todos sabemos lo demás: el impuesto
que las cosas te cobraban. El fluir de los seres
que a tu encuentro acudían por turno, cada uno
con su pregunta
a la que tú debías responder con un nombre
claro, que en sus oídos resonara distinto
entre todos los otros, y poder ser sí mismos;
como sabemos que a Iaokanann llegaban
los hombres más oscuros, a recibir un nombre
con el que desde entonces
pudieran ser llamados por Dios en el desierto.

Y ése fue en adelante tu destino. Por el que no podrías
ya nunca más mirar libremente la tierra.
Un mal negocio, Joaquín. Por él supiste
que ante todas las cosas en que te detuvieras
el tiempo mandado, temblarías. Que bastaba mirarlas
con los ojos que se te dieron un tiempo decoroso
para que se tornaran atroces: el fulgor de un limón;
el peso sordo de una manzana; el rostro pensativo del hombre;
los dos senos jadeantes, pálidos, respirando
debajo de la blusa de una muchacha que ha corrido;
la mano que la alcanza. Hasta las mismas palabras
que guardaban, cada una, otra palabra oculta,
de la que se nutrían como del hueso el fruto...

Todo, en fin, había una esencia dentro de sí. Un sentido
sentado en su centro, inmóvil, repitiéndose
sin menguar ni crecer,
siempre lleno de sí, como un número.

Y esa lista de nombres y esa suma total tú la tendrías
que hacer para el día de la ira o el premio.
Y al hacerla, pasar tú a ser ella misma.
Porque también te dieron a ti un nombre. Para
que de todo eso lo llenaras como un vaso precioso.
Que de tal modo dentro de ti lo incluyeras
—las noches estrelladas, las flores,
los tejados de las aldeas vistos desde el camino—,
que al nombrarlo te nombraras
tú: suma total de cuanto vieras.

Y para todo esto sólo se te dieron palabras,
verbos y algunas vagas reglas. Nada tangible.
Ni un solo utensilio de esos que el refriegue
ha vuelto tan lustrosos. Por eso pienso que
quizás —como a mí a veces— te hubiese gustado más pintar.

Los pintores al menos tienen *cosas*. Pinceles
que limpian todos los días y que guardan en jarros
de loza y barro que ellos compran.
Cacharros muy pintados y de todas las formas
que ideó para su propio consuelo el hombre simple.
O ser de aquellos otros que tallan la madera;
los que en un mueble esculpen una ninfa que danza
y cuya veste el aire realmente agita.

Pero es cierto que nunca
rigió el hombre su propio destino. Y a la dura
tarea mandada te entregaste del modo
más honorable que he conocido. Eso sí,
tú sabías bien en qué te habías metido.

A los obreros viste cuando van a la tienda. Observaste
cómo examinan ellos las herramientas y palpan el filo
y entre todas eligen una, la única: la esposa
para el alto lecho de los andamios.

De este modo elegías tú el adjetivo,
la palabra, y el verso cuyos rítmicos
pasos como los de un enemigo acechabas.

Hacer un poema era planear un crimen perfecto.
Era urdir una mentira sin mácula
hecha verdad a fuerza de pureza.

III

Pero ahora te has muerto. Y el chorro de la gracia contigo.

Mas dicho está, que nunca permitió Dios que aquello
que entre los mortales noblemente ardiera
se perdiese. De esto vive nuestra esperanza.

Difícil es y duro el luchar contra el Olimpo
acuoso de las ranas. Desde muy niños son
entrenados con gran maestría para el ejercicio de la Nada.

Mucho hay que afanarse porque lo otro
sea advertido. Y aun así, pocos son
los que entre el humo y la burla lo reconocen.

Pero, con todo, perseveramos, Joaquinillo. Descuida.

Redoblaremos nuestro rencor ritual, el de la cítara.
Nuestro alegre odio a saltitos.
La nuestra víbora de los gorjeos.

Y el amor ganará.
Tú deja que tu sueño mane tranquilo.
Y si es que a algo has hecho traición muriendo,
allá tú.
No seré yo quien vaya a juzgarte. Yo, que tantas
veces he traicionado.

                                                      Por eso
no levanto mi voz tampoco contra la Muerte.
La pobre, como siempre, asustada de su propio poder
y de tantos ayes en torno al muerto, enrojece.

Tu muerte solamente tú te la sabes.
No atañe a los vivos su enigma, sino el de la vida.
Mientras vivamos sea ella olvidada como si eternos fuéramos,
y esforcémonos.
Tú, desde el Orco, gallo, despiértanos.

IV

Y a igual manera que las abejas de Tebas
—conforme el viejo Eliano cuenta— iban
a libar miel en labios del joven Píndaro,
llegue este canto hasta la pálida cabeza.
En tu pecho se pose y tu pico su pico hiera
sorbiendo fuego. En torno de tu frente aletee
tejiendo sobre ella una invisible corona.

Sus alas bata con más fuerza y hiendan
un espacio más alto sus nobles giros.
El esfuerzo repita. Y otra vez. Y otra... Y su vuelo
por el cielo se extienda en anchos círculos.

HOGAR CON LUZ ROJA

A Pilar y las chicas

Los escalones de madera, inseguros
para el extranjero en la oscurana, son
fácil camino para el hijo.
Alrededor de la mesa, congregada
juega a las cartas la familia; las fichas
chocan en el centro del tapete en donde
cae la luz. Discreta zumba la radio.
Porque es pacífico este hogar, temeroso,
y sólo al amor consagrado.
Llega el hijo y los hermanos del hijo
y las hermanas de los hijos acuden
a la llamada del timbre, y esperan
dichosas, con agitado pecho, en medio
del saloncito de mobiliario eterno:
los cojines color naranja y el cromo
con la góndola de Cleopatra en el Nilo.

EN LA CARRETERA UNA MUJERZUELA DETIENE AL PASANTE

¿Qué pasó con el joven que amó su madre?
El incapturable.

Pero a quien las mujeres notaron
como el can al extraño.

Al que todas ellas amaban:
las crías de pecho
las niñas sin pecho
las mujeres en pecho
las despechadas.
Cuantas pudieron verle
lo guardaron para siempre.

No en sus corazones. Ni en el puño
cerrado. Ni en el cráneo acústico.

En su vientre lo conservaba
cada mujer. No encinta de
un hijo de él sino preñada
dél.
O aligeradas de golpe se descargaban,

paríanse a sí mismas pariéndolo,
detenían su anual alumbramiento.

Por qué propósito de fecundar
el fondo de la mujer y perpetuar
su sombra iba y venía...
                         ¿Dónde
circula ahora? ¿Alguien le conoce?

NABUCODONOSOR ENTRE LAS BESTIAS

Daniel, IV, 33

Y supe de lugares de donde regresé
henchido

y por días mi fisonomía habló a los extraños
de ese secreto, indiscretamente;
tal era el gozo que contuve.

Son esos lugares: la atracción
de lo inicuo; el azoramiento
del genio tentado, vacilando; el horror
de un rostro voluble como el de Myriam
que al parecer no haría sino destruir;
la envolvente estupidez, tenaz nodriza
amamantándonos; el
aturdimiento de la mala música.

Sé de esos lugares y de peores; no me quejo
ni mi estilo opacaron.

Pero hay un lugar, sólo advertido
por los augustos y colmado de sino inmortal.
Donde la forma más ardiente y deliciosa de una virgen
ofrece a tu libertad un orden,
donde
el espacio se abre y vuelve a cerrarse
tras su acento exaltado.

Es de allí que volví embrutecido.

ROBERTO JUARROZ

Argentina, 1925. Obras: *Poesía vertical*, 1958. *Segunda poesía vertical*, 1963. *Tercera poesía vertical*, 1965. *Cuarta poesía vertical*, 1969. *Quinta poesía vertical*, 1974. *Sexta poesía vertical*, 1975. *Séptima poesía vertical*, 1982. *Poesía vertical, 1958-1975*, 1976.

10

En alguna parte hay un hombre
que transpira pensamiento.
Sobre su piel se dibujan
los contornos húmedos de una piel más fina,
la estela de una navegación sin nave.

Cuando ese hombre piensa luz, ilumina,
cuando piensa muerte, se alisa,
cuando recuerda a alguien, adquiere sus rasgos,
cuando cae en sí mismo, se oscurece como un pozo.

En él se ve el color de los pensamientos nocturnos
y se aprende que ningún pensamiento carece
de su noche y su día.
Y también que hay colores y pensamientos
que no nacen de día ni de noche,
sino tan sólo cuando crece un poco más el olvido.

Ese hombre tiene la porosidad de una tierra más viva
y a veces, cuando sueña, toma aspecto de fuego,
salpicaduras de una llama que se alimenta con llama,
retorcimientos de bosque calcinado.

A ese hombre se le puede ver el amor,
pero eso tan sólo quien lo encuentre y lo ame.
Y también se podría ver en su carne a dios,
pero sólo después de dejar de ver todo el resto.

A Octavio Paz

2

Llega un día
en que la mano percibe los límites de la página
y siente que las sombras de las letras que escribe
saltan del papel.

Detrás de esas sombras,
pasa entonces a escribir en los cuerpos repartidos por el mundo,
en un brazo extendido,
en una copa vacía,
en los restos de algo.

Pero llega otro día
en que la mano siente que todo cuerpo devora
furtiva y precozmente
el oscuro alimento de los signos.

Ha llegado para ella el momento
de escribir en el aire,
de conformarse casi con su gesto.
Pero el aire también es insaciable
y sus límites son oblicuamente estrechos.

La mano emprende entonces su último cambio:
pasa humildemente
a escribir sobre ella misma.

11

El ojo traza en el techo blanco
una pequeña raya negra.
El techo asume la ilusión del ojo
y se vuelve negro.
La raya se borra entonces
y el ojo se cierra.

Así nace la soledad.

50

La irresponsabilidad de los colores,
el modo de bajar que usan las cosas,
la telaraña que ata los sentidos,
el ciego monopolio de la muerte,
demuestran
que el mundo no está hecho.

La dura incredulidad de las estrellas,
la irreligión lustral de la memoria,
la cruel fisiología de los párpados,
la quietud de las cosas ciertos días,
demuestran
que el destino del mundo no es hacerse.

La irredención del sueño cotidiano,
la vida sin sostén que alza el invierno,
la forma de irse atrás de los caminos,
la costumbre al revés que agobia el canto,
demuestran
que el mundo es sólo un dios que se deshizo.

54

La ventaja de los hombres planos
es que pueden vivir en casas planas
y pensar pensamientos planos,
que caben entre las hojas de los libros.

No necesitan pasos en la noche
ni ramas en los árboles.
No necesitan muchas habitaciones,
ni templos, ni caricias, ni candados.

Los hombres planos tapan las miradas
con tapones de corcho.
Y en sus casas no puede entrar la muerte
porque no encuentra espacio.

Los hombres planos siempre nos despistan,
aunque no tengan sombra.
La luna les va tejiendo corazones
y el tiempo les va tejiendo resultados.

Si les falta un candil, siempre arde alguna vela.
Si les falta la voz, el viento los disfraza.
Y les basta un perfil para ubicarse,
mientras llega su noche sin relieves.

45

Cambiar la propia imagen periódicamente,
no para hacer menos monótona
la visión de quien nos mira,
sino para llenar de otra manera desde adentro
el continente de nuestra ficción.

Y desde cada imagen distinta
volver a palpar el mundo,
a escalar sus depósitos de ausencia,
a repetir los viejos ademanes
como si fueran nuevos
y a recortar quizá en la antigua fibra
un grano de sustancia diferente
o que caiga tan sólo hacia otro lado.

Cambiar de imagen cada tanto,
como se cambia el sueño cada noche,
para que sea menos aburrida
la carambola del abismo
y la ilusión indemostrable
de que nosotros la jugamos.

68

Cada vez puedo individualizar menos a mis interlocutores.
Me parece que todos se han fundido en uno solo,
al que además no le sé dar ningún nombre.

Sin embargo, eso no aumenta
la monotonía de mi diálogo,
ni aunque llegue a sentir algunas veces
que ese único interlocutor
ya ni siquiera está afuera.

Tal vez todo diálogo
no sea otra cosa que el aprendizaje
o quizás el eclipse de un monólogo.
Todo número es la demora de un regreso.

ERNESTO CARDENAL

Nicaragua, 1925. Obras: *La hora 0*, 1960. *Getsemany Ky*, 1960. *Epigramas*, 1961. *Salmos*, 1964. *Oración por Marilyn Monroe y otros poemas*, 1965. *El estrecho dudoso*, 1967. *Homenaje a los indios americanos*, 1970. *Canto Nacional* y *Oráculo sobre Managua*, 1973.

Gonzalo Fernández de Oviedo viene a Castilla
y cuenta de los mameyes, que saben a melocotones
y a duraznos, o mejor que duraznos, y huelen muy bien
y son de más suave gusto que el melocotón; del guanábano,
que es un árbol muy grande y hermoso
y la fruta es de una pasta como manjar blanco,
espesa y aguanosa y de lindo sabor templado;
y del guayabo, que cuando está en flor huele tan bien
(en especial ciertas flores de guayabo),
huele como el jazmín y el azahar,
y por dentro unas frutas son rosadas y otras blancas
y donde mejor se dan es en Darién
y es muy buena fruta y es mejor que manzanas;
y los aguacates, que llaman perales, pero no son perales
como los de España, sino que hacen ventaja a las peras.
El coco es una fruta como una cabeza de hombre
con una carnosidad blanca como de almendra mondada
y de mejor sabor que las almendras, y de ella hacen leche
mejor que de ganados, y en medio hay una agua clarísima,
la más sustancial, la más excelente, la más preciosa cosa
que se pueda pensar ni beber,
lo mejor que en la tierra
se puede gustar.
Y quitado el manjar hacen vasos de esta fruta.
Y una fruta que llaman piñas, que nace de un cardo,
y es de color de oro, y una de las mejores del mundo
y de más lindo y suave sabor y vista,
y su olor es a durazno y membrillo
y con una o dos de ellas huele toda la casa
y su sabor es a melocotón y moscatel
y no hay tan linda fruta en la huerta de Fernando I
en Nápoles,
ni en el Parque del Duque de Ferrara en el Po

ni en la huerta portátil de Ludovico Sforza.
Y hay un árbol o planta, monstruo entre los árboles,
que no se puede determinar si es árbol o planta
y ningún otro árbol o planta hay de más salvajez ni tan feo;
y es de tal manera que es difícil describir su forma,
más para verlo pintado por mano del Berruguete,
o de aquel Leonardo de Vinci, o Andrea Mantegna,
que para darlo a entender con palabras:
sus ramas son pencas espinosas, disformes y feas,
que primero fueron hojas o pencas como las otras,
y de aquellas hojas o pencas nacieron otras,
y de las otras, otras, y éstas alargándose
procrean otras, y estas otras, otras
y así de penca en penca se hace rama.
Y tiene una fruta carmesí, como un muy fino carmesí,
cubierta toda ella de espinas como un vello,
y con ella se pintan los labios las mujeres,
con color carmesí y con color rosado, mejor
que como se pintan las mujeres en Valencia o Italia.
Y un árbol de calabazas que en Nicaragua llaman guacal
de las que hacen vasos para beber, como tazas,
tan gentiles y tan bien labradas y de tan lindo lustre
que puede beber en ellas cualquier príncipe
y les ponen sus asideros de oro, y son muy limpias
y sabe muy bien en ellas el agua.
Hobo es un árbol de una sombra sanísima
y los que andan de camino los buscan para dormir.

               Detrás del monasterio, junto al camino,
               existe un cementerio de cosas gastadas,
               en donde yacen el hierro sarroso, pedazos
               de loza, tubos quebrados, alambres retorcidos,
               cajetillas de cigarrillo vacías, aserrín
               y zinc, plástico envejecido, llantas rotas,
               esperando como nosotros la resurrección.

Aquí pasaba a pie por estas calles, sin empleo, ni puesto,
y sin un peso.
Sólo poetas, putas y picados conocieron sus versos.
Nunca estuvo en el extranjero.

Estuvo preso.
Ahora está muerto.
No tiene ningún monumento.
                              Pero
recordadle cuando tengáis puentes de concreto,
grandes turbinas, tractores, plateados graneros,
buenos gobiernos.
Porque él purificó en sus poemas el lenguaje de su pueblo
en el que un día se escribirán los tratados de comercio,
la Constitución, las cartas de amor, y los decretos.

SOMOZA DESVELIZA LA ESTATUA DE SOMOZA EN EL ESTADIO DE SOMOZA

No es que yo crea que el pueblo me erigió esta estatua
porque yo sé mejor que vosotros que la ordené yo mismo.
Ni tampoco que pretendo pasar con ella a la posteridad
porque yo sé que el pueblo la derribará un día.
Ni que haya querido erigirme a mí mismo en vida
el monumento que muerto no me erigiréis vosotros:
sino que erigí esta estatua porque sé que la odiáis.

Muchachas que algún día leáis emocionadas estos versos
y soñéis con un poeta:
sabed que yo los hice para una como vosotras
y que fue en vano.

Cuídate, Claudia, cuando estés conmigo,
porque el gesto más leve, cualquier palabra, un suspiro
de Claudia, el menor descuido,
tal vez un día lo examinen eruditos,
y este baile de Claudia se recuerde por siglos.

Claudia, ya te lo aviso.

MANAGUA 6:30 P.M.

En la tade son dulces los neones
y las luces de mercurio, pálidas y bellas...
Y la estrella roja de una torre de radio
en el cielo crepuscular de Managua
es tan bonita como Venus
y un anuncio ESSO es como la luna

las lucecitas rojas de los automóviles son místicas

(El alma es como una muchacha besuqueada detrás de un auto)
      ¡TACA BUNGE KLM SINGER
      MENNEN HTM GÓMEZ NORGE
      RPM SAF ÓPTICA SIELECTA
proclaman la gloria de Dios!
(Bésame bajo los anuncios luminosos oh Dios)
Kodak TROPICAL RADIO F & C REYES
en muchos colores
deletrean tu Nombre.
      "Transmiten
la noticia..."
Otro significado
no lo conozco
Las crueldades de esas luces no las defiendo
Y si he de dar un testimonio sobre mi época
es éste: Fue bárbara y primitiva
pero poética

ORACIÓN POR MARILYN MONROE

Señor
recibe a esta muchacha conocida en toda la tierra con el
    nombre de Marilyn Monroe
aunque ése no era su verdadero nombre
(pero Tú conoces su verdadero nombre, el de la huerfanita
    violada a los 9 años
y la empleadita de tienda que a los 16 se había querido matar)
y que ahora se presenta ante Ti sin ningún maquillaje
sin su Agente de Prensa
sin fotógrafos y sin firmar autógrafos
sola como un astronauta frente a la noche espacial.

Ella soñó cuando niña que estaba desnuda en una iglesia
                    (según cuenta el *Time*)
ante una multitud postrada, con la cabeza en el suelo
y tenía que caminar en puntillas para no pisar las cabezas.
Tú conoces nuestros sueños mejor que los psiquiatras.
Iglesia, casa, cueva, son la seguridad del seno materno
pero también son algo más que eso...
Las cabezas son los admiradores, es claro
(la masa de cabezas en la oscuridad bajo el chorro de luz).
Pero el templo no son los estudios de la 20th Century-Fox.
El templo —de mármol y oro— es el templo de su cuerpo
en el que está el Hijo del Hombre con un látigo en la mano
expulsando a los mercaderes de la 20th Century-Fox
que hicieron de Tu casa de oración una cueva de ladrones.

Señor
en este mundo contaminado de pecados y radioactividad
Tú no culparás tan sólo a una empleadita de tienda
Que como toda empleadita de tienda soñó ser estrella de cine.
Y su sueño fue realidad (pero como la realidad del tecnicolor).
Ella no hizo sino actuar según el *script* que le dimos
—el de nuestras propias vidas—. Y era un *script* absurdo.
Perdónala Señor y perdónanos a nosotros
por nuestra 20th Century
por esta Colosal Super-Producción en la que todos hemos trabajado.
Ella tenía hambre de amor y le ofrecimos tranquilizantes,
para la tristeza de no ser santos
                        se le recomendó el psicoanálisis.
Recuerda Señor su creciente pavor a la cámara
y el odio al maquillaje —insistiendo en maquillarse en cada
     escena—
y cómo se fue haciendo mayor el horror
y mayor la impuntualidad a los estudios.

Como toda empleadita de tienda
soñó ser estrella de cine.
Y su vida fue irreal como un sueño que un psiquiatra interpreta
     y archiva.

Sus romances fueron un beso con los ojos cerrados
que cuando se abren los ojos
se descubre que fue bajo reflectores
                        ¡y apagan los reflectores!
y desmontan las dos paredes del aposento (era un set
     cinematográfico)

mientras el director se aleja con su libreta
　　　　　　　porque la escena ya fue tomada.
O como un viaje en yate, un beso en Singapur, un baile en Río
la recepción en la mansión del duque y la duquesa de Windsor
　　　　　　vistos en la salita del apartamento miserable.

La película terminó sin el beso final.
La hallaron muerta en su cama con la mano en el teléfono.
Y los detectives no supieron a quién iba a llamar.
Fue
como alguien que ha marcado el número de la única voz amiga
y oye tan sólo la voz de un disco que le dice: WRONG NUMBER
O como alguien que herido por los gángsters
alarga la mano a un teléfono desconectado.

Señor
quienquiera que haya sido el que ella iba a llamar
y no llamó (y tal vez no era nadie
o era Alguien cuyo número no está en el Directorio de Los
　　Ángeles)
　　　　　　¡contesta Tú el teléfono!

JAIME SABINES

México, 1926. Obras: *Horal*, 1950. *La señal*, 1951. *Adán y Eva*, 1952. *Tarumba*, 1956. *Diario semanario y poemas en prosa*, 1961. *Poemas sueltos*, 1962. *Yuria*, 1967. *Maltiempo*, 1972. *Algo sobre la muerte del mayor Sabines*, 1973. *Nuevo recuento de poemas*, 1977. *Poemas sueltos*, 1981.

YO NO LO SÉ DE CIERTO...

Yo no lo sé de cierto, pero supongo
que una mujer y un hombre
algún día se quieren,
se van quedando solos poco a poco,
algo en su corazón les dice que están solos,
solos sobre la tierra se penetran,
se van matando el uno al otro.

Todo se hace en silencio. Como
se hace la luz dentro del ojo.
El amor une cuerpos.
En silencio se van llenando el uno al otro.

Cualquier día despiertan, sobre brazos;
piensan entonces que lo saben todo.
Se ven desnudos y lo saben todo.

(Yo no lo sé de cierto. Lo supongo.)

LOS AMOROSOS

Los amorosos callan.
El amor es el silencio más fino,
el más tembloroso, el más insoportable.
Los amorosos buscan,
los amorosos son los que abandonan,
son los que cambian, los que olvidan.

329

Su corazón les dice que nunca han de encontrar,
no encuentran, buscan.

Los amorosos andan como locos
porque están solos, solos, solos,
entregándose, dándose a cada rato,
llorando porque no salvan al amor.
Les preocupa el amor. Los amorosos
viven al día, no pueden hacer más, no saben.
Siempre se están yendo,
siempre, hacia alguna parte.
Esperan,
no esperan nada, pero esperan.
Saben que nunca han de encontrar.
El amor es la prórroga perpetua,
siempre el paso siguiente, el otro, el otro.
Los amorosos son los insaciables,
los que siempre —¡qué bueno!— han de estar solos.

Los amorosos son la hidra del cuento.
Tienen serpientes en lugar de brazos.
Las venas del cuello se les hinchan
también como serpientes para asfixiarlos.
Los amorosos no pueden dormir
porque si se duermen se los comen los gusanos.

En la obscuridad abren los ojos
y les cae en ellos el espanto.

Encuentran alacranes bajo la sábana
y su cama flota como sobre un lago.

Los amorosos son locos, sólo locos,
sin Dios y sin diablo.

Los amorosos salen de sus cuevas
temblorosos, hambrientos,
a cazar fantasmas.
Se ríen de las gentes que lo saben todo,
de las que aman a perpetuidad, verídicamente,
de las que creen en el amor como en una lámpara de inagotable
     aceite.

Los amorosos juegan a coger el agua,
a tatuar el humo, a no irse.

Juegan el largo, el triste juego del amor.
Nadie ha de resignarse.
Dicen que nadie ha de resignarse.
Los amorosos se avergüenzan de toda conformación.

Vacíos, pero vacíos de una a otra costilla,
la muerte les fermenta detrás de los ojos,
y ellos caminan, lloran hasta la madrugada
en que trenes y gallos se despiden dolorosamente.

Les llega a veces un olor a tierra recién nacida,
a mujeres que duermen con la mano en el sexo, complacidas,
a arroyos de agua tierna y a cocinas.
Los amorosos se ponen a cantar entre labios
una canción no aprendida.
Y se van llorando, llorando
la hermosa vida.

ALGO SOBRE LA MUERTE DEL MAYOR SABINES

PRIMERA PARTE

I

Déjame reposar,
aflojar los músculos del corazón
y poner a dormitar el alma
para poder hablar,
para poder recordar estos días,
los más largos del tiempo.

Convalecemos de la angustia apenas
y estamos débiles, asustadizos,
despertando dos o tres veces de nuestro escaso sueño
para verte en la noche y saber que respiras.
Necesitamos despertar para estar más despiertos
en esta pesadilla llena de gentes y de ruidos.

Tú eres el tronco invulnerable y nosotros las ramas,
por eso es que este hachazo nos sacude.
Nunca frente a tu muerte nos paramos
a pensar en la muerte,

ni te hemos visto nunca sino como la fuerza y la alegría.
No lo sabemos bien, pero de pronto llega
un incesante aviso,
una escapada espada de la boca de Dios
que cae y cae y cae lentamente.
Y he aquí que temblamos de miedo,
que nos ahoga el llanto contenido,
que nos aprieta la garganta el miedo.
Nos echamos a andar y no paramos
de andar jamás, después de medianoche,
en ese pasillo del sanatorio silencioso
donde hay una enfermera despierta de ángel.
Esperar que murieras era morir despacio,
estar goteando del tubo de la muerte,
morir poco, a pedazos.

No ha habido hora más larga que cuando no dormías,
ni túnel más espeso de horror y de miseria
que el que llenaban tus lamentos,
tu pobre cuerpo herido.

II

Del mar, también del mar,
de la tela del mar que nos envuelve,
de los golpes del mar y de su boca,
de su vagina obscura,
de su vómito,
de su pureza tétrica y profunda,
vienen la muerte, Dios, el aguacero
golpeando las persianas,
la noche, el viento.

De la tierra también,
de las raíces agudas de las casas,
del pie desnudo y sangrante de los árboles,
de algunas rocas viejas que no pueden moverse,
de lamentables charcos, ataúdes del agua,
de troncos derribados en que ahora duerme el rayo,
y de la yerba, que es la sombra de las ramas del cielo,
viene Dios, el manco de cien manos,
ciego de tantos ojos,
dulcísimo, impotente.

(Omniausente, lleno de amor,
el viejo sordo, sin hijos,
derrama su corazón en la copa de su vientre.)

De los huesos también,
de la sal más entera de la sangre,
del ácido más fiel,
del alma más profunda y verdadera,
del alimento más entusiasmado,
del hígado y del llanto,
viene el oleaje tenso de la muerte,
el frío sudor de la esperanza,
y viene Dios riendo.
Caminan los libros a la hoguera.
Se levanta el telón: aparece el mar.

(Yo no soy el autor del mar.)

III

Siete caídas sufrió el elote de mi mano
antes de que mi hambre lo encontrara,
siete veces mil veces he muerto
y estoy risueño como en el primer día.
Nadie dirá: No supo de la vida
más que los bueyes, ni menos que las golondrinas.
Yo siempre he sido el hombre, amigo fiel del perro,
hijo de Dios desmemoriado,
hermano del viento.
¡A la chingada las lágrimas!, dije,
y me puse a llorar
como se ponen a parir.
Estoy descalzo, me gusta pisar el agua y las piedras,
las mujeres, el tiempo,
me gusta pisar la yerba que crecerá sobre mi tumba
(si es que tengo una tumba algún día).
Me gusta mi rosal de cera
en el jardín que la noche visita.
Me gustan mis abuelos de totomoste
y me gustan mis zapatos vacíos
esperándome como el día de mañana.
¡A la chingada la muerte!, dije,
sombra de mi sueño,

perversión de los ángeles,
y me entregué a morir
como una piedra al río,
como un disparo al vuelo de los pájaros.

IV

Vamos a hablar del Príncipe Cáncer,
Señor de los Pulmones, Varón de la Próstata,
que se divierte arrojando dardos
a los ovarios tersos, a las vaginas mustias,
a las ingles multitudinarias.

Mi padre tiene el ganglio más hermoso del cáncer
en la raíz del cuello, sobre la subclavia,
tubérculo del bueno de Dios,
ampolleta de la buena muerte,
y yo mando a la chingada a todos los soles del mundo.
El Señor Cáncer, el Señor Pendejo,
es sólo un instrumento en las manos obscuras
de los dulces personajes que hacen la vida.

En las cuatro gavetas del archivero de madera
guardo los nombres queridos,
la ropa de los fantasmas familiares,
las palabras que rondan
y mis pieles sucesivas.

También están los rostros de algunas mujeres,
los ojos amados y solos
y el beso casto del coito.
Y de las gavetas salen mis hijos.
¡Bien haya la sombra del árbol
llegando a la tierra,
porque es la luz que llega!

V

De las nueve de la noche en adelante
viendo la televisión y conversando
estoy esperando la muerte de mi padre.
Desde hace tres meses, esperando.
En el trabajo y en la borrachera,

en la cama sin nadie y en el cuarto de niños,
en su dolor tan lleno y derramado,
su no dormir, su queja y su protesta,
en el tanque de oxígeno y las muelas
del día que amanece, buscando la esperanza.

Mirando su cadáver en los huesos
que es ahora mi padre,
e introduciendo agujas en las escasas venas,
tratando de meterle la vida, de soplarle
        en la boca el aire...

(Me avergüenzo de mí hasta los pelos
por tratar de escribir estas cosas.
¡Maldito el que crea que esto es un poema!)

Quiero decir que no soy enfermero,
padrote de la muerte,
orador de panteones, alcahuete,
pinche de Dios, sacerdote de las penas.
Quiero decir que a mí me sobra el aire...

VI

Te enterramos ayer.
Ayer te enterramos.
Te echamos tierra ayer.
Quedaste en la tierra ayer.
Estás rodeado de tierra
desde ayer.
Arriba y abajo y a los lados
por tus pies y por tu cabeza
está la tierra desde ayer.
Te metimos en la tierra,
te tapamos con tierra ayer.
Perteneces a la tierra
desde ayer.
Ayer te enterramos
en la tierra, ayer.

VII

Madre generosa
de todos los muertos,

madre tierra, madre,
vagina del frío,
brazos de intemperie,
regazo del viento,
nido de la noche,
madre de la muerte,
recógelo, abrígalo,
desnúdalo, tómalo,
guárdalo, acábalo.

VIII

No podrás morir.
Debajo de la tierra
no podrás morir.
Sin agua y sin aire
no podrás morir.
Sin azúcar, sin leche,
sin frijoles, sin carne,
sin harina, sin higos,
no podrás morir.

Sin mujer y sin hijos
no podrás morir.
Debajo de la vida
no podrás morir.
En tu tanque de tierra
no podrás morir.
En tu caja de muerto
no podrás morir.

En tus venas sin sangre
no podrás morir.

En tu pecho vacío
no podrás morir.
En tu boca sin fuego
no podrás morir.
En tus ojos sin nadie
no podrás morir.

En tu carne sin llanto
no podrás morir.
No podrás morir.

No podrás morir.
No podrás morir.

Enterramos tu traje,
tus zapatos, el cáncer;
no podrás morir.
Tu silencio enterramos.
Tu cuerpo con candados.
Tus canas finas,
tu dolor clausurado.
No podrás morir.

IX

Te fuiste no sé a dónde.
Te espera tu cuarto.
Mi mamá, Juan y Jorge
te estamos esperando.
Nos han dado abrazos
de condolencia, y recibimos
cartas, telegramas, noticias
de que te enterramos,
pero tu nieta más pequeña
te busca en el cuarto,
y todos, sin decirlo,
te estamos esperando.

X

Es un mal sueño largo,
una tonta película de espanto,
un túnel que no acaba
lleno de piedras y de charcos.
¡Qué tiempo éste, maldito,
que revuelve las horas y los años,
el sueño y la conciencia,
el ojo abierto y el morir despacio!

XI

Recién parido en el lecho de la muerte,
criatura de la paz, inmóvil, tierno,

recién niño del sol de rostro negro,
arrullado en la cuna del silencio,
mamando obscuridad. boca vacía,
ojo apagado, corazón desierto.

Pulmón sin aire, niño mío, viejo,
cielo enterrado y manantial aéreo
voy a volverme un llanto subterráneo
para echarte mis ojos en tu pecho.

XII

Morir es retirarse, hacerse a un lado,
ocultarse un momento, estarse quieto,
pasar el aire de una orilla a nado
y estar en todas partes en secreto.

Morir es olvidar, ser olvidado,
refugiarse desnudo en el discreto
calor de Dios, y en su cerrado
puño, crecer igual que un feto.

Morir es encenderse bocabajo
hacia el humo y el hueso y la caliza
y hacerse tierra y tierra con trabajo.

Apagarse es morir, lento y aprisa,
tomar la eternidad como a destajo
y repartir el alma en la ceniza.

XIII

Padre mío, señor mío, hermano mío,
amigo de mi alma, tierno y fuerte,
saca tu cuerpo viejo, viejo mío,
saca tu cuerpo de la muerte.

Saca tu corazón igual que un río,
tu frente limpia en que aprendí a quererte,
tu brazo como un árbol en el frío
saca todo tu cuerpo de la muerte.

Amo tus canas, tu mentón austero,
tu boca firme y tu mirada abierta,
tu pecho vasto y sólido y certero.

Estoy llamando, tirándote la puerta.
Parece que yo soy el que me muero:
¡padre mío, despierta!

XIV

No se ha roto ese vaso en que bebiste,
ni la taza, ni el tubo, ni tu plato.
Ni se quemó la cama en que moriste,
ni sacrificamos un gato.

Te sobrevive todo. Todo existe
a pesar de tu muerte y de mi flato.
Parece que la vida nos embiste
igual que el cáncer sobre tu homoplato.

Te enterramos, te lloramos, te morimos,
te estás bien muerto y bien jodido y yermo
mientras pensamos en lo que no hicimos

y queremos tenerte aunque sea enfermo.
Nada de lo que fuiste, fuiste y fuimos
a no ser habitantes de tu infierno.

XV

Papá por treinta o por cuarenta años,
amigo de mi vida todo el tiempo,
protector de mi miedo, brazo mío,
palabra clara, corazón resuelto,

te has muerto cuando menos falta hacías,
cuando más falta me haces, padre, abuelo,
hijo y hermano mío, esponja de mi sangre,
pañuelo de mis ojos, almohada de mi sueño.

Te has muerto y me has matado un poco.
Porque no estás, ya no estaremos nunca
completos, en un sitio, de algún modo.

Algo le falta al mundo, y tú te has puesto
a empobrecerlo más, y a hacer a solas
tus gentes tristes y tu Dios contento.

XVI

(Noviembre 27)

¿Será posible que abras los ojos y no veas
ahora?
¿Podrás oírnos?
¿Podrás sacar tus manos un momento?

Estamos a tu lado. Es nuestra fiesta,
tu cumpleaños, viejo.
Tu mujer y tus hijos, tus nueras y tus nietos
venimos a abrazarte, todos, viejo.
¡Tienes que estar oyendo!
No vayas a llorar como nosotros
porque tu muerte no es sino un pretexto
para llorar por todos,
por los que están viviendo.
Una pared caída nos separa,
sólo el cuerpo de Dios, sólo su cuerpo.

XVII

Me acostumbré a guardarte, a llevarte lo mismo
que lleva uno su brazo, su cuerpo, su cabeza.
No eras distinto a mí, ni eras lo mismo.
Eras, cuando estoy triste, mi tristeza.

Eras, cuando caía, eras mi abismo;
cuando me levantaba, mi fortaleza.
Eras brisa y sudor y cataclismo,
y eras el pan caliente sobre la mesa.

Amputado de ti, a medias hecho
hombre o sombra de ti, sólo tu hijo,
desmantelada el alma, abierto el pecho,

ofrezco a tu dolor un crucifijo:
te doy un palo, una piedra, un helecho,
mis hijos y mis días, y me aflijo.

BLANCA VARELA

Perú, 1926. Obras: *Ese puerto existe*, 1959. *Luz de día*, 1963. *Valses y otras falsas confesiones*, 1972. *Canto villano*, 1978.

DEL ORDEN DE LAS COSAS

A Octavio Paz

Hasta la desesperación requiere un cierto orden. Si pongo un número contra un muro y lo ametrallo soy un individuo responsable. Le he quitado un elemento peligroso a la realidad. No me queda entonces sino asumir lo que queda: el mundo con un número menos.

El orden en materia de creación no es diferente. Hay diversas posturas para encarar este problema, pero todas a la larga se equivalen. Me acuesto en una cama o en el campo, al aire libre. Miro hacia arriba y ya está la máquina funcionando. Un gran ideal o una pequeña intuición van pendiente abajo. Su única misión es conseguir llenar el cielo natural o el falso.

Primero se verán sombras y, con suerte, uno que otro destello; presentimiento de luz, para llamarlo con mayor propiedad. El color es ya asunto de perseverancia y de conocimiento del oficio.

Poner en marcha una nebulosa no es difícil, lo hace hasta un niño. El problema está en que no se escape, en que entre nuevamente en el campo al primer pitazo.

Hay quienes logran en un momento dado ponerlo todo allí arriba o aquí abajo, pero ¿pueden conservarlo allí? Ése es el problema.

Hay que saber perder con orden. Ése es el primer paso. El abc. Se habrá logrado una postura sólida. Piernas arriba o piernas abajo, lo importante, repito, es que sea sólida, permanente.

Volviendo a la desesperación: una desesperación auténtica no se consigue de la noche a la mañana. Hay quienes necesitan toda una vida para obtenerla. No hablemos de esa pequeña desesperación que se enciende y apaga como una luciérnaga. Basta una luz más fuerte, un ruido, un golpe de viento, para que retroceda y se desvanezca.

Y ya con esto hemos avanzado algo. Hemos aprendido a perder conservando una postura sólida y creemos en la eficacia de una desesperación permanente.

341

Recomencemos: Estamos acostados bocarriba (en realidad la posición perfecta para crear es la de un ahogado semienterrado en la arena). Llamemos cielo a la nada, esa nada que ya hemos conseguido situar. Pongamos allí la primera mancha. Contemplémosla fijamente. Un pestañeo puede ser fatal. Éste es un acto intencional y directo, no cabe la duda. Si logramos hacer girar la mancha convirtiéndola en un punto móvil el contacto estará hecho. Repetimos: desesperación, asunción del fracaso y fe. Este último elemento es nuevo y definitivo.

Llaman a la puerta. No importa. No perdamos las esperanzas. Es cierto que se borró el primer grumo, se apagó la luz de arriba. Pero se debe contestar, desesperadamente, conservando la posición correcta (bocarriba, etc.) y llenos de fe: ¿Quién es?

Con seguridad el intruso se habrá marchado sin esperar nuestra voz. Así es siempre. No nos queda sino volver a empezar en el orden señalado.

BODAS

Perdidos en la niebla
el colibrí y su amante.
Dos piedras lanzadas por el deseo
se encuentran en el aire.

La retama está viva,
arde en la niebla,
habitada.

ALBA

Al despertar
me sorprendió la imagen que perdí ayer.
El mismo árbol en la mañana
y en la acequia
el pájaro que bebe
todo el oro del día.

Estamos vivos,
quién lo duda,

el laurel, el ave, el agua
y yo,
que miro y tengo sed.

A ROSE IS A ROSE

inmóvil devora luz
se abre obscenamente roja
es la detestable perfección
de lo efímero
infesta la poesía
con su arcaico perfume

A LA REALIDAD

y te rendimos diosa
el gran homenaje
el mayor asombro
el bostezo

CANTO VILLANO

y de pronto la vida
en mi plato de pobre
un magro trozo de celeste cerdo
aquí en mi plato

observarme
observarte
o matar una mosca sin malicia
aniquilar la luz
o hacerla

hacerla
como quien abre los ojos y elige

un cielo rebosante
en el plato vacío

rubens cebollas lágrimas
más rubens más cebollas
más lágrimas

tantas historias
negros indigeribles milagros
y la estrella de oriente
emparedada
y el hueso del amor
tan roído y tan duro
brillando en otro plato

esta hambre propia
existe
es la gana del alma
que es el cuerpo

es la rosa de grasa
que envejece
en su cielo de carne

mea culpa ojo turbio
mea culpa negro bocado
mea culpa divina náusea

no hay otro aquí
en este plato vacío
sino yo
devorando mis ojos
y los tuyos

IDA VITALE

Uruguay, 1926. Obras: *La luz de esta memoria*, 1949. *Palabra dada*, 1954. *Cada uno en su noche*, 1960. *Oidor andante*, 1972. *Jardín de sílice*, 1980.

CAPÍTULO

DONDE POR FIN SE REVELA
QUIÉN FUI, QUIÉN SOY,
MI FINAL PARADERO,
QUIÉN ERES TÚ, QUIÉN FUISTE,
TU PARADERO PRÓXIMO,
EL RUMBO QUE LLEVAMOS,
EL VIENTO QUE SUFRIMOS,
Y DONDE SE DECLARA
EL LUGAR DEL TESORO,
LA FÓRMULA IRISADA
QUE CLARAMENTE
NOS EXPLICA EL MUNDO.

Pero luego el capítulo
no llegó a ser escrito.

EL GESTO

Los párpados caen,
la cabeza derrocada
cae hacia atrás.
El peso de la corona del amor
es arduo.
Es rey y muere.

REUNIÓN

Érase un bosque de palabras,
una emboscada lluvia de palabras,
una vociferante o tácita
convención de palabras,
un musgo delicioso susurrante,
un estrépito tenue,
un oral arcoíris de posibles
oh, leves leves disidencias leves,
érase el pro y el contra,
el sí y el no,
multiplicados árboles
con voz en cada una de las hojas.

Ya nunca más, diríase,
el silencio.

PASAJE DE LA ESTRELLA

Si ese pasado
volando desde distintos puntos de partida
llegase a serenísimo vals
                              si pudieran
acordarse la fascinación del fragmento
el golpe de la montaña mágica
las fulminantes azoteas
en el triunfo de las tribulaciones
la gota de laúd
                      y luego
noches descubrimientos fines
todo el torrente de las desposadas metamorfosis
cuando juntos recogiéramos el azoro
que numera los años
uncidas las felices ocasiones
acaso el miedo
                      el duelo
hasta un eterno crepúsculo
flores finales.

EN QUEVEDO

Un día
     se sube del polo al ecuador
                   se baja
     de los plumones de paraíso
     a la artesa de sangre donde cae
     la cuenta más certera

por quedarse excavando en Quevedo
      querube de odios nítidos
      luciferinos bríos
cómodo en las cuatro postrimerías del hombre
muerte   juicio   infierno   gloria.

RESPUESTA DEL DERVICHE

    Quizás
    la sabiduría consista
    en alejarse si algo vibra
    a nuestro movimiento
    (porque la horrible araña
    cae sobre la víctima)
    para ver,
          refleja como una estrella,
    la realidad distante.

    De ese modo
    la situación florece a nuestros ojos
    —o pierde
          uno a uno
              sus pétalos—
    como una especie vista
    por primera vez.
    Y juzgaremos triste,
            vano zurcido
    que nada repara,
    el dibujo trivial de nuestro gesto,
    improbable amuleto
    contra la emigración de las certezas.

CARLOS GERMÁN BELLI

Perú, 1927. Obras: *Poemas*, 1958. *Dentro & Fuera*, 1960. *Por el monte abajo*, 1960. *El pie sobre el cuello*, 1967. *Sextinas y otros poemas*, 1970. *¡Oh hada cibernética!*, 1971. *En alabanza del bolo alimenticio*, 1979. *Asir la forma que se va*, 1979. *Canciones y otros poemas*, 1982.

AMANUENSE

Ya descuajaringándome, ya hipando
hasta las cachas de cansado ya,
inmensos montes todo el día alzando
de acá para acullá de bofes voy,
fuera cien mil palmos con mi lengua,
cayéndome a pedazos tal mis padres,
aunque en verdad yo por mi seso raso,
y aun por lonjas y levas y mandones,
que a la zaga me van dejando estable,
ya a más hasta el gollete no poder,
al pie de mis hijuelas avergonzado,
cual un pobre amanuense del Perú.

EL ATARANTADO

Atarantado, atortolado siempre,
en un tal tamañito apachurrado,
    a ras de las alturas
    yazgo de mi talón.

Me chupo, me atarugo mal mi grado
y en vez de las luciérnagas cerúleas,
    grillos vuelan, revuelan
    en la olla de mi cráneo,

mientras que a este umbroso paladar,
sin gota de saliva entrecogido,

lo azoran y lo riñen
las sosas y magnesias.

En tal manera me aborrico apriesa,
como cualquier acémila de carga,
        y grave es la ocasión
        porque prole yo tengo.

Tarumba vuelto, en fin, y ya sin fuegos
por yerros de la cuna hasta la tumba,
        y en tanto despabílome
        no más con estos versos.

NI DE CIEN MIL HUMANOS

Ni de cien mil humanos yo quisiera
el recuerdo cordial cuán codiciado,
ni aun de la fiera, risco o planta,
mañana cuando ausente para siempre
del esquivo planeta al fin me vea,
sino tan sólo el breve pensamiento
de una hermosa señora me bastara,
que en tal instante crea extrañamente
que si náufragos fuéramos yo y ella
en una isla remota y solitaria,
juntamente con su primer amado,
a él sus desdenes brindaría fieros,
aunque en las mientes todo sólo fuere
de la desconocida dama ajena,
y yo polvo en el suelo e invisible
debajo de las letras de estos versos.

POEMA

Nuestro amor no está en nuestros respectivos
y castos genitales, nuestro amor
tampoco en nuestra boca, ni en las manos:
todo nuestro amor guárdase con pálpito

bajo la sangre pura de los ojos.
Mi amor, tu amor esperan que la muerte
se robe los huesos, el diente y la uña,
esperan que en el valle solamente
tus ojos y mis ojos queden juntos,
mirándose ya fuera de sus órbitas,
más bien como dos astros, como uno.

SEXTINA DE LOS DESIGUALES

Un asno soy ahora, y miro a yegua,
bocado del caballo y no del asno,
y después rozo un pétalo de rosa,
con estas ramas cuando mudo en olmo,
en tanto que mi lumbre de gran día
el pubis ilumina de la noche.

Desde siempre amé a la secreta noche,
exactamente igual como a la yegua,
una esquiva por ser yo siempre día,
y la otra por mirarme no más asno,
que ni cuando me cambio en ufano olmo,
conquistar puedo a la exquisita rosa.

Cuánto he soñado por ceñir a rosa,
o adentrarme en el alma de la noche,
mas solitario como día u olmo
he quedado y aun ante rauda yegua,
inalcanzable en mis momentos de asno,
tan desvalido como el propio día.

Si noche huye mi ardiente luz de día,
y por pobre olmo olvídame la rosa,
¿cómo me las veré luciendo en asno?
Que sea como fuere, ajena noche,
no huyáis del día; ni del asno, ¡oh yegua!;
ni vos, flor, del eterno inmóvil olmo.

Mas sé bien que la rosa nunca a olmo
pertenecerá ni la noche al día,
ni un híbrido de mí querrá la yegua;

y sólo alcanzo espinas de la rosa,
en tanto que la impenetrable noche
me esquiva por ser día y olmo y asno.

Aunque mil atributos tengo de asno,
en mi destino pienso siendo olmo,
ante la orilla misma de la noche;
pues si fugaz mi paso cuando día,
o inmóvil punto al lado de la rosa,
que vivo y muero por la fina yegua.

¡Ay! ni olmo a la medida de la rosa,
y aún menos asno de la esquiva yegua,
mas yo día ando siempre tras la noche.

CANCIÓN EN ALABANZA DEL BOLO ALIMENTICIO Y EN REPRIMENDA DEL ALMA

¡Oh inmortal alma mía delicada!,
que desligarte quieres prontamente
y retornar arriba como un rayo
entre las nubes que ya tú conoces,
y al cabo esta morada abandonando
como si cárcel tenebrosa fuera;
pero antes de partir
recorre con la vista los confines
del cuerpo que despedazado cae
bajo el odio de la enemiga edad,
y piensa no más por alguna vez,
como cosa de ti consubstancial,
en esa esfera del oculto cielo,
que es la secreta fuente
de todas las delicias terrenales,
aunque tan sólo creas
tu mayor deshonor en este suelo,
porque en heces corrompe sus despojos.

Sábelo tú, alma mía, que acá reina
la bola de alimentos soberana
entre pecho y espalda día y noche,
halando del sabor el propio peso

hasta la tumba con denuedo máximo,
y no las invenciones del deleite;
que acaso no te pasma
observar cómo nace, vive y muere,
en la región del vientre luminosa,
la sacrosanta acumulación diaria
de pan, cebolla y carne entreverados,
y ante todo de asaz rico pernil,
por rueda de fortuna discurriendo
de la cuna a la tumba,
que ni una pizca vale para ti ello
por ser perecedero,
menos diáfano, cuanto más carnal,
y de ti diferente por los siglos.

Y el claustro corporal ya se dilata
no por el bulto que ajeno allí yace,
sino a causa del bolo alimenticio
dividido en iguales hemisferios,
que va maquinalmente circulando
tras la hora de la satisfacción
del dilatado ayuno,
desde el primer bocado inesperado
entre tinieblas de septiembre al fin
cuando a vivir empieza por ensalmo
detrás de la corteza marchitable
bajo el cielo de día y noche claro,
y entre los cuatro puntos cardinales
ya por primera vez
la alegría voraz de estar comiendo
durante el fugaz viaje
y hasta en el más allá perennemente,
y henchido sólo deste pan llevar.

Si émulo de las acumulaciones
del porcino viviente solitario,
y a la par en la suave redondez
donde las presas se entreveran todas
para luego ser argamasa y cal
en el alcázar de los vertebrados;
pero aquel puerco espín
nunca primicias, mas basura come,
ajeno a la ley del olfato y gusto,
que tú, alma mía, deleitosa impones
entre buenos modales en la mesa,

cuando con amor un potaje eliges,
como si carne de tu dama fuera,
pues las presas no sólo
cimientos son de lo visible acá,
sino igual sostienen,
más allá del espacio que te alberga,
la transparente tela que tú eres.

No esquiva seas fieramente ahora
de aquel vecino tuyo infortunado,
que en vil escoria siempre se deshace
desde la cuna oculto sin remedio
entre los cien mil átomos efímeros,
tan lejanos antípodas del ser;
y nunca más remisa
en ofrendarte tu predilección,
que los pequeños trozos deleznables
no tal cosa son, mas soberanos sí
en el primordial acto doblemente
de la causa voraz de cada cuerpo
y el ansia de vivir de cada alma,
que todo ello a la vez
por la pura necesidad ocurre
abajo en este suelo,
hasta que te desligues de repente
y volando retornes hacia arriba.

Este de vitaminas disco solar
despide rayos del sustento único,
al salir en el centro del estómago,
alegrando por dentro el mortal cuerpo,
como cuando los campos se iluminan
al albor de la aurora tras la noche;
por qué, pues, alma mía,
menosprecias por cuanto inconsistente,
a la fúlgida esfera comestible,
que desde el firmamento estomacal
resplandece hasta tu intangible bóveda,
y no percibes que más tú disfrutas
cuando el alimenticio bolo aumenta
el agua y aire y fuego
de la naturaleza de tus reinos,
y las grandes delicias
gozas entonces como eterna vida,
en virtud de tan sólo lo comido.

FRANCISCO MADARIAGA

Argentina, 1927. Obras: *El pequeño patíbulo*, 1954. *Las jaulas del sol*, 1960. *El delito natal*, 1963. *Los terrores de la suerte*, 1967. *El asaltante veraniego*, 1968. *Tembladerales de oro*, 1973. *Aguatrino*, 1976. *Llegada de un jaguar a la tranquera*, 1980.

NUEVA ARTE POÉTICA

No soy el espectral, ni el sangriento, ni el cautivo, ni el libre, ni
    el trompudo de labios de lata, ni el acordeón del mal-ayer, ni la
    blancura del futuro, ni el bobalicón del espacio, ni la academia
    de los astros, ni el planetario de las correspondencias.

Yo soy aquel que tiene los deseos del celo de la tierra.
Aquel que tiene los cabellos del lado del amor.
El peinador de los pocos retratos de desgracia.
El cacique de la boca arrojada sobre el lecho de la mujer que sangra.

¡Manantial para mis heridas!, que no son más que cosas de hadas.
¡Buen beber para mis ojos!, que no son más que sombras de
    desgracias, devueltas por el agua.

¡Loor terrestre a mis amigos y hermanas con temblores de bocas de
    duraznos, besadas por el agua!

CARTA DE ENERO

1

Tengo ganas de leer algo hoy.
Me sangra la poesía por la boca.

Yo era un estudiante y me adoraba la naturaleza,
pero estaba olvidado,
me hería la plenitud del universo,

354

y ahora te sacudo a ti, montes de cabellos rojos, tierras paradas en
     aguardiente correntino,
grandes balsas de agua alojadas en la boca.

El pavor es celeste, el líquido terreno es fuego,
los pavos reales han sido capados por el sol,
y yo ando por la siesta:
provocador de las grandes fuentes sombrías,
alojado en la voluntad animal.

2

¿Dónde pedir auxilio sino en la Tierra?
El mar es un cantor inseparable.

Pero tú tienes también llamaradas acuáticas, Tierra.
¡Acuarelas para quién sabe qué candor!

Yo soy un niño y nadie me podrá recibir,
pero tengo coraje
y ese nativo puro que arroja los paisajes por la nariz.
Tengo un collar para todo lo que arde.

3

¿El alba guaraní gime en mi memoria?
¡Oh francés degollado por las aguas!,
en las ex bocas de las putas celestes del paisaje desprendido.
Sin duda nadie cuida de mi memoria,
ni le selecciona parajes ardientes.
Nadie utiliza mi falta de elegancia
cuando expiro con la leche de las frondas sedientas.

Yo no quiero cantar países natales,
sino medallas de carne de sol,
telas de la naturaleza,
conciertos de las tumbas salvajes
hijas de la ternura natural.

4

No digas al país de los bárbaros que estoy solo.
Un hombre natal mira mi precipicio con su justicia de tabaco y de
     hambre.

Es el mediodía junto al río inclemente,
el río sin pecado,
el río rojo del pecho pronunciado hacia mi boca.

Escuchemos la memoria del celo absoluto.
Es la hora del bárbaro.
Escuchemos, mira: ¡el tric de mi sangre saliva!
¿Oyes el quejido inmoral del vello de mi pecho?
Yo estoy ebrio, cantan los loros del pantano;
necesito perfumar mi sudor con el fuego.

¿Qué hay entre el ombligo de este hombre y el Príncipe Natural de
    la Delicadeza?

TURISTA DÉBIL

Última pasajera atravesando el puente moderno de la tierra a la
    sombra,
con sombrilla de té de atardecer.

LOS JEFES DE LA CASA

Las hijas de la represión viajaban escondidas en los baúles del
    ocaso.
¿Esos lutos roídos correspondían a la realeza de esta tierra?
Qué señor asesino y podrido culminaba en el encanto de sus ojos.

CANCIONES PARA D. H. LAWRENCE

1

¿Te acuerdas, Lawrence,
cuando volvíamos del tropear
salvaje en el alba
paulatina?

Mi caballo era de oro sanguíneo,
el tuyo, rojo y negro,
parecía tapado por tu poncho de
    México.
Y éramos amigos,
y éramos ligeros
costeadores de celestes lagunas
    amarillas,
Lawrence, ¡dos bandoleros!
Antes de dormir, nadábamos.

2

Lawrence, por ti bebo
este vino de abril
en cuerno de tropero:
Mi padre con los gauchos
bebía en él la caña del
    Paraguay
rociada por el fuego
y yo dormía envuelto
con el poncho del gaucho
    Teolindo-lucero.

3

Lawrence, mi caballo no ha
    muerto.
Sale a verte del fondo de un
    pantano,
con restos de canoas
dispersos por el pecho;
hoy que en su gala arde aún el
    fuego de fogatas
de los cazadores del fondo del
    invierno.

A Teresa Parodi

EL AMOR ES CONTINUO

Lo tierno es pesado y te hace llegar hasta el aullido
    hasta la piedra loca de la hermandad del amor
que adorabas en la tierra de tu infancia.

Atareando mujeres, trabajando hasta muy tarde en los lechos de
    la construcción y del encanto.

El amor es continuo y el viento lo despierta y lo adora
    con sus hombres hasta la tierra de
    la salvación
    y el infinito.

TOMÁS SEGOVIA

España, 1927. Llega a México, donde vive, en 1940. Obras: *Luz provisional*, 1950. *Apariciones*, 1957. *Siete poemas*, 1958. *Luz de aquí*, 1959. *El sol y su eco*, 1960. *Anagnórisis*, 1967. *Historias y poemas*, 1968. *Terceto* 1972. *Figura y secuencias*, 1979. Su poesía completa, hasta 1976, fue publicada en 1982. *Partición (1976-1982)*, 1983.

CANCIONES SIN SU MÚSICA

1

El día que tú vengas
sé que vendrás tan libre que ni el lazo
    que con tu propia libertad te ata
ni la necesidad de comprenderte
ni el horror de mentir y ni yo mismo
ni nada trabará a tu amor las alas

vendrás entera y simple
sin nada que decir ni que callar
libre como un mendigo.

11

Quisiera haber nacido de tu vientre
haber vivido alguna vez dentro de ti
desde que te conozco soy más huérfano

oh gruta tierna
rojo edén caluroso
qué alegría haber sido esa ceguera

quisiera que tu carne se acordase
    de haberme aprisionado
que cuando me miraras

algo se te encogiese en las entrañas
que sintieras orgullo al recordar
la generosidad sin par con que tu carne
    desanudaste para hacerme libre

por ti he empezado a descifrar
    los signos de la vida
de ti quisiera haberla recibido.

9

Te quiero tanto que me avergonzaría
de que así pueda quererse
si cupiese en el amor vergüenza
no quiero nada ya de lo que quise
ni niego nada de lo que negaba
ni tengo límite en la sumisión
te quiero sin memoria
sin ley sin condiciones sin pudor
tal como una mujer y me avergonzaría
si tú no fueses luz si amor no fuese amor
si me quisieras vil y amor no fuese amor
te quiero tanto que me avergonzaría
si aún tengo algo de hombre es sólo
porque no me has pedido que lo olvide
clemente Onfalia.

LA PRIMAVERA SIN EMBARGO

Es que una verde ciega obstinación
Dulce y obtuso embate
Prolifera voraz inocente pulula
Cubre los sordos apagados muros
Digiere tercamente la tiniebla
Se extiende sobre el manto de las sombras
Trepa la noche rígida
Se enrosca sobre el vértigo

Chupa los ácidos parasita escombros
Es que el amor
Es que la primavera
La esperanza con su hongo incontenible
Coloniza el espanto
Es que abriendo su gran corola undosa
El pecho nos oprime una memoria ajena
Con que la tierra impera y nos habita
Eternamente recordando nada
Eternamente fresca.

LLAMADA

Te llamo sí te llamo no puedo más te llamo
te grito ven acude no me abandones búscame
déjame verte adivinarte
distenderme un instante bajo el sol de tus ojos
como si en el radiante mediodía me tumbara en la hierba
déjame ver una vez más tu irónica ternura
tus infantiles gestos asustados
tu mirada solitaria que acaricia el rostro de las cosas
tu mirada de niña de ojos lentos
tus labios que entre los míos se funden
como un delicado manjar suntuoso y discreto
tus labios comestibles fáciles tus labios de trufa celeste
tus labios húmedos penetrables como un sexo más luminoso
cómo puedo sufrir que te alejes que te lleves este enigma
que huyas como un ladrón armada de razones
y ocultando en tu seno mis preguntas robadas
que te escondas en los huecos en los turbios rincones del tiempo
que te envuelvas en la distancia como en un disfraz inmenso
te llevas algo mío que nunca ha sido mío
me dejas amputado desarmado hemipléjico
vuelve no puedo renunciar a ser aquel otro
deja que todo nazca dame eso que trajiste mío
desanuda tus entrañas como si fueras a parir nuestro amor
y vuelve tráemelo muéstramelo
déjame entrar en ti como entrar en la noche
compartir tu tesoro taciturno
la suntuosa penumbra de tu alma tibia y quieta

ven no juegues más al juego idiota de la tortura
no me niegues cómplice altiva no blasfemes de mí
adónde vas vestida de miradas mías
adónde irás que no seas la nombrada por mí
regresa no te lleves mi semilla
mis dones los hundí en tu carne
no te podrás librar de esta corona vuelve.

DIME MUJER

Dime mujer dónde escondes tu misterio
mujer agua pesada volumen transparente
más secreta cuanto más te desnudas
cuál es la fuerza de tu esplendor inerme
tu deslumbrante armadura de belleza
dime no puedo ya con tantas armas
mujer sentada acostada abandonada
enséñame el reposo el sueño y el olvido
enséñame la lentitud del tiempo
mujer tú que convives con tu ominosa carne
como junto a un animal bueno y tranquilo
mujer desnuda frente al hombre armado
quita de mi cabeza este casco de ira
cálmame cúrame tiéndeme sobre la fresca tierra
quítame este ropaje de fiebre que me asfixia
húndeme debilítame envenena mi perezosa sangre
mujer roca de la tribu desbandada
descíñeme estas mallas y cinturones de rigidez y miedo
con que me aterro y te aterro y nos separa
mujer oscura y húmeda pantano edénico
quiero tu ancha olorosa robusta sabiduría
quiero volver a la tierra y sus zumos nutricios
el gemido limpísimo de la ternura
la pensativa mirada de la prostitución
la clara verdad cruda
del amor que sorbe y devora y se alimenta
el invisible zarpazo de la adivinación
la aceptación la comprensión la sabiduría sin caminos
la esponjosa maternidad terreno de raíces
mujer casa del doloroso vagabundo

dame a morder la fruta de la vida
la firme fruta de luz de tu cuerpo habitado
déjame recostar mi frente aciaga
en tu grave regazo de paraíso boscoso
desnúdame apacíguame cúrame de esta culpa ácida
de no ser siempre armado sino sólo yo mismo.

ALFREDO VEIRAVÉ

Argentina, 1928. Obras: *El alba, El río y tu presencia*, 1952. *Después del alba, el ángel*, 1955. *El ángel y las redes*, 1960. *Carta al poeta Alfredo Martínez Howard*, 1964. *Destrucciones y un jardín de la memoria*, 1965. *Puntos luminosos*, 1970. *El imperio milenario*, 1973. *Historia natural*, 1980.

SILLAS EN LA VEREDA

Rígidos vecinos provincianos sacan sus sillas
al agua crepuscular de la tarde. Al aire libre,
entre las hojas del laurel
escuchan las conversaciones domésticas
desde los bautismos a los rituales del destino.
Las hermosas pasajeras que pasan
caen como caparazones extranjeras al pie
de las sillas de mimbre, tenuemente reelaboradas
en los comentarios nocturnos.

Sin embargo, en esos escaparates del olvido
despiertos a la sombra de los paraísos de la vereda
algunos ídolos subsisten: nunca falta
en ese itinerario el rostro de alguna muchacha
arrasado de sortilegios, de ángeles cursis. El verano
como un escorpión de oro. Estas criaturas subsisten
a los términos jubilatorios, a los crueles ancianos déspotas.

La inocencia así tan tristemente recuperada
destroza entre los dedos rígidos
el oleaje tierno de una caléndula
que queda debajo de las sillas del pueblo como un río
en el atardecer.

MADAME BOVARY

Emma te equivocaste
        cuando saliste de tu casa en un carruaje con grandes
        ruedas que corrían hacia atrás como en las películas del
        Oeste
porque tu soledad era algo que debía ser solamente tuyo
y porque era fatal que
        nadie te comprendiera en ese pueblo de provincias
ni siquiera tu marido
        el pobre hombre gris herido de tu amor
Bueno no me hables ahora de tus taquicardias
        o de los vestidos con enaguas y encajes
déjame explicarte
        que me conduelo solamente
porque te perseguían furiosamente
        los vecinos ineptos en el juego
de tu corazón virgen
        y tu siglo era un cambio
                lentamente mirado a través de las celosías
de la villa
        más bien ponte el anillo o los collares de los *hippies*
y piensa en Carnaby Street en cómo lograr la infidelidad
                sin que tengas que recurrir a tu conciencia
                        de pobre muchacha provinciana
Yo pienso que buscabas saber solamente
        cómo te desnudarían los otros
                y estos otros cretinos te traicionaron
                                                Emma
Dame la mano no llores más
        quédate en silencio
y escuchemos juntos estos discos de los Beatles

EXTRAVERSIÓN DE LA LUCIÉRNAGA SEGÚN UN
CRONISTA DEL SIGLO XVI Y C. G. JUNG

Del género de los Escarabajos es muy singular:
        de gran utilidad para los viajeros del monte impenetrable
        tiene cuerpo de avispa

(no muy alta descalza cuando inicia esos *strip-tease*
cotidianos), una antena de siete líneas de largo
que usa como timón para gobernar su cuerpo y depósitos
en los ojos brillantes líquidos con los cuales se
puede leer de noche.
Con frecuencia carece de ideas, de pasiones,
de reposo y su desarrollo afectivo llega pronto a la madurez
mientras se pasea en bicicleta por el campus de la universidad.

Aun cortadas las partes luminosas conserva por años enteros
la luz y sirven al mismo efecto.
Carece de pasiones hondas. Para ella el amor es preferencia, el
        odio desvío y los celos orgullo herido.
Su entusiasmo no se sostiene. Se inscribe en las carreras y
a mitad de camino se detiene. No cree: supone.
No es incrédula: no sabe. Se resiste a llevar a la práctica
conclusiones racionales.

La propia casa es su invierno, la sociedad su verano.

Hoy la vi pasar como siempre fugaz y luminosa
y me dio un sonoro beso en la mejilla debajo de un sicomoro.

LAS MENINAS DE VELÁZQUEZ

Mientras pintaba a los reyes de la corte no oía las risas
        furtivas de los enanos ni tampoco el ruido de las faldas de
        terciopelo de las infantas
su mirada se perdía en los dos modelos que reflejaría el espejo
        de la muerte y de pronto
Velázquez detuvo su pincel
y se quedó mirando el porvenir:
delante de él estábamos en 1979 en el Museo del Prado tú y yo:
dos reyes con la corona del amor de una pareja de sueños
dos sombras con las cabezas unidas en el tiempo
dos imágenes reflejadas en un espejo en el Chaco
dos turistas vanos que pasaron a otra sala

POETIZAR, LA MÁS INOCENTE DE TODAS LAS OCUPACIONES: HOELDERLIN

El día en que me levanté temprano
acuciado por un poema que me
daba vueltas en la cabeza desde las seis de la mañana
de un domingo en marzo
y me encerré en el estudio para escribirlo
y dar así al mundo ese temblor, ese desamparo, esa
    confesión púdica,
ese grito en soledad, esa estructura fatal, esa pena
    rimada, esa angustia dominical, etc., etc.
    me ocurrió que la pluma *parker* había sido
    prácticamente destrozada por la mucama al firmar la boleta
    del gas, que los lápices de color que traje de Nueva York
    los había llevado el perro para jugar
y no había a mi alrededor ni plumas ni tinteros ni leños
    en la chimenea
ni memoria borgeana me dije desolado,
                                y así de pena en pena,
como novio que ha sido abofeteado por la vecina de enfrente
como una carroza fúnebre sin cadáver trajeado
como un general húngaro sin caballería
como un partido de fútbol suspendido por la lluvia
como el censor público sin libros pornográficos
como un avión *jet* sin turbinas o sin pasajeros
como un divorcio sin reconciliación
como una ametralladora sin terrorista
como una rana sin charco
como un ruido sin oreja
como un beso de amor sin la otra boca
como un señor muy formal sin las polainas
como un día patético sin patetismo
como una guerra atómica sin misiles
como un idioma sin sustantivos
como un parricida sin Picasso
como un solista sin soledad
como un mamboretá sin patas
así, de pena en pena,
aquel día domingo me levanté temprano a escribir "el" poema
y tuve este pequeño inconveniente en la era industrial:
no tenía plumas,

ni lapiceros, ni memoria, ni grabador
ni nada silencioso para escribirlo,
nada que poetizar por lo tanto
     (la máquina de escribir imposible
     porque hace mucho ruido cuando todos duermen)
     Solamente
esta frase de Cocteau que dicto de memoria:
¿Sabéis lo que pienso de lo serio?
Es el comienzo de la muerte...

ENRIQUE LIHN

Chile, 1929. Obras: *Nada se escurre*, 1949. *Poemas de este tiempo y de otro*, 1963. *La pieza oscura*, 1963. *Poesía de paso*, 1966. *Escrito en Cuba*, 1968. *La musiquilla de las pobres esferas*, 1969. *Algunos poemas*, (antología que incluye nuevos poemas), 1972. *Por fuerza mayor*, 1974. *París, situación irregular*, 1977. *A partir de Manhattan*, 1979. *Antología al azar*, 1981. *Estación de los desamparados*, 1982. *Al bello aparecer de este lucero*, 1983.

UNA NOTA ESTRIDENTE

La primavera se esfuerza por reiterar sus encantos como si
    nada hubiera sucedido
desde la última vez que los inventariaste
en el lenguaje de la juventud, retoñado de arcaísmos, cuando
    la poesía
era aún, en la vieja casa del idioma, una maestra de escuela.
Y no hay cómo expulsar a los gorriones
de las ruinas del templo en que el sueño enjaulado,
león de circo pobre que atormentan las moscas,
se da vueltas y vueltas rumiándose a sí mismo:
extranjero en los suburbios de Nápoles, arrojado allí por una
    ola de equívocos.
A esos cantos miserables debieras adaptar
estas palabras en que oscila tu historia
entre el silencio justo o el abundar en ellas
al modo de los pájaros: una nota estridente,
una sola: estoy vivo.

POR QUÉ ESCRIBÍ

Ahora que quizás, en un año de calma,
piense: la poesía me sirvió para esto:
no pude ser feliz, ello me fue negado,
pero escribí.

Escribí: fui la víctima
de la mendicidad y el orgullo mezclados
y ajusticié también a unos pocos lectores;
tendí la mano en puertas que nunca, nunca
                    he visto;
una muchacha cayó, en otro mundo, a mis pies.

Pero escribí: tuve esta rara certeza,
la ilusión de tener el mundo entre las manos
—¡qué ilusión más perfecta! como un cristo barroco
con toda su crueldad innecesaria—.
Escribí, mi escritura fue como la maleza
de flores ácimas pero flores en fin,
el pan de cada día de las tierras eriazas:
una caparazón de espinas y raíces.

De la vida tomé todas estas palabras
como un niño oropel, guijarros junto al río:
las cosas de una magia, perfectamente inútiles
pero que siempre vuelven a renovar su encanto.

La especie de locura con que vuela un anciano
detrás de las palomas imitándolas
me fue dada en lugar de servir para algo.
Me condené escribiendo a que todos dudaran
de mi existencia real
(días de mi escritura, solar del extranjero).
Todos los que sirvieron y los que fueron servidos
digo que pasarán porque escribí
y hacerlo significa trabajar con la muerte
codo a codo, robarle unos cuantos secretos.
En su origen el río es una veta de agua
—allí, por un momento, siquiera, en esa altura—
luego, al final, un mar que nadie ve
de los que están braceándose la vida.
Porque escribí fui un odio vergonzante,
pero el mar forma parte de mi escritura misma:
línea de la rompiente en que un verso se espuma,
yo puedo reiterar la poesía.

Estuve enfermo, sin lugar a dudas
y no sólo de insomnio,

también de ideas fijas que me hicieron leer
con obscena atención a unos cuantos psicólogos,
pero escribí y el crimen fue menor,
lo pagué verso a verso hasta escribirlo,
porque de la palabra que se ajusta al abismo
surge un poco de oscura inteligencia
y a esa luz muchos monstruos no son ajusticiados.

Porque escribí no estuve en casa del verdugo
ni me dejé llevar por el amor a Dios
ni acepté que los hombres fueran dioses
ni me hice desear como escribiente
ni la pobreza me pareció atroz
ni el poder una cosa deseable
ni me lavé ni me ensucié las manos
ni fueron vírgenes mis mejores amigas
ni tuve como amigo a un fariseo
ni a pesar de la cólera
quise desbaratar a mi enemigo.

Pero escribí y me muero por mi cuenta,
porque escribí porque escribí estoy vivo

BELLA ÉPOCA

Y los que fuimos tristes, sin saberlo, una vez, antes de toda
     historia: un pueblo dividido
—remotamente próximos— entre infancias distintas.
Los que pagamos con la perplejidad nuestra forzada permanencia
en el jardín cuando cerraban por una hora la casa, y recibimos
los restos atormentados del amor bajo la especie de una "santa
     paciencia"
o la ternura mezclada
al ramo de eucaliptus contra los sueños malsanos.
"Tú eres el único apoyo de tu pobre madre; ya ves cómo ella se
     sacrifica por todos."
"Ahora vuelve a soñar con los ángeles." Quienes pasamos el
     superfluo verano
de los parientes pobres, en la docilidad, bajo la perversa mirada
     protectora

del gran tío y señor; los que asomamos la cara para verlo
dar la orden de hachar a las bestias enfermas, y el cabeceo luego
de su sueño asesino perfumado de duraznos.
 Frágiles, solitarios, distraídos; "No se me ocurre qué, doctor",
 pero obstinados
en esconder las manos en el miedo nocturno, y en asociarnos al
 miedo
por la orina y a la culpa por el castigo paterno.
 Los que vivimos en la ignorancia de las personas mayores
 sumada a nuestra propia ignorancia,
en tu temor a la noche y al sexo alimentado de una vieja amargura
—restos de la comida que se arroja a los gorriones—. "Tú
 recuerdas únicamente lo malo, no me extraña:
es un viejo problema de la familia." Pero no, los que fuimos
minuciosamente amados en la única y posible extensión de la
 palabra
que nadie había dicho en cincuenta años a la redonda, pequeñas
 caras impresas, sellos de la alianza.
Sí, verdaderamente hijos de la buena voluntad, del más cálido y
 riguroso estoicismo. Pero ¿no es esto una prueba de amor,
 el reconocimiento
del dolor silencioso que nos envuelve a todos?
 Se transmite, junto a la mecedora y el reloj de pared, esta
 inclinación a la mutua ignorancia,
el hábito del claustro en que cada cual prueba, solitariamente, una
 misma amargura. Los que nos prometíamos
revelarnos el secreto de la generación en el día del cumpleaños:
 versión limitada a la duda sobre el vuelo de la cigüeña y el
 préstamo de oscuras palabras sorprendidas en la cocina, sólo
 a esto
como regalar un paquete de nísperos, o en casa del avaro
la alegría del tónico que daban de postre.
 "Han-fun-tan-pater-han"
 Sí, el mismo pequeño ejemplar rizado según una antigua
 costumbre, cabalgando, con gentil seriedad, las interminables
 rodillas del abuelo paterno.
(Y es el momento de recordarlo. Abuelo, abuelo que según una
 antigua costumbre infundiste el respeto temeroso entre tus
 hijos
por tu sola presencia orgullosa: las botas altas y el chasquido del
 látigo para el paseo matinal bajo los álamos.
Niño de unas tierras nevadas que volvieron por ti en el secreto de
 la vejez solitaria

cuando las mayores eran ahora los otros y tú el hombre que de
   pronto lloró
pues nadie lo escuchaba volver a sus historias.)
            "Han-fun-tan-pater-han"
   El mismo jinete de las viejas rodillas. "No hace más de dos
   años; entonces se pensaba
que era un niño demasiado sensible."
Los primeros en sorprendernos de nuestros propios arrebatos
   arrebatos de cólera o crueldad
esa vez, cuando el cuchillo de cocina pasó sesgando una mano
   sagrada
o la otra en que descuidamos las brasas en el suelo, en el
   lugar de los juegos descalzos;
flagrantes victimarios de mariposas embotelladas:
muerte por agua yodurada, aplastamiento de las larvas sobre la
   hierba y caza
de la lagartija en complicidad con el autor de la muerte
por inflación en el balde. Muerte por emparejamiento
de las grandes arañas en el claustro de vidrio, y repentinamente
   la violencia
con los juguetes esperados durante el año entero. "Se necesita
   una paciencia de santa."
   Los que habíamos aprendido a entrar en puntillas al salón
   de la abuela materna; a no movernos demasiado, a guardar
   un silencio reverente: supuesta inclinación
a los recuerdos de la Bella Época ofrecidos al cielo sin una mota
   de polvo junto al examen de conciencia y al trabajo infatigable
   en el hormiguero vacío
y limpio, limpio, limpio como el interior de un espejo que se
   trapeara por dentro: cada cosa numerada, distinta, solitaria.
Los últimos llamados en el orden del tiempo, pero los primeros en
   restablecer la eternidad, "Dios lo quiera",
en el desorden del mundo, nada menos que esto; mientras
   recortábamos y pegoteábamos papeles de colores:
estigmas de San Francisco y cabelleras de Santa Clara —gente
   descalza en paisajes nevados—,
y se nos colmaba, cada vez, de un regalo diferente: alegorías de un
   amor victoriano:
la máquina de escribir y la vitrola. Los que nos educamos en
   esta especie de amor a lo divino, en el peso de la
   predestinación y en el aseo de las uñas;
huéspedes respetuosos y respetados a los seis años; confidentes
   de una angustia sutil, discípulos suyos en teología.

Listos, desde el primer momento, para el cocimiento en el horno
    de la fe atizado por Dios y por el Diablo, bien mezclada la
    harina a una dosis quizá excesiva de levadura;
rápidamente inflados al calor del catecismo. Los que, en lugar de
    las poluciones nocturnas, conocimos el éxtasis, la ansiedad
    por asistir a la Misa del Gallo, el afán proselilista de los
    misioneros, el miedo
a perder en la eternidad a los seres queridos, el vértigo de la
    eternidad cogido al borde del alma: un resfrío abisal, crónico
    e inefable;
inocuos remordimientos de conciencia como los dolores de los
    dientes de leche; el incipiente placer de la autotortura
bajo un disfraz crecedor, con alas hasta el suelo.

En el futuro la brevedad de un Nietzsche de manteca, cocinado
    en sí mismo; el tránsito de Weininger perseguido por un
    fantasma sin alma. Ahora el lento girar en torno a la
    crucifixión,
oprimidos en el corazón. Adelgazados en la sangre. Caldeados
    en el aliento.

POETAS JÓVENES

A Edgar O'Hara, del Perú

Vuelven a brotar a la vida literaria
los jóvenes aquejados del corazón, poetas
de veinte años que cojean de ese pie y parecen
hambrientos: lobos
que no reconocen camada ni matan
a la oveja, suspirando en las hondonadas.
Es incoercible la obstinación
de esto que no es una necesidad
sino la forma misma del deseo: palabras
una y otra vez arrojadas desde esas honduras al viento
capaces, las menos, de germinar en el aire
porque no hay tierra para la poesía. Pero asombra,
conmueve el desuso de esa voracidad
un mero temblor en el lenguaje
que nadie puede ya confundir con el cielo
y más aún la inflorescencia inesperada

—una entre millares— de la semilla del aire
y no fuegos pirotécnicos; el poema
prematuramente ejemplar.

SI SE HA DE ESCRIBIR CORRECTAMENTE POESÍA

Si se ha de escribir correctamente poesía
no basta con sentirse desfallecer en el jardín
bajo el peso concertado del alma o lo que fuere
y del célebre crepúsculo o lo que fuere.
El corazón es pobre de vocabulario.
Su laberinto: un juego para atrasados mentales
en que da risa verlo moverse como un buey
un lector integral de novelas por entrega.
Desde el momento en que coge el violín
ni siquiera el *Vals triste* de Sibelius
permanece en la sala que se llena de tango.

Salvo honrosas excepciones las poetisas uruguayas
todavía confunden la poesía con el baile
en una mórbida quinta de recreo,
o la confunden con el sexo o la confunden con la muerte.

Si se ha de escribir correctamente poesía
en cualquier caso hay que tomarlo con calma.
Lo primero de todo: sentarse y madurar.
El odio prematuro a la literatura
puede ser de utilidad para no pasar en el ejército
por maricón, pero el mismo Rimbaud
que probó que la odiaba fue un ratón de biblioteca,
y esa náusea gloriosa le vino de roerla.

Se juega al ajedrez
con las palabras hasta para aullar.
Equilibrio inestable de la tinta y la sangre
que debes mantener de un verso a otro
so pena de romperte los papeles del alma.
Muerte, locura y sueño son otras tantas piezas
de marfil y de cuerno o lo que fuere;
lo importante es moverlas en el jardín a cuadros

de manera que el peón que baila con la reina
no le perdone el menor paso en falso.

Quienes insisten en llamar a las cosas por sus nombres
como si fueran claras y sencillas
las llenan simplemente de nuevos ornamentos.
No las expresan, giran en torno al diccionario,
inutilizan más y más el lenguaje,
las llaman por sus nombres y ellas responden por sus nombres
pero se nos desnudan en los parajes oscuros.
Discursos, oraciones, juegos de sobremesa,
todas estas cositas por las que vamos tirando.

Si se ha de escribir correctamente poesía
no estaría de más bajar un poco el tono
sin adoptar por ello un silencio monolítico
ni decidirse por la murmuración.
Es un pez o algo así lo que esperamos pescar,
algo de vida, rápido, que se confunde con la sombra
y no la sombra misma ni el Leviatán entero.
Es algo que merezca recordarse
por alguna razón parecida a la nada
pero que no es la nada ni el Leviatán entero.
ni exactamente un zapato ni una dentadura postiza.

EDUARDO LIZALDE

México, 1929. Obras: *Cada cosa es Babel*, 1966. *El tigre en la casa*, 1970. *La zorra enferma*, 1975. *Caza mayor*, 1979. *Memoria del tigre, 1962-1982*, 1983.

LOS PUROS

La más grande pureza es abyección.
No hay duda.
Pero, consuelo, oh puros:
Tampoco los abyectos y los viles
lo son del todo.
A veces huelen rosas
y acarician corderos con sinceridad
o besan niños
y dan su vida por la Revolución.

EL BAÑO

Vice beaucoup plus grave, elle porte perruque.
Tous ses beaux cheveux noirs ont fui sa blanche nuque;
ce que n'empêche pas le baisers amoureux
de pleuvoir sur son front plus pelé qu'un lépreux.

Elle n'a que vingt ans; la gorge déjà basse
pend de chaque coté comme une calebasse
et pourtant, me traînant chaque nuit sur son corps
Ainsi qu'un nouveau-né, je la tette et la mords.

BAUDELAIRE, *Versos de juventud.*

Ha roto el gran poeta con su amante,
la más bella de Roma,
blanco de la codicia y la lujuria
del César
y de sus concubinos.

377

Para vengarse de sí mismo, busca amena juerga:
recorre la ciudad,
levanta las baldosas,
horada las paredes
hasta encontrar
la prostituta más horrenda
y gorda y mofletuda
para vaciarse en ella, oh muerte,
çon sangre y semen irritados.
Y sólo así, bañándose hasta el cuello,
revolviendo la boca en esa tina de fealdad,
hozando,
logra lavarse de su bella
y arrancar de la piel
hasta el último rastro y la memoria
de la belleza que antes lo cubrió
como un esmalte fino,
algún perfume sabio y persistente.
Y además, le gusta.

LA BELLA IMPLORA AMOR

Tengo que agradecerte, Señor
—de tal manera todopoderoso,
que has logrado construir
el más horrendo de los mundos—,
tengo que agradecerte
que me hayas hecho a mí tan bella
en especial.
Que hayas construido para mí tales tersuras,
tal rostro rutilante
y tales ojos estelares.
Que hayas dado a mis piernas
semejantes grandiosas redondeces,
y este vuelo delgado a mis caderas,
y esta dulzura al talle,
y estos mármoles túrgidos al pecho.

Pero tengo que odiarte por esta perfección.
Tengo que odiarte
por esa pericia torpe de tu excelso cuidado:

me has construido a tu imagen inhumana,
perfecta y repelente para los imperfectos
y me has dado
la cruel inteligencia para percibirlo.
Pero Dios,
por encima de todo,
sangro de furia por los ojos
al odiarte
cuando veo de qué modo primitivo
te cebaste al construirme
en mis perfectas carnes inocentes,
pues no me diste sólo muñecas de cristal,
manos preciosas —rosa repetida—
o cuello de paloma sin paloma
y cabellera de aureolada girándula
y mente iluminada por la luz
de la locura favorable:
    hiciste de mi cuerpo un instrumento de tortura,
    lo convertirse en concentrado beso,
    en carnicera sustancia de codicia,
    en cepo delicioso,
    en lanzadera que no teje el regreso,
    en temerosa bestia perseguida,
    en llave sólo para cerrar por dentro.
¿Cómo decirte claro lo que has hecho, Dios,
con este cuerpo?
¿Cómo hacer que al decirlas,
al hablar de este cuerpo y de sus joyas
se amen a sí mismas las palabras
y que se vuelvan locas y que estallen
y se rompan de amor
por este cuerpo
que ni siquiera anuncian al sonar?
¿Por qué no haberme creado, limpiamente,
de vidrio o terracota?

Cuánto mejor yo fuera si tú mismo
no hubieras sido lúbrico al formarme
—eterno y sucio esposo—
y al fundir mi bronce en tus divinas palmas
no me hubieras deseado
en tan salvaje estilo.
Mejor hubiera sido,

de una buena vez,
haberme dejado en piedra,
en cosa.

XII

El gato grande, el colosal divino, el fulgurante,
el recamado de tersura celeste,
el de los jaspes netos coronado
en malvas, róseos resplandores,
el de lustrosos, vítreos, densos amarillos,
la luciérnaga enorme, ascua sangrienta
que envuelve una tan suave aureola de escarcha,
el glamoroso destructor grabado a fuego, musas,
apesta:
él mismo, como sabe Sankhala,
es otra selva de chupadoras bestias diminutas
y homicidas.
Si los demás irracionales
—búfalos suntuosos, anillados reptantes,
                                    ínfimos roedores—
supieran dibujar su muerte
ella tendría forma de tigre;
pero si el tigre dibujara, si soñara la suya,
tendría forma de piojo, Jenófanes amigo,
o bien de mosca, Torres, tocayo, azote del Parnaso.

La multitud de sabandijas
religiosamente numerosas y horrendas que lo cubren
son visibles en su temeraria cercanía
y a veinte metros, parca de carnaval, él hiede
a hierbas pútridas, a humedad venenosa y aromática,
como también dice Kailash.
Así, leal, preludia su presencia el mortífero.

4

Que tanto y tanto amor se pudra, oh dioses;
que se pierda
tanto increíble amor.

Que nada quede, amigos,
de esos mares de amor,
de estas verduras pobres de las eras
que las vacas devoran
lamiendo el otro lado del césped,
lanzando a nuestros pastos
las manadas de hidras y langostas
de sus lenguas calientes.

Como si el verde pasto celestial,
el mismo océano, salado como arenque,
hirvieran.
Que tanto y tanto amor
y tanto vuelo entre unos cuerpos
al abordaje apenas de su lecho se desplome.

Que una sola munición de estaño luminoso,
una bala pequeña,
un perdigón inocuo para un pato,
derrumbe al mismo tiempo todas las bandadas
y desgarre el cielo con sus plumas.

Que el oro mismo estalle sin motivo.
Que un amor capaz de convertir al sapo en rosa
se destroce.

Que tanto y tanto, una vez más, y tanto,
tanto imposible amor inexpresable,
nos vuelva tontos, monos sin sentido.

Que tanto amor queme sus naves
antes de llegar a tierra.

Es esto, dioses, poderosos amigos, perros,
niños, animales domésticos, señores,
lo que duele.

REVOLUCIÓN

Cuando Homero murió siete ciudades reclama-
ron su cuerpo, y por las siete pidió limosna
en vida.
(Así era más o menos el antiguo epigrama.)

A Pásternak
A Daniels y Sinyavsky
A José Revueltas

Madre, ya sé lo que tú piensas.
Pico piedra en tu honor
y dejo de escribir.
Acaso, deje de pensar.
Más tarde, siglos adelante,
cuando haya sido heroicamente fusilado
—la guillotina está en desuso—
o ridículamente
excluido sólo de las antologías
como enemigo de la Revolución,
traidor, perro
y agente del imperialismo,
revisionista infame,
espía del siglo diecinueve
o simple mentecato,
    alguien dirá que mis poemas
    son el opimo fruto
    de la Revolución.

ROBERTO FERNÁNDEZ RETAMAR

Cuba, 1930. Obras: *Elegía como un himno*, 1950. *Patrias*, 1952. *Alabanzas, conversaciones*, 1955. *Vuelta a la antigua esperanza*, 1959. *En su lugar, la poesía*, 1959. *Con las mismas manos*, 1962. *Historia antigua*, 1965. *Poesía reunida*, 1966. *A quien pueda interesar*, 1970. *Circunstancia y Juana*, 1980.

PERO

Administra el amor con eficiencia
(Pero el amor es una absurda llama verde)
Ejerce el amor como se debe
(Pero el amor es un instantáneo animal)
Hace el amor con provecho
(Pero el amor dilapida y confunde como una riqueza malhabida)
Todo está bien
(Pero)

PALABRAS SIN CANCIÓN

¿Adónde han ido, me pregunto a ratos,
Esas palabras con que se hacían los versos
Memorizados con más tenacidad
Que la siesta de un fauno?
                              Palabras como
Marfileño, opalescente, doquiera,
Horrísono fragor, corcel, doncella.
Tan orondas, parecían por lo menos
Los guardianes mismos de la poesía.
Y ya ven: ahora, olvidadas en libros de gruesa pasta,
Apenas se estremecen cuando alguien, como nosotros hoy,
Las acaricia de lejos, para recordar y sonreír un poco.

UN HOMBRE Y UNA MUJER

¿Quién ha de ser?
Un hombre y una mujer.

TIRSO

Si un hombre y una mujer atraviesan calles que nadie ve sino
    ellos,
Calles populares que van a dar al atardecer, al aire,
Con un fondo de paisaje nuevo y antiguo más parecido a una
    música que a un paisaje;
Si un hombre y una mujer hacen salir árboles a su paso,
Y dejan encendidas las paredes,
Y hacen volver las caras como atraídas por un toque de trompeta
O por un desfile multicolor de saltimbanquis;
Si cuando un hombre y una mujer atraviesan se detiene là
    conversación del barrio,
Se refrenan los sillones sobre la acera, caen los llaveros de las
    esquinas,
Las respiraciones fatigadas se hacen suspiros:
¿Es que el amor cruza tan pocas veces que verlo es motivo
De extrañeza, de sobresalto, de asombro, de nostalgia,
Como oír hablar un idioma que acaso alguna vez se ha sabido
Y del que apenas quedan en las bocas
Murmullos y ruinas de murmullos?

HOY ERES MENOS

Alguien que ha estado tratando de olvidarte,
Y a cuya memoria, por eso mismo,
Regresabas como la melodía de una canción de moda
Que todos tararean sin querer,
O como la frase de un anuncio o una consigna;
Alguien así, ahora,
Probablemente
(Seguramente) sin saberlo,
Ha empezado, al fin, a olvidarte.

Hoy eres menos.

LE PREGUNTARON POR LOS PERSAS

*A la imaginación del pintor Matta
y, desde luego, a Darío*

Su territorio dicen que es enorme, con mares por muchos sitios,
    desiertos, grandes lagos, el oro y el trigo.
Sus hombres, numerosos, son manchas monótonas y abundantes
    que se extienden sobre la tierra con mirada de vidrio
    y ropajes chillones.
Pesan como un fardo sobre la salpicadura de nuestras poblaciones
    pintorescas y vivaces,
Echadas juntos al mar: junto al mar rememorando un pasado
    en que hablaban con los dioses y les veían las túnicas y las
    barbas olorosas a ambrosía.
Los persas son potentes y grandes: cuando ellos se estremecen,
    hay un hondo temblor, un temblor que recorre las vértebras
    del mundo.
Llevan por todas partes sus carros ruidosos y nuevos, sus tropas
    intercambiables, sus barcos atestados cuyos velámenes hemos
    visto en el horizonte.
Arrancan pueblos enteros como si fueran árboles, o los
    desmigajan con los dedos de una mano, mientras con la otra
    hacen señas de que prosiga el festín;
O compran hombres nuestros, hombres que eran libres, y los
    hacen sus siervos, aunque puedan marchar por calles
    extrañas y adquirir un palacio, vinos y adolescentes:
Porque ¿qué puede ser sino siervo el que ofrece su idioma fragante,
    y los gestos que sus padres preservaron para él en las entrañas,
    al bárbaro graznador, como quien entrega el cuello, el flanco
    de la caricia a un grasiento mercader?
Y nosotros aquí, bajo la luz inteligente hasta el dolor de este cielo
    en que lo exacto se hace azul y la música de las islas
    lo envuelve todo;
Frente al mar de olas repetidas que alarmado nos trae noticias
    de barcos sucios;
Mirando el horizonte alguna vez, pero sobre todo mirando
    la tierra dura y arbolada, enteramente nuestra,
Aprendiendo unos de otros en la conversación de la plaza pública
    el lujo necesario de la verdad que salta del diálogo,
Y conocedores de que las cosas todas tienen un orden, y ha sido
    dado al hombre el privilegio de descubrirlo y exponerlo por la
    sorprendente palabra,

Conocedores, porque nos lo han enseñado con sus vidas los
    hombres más altos, de que existen la justicia y el honor, la
    bondad y la belleza, de los cuales somos a la vez esclavos
    y custodios,
Sabemos que no sólo nosotros, estos pocos rodeados de un agua
    enorme y una gloria aún más enorme,
Sino tantos millones de hombres, no hablaremos ese idioma que
    no es el nuestro, que no puede ser el nuestro.
Y escribimos nuestra protesta —¡oh padre del idioma!— en las
    alas de las grandes aves que un día dieron cuerpo a Zeus,
Pero además y sobre todo en el bosque de las armas y en la
    decisión profunda de quedar siempre en esta tierra en que
    nacimos:
O para contar con nuestra propia boca, de aquí a muchos años,
    cómo el frágil hombre que venció al león y a la serpiente, y
    construyó ciudades y cantos, pudo vencer también las fuerzas
    de criaturas codiciosas y torpes,
O para que otros cuenten, sobre nuestra huesa convertida en
    cimiento, cómo aquellos antecesores que gustaban de la risa
    y el baile hicieron buenas sus palabras y preservaron con su
    pecho la flor de la vida.

A fin de que los dioses se fijen bien en nosotros, voy a derramar
    vino y a colocar manjares preciosos en el campo: por ejemplo,
    frente a la isla de Salamina.

FAYAD JAMÍS

Cuba, 1930. Obras: *Brújula*, 1949. *Los párpados y el polvo*, 1954. *Vaga-bundo del alba*, 1959. *Los puentes*, 1962. *La pedrada*, 1962. *Por esta li-bertad*, 1962. *Cuerpos*, selección de su obra, hasta entonces, con poemas inéditos, 1966. *Abrí la verja de hierro*, 1973.

A SALTOS

A saltos la bestia de mi amor desgarra el cielo.
Mi bestia, mi mugido, mi parcela de harina y pies de grillo romántico.
El cielo destila oro por todas sus heridas.
Tiene mi animal un arroyo sagrado donde bebe y se reclina.
(Bestia mía, ¿y las hojas del atardecer y la guitarra de mi novia,
     y las filosas, resplandecientes nubes, cuándo empezarán a
     respirar contigo?)
Mi animal está cansado de pisotear y abrir maravillas.
Yo, su pastor, me tiendo al lado de su inocencia,
rompo el cayado, empiezo a morder sueño.

PUEDE OCURRIR

A Rafael Alcides Pérez

Puede ocurrir que en la noche suene el teléfono
y que del otro lado de la ciudad una voz más bien grave
te pregunte si Dora está en la casa.
Pero Dora no está, no estuvo, no vive en la casa,
y tampoco Pablito, solicitado por voces llenas de ternura,
y aún menos el doctor cuya consulta ha de estar hormigueando
de pacientes de muy diversa índole.

Puede ocurrir que mañana, al abrir el periódico,
te enteres de que un hombre grande (alguien
que acaso viste alguna vez desde lejos) ha muerto;
o también el periódico puede sacudirte

con noticias de ciudades derrumbadas, de huelgas generales,
y, en fin, de pequeños sucesos previamente condenados al olvido.

Puede ocurrir que la noche te parezca demasiado larga,
que te pongas a mirar cómo se deslizan las estrellas,
pero de ningún modo quedará excluida
la posibilidad de seguir alimentando el amor
mientras realizas, o sueñas que realizas, algo nuevo.
Todo esto y mucho más puede ocurrir y ocurre sin duda
sólo que tú no dedicas unos minutos a sentir lo que te rodea,
ni dejas que el mundo participe plenamente de tu mundo,
ni conoces el hermoso poder de escribir un poema.

RAPSODIA SILVESTRE

A Samuel Feijóo

En la montaña donde el gallo giro
anuncia que el sol como un gran huevo
se va a romper sobre el cafetal,
tengo un amigo que todas las tardes
viene a recorrer conmigo las guardarrayas.
Ayer nos encontramos una mandarina mitad roja, mitad verde.
Hace tiempo descubrimos el esqueleto de un haitiano
entre la hojarasca y las frutas maduras que van a dar a la cañada

La escuela está cerrada. María Luisa ya no viene
cada tarde con sus trenzas de carbón recién sacado del horno.
Mi guitarra no tiene más que tres cuerdas
y las tojosas arrullan sin cesar en las ramas del ateje.
Mañana domingo me iré a jugar a la pelota.
Mi mascotín de piel de majá huele a podrido.
A veces la pelota choca contra un tronco de marabú
y luego va a dar en el río cerca del manantial.

Cuando corres sobre tu yegua roja con tu sombrerito de ala caída,
te gritan Manuel García desde la guagua.
Manuel García.
Y la jáquima de la yegua espumea como el río entre las piedras.
Manuel García.
Las naranjas de los Rojas están ya maduras. Hay que vigilarlos para
    robárselas.

Cuando la yagua se desprende al mediodía,
su estrépito alegra a las gallinas y a las vacas.
Cuando la yagua se desprende en la noche,
su ruido es como el de la primera paletada de tierra sobre el ataúd.

Niña mía, potranca mía, hoja de guayabo bajo la lluvia,
espérame esta tarde cerca del portón, frente al camino.
Tu padre se fue a Palma Soriano con sus negras botas de cristal.
El zunzún y la brisa que sacude las yerbas
están ebrios de miel.
Madre prepara los frijoles gandules.
Padre pone unos caguairanes en la cerca.
Mi hermano y yo vamos a bañarnos en el río
(el jabón amarillo en un bolsillo del pantalón).

El canto del grillo va a taladrar esta noche las paredes de la casa.
Tiembla la llama del candil. Su humo negro tizna las telarañas en
    el techo.
Dicen que por ahí andan cuatro bandidos,
armados de revólveres,
con pañuelos color mamey sobre la nariz.
Cada dueño de finca se ha conseguido un par de guardias en el
    cuartel
y los bodegueros clavan gruesos maderos detrás de las puertas.
El canto del grillo va a taladrar esta noche la cúpula del cielo
como el resplandor de una estrella madura,
como el balazo del bandido en la frente del avaro.

Ya ha comenzado el corte. Todo el día las mochas relampaguean
    bajo el sol de aceite.
Las ratas corretean bajo el cogollo caído.
Aunque trabajan de sol a sol y de muerte a muerte,
los hombres tienen coraje para cantar.
Este año hay tantos güines que llenaremos el cielo de cometas de
    todos colores.
Jacobo tumba cañas en La Piedra.
Pero el asma no lo dejará acabar la zafra.
Sus zajatos enormes resuenan en la carretera cada atardecer.
Ellos son el reloj de nuestra miseria.
Jacobo no es un haitiano como los otros. Él dice que habla francés
    fino
y quiere bautizar a mi hermano más pequeño.
Su vida ha sido inútil,

porque no ha hecho más que trabajar "para el inglés"
y ahora la muerte ceniza lo vigila.

Por eso tú, David, con tu tabaco siempre,
mientras atraviesas a pelo del caballo todo el potrero,
y tú, mi hermano, con tus zapatos pesados como dos melones,
y yo mismo,
nosotros seremos tres bandidos mañana,
cada uno sobre su caballito de carbón y de fuego;
no dejaremos tranquilo a un millonario,
y llegaremos seguramente hasta a matar,
y todo por amor a la primavera, a los hombres y el mundo.

El canto del grillo hace temblar tus cabellos donde la noche siempre
    agoniza.
Todos los muchachos de la comarca rasgamos la guitarra
    inútilmente.
Pero ayer por la tarde un vendedor ambulante tocó en ella canciones
    maravillosas.
Yo la rasgo por ti, por la tormenta dulce de tus ojos
llenos de tojosas muertas y de palmas quemadas.
Alguna noche yo llegaré a poner un cocuyo en tu cabeza.
Mientras tanto he de dormirme cuando los labios de mi madre
    soplen la llama del candil,
paloma mía, tojosa mía, negrura larga de la noche sobre mi
    almohada.

AUSCHWITZ NO FUE EL JARDÍN DE MI INFANCIA

Auschwitz no fue el jardín de mi infancia. Yo crecí
entre bestias y yerbas, y en mi casa
la pobreza encendía su candil en las noches.
Los árboles se cargaban de nidos y de estrellas,
por los caminos pasaba asustándose una yegua muy blanca.

Auschwitz no fue el jardín de mi infancia. Sólo puedo
recordar el sacrificio de las lagartijas,
el fuego oscuro del hogar en las noches de viento,
las muchachas bañando sus risas en el río,
la camisa sudada de mi padre, y el miedo
ante el brutal aullido de las aguas.

Auschwitz no fue el jardín de mi infancia. Comí caramelos
y lágrimas, en mi avión de madera conquisté
nubes de yerba y no de piel humana.
Soy un privilegiado de este tiempo, crecí bajo la luz
violenta de mi tierra, nadie me obligó a andar
a cuatro patas, y cuando me preguntan mi nombre
un rayo parte la sombra de una guásima.

JUAN GELMAN

Argentina, 1930. Obras: *Violín y otras cuestiones*, 1956. *El juego en que andamos*, 1959. *Velorio del solo*, 1961. *Gotán*, 1962. *Cólera buey*, 1969. *Poemas*, 1969, donde se antologiza su producción hasta la fecha. *Los poemas de Sidney West*, 1969. *Hechos y relaciones*, 1980.

MI BUENOS AIRES QUERIDO

Sentado al borde de una silla desfondada,
mareado, enfermo, casi vivo,
escribo versos previamente llorados
por la ciudad donde nací.

Atrápalos, atrápalos, también aquí
nacieron hijos dulces míos
que entre tanto castigo te endulzan bellamente.
Hay que aprender a resistir.

Ni a irse ni a quedarse,
a resistir,
aunque es seguro
que habrá más penas y olvido.

ANCLAO EN PARÍS

Al que extraño es al viejo león del zoo,
siempre tomábamos café en el Bois de Boulogne,
me contaba sus aventuras en Rhodesia del Sur
pero mentía, era evidente que nunca se había movido del Sahara.

De todos modos me encantaba su elegancia;
su manera de encogerse de hombros ante las pequeñeces de la vida,
miraba a los franceses por la ventana del café
y decía "los idiotas hacen hijos".

Los dos o tres cazadores ingleses que se había comido
le provocaban malos recuerdos y aun melancolía,
"las cosas que uno hace para vivir" reflexionaba
mirándose la melena en el espejo del café.

Sí, lo extraño mucho,
nunca pagaba la consumición,
pero indicaba la propina a dejar
y los mozos lo saludaban con especial deferencia.

Nos despedíamos a la orilla del crepúsculo,
él regresaba a *son bureau*, como decía,
no sin antes advertirme con una pata en mi hombro
"ten cuidado, hijo mío, con el París nocturno".

Lo extraño mucho verdaderamente,
sus ojos se llenaban a veces de desierto
pero sabía callar como un hermano
cuando emocionado, emocionado,
yo le hablaba de Carlitos Gardel.

PODERES

como una hierba como un niño como un pajarito nace
la poesía en estos tiempos en medio
de los soberbios los tristes los arrepentidos
nace

¿puede nacer al pie de los sentenciados por el poder
al pie de los torturados los fusilados de por acá nace?
¿al pie de traiciones miedos pobreza
la poesía nace?

puede nacer al pie de los sentenciados por el poder
al pie de los torturados los fusilados de por acá nace
al pie de traiciones miedos pobreza
la poesía nace

tal vez no haya perdón para los soberbios para los tristes para los
     arrepentidos
tal vez no haya perdón para los carniceros zapateros panaderos

tal vez para nadie haya perdón
tal vez todos estén condenados a vivir

como una hierba como un niño como un pajarito nace
la poesía la torturan
y nace la sentencian y nace la fusilan
y nace la calor la cantora

BELLEZAS

Octavio Paz Alberto Girri José Lezama Lima y demás obsedidos por
    la inmortalidad creyendo
que la vida como belleza es estática e imperfecto el movimiento
    o impuro
¿han comenzado a los cincuenta de edad
a ser empujados por el terror de la muerte?

el perro que mira acostado el domingo ¿no es inmortal en ese
    instante o diluvio
de la tarde contemplándose en sus ojos?
¿no ha quedado acaso el perro clavado a esa contemplación
que lo embellece o sobrevuela como ardor en la tarde?

y el deseo de Octavio Alberto José ¿no es movimiento acaso
y movimiento su ser cuando atrapan la palabra justa o injusta?
¿no debe correr mucho quien quiera bañarse dos veces en el mismo
    río?
¿no debe amar mucho quien quiera amarse dos veces en el mismo
    amor?

y nuestro cuerpo ¿no ha sido inmortal uniéndose
al cuerpo amado con trabajos que pocos desdeñan
y despegándose desgarrándose o rompiendo incandescencias bocas
que rodarían en la noche como criaturas extraviadas que pueden
    hablar ya?

y esos cuerpos ¿no han venido para irse acaso dejando
un tránsito que nadie recorrerá sino ellos
que ardieron o arden como un perro mirando el domingo bajo el
    avión lento de Venus
y demás planetas en pura consumación?

y Octavio Alberto José eligiendo
sea cantar el término la finitud con voces melancólicas sea
emperrados en fijar un instante creyendo que la vida como belleza
    es estática
¿acaso no dan luz como planetas ciegos a su propio destino?

¿y qué piensan la estrella el perro contemplando a Octavio trabajar?
¿no les llegará acaso su luz?
¿no es el sujeto del deseo la materia como el del macho la hembra?
¿no ha de girar Alberto como vida terrible cercenable indestructible
    en la noche del mundo?

y José preso en su José mirando la calle
mirándola desde esta eternidad verdaderamente
¿no mira contando comparando los quioscos de flores las vidrieras
    la gente?
bajo la sombra del patíbulo ¿no contempla la belleza que pasa como
    lejos de su propio terminar?

Octavio Alberto José niños ¿por qué fingen que no llevan la calma
    donde reina confusión?
¿por qué no admiten que dan valor a los oprimidos o suavidad o
    dulzura?
¿por qué se afilian como viejos a la vejez?
¿por qué se pierden en detalles como la muerte personal?

RAFAEL CADENAS

Venezuela, 1930. Obras: *Cantos iniciales*, 1946. *Los cuadernos del destierro*, 1960. *Falsas maniobras*, 1966. *Intemperie*, 1977, *Memorial*, 1977.

Yo pertenecía a un pueblo de grandes comedores de serpientes, sensuales, vehementes, silenciosos y aptos para enloquecer de amor.

Pero mi raza era de distinto linaje. Escrito está y lo saben —o lo suponen— quienes se ocupan en leer signos no expresamente manifestados que su austeridad tenía carácter proverbial. Era dable advertirla, hurgando un poco la historia de los derrumbes humanos, en los portones de sus casas, en sus trajes, en sus vocablos. De ella me viene el gusto por las alcobas sombrías, las puertas a medio cerrar, los muebles primorosamente labrados, los sótanos guarnecidos, las cuevas fatigantes, los naipes donde el rostro de un rey como en exilio se fastidia.

Mis antepasados no habían danzado jamás a la luz de la luna, eran incapaces de leer las señales de las aves en el cielo como oscuros mandamientos de exterminio, desconocían el valor de los eximios fastos terrenales, eran inermes ante las maldiciones e ineptos para comprender las magnas ceremonias que las crónicas de mi pueblo registran con minucia, en rudo pero vigoroso estilo.

¡Ah! yo descendía de bárbaros que habían robado de naciones adyacentes cierto pulimento de modos, pero mi suerte estaba decidida por sacerdotes semisalvajes que pronosticaban, ataviados de túnicas bermejas, desde unas rocas asombradas por gigantes palmeras.

Pero ellos —mis antepasados— si estaban aherrojados por rigideces inmemoriales en punto a espíritu eran elásticos, raudos y seguros de cuerpo.

Yo no heredé sus virtudes.

Soy desmañado, camino lentamente y balanceándome por los hombros y adelantando, no torpe mas sí con moroso movimiento, un pie, después otro; la silenciosa locura me guarda de la molicie manteniéndome alerta como el soldado fiel a quien encomiendan la custodia de su destacamento, y como un matiz, sobrevivo en la indecisión.

Sin embargo, creía estar signado para altas sorpresas que con el tiempo me derribarían.

Me refiero a la casa meridional del agua donde el olvido recobra sus espejos azules.

He reclinado mi cuerpo sobre el alba de Persia que magnifica a los de apasionado corazón. Vi indios piel roja destituidos de sus praderas, al dios Osiris rodeado de cuervos, a los viquingos que escaparon al volcán, a un caballero desencantado con un halcón al hombro, a un emperador romano con sus trofeos de vírgenes desnudas y pájaros de remoto plumaje.

Entonces los guerreros se tendieron al sol para beber la luz que esparcían sus ricas armaduras por el ámbito recuperado de la selva y las doncellas giraron anhelantes de pasión frente a una muerta ballena.

Después fue el mar, el mar sin indolencia, el mar no igual a ningún hombre, el mar que continúa en mi piel.

PASATIEMPO

Por la mañana exploro las paredes de mi cuarto en busca de nuevos agujeros.

Pongo en ellos cartón, piedra, jirones de ropa inservible, trozos de periódicos.

Encima les pego pequeñas tarjetas con vehementes recados.

Son exhortaciones anotadas apresuradamente en letras gruesas.

IMAGO

Cuando un rostro se vuelve amenazante, lo desdibujo pacientemente.

Empiezo por sus líneas, después me dedico a las sombras y dejo para el final sus sutiles celadas. Sólo trato de desarmar la figura.

Hay que impedir que mire desde su centro dinámico, quitarle ese halo de imán que desquicia, volverlo una mancha.

De noche practico esa cautela. Me acerco al rostro, recuerdo todos los incidentes, tomo un trapo húmedo, ordinario, maligno con el que deshago suavemente el dibujo.

Cuando el cielo vuelve a ser blanco ya no queda nada.

No destruyo el rostro; lo suavizo y me pliego. Aprendo a convivir con él.

Es el recurso basto de quien exagera todas las líneas.

No es un trabajo fácil. Requiere un gran desasimiento. El apego, el apego es el enemigo. Con sus gomas alocadas da qué hacer.

Produce anexiones, pueriles violencias, enrarecimientos del aire.

Uso un procedimiento rudimentario, el que está a mi alcance, pues soy tosco.

Tuve que idear este método, extraño a mi ser, en una difícil época. Fue al término de una crisis.

Acababa de dejar la cáscara. La imaginación se había agotado. Sólo quedaban los objetos, los firmes objetos.

DERROTA

Yo que no he tenido nunca un oficio
que ante todo competidor me he sentido débil

que perdí los mejores títulos para la vida

que apenas llego a un sitio ya quiero irme (creyendo que mudarme es una solución)

que he sido negado anticipadamente y escarnecido por los más aptos

que me arrimo a las paredes para no caer del todo

que soy objeto de risa para mí mismo

que creía que mi padre era eterno

que he sido humillado por profesores de literatura

que un día pregunté en qué podía ayudar y la respuesta fue una risotada

que no podré nunca formar un hogar, ni ser brillante, ni triunfar en la vida

que he sido abandonado por muchas personas porque casi no hablo

que tengo vergüenza por actos que no he cometido

que poco me ha faltado para echar a correr por la calle

que he perdido un centro que nunca tuve

que me he vuelto el hazmerreír de mucha gente por vivir en el limbo

que no encontraré nunca quién me soporte

que fui preterido en aras de personas más miserables que yo

que seguiré toda la vida así y que el año entrante seré muchas veces más burlado en mi ridícula ambición

que estoy cansado de recibir consejos de otros más aletargados que yo ("Usted es muy quedado, avíspese, despierte")

que nunca podré viajar a la India

que he recibido favores sin dar nada en cambio

que ando por la ciudad de un lado a otro como una pluma

que me dejo llevar por los otros

que no tengo personalidad ni quiero tenerla

que todo el día tapo mi rebelión

que no me he ido a las guerrillas

que no he hecho nada por mi pueblo

que no soy de las FALN y me desespero por todas estas cosas y por otras cuya enumeración sería interminable

que no puedo salir de mi prisión

que he sido dado de baja en todas partes por inútil

que en realidad no he podido casarme ni ir a París ni tener un día sereno

que me niego a reconocer los hechos

que siempre babeo sobre mi historia

que soy imbécil y más que imbécil de nacimiento

que perdí el hilo del discurso que se ejecutaba en mí y no he
    podido encontrarlo
que no lloro cuando siento deseos de hacerlo
que llego tarde a todo
que he sido arruinado por tantas marchas y contramarchas
que ansío la inmovilidad perfecta y la prisa impecable
que no soy lo que soy ni lo que no soy
que a pesar de todo tengo un orgullo satánico aunque a çiertas
    horas haya sido humilde hasta igualarme a las piedras
que he vivido quince años en el mismo círculo
que me creí predestinado para algo fuera de lo común y nada he
    logrado
que nunca usaré corbata
que no encuentro mi cuerpo
que he percibido por relámpagos mi falsedad y no he podido
    derribarme, barrer todo y crear de mi indolencia, mi flotación,
    mi extravío una frescura nueva, y obstinadamente me suicido
    al alcance de la mano
me levantaré del suelo más ridículo todavía para seguir burlándome
    de los otros y de mí hasta el día del juicio final.

SAÚL YURKIEVICH

Argentina, 1931. Obras: *Volanda linda lumbre*, 1961. *Cuerpos*, 1965. *Ciruela de loculira*, 1965. *Berenjenal y merodeo*, 1966. *Fricciones*, 1969. *Retener sin detener*, 1973. *Rimbomba*, 1978. Una antología de su trabajo poético apareció en 1984 con el título de: *De plenos y de vanos*.

AUTOCRÍTICA

Soy un escritor deleznable
pienso en la literatura
soy un pequeño burgués
las directivas
no puedo obedecer
lo intento pero me salen
esos diablos traviesos
y pierdo la seriedad
quiero cantar al pueblo
pero me entrampan fantasmagorías
me desbaratan
no puedo ser marcial
las palabras se ponen a piruetear
me sacan la lengua malditas
me tiran de las orejas
me desafían me disuaden me desvían
y termino por seguirlas
en sus contorsiones y cabriolas
qué mezquindad
no puedo ser épico
cuando pretendo exaltar
la guerra de liberación
siempre me aparto del tema
tentado por las quimeras
por voluptuosas que se desperezan
y me hacen señas
mientras paso montado en pez martillo
por personajes estrafalarios
que suenan sus caracolas
por nubes petrificadas

por vellosas rocas que amamantan
a sus velludos cachorros
por combates contra armatostes llameantes
por mascaradas
que se multiplican
deambulando incesantes
por espejados laberintos
como ven no tengo cura
siempre me descamino
cuando debo condenar las lacras
del régimen abolido
me traban los sonsonetes
dimes estribillos diretes
coplas nanas refranes retornelos
que rondan bailando al tuntún
me enredan estorban atascan
el camino del deber
qué voy a hacer
soy un caso perdido
escribo cosas inútiles
en vez de colaborar fantaseo
no merezco consideración
para elogiar no sirvo
condeno sin convicción
distraigo divierto complico
las verdades
de la revolución
no es tiempo de jugueteos
camarada comisario
de escritor a escribiente
pido que me degraden
en una oficina oscura
de cualquier ministerio
llenaré sobre ajados escritorios
las planillas de gastos
no merezco publicar
guardaré mis manuscritos
en una lata de té
donde hay un cerezo en flor
un jardín de senderos
que se bifurcan
un volcán nevado
y un templo

con escalonados tejados
cuenta que allí cierto día

YESCA Y YUGO

yesca y yugo   rebato
        calofrías
            estremecido   el espinazo
                 tus pavesas
descargas vertebrales
            pulsan/ achispan/ punzan
            achuchan/ pugnan/ apabullan
molusca   tus palpos
               yerguen
la umbela   su tiesura: reclamo
                 ubres ubérrimas
penetrar en tus fungosas cavidades
sustantiva   se sustancie
la simiente   seminal   entre ambos párpados
desvelar tus mórbidas medusas
aguar en la amalgama   (dentro)   del umbroso umbráculo
aposentar   los flujos lactescentes
               adunarse
untar tus abras
           querella de lemures lamerones
fermentarnos   repostera
       con umbilicales levaduras
resinarnos   en el untuoso engaste
               engolosinados
engrosarte   brioso   grasa germinal
glorificada   espolean
           espolean
      cardúmenes se agolpan
oleosos escualos se relamen
galvánicos
      se engalgan en engrudado
           engarce
      tropel/ espasmo
apelotonadas pulpas
      las ceras se derriten los betunes

lúbricas lombrices   melosos múrices
se entrañan ensañados
fondean en la túrgida sorbida
sus flujos truecan sus fangales
exorbitante turbonada
madreperla en tu valva me amadrigo
tus grietas todas te calafateo
tu galopante palafrén me desembridas
desembragados nos henchimos
con mis trompas te rechupo
                              arrepollada
a tu estercolero
                 me trasplanto y me replanto
quiero ser tu tajamar   tu taponero
tamborilero de tus ancas
                    aculada
tu nectario   tu cernícalo
         el revulsivo   el recidivo
                    tu pegote
abarrancado entre tus nalgas   varadura
                    recalo
ventral   me enfrasco   en ti   cucúrbita
                    astrágalo   pecera
queja   quiebro   requiebro
                              cimbradura
tope   topetadas   toque y queda
      derrame   serpentario
esponjosos espumamos
esturión en ti desovo   pantanosa
entre tus flancos   finiquito   fluyo
en tu greda ostral   me implanto
entre tus palpos   papo   paladeo
el garbo de mi gama   gana
                    goloso halago gozo
engomado en tu lacre acuño mi quedada
en tu matriz   me imprimo   impregno
nadadera natal
                    gluten letal
molifico tus sépalos   dulcera
mi pedúnculo en tu cáliz
mi pilón en tu péndula pilosa
cuando el ojo de abajo parpadea

madera con madera
      machihembramos

POÉTICA

¿poesía liberada o deliberada?
vale la pena probar
antes que decir lo indecible
digo todo lo decible
tirabuzón conjetural
descontar lo que se corta
decidido decidor
si todo está dicho
me callo
con las palabras vaciadas ¿qué hacemos?
¿las damos que nos las llenen
o las rellenamos?
prohibido declamar
accione lentamente
y con delicadeza las palancas
conciencia vigilante escrutadora
ajusta la relojería de tu corazón
esa glándula petulante
analítica avaricia vital
cortacircuitos graduales
refrigeración diferenciación
pero vienen los visitantes tenebrosos
y cariacontecido me regodeo
con siniestros simulacros
como tener un feto muerto en la conciencia
como se tuerce el fósforo carbonizado
tejo fantasmas al crochet
para podrirse pida tapaporos
luego el molino de la libido
tornadizo muele libidinoso
hasta empalagarme
humanísimo revoltijo
empalaga empalabrado
batifondo
prohibido empapelar

una cura de silencio
quizás
para las palabras mutiladas
reposo por las gastaduras
tienen la piel irritada
ajado el cutis
de tanto maquillaje barato
maquinería de là imaginería
basta de tus sonatas
            de coquetería
            de ensoñación
            de patetismo
¿retortijón o retablo?
imágenes motoras artefactos
volatería ilusionismo pirotecnia
hálitos de música a lo lejos
palabras palpo peso prenso parto
soplo palabra que se lleva el viento
aviento palabras
la musa suma asoma
morosa asoma la suma musa
probemos
reventacaballos
zarzaparrilla
matalascallando matamoscas
mescalina vaselina parafina
saltó el saltamontes siete setos
(homofonía es homología)
semitono terso modo veladura
susurrara su siseo se alisase
pluma la ondulando bruma malva
morigere sobre blando la corola
sibilante volandera se difuma
perfumada difundida levedad
¡alto! ningún desperdicio de energía
pavadas ritmadas
melodiosas futesas
como una inmensa boquera
como bocanadas de humo
¿qué querés? sosegate
no hay más que eso
detrás no hay nada
delante nada

aquí termina el recorrido
viene la muerte
conjunciones disyuntivas adversativas
pronombres irreflexivos
verbos intransitivos
oraciones insubordinadas
complementos indirectos
adjetivos indefinidos
adverbios de negación
pasó el tiempo de las armonías
de la ilusoria reconciliación
del acorde acordado
del acorde concorde
del acuerdo mesurado
del bien temperado concierto
no conciertan
          desconciertan
no entonan
          desentonan
no componen
          descomponen
no concatenan
          desencadenan
no esperan
          desesperan
no complotan
          explotan
reverendo reventón de resabios
rastrojo ripio raspadura rabadilla
prohibido recitar epopeyas
omnipotencia omnipresencia
omnicarencia omniolvido
chonchos rechonchos farfullan
no mascan ni lo pastoso
no dentan les falta hueso
nos creímos hacedores
y fuimos amasijados
uno niega no ninguno ni una nada
no se irrite inútilmente
irrítese útilmente
es inútil irritarse
inutilícese irritablemente
entre la disidencia y la convergencia

oscilo
entre algo y nada
entre poco y nada
entre nada y nada
entre sol y noche
entre alumbramiento y ceguera
entre palpitación y muerte
pasó el tiempo de las simetrías
poesía cerebral glandular intestinal
pelleja subcutánea intravenosa
pedicura pectoral peluquera pelotera
penetrable penetrante peñascosa perdiguera
peregrina perentoria perinola
poesía periscopio
¿pespunte o petardo?
retrueque retumbo remanso
no remedio sino remedo
endulzado y salazón
una risita de ajo agrio limón crujiente sacamuelas
propenso a prorrumpir en prosaísmos
la palabra capitalista es fea
dicen que no conviene a la poesía
sobre todo lírica
peor debe ser plusvalía
obstinada ruptura de la probabilidad
que la indeterminación
sea también conocimiento
equívoca discontinuidad
continuidad ¿garantía de verdad?
la palabra ¿prueba de existencia?
continuidad ¿garantía de realidad?
referencias verídicas que no llegan
a configurar un objeto
Periodista —¿Por qué hay tanta sangre en sus films?
Jean-Luc Godard— No es sangre es pintura roja
comprensible según su modo
de entretejerse
tantas perspectivas como espectadores
tantas lecturas como lectores
versa y viceversa
ateo por Arabia iba raro poeta
odiar las adargas no consagradas al raído
a la gorda drógala

ella te detalle
hacen amasijos
se dicen acertijos
al más vacío vacío
al más lleno de los llenos
cada cual con su sonaja
no se sofrene amigazo
no se contente con ser librepensador
sea también libreactor
un corte vertical

descanso

deja que el texto respire
un pensamiento azul y amarillo
de cuatro pétalos
no un pensamiento una visión
las palabras chisporrotean vislumbres
equilibrio ludibrio arbitrio de vidrio
alivio briosa brasa brisa risa turbio libro broma
cabe besa rima rema brota brega brinca
diccionario visionario
empiece por donde quiera
íntegramente comestible
abundo en detalles
para que la ilusión sea más vívida
para que se confunda con la realidad
el realismo no
la realidad
el absurdo de lo real quebranta
todo realismo
agítese antes de usar
con signos consigno designo
memoro momentos
obligadamente antropomórfico
movible siempre versado
prosista o versista a pedido
converso con versos
al anverso y al reverso
tergiverso perverso
el diverso universo del verso
dativos transidos destilan
la pulpa de su experiencia

secretan extracto personal
dicen que son únicos
que todo hombre es único
(toda mosca también)
"La frase de Rilke sobre la muerte propia
se ha convertido en una burla sangrienta
a quienes han sido asesinados
en los campos de exterminio
o a quienes caen en Vietnam" Theodor W. Adorno
perdónennos los otros
por habernos sentido exclusivos
perdónennos
por habernos sentido excepcionales
perdonen los otros la arrogancia
y admítannos

MARCO ANTONIO MONTES DE OCA

México, 1932. Obras: *Ruina de la infame Babilonia*, 1953. *Contrapunto de la fe*, 1955. *Pliego de testimonios*, 1956. *Delante de la luz cantan los pájaros*, 1959. *Cantos al sol que no se alcanza*, 1961. *Fundación del entusiasmo*, 1963. *La parcela en el Edén*, 1964. *Vendimia del juglar*, 1965. *Las fuentes legendarias*, 1966. *Pedir el fuego*, 1968. *Poesía reunida*, 1971. *Lugares donde el espacio cicatriza*, 1974. *Las constelaciones secretas*, 1976. *En honor de las palabras*, 1979. *Poemas de la convalecencia*, 1979. *Comparecencias*, 1980.

ASUNCIÓN DE LA TRIPLE IMAGEN

La sonrisa candeal,
El bosque de arlequines prendido en plena madrugada,
La nadadora que parte el puente con la sombra de su brazo,
Pero a veces no se fija adónde apunta ni a quién derriba;
Digo, esa sonrisa, ese bosque,
Esa nadadora tendida como un collar de obsidiana
En su espumeante estuche;
Suavemente, apenas presionados,
Desbordan el arcón de las visiones,
Yerguen sus fantasmas de carne
Y son testigos, presencias deslumbradas,
Imágenes o brazos derechos de la palabra madre,
Colgados de pronto en una cruz
Que desentumece sus maderos
Y rema, aire arriba,
Hacia la rotunda dulzura del poniente.
Tal sonrisa, dicho bosque, semejante nadadora,
Hablan por los muertos y los vivos,
Se encariñan con la fogosa soberanía del labio,
A torrentadas lavan antiguos encantamientos
Y fundan mirajes que engañan al desierto,
Centelleantes celosías
De jabonadura indestructible
Alrededor de la palabra, su madre blanquísima
Que siempre desflora la punta de mis dedos
Y la región extrema de mis armas.

411

Y· es que la sonrisa, el bosque,
La nadadora cruzada por el infinito,
Son palpitaciones que rinden cuentas
De todo lo entrevisto,
Botellas donde cloquean los volátiles jugos de la resurrección,
Emisarios del pasmo anudado en la garganta,
Imágenes, sólo imágenes batidas al azar,
Uniéndose como una escala de trenzas amarillas
Que baja desde la más nevada torre
Hasta el fondo de los bajeles sepultados.
La sonrisa, el bosque, la nadadora:
He ahí la triple flor que ha de rendir este poema,
Mi can de tres cabezas
Para velar el sueño de mañana,
Mi triángulo ciego,
Mi tridente que punza marsopas desganadas;
Mis imágenes, mis farallones de cristal ardiente
Nacidos para conquistar
Y no ser conquistados.

ATRÁS DE LA MEMORIA

De hinojos en el vientre de mi madre
Yo no hacía otra cosa que rezar,
Por la grieta de su boca perfumada
Alguna vez el resplandor externo sorprendí;
No estaba yo al corriente de la realidad
Pero cuando ella sonreía
Un mediterráneo fuego se posaba
En el quebradizo travesaño de mis huesos.

Era el impredecible amanecer de mí mismo
Y en aquellas vísperas de gala y de miseria
Pude oír el eco del granizo
Tras la nerviosa ventana carnal;
Arrodillado estuve muchas veces,
Velando mis armas,
Contando los instantes, los rítmicos suspiros
Que me separaban de la noche polar.

Pronto empuñé la vida
Y con manos tan pequeñas
Que apenas rodeaban un huevo de paloma,
Jugué a torcer en mil sentidos,
Como un alambre de oro,
El rayo absorto que a otra existencia me lanzaba.

Cabellos y piernas con delicado estrépito
Saludaron al semáforo canicular.
Entonces halé hasta mis labios
La cobija de vapor que yo mismo despedía
Y me dormí en la profunda felicidad
Que uno siente cuando conoce el aire.

EL AVE DESERTORA

A mediodía visito al porvenir
Por la mañana el porvenir me encanta
A todas horas quiero
Mi dotación de mariposas
Con ojos verdes
Pintados en las alas
Estoy en mi derecho
El cielo que pido es mío
Quiero ser otra y amanecer la misma
Denme mis bodas de fuego
Con la infancia ensimismada
Me voy me voy me voy
Soy el ave de cresta roja
Y huesos y alas transparentes
Ustedes entienden todo
No quiero abandonar a nadie
Lo siento dispensenmé
Me voy porque me necesito
Cascadas esbeltas de animales
Surgen de una sola nube
Ellos vendrán con panes como nieve
Ellos vendrán a sustituir
La tajada de sol que yo me llevo.

CICLO

Un resplandor un trueno y luego nada,
Hastío tal vez,
Preocupación por tu cuerpo que no llega,
Vigas en el ojo ajeno y en el propio,
Cierta pantera prensada como flor
Entre las tapas ardiendo de la noche y del limbo;
Acaso tú
Mojada fabulosamente en la esperanza,
Quizá los anillos
En que un planeta baila sin hallar salida;
Un resplandor,
Un trueno sin relámpago ni víctimas,
Un harnero en el pecho
Que sólo deja pasar el oro molido del recuerdo
Y luego tú, blanco aluvión
Que miras en la hora de las visitaciones
La torre que para dormir
Ha de volverse escombros,
Plegaria desnuda,
Sollozo alargado hasta el alba por el viento
Y un resplandor,
Un trueno
Y luego nada.

VÍSPERAS

En memoria de Eduardo Bustamante Dávila

Cuando la radiante asunción de la noche inaugura las chispas
que el poder de su alquimia convertirá en planetas,
nacen seres propicios madurando en conchas tornasoles,
aparece el conejo que poda con afelpadas tijeras
el silencio pacífico y loable
y se graba sobre el valle luciente y recién llovido
el súbito paso que sobre la llama no nos quema
y sobre el agua sí nos humedece.
¿Serán éstos los albores de la fiesta,
las colmadas primicias que apenas nacidas

ya desfallecen, aniquiladas por la dorada combustión
de un júbilo sin límites?
¿Y este primer vagido de la campana flamante y recién nacida
será la señal que aguarda el prodigio
para irrumpir con dulce brío estival
sobre los muros de jade salado que levanta el mar,
sobre esta llanura desmantelada de todo verdor
y que hoy, por la primera vez,
arponean sin compasión los destellos de la dicha?

NUEVA GUERRA FLORIDA

Es bueno que el mundo asuma nombres cambiantes
Y que de pronto se llame nido, saúz, pino danzando a mediodía,
Argentada piedra con que el sol pule brillos de su frente,
Piedra partida por un sollozo, loca piedra sin memoria
Que ya no recuerda desde cuándo no aterriza,
Ni el nombre de la honda que la enseñó a volar
Leguas arriba de donde fornican águilas ladronas de zafiros,
Águilas que se dejan imantar por el sangriento color de casi toda
        aventura
Y en cuyo espíritu de recintos y cámaras boreales
La orden de que cese el íntimo fuego nunca es acatada,
Por otra parte, lo impredecible ha mellado norias y veletas
Como antes había mellado astros casados con la sombra de los
        héroes,
Lunares de identidad, marcas secretas donde un rayo de luz
Sepulcra memorias de viaje o talla epitafios
Adentro de una gota en que el incendio
Se entrega al delirio de llover en patria ajena,
Cuando el lecho en que la pasión nos dora zozobra en el reposo
Y dejan de existir tesoros que compran noches con estrellas,
Mantos de libélulas velando tu bello sexo flamígero,
Encendido desde siempre, encendido desde aquella tarde magnánima
Que nos hizo adolescentes maduros para el vuelo,
Para el polvo que gira adentro del silencio,
Adentro de toda el agua que se puede atar bajo la curva de una ola,
Ola donde yaces tú, intocada bajo tu camisa de caricias,
Bajo la niebla y su diadema de lobos,
Bajo esa magia donde todavía engendramos
Todo el amor que hace falta.

HEBERTO PADILLA

Cuba, 1932. Obras: *Las rosas audaces*, 1948. *El justo tiempo humano*, 1962. *Fuera del juego*, 1969. *Provocaciones*, 1972. *El hombre junto al mar*, 1980.

INSTRUCCIONES PARA INGRESAR EN UNA NUEVA SOCIEDAD

Lo primero: optimista,
Lo segundo: atildado, comedido, obediente.
(Haber pasado todas las pruebas deportivas.)
Y finalmente andar
como lo hace cada miembro:
un paso al frente y
dos o tres atrás:
pero siempre aplaudiendo.

A RATOS ESOS MALOS PENSAMIENTOS

Si Maiacovski era
la gran poesía revolucionaria de nuestra época
y en medio de su Revolución
coge un revólver y se pega un tiro, ¿quiere decir
que toda poesía tiene que armarse para una hora
decisiva, tiene que hacerse extensión, comentario
feroz de algún suicidio?

—No, no; por supuesto que no.

Si Bertold Brecht, que viene a reemplazarlo,
exige que le den un pasaporte austriaco
y distribuye sus papeles inéditos
en microfilm en varias capitales, ¿quiere decir
que toda convicción también se nutre de cautelas,
que un pasaporte del país de tu amor no es suficiente,

416

ni un banco liberado es bastante garantía
para guardar los textos de la Revolución?

—No, no; por supuesto que no.

A veces uno tiene estos malos pensamientos.
Pero ¿qué pasa en realidad?
Los maestros se suicidan o se hacen cautelosos,
nos obligan a leer entre líneas,
se vuelven listos en su pasión.
Y uno tiene los más negros presentimientos.
Porque en las tumbas no sólo yacen sus cadáveres,
sino gente cifrada que está a punto de estallar.
Todos los días nos levantamos con el mundo;
pero en las horas menos pensadas hay un montón de tipos
que trabajan contra tu libertad, que agarran
tu poema más sincero y te encausan.

FUERA DEL JUEGO

A Yannis Ritsos, en una cárcel de Grecia

Al poeta, ¡despídanlo!
Ése no tiene nada que hacer.
No entra en el juego.
No se entusiasma.
No pone en claro su mensaje.
No repara siquiera en los milagros.
Se pasa el día entero cavilando.
Encuentra siempre algo que objetar.

A ese tipo, ¡despídanlo!
Echen a un lado al aguafiestas,
a ese malhumorado
del verano,
con gafas negras
bajo el sol que nace.
Siempre le
sedujeron las andanzas
y las bellas catástrofes
del tiempo sin Historia.

Es
    incluso
        anticuado.
Sólo le gusta el viejo Armstrong.
Tararea, a lo sumo,
una canción de Pete Seeger.
Canta,
      entre dientes,
             la *Guantanamera.*
Pero no hay
quien lo haga abrir la boca,
pero no hay
quien lo haga sonreír
cada vez que comienza el espectáculo
y brincan
los payasos por la escena;
cuando las cacatúas
confunden el amor con el terror
y está crujiendo el escenario
y truenan los metales
y los cueros
y todo el mundo salta,
se inclina,
retrocede,
sonríe,
abre la boca
        "pues sí,
        claro que sí,
        por supuesto que sí..."
y bailan todos bien,
bailan bonito,
como les piden que sea el baile,
A ese tipo, ¡despídanlo!
Ése no tiene aquí nada que hacer.

PERO EL AMOR

Sea la muerte de capa negra
y su aureola de un amarillo intenso
y tenga las costumbres que a ella le dé la gana;

pero el amor que sea
como se practica en los trópicos:
cuerpos en pugna con la tenacidad del mediodía,
espaldas aplastando la yerba calcinada
donde el verano esconde sus pezuñas de pájaro,
y humedades mordidas,
impacientes,
y el rasguño en cal viva
bajo el chorro solar.

HEINRICH HEINE

En una de estas tardes
me pondré guantes blancos,
frac negro,
sombrero;
iré a la calle Behren,
cuando nadie se encuentre en el café,
y no se haya formado la tertulia
y nadie me pueda reconocer
excepto Heinrich Heine,
pues debo hablar con él,
que sabe cuánto oculta la gloria y la ponzoña,
el exilio y el reino
(y que lo sabe bien).
Escéptico, burlón, sentimental creyente...
(Así lo describió Gautier)
Pero ¿de quién hablaba?
¿De nosotros o de él?
Porque ¿quién no ha opinado
contra sus sentimientos?
¿Contra quién no ha graznado
un cuervo de hiel?
En una de estas tardes...
Enfundaré los ojos de Teresa,
se los pondré delante de Heine
de modo que comprenda que también
supe de ellos y los desenterré.
Le diré que es mi modo de ser contemporáneo.
Haremos una larga reverencia
(son ojos de otro siglo,

descubiertos por mí...)
Esta tarde tal vez...
Cuando el brumoso mirlo
salte de rama en rama
y sólo Heine se encuentre en el café,
y nadie pueda nunca saber
que anduve entre walkirias, nornas,
parcas del Norte,
que yo también he sido un desenterrador.

JAIME JARAMILLO ESCOBAR

Colombia, 1932. Obras: *Los poemas de la ofensa*, 1968. *Extracto de poesía*, 1982.

RUEGO A NZAME

Dame una palabra antigua para ir a Angbala,
con mi atado de ideas sobre la cabeza.
Quiero echarlas a ahogar al agua.

Una palabra que me sirva para volverme negro,
quedarme el día entero debajo de una palma,
y olvidarme de todo a la orilla del agua.

Dame una palabra antigua para volver a Angbala,
la más vieja de todas, la palabra más sabia.
Una que sea tan honda como el pez en el agua.

¡Quiero volver a Angbala!

EL CUERPO

¡Qué farsa!

J. P. Sartre

He aquí, de esto se habla.
El cuerpo nos goza y lo sufrimos.
Lujo de la naturaleza, pagamos por él nuestra alma.
Esclavo de los dioses, el hombre es un ser aterrado
y sólo en el usufructo de su cuerpo deposita su aspiranza.
Su cabeza añadida luce su conversación como un pavo real,
y sentado en un tapete de luna su lengua salta delante de sí como
una serpiente encantada.
Orgullo del alma, el cuerpo es regocijo y alimento,
y baila ante los dioses como el árbol frente a la tormenta.

421

El cuerpo toca otro cuerpo y no percibe sino otredad.
"Rosa", decimos, y la rosa es un mito del alma, porque la carne
del cuerpo no se reconoce sino a sí misma.
El cuerpo, Devorador, todo hecho para devorar,
el alma de este cuerpo no puede ser sino también devoradora.
Somos como un surtidor, con nuestros brazos que se agitan y
nuestra boca llena de agua.
Tenemos lo que tiene la nube, he aquí esta adivinanza, por eso la
tierra nos absorbe.
Rebelión de la materia, el cuerpo se avolcana, se incendia, impone
hermosura,
y no queremos ser sólo cuerpo;
pero yo aconsejo: hazte amigo del sepulturero.

PROVERBIOS DE LOS CHARLATANES

Cuando un desconocido se encuentra con otro desconocido, o lo
mata o le pregunta algo.
Los charlatanes pueden alargar indeterminadamente la conversación a fin de prolongar con ella la vida,
pues la defensa se permite... a quien puede defenderse.
Pero jamás huir. ¿Por qué hay que estar siempre huyendo?
Si el lobo os alcanza y os devora, saboread al lobo pero no huyáis.
Que vuestro placer de ser comidos sea más grande que el del lobo.
Esto no por razones apoyadas en la lógica, pues lo que hay que
buscar no son razones sino motivos
y en este caso no hay que dudar de que el lobo tendrá sus buenos
motivos.
Contra la Muerte no cabe nada, ni siquiera disfrazarse:
no por estar pintado el Faraón la Muerte no se lo va a comer.
Tampoco la negación anula la Muerte. Yo afirmo la Muerte con
mis doce pares de costillas.
De modo que no queda más que prolongar la conversación inin-
terrumpidamente.
Tal vez el interlocutor termine por cansarse y continuar su camino,
aunque es también muy probable que su resistencia no tenga
límite conocido y decida esperar a que cerremos el pico.
En ese preciso momento descargará su pistola, desapareciendo
tan repentinamente como llegó,
porque después de haber hablado la pistola ya no hay nada más
que decir.

Lo malo es que no podemos devolvernos, porque cuantas veces desandemos un camino habremos perdido otros tantos días.

El enfrentamiento está, pues, decidido, y tú sabes que no hay posibilidad alguna para ti.

Sólo hablar, hablar, hablar.

Conserva tu puesto hasta el final y alega todo lo que puedas.

Quizás logres confundirlo y hacerlo caer en contradicción.

Sin embargo debes mantener la serenidad y no buscarle seis patas al gato, que no tiene sino cinco,

ni subir demasiado alto porque te pierdes de vista.

Siempre en tu lugar. Tu lugar son las fauces del lobo.

Ni acuses a un solo hombre, porque éste te matará o te hará matar.

Acusa a toda la humanidad.

Así te matarán entre todos.

Y los charlatanes después de haber enredado todos los conocimientos se fueron abrazados y riéndose.

Porque ellos mismos habían caído en la trampa.

La trampa eran ellos mismos.

Mi alma dice:

No son las ovejas las que buscan al Señor.

Es Él el que se preocupa por ellas.

Porque si no se preocupa, ellas se convierten en lobos.

Y los noventa y nueve lobos devorarán a la oveja restante.

Y los noventa y nueve justos devorarán a la oveja restante, según otra versión.

AFRENTA DE LA MUERTE

La Muerte, acompañada de sus seis hijos...

Evangelio de Bartolomé (Recensión copta)

He aquí que de repente aparece la Muerte acompañada de sus seis hijos,

de los cuales tres son varones y tres son hembras.

Yo la miro fijamente y la escupo a la cara,

y ella me lanza una palabrota por debajo de su manto raído.

—*Mala Muerte, mala Muerte:*
Si yo te preñé seis veces
te puedo preñar las siete.

Cuando yo estaba enfermo vino el Gran Visir a mi alcoba con sus seis amantes,
de los cuales tres son varones y tres son hembras,
y abriendo la puerta a las tres de la madrugada,
los echó desnudos sobre el tapiz, a los pies de mi cama,
y cohabitó con ellos al borde de mi fiebre.
Después yo tuve que ponerme a pelear con la Muerte, hasta que se estuviera callada.

> —*Mala Muerte, mala Muerte:*
> *Si te preño siete veces*
> *te puedo preñar las nueve.*

El día que llegué al puerto para tomar posesión del barco en que habría de dar la vuelta al mundo,
la Muerte, con su pañuelo rojo atado al brazo, quiso echarme al Mar por la pasarela,
y tuve que darle una patada en la boca.
Pero ella me esperaba siempre en los cuatro puntos cardinales acompañada de sus seis hijos, de los cuales tres son débiles y tres son gigantes.

> —*Mala Muerte, mala Muerte:*
> *Si te preñé en Nueva York*
> *te preño en Alejandría.*

La Muerte me perseguía por toda la cordillera de los Andes con su maletín negro en la mano.
La Muerte andaba detrás de mí por los pasillos del Banco de Londres y Montreal Limitada.
La Muerte me acechaba en las avenidas de Río de Janeiro disfrazada como un vendedor de esencias.
La Muerte, llena de impaciencia, mordía uno a uno los ciento veinte dedos de sus seis hijos,
de los cuales tres son bizcos y tres tienen el labio partido.

> —*Mala Muerte, mala amiga:*
> *Si yo te preñé de noche*
> *te puedo preñar de día.*

La Muerte me manda paquetes postales ahumados al apartado aéreo número 5094.
La Muerte introduce amenazas anónimas por debajo de la puerta de mi casa, en el número 4 de la calle 14.

La Muerte me espera en las escaleras, en las bocacalles, en los grandes almacenes de especias.

La Muerte me manda razones con el juez, me escribe insultos con carbón en las paredes.

—*Mala Muerte, mala esposa:*
Vivo o muerto da lo mismo,
te preño de todos modos.

La Muerte les habla mal de mí a los vecinos, me empuja en el bus, me espera a la salida de los cines.

La Muerte me oculta las recetas del médico, me derrama la leche, me esconde las medias.

La Muerte manda sus hijos a que me tiren piedra, que se burlen de mí, que me muestren la lengua.

La Muerte obstruye las cañerías de mi casa, se orina en el zaguán, abre goteras en el techo.

Es evidente que la Muerte me persigue, ¿no les parece a ustedes?

AVISO A LOS MORIBUNDOS

A vosotros, los que en este momento estáis agonizando en todo el mundo:

os aviso que mañana no habrá desayuno para vosotros;

vuestra taza permanecerá quieta en el aparador como un gato sin amo,

mirando la eternidad con su ojo esmaltado.

Vengo de parte de la Muerte para avisaros que vayáis preparando vuestras ocultas descomposiciones:

todos vuestros problemas van a ser resueltos dentro de poco,

y ya, ciertamente, no tendréis nada de que quejaros, ¡oh príncipes deteriorados y próximos al polvo!

Vuestros vecinos ya no os molestarán más con sus visitas inoportunas,

pues ahora los visitantes vais a ser vosotros ¡y de qué reino misterioso y lento!

Ya no os acosarán más vuestras deudas ni os trasnocharán vuestras dudas e incertidumbres,

¡pues ahora sí que vais a dormir, y de qué modo!

Ahora vuestros amigos ya no podrán perjudicaros más, ¡oh afortunados a quienes el conocimiento deshereda!

Ni habrá nadie que os pueda imponer una disciplina que os hacía rabiar, ¡oh disciplinados y pacíficos habitantes de vuestro agujero!

Por todo esto vengo a avisaros que se abrirá una nueva época para vosotros

en el subterráneo corazón del mundo a donde seréis llevados solemnemente

para escuchar las palpitaciones de la materia.

Alrededor vuestro veo muchos que os quieren ayudar a bien morir, y que nunca, sin embargo, os quisieron ayudar a bien vivir.

Pero vosotros ya no estáis para hacer caso de nadie,

porque os encontráis sumergidos en vosotros mismos como nunca antes lo estuvierais,

pues al fin os ha sido dado poder reposar en vosotros,

en vuestra más recóndita intimidad, a donde nadie puede entrar a perturbaros.

Ciertamente, vuestro deceso no por sabido es menos inesperado, y para algunos de vosotros demasiado cruel, como no lo merecíais, mas nadie os dará consolación y disculpas.

De ahora en adelante vosotros mismos tendréis que hacer vuestro lecho,

quedaréis definitivamente solos y ya no tendréis ayuda, para bien o para mal.

Vosotros, que no soportabais los malos olores, ahora ya nadie os podrá soportar a vosotros.

Vosotros, que no podíais ver un muerto, ahora ya nadie os podrá ver a vosotros,

os ha llegado vuestro turno, ¡oh maravillosos ofendidos en la quietud de vuestra aristocrática fealdad!

Tanto que os reísteis en este mundo, mas ahora sí que vais a poder reíros a todo lo largo de vuestra boca,

¡oh prestos a soltar la carcajada final, la que nunca se borra!

Yo os aviso que no tendréis que pagar más tributo, y que desde este momento quedáis exentos de todas vuestras obligaciones,

¡oh próximos libertos, cómo vais a holgar ahora sin medida y sin freno!

¡Ahora vais a entregaros a la desenfrenada locura de vuestro esparcimiento,

no, ciertamente, como os revolcabais en el revuelto lecho de vuestros amantes,

sino que ahora seréis vosotros mismos vuestro más tierno amante, sin hastío y sin remordimiento!

Tomad vuestro último trago de agua y despedíos de vuestros

parientes porque vais a celebrar el secreto concilio
en donde seréis elegidos para presidir vuestra propia desinte-
gración y vuestra ruina definitiva.

¡Ahora sí que os podréis jactar de no ser como los demás, pues
seréis únicos en vuestra inflada podredumbre,
ahora sí que podréis hacer alarde de vuestra presencia!

Yo os aviso
que mañana estrenaréis vestido y casa y tendréis otros compañeros más sinceros y laboriosos
que trabajarán acuciosamente día y noche para limpiar vuestros
huesos.

Oh vosotros que aspiráis a otra vida porque no os amañasteis en
ésta:
Yo os aviso que vuestra resurrección va a estar un poco difícil,
porque vuestros herederos os enterrarán tan hondo
que no alcanzaréis a salir a tiempo para el Juicio Final.

GUILLERMO SUCRE

Venezuela, 1933. Obras: *Mientras suceden los días*, 1961. *La mirada*, 1970. *En el verano cada palabra respira en el verano*, 1976. *Serpiente breve*, 1977.

SINO GESTOS

plume solitaire éperdue

MALLARMÉ

Las notas que tomo en mi memoria
y luego olvido o traslado
torpemente,
      desasistido ya
de ese relámpago que enardecía mi infancia,
las veo llenarme de ruinas, frases
que no logro hilvanar
con hechizo,
      y así se deslizan,
discurren con crueldad.
Lo extraño: su tenaz compañía,
los gestos, los sueños que hacen
nacer en mí
      y las furias, las cóleras
que en mí sepultan.
Para decirlo todo: añaden no
la confusión
sino el espejo
transparente
del fracaso.
Donde me miro y reconozco
mi rostro.

a igual podredumbre condenados
el poema
la mano que lo escribe

428

y la que lo borra
la mirada que lo sigue
y la que lo rechaza
el que lo sueña
solamente
el que además lo inventa

EL ÚNICO ESPLENDOR

Escribir algo torrentoso y deslumbrante
El recuerdo de aquel paraje me hace ser humilde
Como el sol declinábamos hacia el poniente
Recorriendo alucinados territorios
En el espejo del verano la herrumbrada
Extensión de un planeta
Entre vegas jardines pastizales
Figuramos una desconocida primavera
Pero en aquel paraje apareció el único
Solitario esplendor
El clima estallaba en los araguaneyes
Otro fuego nunca fue más dorado
La soledad el silencio la inmensidad
Forjaban allí su cólera
Como decir su paciencia
No eran pátinas sino bruscas
Resplandecientes espadas del tiempo
No hubo más sol en ese soleado atardecer
Ni más cielo
Cetrería inmortal aún vuelan en la memoria
Aquellas aves de oro

Dama de cuerpo blanco
                    cuando de la cascada del baño
                    sales
desnuda (oh delgada) te veo destilando
transparencia
                    la penumbra asciende y florece en la
                    frescura

de tus piernas
                    las secas las arqueas
las alargas
                    piedras lisas en medio del Manacal
                    allí resbalo me baña la felicidad
no quiero que te cubras
                    te ríes
con un fulgor triste en tus ojos
                        sacudes tu pelo
largo todavía empapado
                    helechos del mediodía
                    pesa el sopor
me besas sabes (me dices)
                        que soy bello ("mi bello")
me abrazas (cómo me abrasa tu frescor) "tú
bella"
        me llevas en tus brazos
                        me vistes y vamos
a jugar al patio (otra vez) bajo el parral
rodeados por la pasión

      del calor

            Ya uno sólo tiene derecho a muy pocas cosas
            Sé o algo me lo hace saber que no puedo hablar
de la felicidad

            Abandoné mi casa y no he vuelto a ella
la cubrirán ahora las hiedras y en aquel traspatio
ni fuego ni mano que lo encienda
            algún día la borrarán las lluvias y no estaré
allí para levantarla de nuevo
            (qué nos hace partir y cómo podemos partir)

            Cómo entonces siquiera mencionar esa palabra
que necesita del amparo de una fidelidad para ser
real
            Pero sé o creo saber que la felicidad existe
justamente allí donde no existe
            que mantener el calor de su presencia prepara
(si) no su destello su limpidez

Así pues no puedo hablar de la felicidad pero
puedo callarme en ella
recorrer su silencio la vasta memoria de no
haberla tenido

La felicidad ahora me doy cuenta no es el tema
de un discurso sino el discurso mismo
un discurso que siempre se aparta de su tema o
que después de haber sido escrito descubre
                                          discurre
que debe ser escrito de nuevo

GABRIEL ZAID

México, 1934. Obras: *Fábula de Narciso y Ariadna*, 1958. *Seguimiento*, 1964. *Campo nudista*, 1969. *Práctica mortal*, 1973. *Cuestionario*, 1976.

RELOJ DE SOL

Hora extraña. No es
el fin del mundo
sino el atardecer.
La realidad,
torre de pisa,
da la hora
a punto de caer.

TEOFANÍAS

No busques más, no hay taxis.

Piensas que va a llegar, avanzas,
retrocedes, te angustias,
desesperas. Acéptalo
por fin: no hay taxis.

Y ¿quién ha visto un taxi?

Los arqueólogos han desenterrado
gente que murió buscando taxis,
mas no taxis. Dicen
que Elías, una vez, tomó un taxi,
mas no volvió para contarlo.
Prometeo quiso asaltar un taxi.
Sigue en un sanatorio.
Los analistas curan
la obsesión por el taxi,
no la ausencia de taxis.

Los revolucionarios
hacen colectivos de lujo,
pero la gente quiere taxis.
Me pondría de rodillas si apareciera un taxi.
Pero la ciencia ha demostrado
que los taxis no existen.

PRÁCTICA MORTAL

Subir los remos y dejarse
llevar con los ojos cerrados.
Abrir los ojos y encontrarse
vivo: se repitió el milagro.

Anda, levántate y olvida
esta ribera misteriosa
donde has desembarcado.

ELOGIO DE LO MISMO

¡Qué gusto da lo mismo!
Descubrir lo mismo.
Repasar lo mismo.

¡Qué sabroso es lo mismo!
Perderse en lo mismo.
Encontrarse en lo mismo.

¡Oh, mismo inabarcable!
Danos siempre lo mismo.

SIESTA ANARANJADA

No te levantes, temo
que el mundo siga ahí.

Las nubes imponentes,
el encinar umbrío,
los helechos en paz.

Todo tan claro
que da miedo.

CIRCE

Mi patria está en tus ojos, mi deber en tus labios.
Pídeme lo que quieras menos que te abandone.
Si naufragué en tus playas, si tendido en tu arena
soy un cerdo feliz, soy tuyo, más no importa.
Soy de este sol que eres, mi solar está en ti.
Mis lauros en tu dicha, mi hacienda en tus haberes.

SELVA

Me gusta acariciarte el hipopótamo.
Husmear lo que apenas perdices.
Acechar tu bostezo furibundo.
Disparar al vuelo de tu aullido.

Me gusta darte el dedo a morder,
la percha de tus periquillos.
Verte, mona desnuda, meditar,
de la cola, del árbol de la vida.

La pantera feliz ronronea
después del suculento pleistoceno.
Me gusta la gratitud
en los ojos de la victoria.

ALABANDO SU MANERA DE HACERLO

¡Qué bien se hace contigo, vida mía!

Muchas mujeres lo hacen bien
pero ninguna como tú.

La Sulamita, en la gloria,
se asoma a verte hacerlo.

Y yo le digo que no,
que nos deje, que ya lo escribiré.

Pero si lo escribiese
te volverías legendaria.

Y ni creo en la poesía autobiográfica
ni me conviene hacerte propaganda.

CANCIÓN DE SEGUIMIENTO

No soy el viento ni la vela
sino el timón que vela.

No soy el agua ni el timón
sino el que canta esta canción.

No soy la voz ni la garganta
sino lo que se canta.

No sé quién soy ni lo que digo
pero voy y te sigo.

ROQUE DALTON

El Salvador, 1935-1975. Obras: *La ventana en el rostro*, 1961. *El turno del ofendido*, 1962. *Los testimonios*, 1964. *Taberna y otros lugares*, 1969. *Historias prohibidas de Pulgarcito*, 1974.

HUELO MAL

Huelo a color de luto en esos días
que las flores enferman por su pecho
cuando se muere a secas el que es pobre
confiando en que ya pronto lloverá.

Huelo a historia de pequeña catástrofe
tanto que se ha podido quedar con los cadáveres
huelo a viejo desorden hecho fe
doctorada en respeto su gran llama.

Huelo a lejos del mar no me defiendo
el algo he de morir por tal olor
huelo a pésame magro les decía
a palidez de sombra a casa muerta.

Huelo a sudor del hierro a polvo puesto
a deslavar con la luz de la luna
a hueso abandonado cerca del laberinto
bajo los humos del amanecer.

Huelo a un animal que sólo yo conozco
desfallecido sobre el terciopelo
huelo a dibujo de niño fatal
a eternidad que nadie buscaría.

Huelo a cuando es ya tarde para todo.

EL DESCANSO DEL GUERRERO

Los muertos están cada día más indóciles.

Antes era fácil con ellos:
les dábamos un cuello duro una flor
loábamos sus nombres en una larga lista:
que los recintos de la patria
que las sombras notables
que el mármol monstruoso.

El cadáver firmaba en pos de la memoria
iba de nuevo a filas
y marchaba al compás de nuestra vieja música.

Pero qué va
los muertos
son otros desde entonces.

Hoy se ponen irónicos
preguntan.

¡Me parece que caen en la cuenta
de ser cada vez más la mayoría!

VIEJA CON NIÑO

Con miedo y encorvada
buscando los últimos secretos de la vida
al nivel de los pasos
con el infinito cansancio de no poder intentar
ni el esfuerzo
toda apagada por las burlas de la luz
sin nada que olvidar todo presente
pesando cada día más usando
el argumento del temblor

y él con su vestido marinero todavía impecable
soberanamente preocupado por todos los pájaros que pasan.

LAS FEAS PALABRAS

En la garganta de un beodo muerto
se quedan las palabras que despreció la poesía.

Yo las rescato con manos de fantasma
con manos piadosas es decir
ya que todo lo muerto tiene la licuada piedad
de su propia experiencia.

Furtivamente os las abandono:
feas las caras sucias bajo el esplendor de las lámparas
babeantes sobre su desnudez deforme
los dientes y los párpados apretados esperando el bofetón.

Amadlas también os digo. Reñid a la poesía
la limpidez de su regazo.
Dotadlas de biografía ilustre.
Limpiadles la fiebre de la frente
y rodeadlas de serenas frescuras
para que participen también de nuestra fiesta.

LADY ANN

(*Sobre el matrimonio*)

Ciego cielo de la compañía:
un hombre y una mujer se tocan los párpados,
hacen comparaciones entre sus cuerpos
y el resto de la naturaleza.

Pero, de pronto, anochece
y han de dejar el prado.
Entran en la casa brillante por la puerta de la cocina
cada uno jurando en secreto
que su ponzoña vencerá a la del otro.

Y pasan los siglos de los siglos.

LA SEGURA MANO DE DIOS

El ex-presidente de la República, General don
Maximiliano Hernández Martínez, fue cruelmente asesinado el día de ayer, por su propio chofer y mozo de servicio. El hecho ocurrió en la
finca de Honduras donde el anciano militar
transcurría su pacífico exilio. Se disponía a
almorzar, según las informaciones, cuando el
asesino lo cosió virtualmente a puñaladas,
por motivos que aún se ignoran. Los servicios
de seguridad de ambos países buscan al criminal...

(De la prensa salvadoreña)

en el fondo pobrecito mi General
hoy creo que debí pensarlo dos veces
uno sigue siendo cristiano
pero de vez en cuando va de bruto y le pide consejo al alcohol
se vino a dar cuenta cuando ya le había zampado
cinco o seis puñaladas
y a la docena se tiró un pedito de viejo
y se medio ladeó en la silla
él siempre decía que era el incomprendido
y que se moriría como don Napoleón Bonaparte un su maestro
yo le saqué la cara de la sopa
y le metí cinco trabones más
valiente el hombre la mera verdad
las lágrimas que le salieron de los ojos
fue de apretarlos demasiado para parar las ganas de gritar
quién lo mandó escupirme hoy en la mañana
yo lo estimaba porque se le veía lo macho en lo zamarro
siempre puteaba contra los escándalos de las mujeres
creo que todavía le metí otro trabón
cuando fue Gobierno tampoco fue gritador
mientras más quedito hablaba más temblaban los Generales
y el Señor Obispo que también secretea
se escapaba a orinar
no por nada le mandó una vez una foto a mi General Somoza
Presidente de Nicaragua
donde aparecía mi General Martínez
sentado en un canasto de huevos
quería decirle que era valiente y cuidadoso a la vez
digo yo

porque lo que más quiso huevos
fue no quebrar entonces ni un huevo
lo que nunca le entendí fue todo eso de la telepatía
risa me daba cuando decía a hablar en musaraña
aquí está tu telepatía pensé
Dios me perdone
pues vi que aún me pelaba los ojos cuando lo estaba bolseando
quince lempiras mierdas era todo lo que cargaba
y las llaves de la casa y dos pañuelos medio sucios
y unas cartas que le habían llegado de sus nietos de San Salvador
donde le decían adorado agüelito
debe haber tardado su buen rato en morirse
porque las puñaladas fueron medio gallo-gallina
hoy que lo pienso bien me pongo un poco molesto
pero le di tan suave
porque creí que así se debe matar a un viejito
aunque haya sido un hombre tan grande y tan cuerudo
como antes fue mi General
otros le habrían dado más duro
le habrían dado de puñaladas como
si lo quisieran matar pero
quebrándole antes los huesos con el zopapo del cuchillo
yo no
si no me hubiera escupido
no me agarra la tarabilla de matarlo
ahí anduviera él todavía para arriba y para abajo con la
     regadera
en el jardín
todo viejito y regañando
como que era la pura cáscara amarga
pero
otros
ay mamita de mi alma
lo que le hubieran hecho para cobrarle
aunque sea un pedacito de lo que debía
otros
de barato
repito
le habrían dado más duro
sólo de muertes él tenía un costal de más de treinta mil
imagínense tamaño volcán
pero claro que en ese clavo le ayudaron bastante
no fue él solito

quien se los fue echando al pico uno por uno
bastantes ayudantes tuvo a quienes Dios
no va a olvidar
lo más que va a pasar es que Dios va a tardar
o se va a hacer de al tiro el olvidado
para que los joda solito el Diablo
y así Nuestro Señor no tener responsabilidad
de tanta grosería de ojo por ojo que
no deja de manchar un poquito las manuelas
como decía aquél
es cierto
también
que hasta muy peores que mi General
requetepeores
han de haber en El Salvador todavía vivos
y con la cola parada
porque los crímenes fueron como para que nos tocaran un par
    a cada uno
los ahuevados los apaleados los hambreados
los presos por puro gusto que también fueron un montón
y de los que anduvieron en huida de por vida ¿qué me dicen?
y la aflicción de todo el mundo ¿no va a entrar en la cuenta?
cómo no va a entrar
si a la hora de confesarse
uno debe contar hasta las malas miradas
mi General decía que el dinero nunca le había manchado las
    manos
que la sangre sí pero el dinero no
yo no sé de esas cosas
para hablar de cincuenta colones para arriba
en mi pueblo hay que ser doctor
cuando lo registré ya dije que sólo tenía quince lempiras
a saber qué se hicieron los bujuyazos
que le emprestaban en los Estados Unidos
de poco le sirvieron sus Médicos Invisibles
y su Tropa de Espíritus
chucús-chucús me sonaba el cuchillo en la mano
como cuando uno puya un saco de sal
con una espina de cutupito
claro que esto de tanto hablar es demás
ahora para qué dijo la lora
si ya me llevó el gavilán
para mí que todo el mundo merece irse al carajo

porque a mí tampoco me fue muy bien que se diga
a la hora de la necesidad
nadie vino a ayudarme
me echaron atrás a toda la Guardia Nacional
y a la policía de Hacienda
y a unos orejas que dicen que son del Estado Mayor
y a todas las patrullas de Oriente
ni que las puñaladas
se las hubiera metido al Salvador del Mundo
Dios me perdone
yo hice por pura cólera de ratero
lo que muchos deberían
haber hecho por necesidad de lavar su honor
o por bien del país hace más de treinta años
yo no digo que me aplaudan
pero tampoco creo haber hecho lo peor
que se ha hecho en este país
el tuerce de ser pobre también jode
no es lo mismo si se lo hubiera tronado
el Comandante de un Cuartel
hasta me han llegado a decir que yo
no tenía vela en este entierro
pero que ya que me metí en la camisa de once varas
debo saber que el difunto
fue una vez el Señor Presidente de El Salvador
y ése es un baño de oro
que se le queda pegado a uno para siempre
tocarlo
pues
era tocarle los huevos al tigre
no importa la matazón
que él hizo en sus buenos tiempos
al fin y al cabo
eso le puede pasar a cualquier Presidente
contando a mi Coronel que hoy está en la estaca
ya que la cosa a cada rato
se pone color de hormiga
porque parece que los comunistas
no acaban de morirse nunca
pero quizás hasta aquí vamos a dejar la plática
no vaya a terminar yo hablando de política
a la vejez
viruela

como decía aquél
porque yo no me doy cuenta de eso
en realidad lo mejor es callarse
para que mi General acabe
de descansar en paz
si es que lo dejan
allá donde Dios lo habrá rempujado
al fin y al cabo Dios
es el único que reparte los golpes y los premios
a Él me encomiendo
y a la Santísima Virgen de Guadalupe
aquí
bien jodido
interinamente
en la Penitenciaría de Ahuachapán

MARIO RIVERO

Colombia, 1935. Obras: *Poemas urbanos*, 1966. *Baladas sobre ciertas cosas que no se deben nombrar*, 1972. *Baladas*, 1980.

TANGO PARA "IRMA LA DULCE"

Aquí estuvo
sacudida por el manoseo las habladurías y los despertadores
Aquí estuvo demasiado triste en el final
las palmas bajo la nuca y el pelo desparramado agreste como barba
    de coco
mirándolo todo con simpleza y admiración
"cómo se ve que tú eres escritor"
                        me dice
a mediavoz en la tiniebla de un cuarto con ginebra estéreo
y flores de plástico de todos los colores
Allí figuraban y no podían faltar
                 claro está
Sosa Beny Moré Gardel
los clásicos del tango y el bolero
                 y los otros
los Mozart y los Beethoven de siempre
en fin todo eso que uno no ha aprendido a sentir
pero que sí parece
lo único verdaderamente pulcro
               adecuado
para evadir la brutalidad de los sucesos
Yo estaba lejano triste tratando de animar falazmente
la cansada sangre en las venas
y ella ancha casi tapando la cama funcionando soberbiamente
con lo que se podría llamar su belleza o sea "su verdad"
una cosa hecha de calor poder y fuerza un desbordamiento
como una yegua blanca con sus patas traseras bien abiertas
que se vuelven plateadas y empiezan a brillar
en un cabrilleo de luces
            inestable
una rendija de luz en la persiana

que sube por sus piernas e impone a su cuerpo una lividez de avena
y todo todo perdiendo la certeza y la eternidad
como si la luz estuviera de veras inventando
una forma nueva
Ya la noche se había acabado
ella puso su mano en mi cara y dijo "soy una mujer cansada"
tan grata su mirada que me sentí ablandado sin luchas
quise adelantarme empujar la persiana
admitir la franqueza del día
                                    la circuntristeza
romper el espejismo el sortilegio engañoso
"por qué hablas así gatita ésas son las cosas que dicen las
        intelectuales neuróticas"
"lo sé pero créeme que hablo completamente en serio"
y luego como la cosa más natural del mundo
"sé que el error está en mí misma" llama "error" a su vida
y me contó de su marido músico
                                    mafioso
chupando la trompeta como si fuera marihuana
hasta la madrugada
"no no es un programa estar sola todas las noches no creas"
y continuó hablando y vistiéndose un sostén modelo televisión y un
        liguero negro
y diciendo que "qué barbaridad" y que "qué tontería"
como respuesta a una pregunta conocida a una inquisición cifrada
"sí creo que así es lo mejor"
                                    agrega
"no hay complicaciones ni números de teléfonos ni cartas de amor
        ni nada"
"Me gusta la vida libre el cambio"
                                    le digo
"le tengo un horror sagrado a las posesiones
y ahora ya sabes mi nombre y dónde vivo para que se empiecen a
        amarrar los nudos
para que todo se empiece a terminar"
Y le invento una historia mediocre profundamente provinciana
o de la literatura considerada como la coartada perfecta
ella no lloró ni se rió
                                    miró melancólicamente
frente a sí como si hubiera un vacío
evidentemente no conocía ni a Yago ni a Otelo ni a "Chéspier"
y ni siquiera a Maupassant
y esta ignorancia la conducía hacia la niñez dulcemente

"El mundo es así" concluyo como si ya me estuviese yendo lejos
de un modo gentil y frío
y terminó con un instantáneo "la gente"...
es la vaga indecisa palabra en la que le he decretado de pronto
su fin
Afuera en la tiemblaluz
las casas cerradas envueltas en un vapor esmerilado un postigo
que se abre como un párpado y que luego se cierra
Intento tocar de nuevo
su ombligo oloroso sus teticas apretadas forradas bajo un dique
de botones y flecos
tratando de inventar el gesto la actitud la palabra
que diluya en un aire amable casual la tristeza largalargalarga
     de pozo ciego
el encantamiento muerto
Pero hay que irse no podemos esperar demasiado
se cubrió con los vidrios oscuros alta lejana ya yéndose
con su olor ruda —y— sal bajo las axilas del suéter
con su carne viva templada bajo la piel con el amor...
"Llámame cuando quieras" me dijo a modo de despedida
Sobre los árboles con hojas de pelusa plateada
comenzaba un cielo azul-bandera...

UN HABITANTE

Este hombre no tiene nada que hacer
sabe decir pocas palabras
lleva en sus ojos colinas
y siestas en la hierba

Va hacia algún lugar
con un paquete bajo el brazo
en busca de alguien que le diga
"entre usted"
después de haber bebido el polvo
y el pito largo de los trenes
después de haber mirado en los periódicos
la lista de empleos

No desea más que donde descansar
uno - por - uno - sus - poros

Hay tanta soledad a bordo de un hombre
cuando palpa sus bolsillos
o cuenta los pollos asados en los escaparates
o en la calle los caballitos
que fabrica la lluvia feliz

Y dentro en la tibieza
las bocas sonríen a la medianoche
algunos se besan
y atesoran deseos
otros mastican chicles y juegan con sus llaves
crecen los bosques de ídolos
y el cazador cobra su mejor pieza

EL LEGADO

Si en algún mundo extraño del año 3000
uno como yo viviera
esto es lo que salvaría para él
—antes de que se me escape, aprisa—
de todo lo que tuve en la tierra...

Aquella primera madrugada que abrió su párpado rosa
sobre los dos en 1960
Un disco, *Strangers in the night* cantado por Sinatra
con su voz turbia, amanecida
La última foto de Guevara muerto sobre la alberca en Camirí
con su tenue sonrisa de todo - está - perdido
2 o 3 cantos de Anacreonte —porque son locura
El rojo y el verde los colores por los cuales según Van Gogh
se podría cometer un crimen
El olor picante de leña en la chimenea
la música de un organillero callejero
un gato que se despereza
y el fragor de este oleaje que rompe contra la arena muda

Si en algún mundo extraño del año 3000
otro como yo viviera
esto es lo que salvaría para él
de todo lo que tuve en la tierra...

RAMÓN PALOMARES

Venezuela, 1935. Obras: *El reino*, 1958. *Honras fúnebres*, 1962. *Paisano*, 1964. *Santiago de León de Caracas*, 1967. *Adiós a Escuque*, 1974. *Poesía*, 1977.

EL PATIECITO

A Pedro Parayma

Me dijo mi padre el Dr. Ángel
—¿Qué hacés Rómulo?
—Estoy desyerbando el patiecito
voy a sembrar
          Pero...
—¿Adónde está lo que te di Rómulo?
¿De qué estás viviendo?
—Bueno soy escribiente padre
Escribiente
—Entonces
no fuiste lo que yo soñé
—Ay padre
lo que soñaste se lo llevaron las aguas
Ahora sólo hay malezas
malezas ¿ves?
Estoy limpiando el patiecito

VIEJO LOBO

A Micha y Armando Romero

Al decimocuarto domingo del año
—¡Amanece! —dijeron
Y yo salí a la luz
Cuántas flores Rosas que duraron un golpe
pues desde muy temprano mi alma sola

448

repasó versos, frondas y amor
en las hebras amargas. Y así crecí
entre hermanas suaves y tías católicas
y por la edad de adolescencia
zarpé lleno de sueños
Después pasaron lentos años
se alejó el aire de los viajes y el viento
me amarró a esta casucha
¡Qué plantas desgreñadas Y siestas
Y noches que escribían en un oscuro diario!
Un corazón ocupado de amores turbios, alma en vilo
sin ley
En cuanto a los demás:
Perros sin fiereza acezando sobre mugres migajas
—un dinero, un poder
una vida de más preponderancia
No es que yo fuera puro sino
que al poco de correr
vi entre ellos mi alma hirviendo y mascullando
Y ya no me quedaba más que
una huertecita: tres matas de maíz y estos tapiales
Ai vinieron ustedes
Y para qué vivir si no
para recuerdos o para andar de arriba abajo
que decían de mí
¡Ay Dios Lástima de hombre!
Y yo del fondo de mi vida hacía brotar un verso
un verso Sí un verso como una flor
reseca y arrugada
Y entredormido musitaba mi sueño:
Irme, Irme muy lejos
¿Quieres escucharme otra vez?
"Adiós Adiós la Flor de este jardín...
        Adiós su señoría El Obispo
        Adiós Adiós al General...
Frases de mi saludo a compás
Y subo con mi bastón de vero
pueblo arriba donde mis hermanas lloran por mi suerte
Desde lejos me odiaban y desde lejos
yo también odiaba
Yo era un resabio
y era un asiento de bebida que tenía que dejarse
Adiós las viejas fiestas, los poemas

el gusto por los discursos de orden
Otros llegaban más mezquinos, más prácticos: Un habla
empalagosa y vulgar.
¡Cuarenta años entonces! Todo
qué rápido y amargo.

ABANDONADO

A Vicente Gerbasi y Augusto Payares

Ay, que no tengo un patio para asolearme,
que no tengo cuarto,
que no tengo ni una ventana;
yo que tenía tantos patios como limones,
tantos naranjos,
tantos zapotales;

que era rico, que tenía animales en casa,
que me acostaba en el café y me reía y me ponía rojo de reír
y me estaba bajo las matas oliendo el monte,

pero ya se me fue,
ya me quedé solito,
ya el sol me dijo que no.
—¿Y qué vas a hacer ahora? —me dijeron los gallos—,
ya nosotros nos vamos, ya te dejamos,
aquí no nos vamos a estar.

Voltié de la cama y miré
y me dijo la cama que se iba,
y quedé en el suelo y me dijo el suelo: —Me voy,
y quedé en el aire
y me dijo el aire: —No te sostengo,
y me quedé en los naranjos y los naranjos me dijeron:
—Nosotros nos vamos.
Yo que tenía tanta luz,
yo que me vestía con lunas
y tenía la fuerza en mi nuca.
Una vez me vi en las montañas como piedra encendida
y tenía coraje y vigor,
ay, que me metí en la niebla, que estoy apagado:

—Qué se me hicieron las casitas,
qué se me hicieron?

Yo tenía tanto ganado que se veía
como un pueblo
cuando llegaba,
y se veían montes en el polvo
y se entusiasmaban los días, y era que tenía
tantas casas que cada sueño lo vivía en una y no se me acababan.

Hasta que me fuera dejando
y fue esa luna roja, esa piedra negra,
esa rosa que me venía iluminando, iluminando.

MI PADRINO OYE UNOS FORASTEROS

A Pancho Crespo

—¡Encarnación!, ¡Encarnación! —dijeron de la calle—.
¡Encarnación, salga rápido que hay un muerto!
            —Vienen a matarte Encarnación Son ellos!
Me acuerdo de mis comisiones Me acuerdo de mis deudas
Por los andurriales de El Callao, San José de Guaribe, Río Negro,
      Barlovento...

—Encarnación!
Al momento dieron las doce
—Encarnación salga que allá lo esperan por el muerto.
"Son ellos —me dije—. Al fin vienen. Cierto Cierto..."

Oímos relinchos y la inquietud de los caballos
Crujían los arreos

Ai nos quedamos quietos
            Yo en el portón Oyendo
Y ellos fijos también Espera que te espera
Pasaron horas de horas
Nos quedamos dormidos
Todavía estamos dormidos Todavía me esperan Todavía
Estoy detrás del portón
            Oyendo...

EL JUGADOR

Yo soy como aquel hombre que estaba sentado en una mesa de
     juego
Y al promediar la tarde ya estaba bien basado
Y dio y dio hasta que estuvo rodeado de montones de plata
Y ya en la tardecita era puro de oro
Y le llegaban mujeres y le ponían los brazos al cuello
y él se reía
Y estaba lleno de joyas lleno de prendas
y los ojos y las orejas eran de fina joyería
y los bigotes y la barba eran de verdad piedras! Y muy
Muy preciosas!
Y a las nueve ya estaba en su apogeo
Y la mesa y los jugadores y los que estaban en lo alrededor
brillaban
Y aquello eran nomás soles Y un gran sol que era él
Y esa casa era un solo resplandecer y resplandecer
Y mientras más entraba la noche
más y más claro se hacía
Y el tiempo iba y venía y así
hasta que todo era una gran montaña
Y el hombre estaba en el centro y en lo más alto del monte
Y se veía como una enorme piedra roja y en lo alrededor
todos eran de oro y todos de monedas
riéndose con aquellos dientes que chispeaban
y hablando con sus lenguas de porcelana y rubíes.

Entonces eran como las doce Y el reloj
dijo a dar las doce
Y al ratico nomás quedaba la casa
Y al ratico
nomás quedaba la sala con la gente brillando y brillando
Y ya no quedaba sino la mesa y los montoncitos de oro
Y el hombre miraba a todos lados
Y abría la boca y miraba
Y desaparecieron las mujeres Y vio los montoncitos de
ceniza
Y se quedó desnudo
Y se puso a llorar
Ai se dio cuenta Que todo se le había vuelto noche
Y resplandores Nada!

Todo de luto y hosco
Y esos ojos de él vieron una luz
y volvieron en sí
Y volvieron a mirarse como era él
Y tendió la mano sobre los montoncitos de ceniza
sonriendo
Ya me voy —me dijo
Me voy como me vine —dijo
"Adiós"
Y se fue por lo oscuro.

JOSÉ CARLOS BECERRA

México, 1936-1970. Obras: *Oscura palabra*, 1965. *Relación de los hechos*, 1967. *El otoño recorre las islas*, 1973.

ÉPICA

Me duele esta ciudad,
me duele esta ciudad cuyo progreso se me viene encima
como un muerto invencible,
como las espaldas de la eternidad dormida sobre cada una de mis
      preguntas.
Me duelen todos ustedes que tienen por hombro izquierdo una
      lágrima,
ese llanto es una aventura fatigada,
una mala razón para exhibir las mejillas.

En estas palabras hay un poco de polvo egipcio,
hay unas cuantas vendas, hay un olor de pirámides adormecidas en
      el algodón del pasado,
y hay también esa nostalgia que nos invade en ciertas tardes,
cuando la lluvia se enreda en nuestro corazón como los cabellos
      húmedos y largos
de una mujer desconocida.

Estuve atento a la edificación de los templos, al trazo de las
      grandes avenidas,
a la proclamación de los hospitales, a la frase secreta de los
      enfermos,
vi morir los antiguos guerreros,
sentí cómo ardían los ángeles por el olor a vuelo quemado.

Me duele, pues, esta convocatoria inofensiva, esta novia de blanco,
esta mirada que cruzo con mi madre muerta,
esta espina que corre por la voz, estas ganas de reír y llorar a
      mansalva,
y el trabajo de ustedes, los constructores de la nueva ciudad,
los sacerdotes de las nuevas costumbres, los muertos del futuro.

Me duele la pulcritud inútil, la voluntad académica,
la cortesía de los ciegos,
la caricia torva como una virgen insatisfecha.

Mirad las excavaciones de la noche,
escuchen a Lázaro conversando con sus sepultureros, mostrándoles
     su anillo de compromiso con la Divinidad.
Vean a Lázaro en el restaurant y en el tranvía,
en el ataúd y en el puente, en el animal y en su plato de carne.

Sí, me duele este atardecer,
esta boca de sol y de verano.

BATMAN

Recomenzando siempre el mismo discurso,
el escurrimiento sesgado del discurso, el lenguaje para distraer
    al silencio;
la persecución, la prosecución y el desenlace esperado por todos.
Guardando siempre la misma señal,
el aviso de amor, de peligro, de como quieran llamarle.
(Quiero decir ese gran reflector encendido de pronto...)

La noche enrojeciendo, la situación previa y el pacto previo
    enrojeciendo,
durante la sospecha de la gran visita, mientras las costras sagradas
    se desprenden
del cuerpo antiquísimo de la resurrección.

Quiero decir
el gran experimento,
buscándole a Dios en las costillas la teoría de la costilla faltante,
y perdiendo siempre la cuenta de esos huesos
porque las luces eternamente se apagan de pronto, mientras
    volvemos a insistir en hablar a través de ese corto circuito
de esa saliva interrumpida a lo largo de aquello que llamamos el
    cuerpo de Dios, el deseo de luz encendida.

Llamando, llamando, llamando,
Llamando desde el radio portátil oculto en cualquier parte,

llamando al sueño con métodos ciertamente sofocantes, con
    artificios inútilmente reales,
con sentimientos cuidadosa y desesperadamente elegidos,
con argumentos despellejados por el acontecimiento que no se
    produce.
Palabras enchufadas con la corriente eléctrica del vacío, con el
    cable de alta tensión del delirio.
(Acertijos empañados por el aliento de ciertas frases, de ciertos
    discursos acerca del infinito.)

Recomenzando, pues, el mismo discurso,
recomenzando la misma conjetura,
el Clásico desperfecto en mitad de la carretera,
el Divinal automóvil con las llantas ponchadas
entorpeciendo el tráfico de las lágrimas y de los muertos, que
    transitan Clásicamente en sentidos contrarios.
Recomenzando, pues, la misma interrupción,
la pedorreta histórica de las llantas ponchadas,
el sofisma de cada resurrección,
el ancla oxidada de cada abrazo,
el movimiento desde adentro del deseo y el movimiento desde
    afuera de la palabra,
como dos gemelos que no se ponen de acuerdo para nacer,
como dos enfermeros que no se coordinan para levantar al mismo
    tiempo el cuerpo del trapecista herido.

(Aquí el ingenio de la frase ganguea al advertir de pronto su
    sombrero de copa de ilusionista;
ese jabón perfumado por la literatura con el cual nos lavamos las
    partes irreales del cuerpo,
o sea el radio de acción de lo que llamamos el alma,
las vísceras sin clave precisa, los actos sin clave precisa,
la danza de los siete velos velada por la transparencia del dilema;
y por la noche, antes de acostarse,
la dentadura postiza en el vaso de agua,
la herida postiza en el vaso de agua, el deseo postizo en el vaso
    de agua.)

La señal... la señal... la señal...
Así sonríes sin embargo, confiando otra vez en tu discurso,
mirándote pasar en tus estatuas,
flotando nuevamente en tus palabras.
La señal, la señal, la señal.

Y entretanto paseas por tu habitación.
Sí, estás aguardando tan sólo el aviso,
ese anuncio de amor, de peligro, de como quieran llamarle,
ese gran reflector encendido de pronto en la noche.

Y entretanto miras tu capa,
contemplas tu traje y tu destreza cuidadosamente doblados sobre
    la silla, hechos especialmente para ti,
para cuando la luz de ese gran reflector pidiendo tu ayuda
    aparezca en el cielo nocturno,
solicitando tu presencia salvadora en el sitio del amor
o en el sitio del crimen.
Solicitando tu alimentación triunfante, tus aportaciones al
    progreso,
requiriendo tu rostro amaestrado por el esfuerzo de parecerse a
    alguien
que acaso fuiste tú mismo
o ese pequeño dios, levemente maniático,
que se orina en alguna parte cuando tú te contemplas en el espejo.

Miras por la ventana
y esperas. . .
La noche enrojecida asciende por encima de los edificios
    traspasando su propio resplandor rojizo,
dejando atrás las calles y las ventanas todavía encendidas,
dejando atrás los rostros de las muchachas que te gustaron,
dejando atrás la música de un radio encendido en algún sitio y
    lo que sentías cuando escuchabas la música de un radio
    encendido en algún sitio.

Sigue la noche subiendo la noche,
y en cada uno de los peldaños que va pisando, una nueva criatura
    de la oscuridad rompe su cascarón de un picotazo,
y en sus alas que nada retienen, el vuelo balbucea los restos del
    peldaño o cascarón diluido ya en aire;
y mientras tanto tú no llegas aún para salvarte y salvar a esa
    mujer
que según dices
debe ser salvada.

¿En qué sitio, en qué jadeo
el sueño recorre el apetito reconcentrado de los dormidos?

¿Qué ola es ésa, que al golpear contra el casco
hace que el marinero de guardia ponga atención por un momento,
    para decirse después que no era nada
y torne a pasearse por el cuarto, mirando de vez en cuando por la
    ventana las luces dispersas de la calle?
¿Qué ir y venir está gastando el cuerpo de su andanza
contra el casco manchado, cubierto de parásitos marinos?

...porque de pronto has dejado de pasearte por la habitación.
¿Acaso realmente escuchas ese ruido? Ese ruido viene del pasillo
    o viene de tu deseo?
(Cierta especie de ruido que tropieza con cierta especie de silencio
    dentro de ti,
como alguien que se topa con una silla al caminar a oscuras...)

¡Tal vez ya prendieron el reflector para pedirte auxilio!
¡Tal vez fue esa mujer quien lo encendió!

Pero no, todavía no,
nadie camina por el pasillo hacia tu puerta, nadie tropieza con una
    silla dentro de ti,
y allí están doblados tu traje de héroe y tus sentimientos de héroe,
listos para cuando entres en acción.
¿Pero por qué no han encendido ese gran reflector?
¿Es sólo el ascenso de la noche lo que deja sus cascarones rotos
    en el aire?
¿Qué criatura de la oscuridad picotea para que el aire tome forma
    de cascarón roto, de peldaño dejado atrás?
¿Qué es aquello que detiene de súbito tus paseos por la habitación
    mientras te dices
"Acaso deba esperar otro rato"?

Y vuelves a asomarte por la ventana.
¿Es el zumbido de un *jet* que cruza el cielo rayándolo fugazmente
    con sus pequeñas luces de navegación? .
Y algo dentro de ti que tú crees que es la noche allá afuera
cruje pisando cascarones rotos, peldaños donde el cuerpo de su
    andanza deja un hilo finísimo de baba o soliloquio,
mientras retorna el fantasma de una mujer bandeado por la
    oscuridad
donde el mar se encaverna después del zarpazo,

y ese fantasma, que es la otra cara de la espuma, repite contra el
    casco del barco el golpe del sueño
salpicando al silencio desde lejos.

Y vuelves a asomarte por la ventana.
¿Es el zumbido de un *jet* que cruza el cielo?
¿Qué es ese ruido que te hace mirar tu traje y tu antifaz,
y asomarte después por la ventana?

Ir y venir alrededor de una silla,
enrevesado viaje alrededor de una silla, guardando el equilibrio
    difícilmente
al caminar y girar sobre un hilo finísimo de saliva.
Ir y venir, habladuría alrededor de una silla donde está un
    extraño traje doblado,
ir y venir alrededor de un viejo y descompuesto automóvil que
    estorba el tráfico en la carretera,
gestos entrecruzados, habladuría de ventanas y escaleras
labrando la estatua cuyo sentido griego vacila y se viene abajo en
    el trayecto entre una ventana y un reflector que no se ha
    encendido,
mientras los cascarones rotos de la oscuridad crujen y se disuelven
    bajo el brusco aleteo con que la oscuridad va impulsando la
    noche.

Y otra vez te paseas,
¿quieres desovillar el hilo de saliva, el hilo de palabras sobre el
    que te balanceas en precario equilibrio?
¿En qué juego de tus frases, en qué humillante silencio has puesto
    el oído?
Y otra vez te paseas y otra vez te vuelves hacia la ventana,
pero ese resplandor... pero ese resplandor que descubres de
    pronto
es el amanecer,
palidísimo gesto de esa luz entre los edificios, donde el silencio
    enhebra las pisadas lejanas de todo lo nocturno.

Y ahora,
¿qué es lo que sientes que se aleja,
como alguien corriendo descalzo por la playa, entre la niebla que
    la luz va a ocupar?
¿Y en esa claridad en aumento, acaso puede todavía distinguirse
la señal de un reflector encendido?

Páseos alrededor de una silla donde está un extraño traje doblado,
monólogo alrededor de una silla donde está un simulacro en forma
     de traje doblado,
mientras el amanecer se deja llevar por su propia marea ascendente,
     y por el ruido de las barredoras mecánicas y de los primeros
     camiones urbanos
que aparecen por las calles desiertas.

ALEJANDRA PIZARNIK

Argentina, 1936-1972. Obras: *La última inocencia*, 1956. *La tierra más ajena*, 1958. *Las aventuras perdidas*, 1958. *Árbol de Diana*, 1962. *Los trabajos y las noches*, 1965. *Extracción de la piedra de la locura*, 1968. *El infierno musical*, 1971. *El deseo de la palabra*, 1975.

INFANCIA

Hora en que la yerba crece
en la memoria del caballo.
El viento pronuncia discursos ingenuos
en honor de las lilas,
y alguien entra en la muerte
con los ojos abiertos
como Alicia en el país de lo ya visto.

AMANTES

una flor
       no lejos de la noche
      mi cuerpo mudo
   se abre
a la delicada urgencia del rocío

MENDIGA VOZ

Y aún me atrevo a amar
el sonido de la luz en una hora muerta,
el color del tiempo en un muro abandonado.

En mi mirada lo he perdido todo.
Es tan lejos pedir. Tan cerca saber que no hay.

LOS TRABAJOS Y LAS NOCHES

para reconocer en la sed mi emblema
para significar el único sueño
para no sustentarme nunca de nuevo en el amor

he sido toda ofrenda
un puro errar
de loba en el bosque
en la noche de los cuerpos

para decir la palabra inocente

VERDE PARAÍSO

extraña que fui
cuando vecina de lejanas luces
atesoraba palabras muy puras
para crear nuevos silencios

EN TU ANIVERSARIO

Recibe este rostro mío, mudo, mendigo.
Recibe este amor que te pido.
Recibe lo que hay en mí que eres tú.

PRIVILEGIO

I

Ya perdido el nombre que me llamaba,
su rostro rueda por mí
como el sonido del agua en la noche,
del agua cayendo en el agua.

Y es su sonrisa la última sobreviviente,
no mi memoria.

II

El más hermoso
en la noche de los que se van,
oh deseado,
es sin fin tu no volver,
sombra tú hasta el día de los días.

COLD IN HAND BLUES

y qué es lo que vas a decir
voy a decir solamente algo
y qué es lo que vas a hacer
voy a ocultarme en el lenguaje
y por qué
tengo miedo

EN ESTA NOCHE, EN ESTE MUNDO

A Martha I. Moia

I

en esta noche en este mundo
las palabras del sueño de la infancia de la muerte
nunca es eso lo que uno quiere decir
la lengua natal castra
la lengua es un órgano de conocimiento
del fracaso de todo poema
castrado por su propia lengua
que es el órgano de la re-creación
del re-conocimiento
pero no el de la resurrección
de algo a modo de negación
de mi horizonte de maldoror con su perro

y nada es promesa
entre lo decible
que equivale a mentir
(todo lo que se puede decir es mentira)
el resto es silencio
sólo que el silencio no existe

II

no
las palabras
no hacen el amor
hacen la ausencia
si digo *agua* ¿beberé?
si digo *pan* ¿comeré?

III

en esta noche en este mundo
extraordinario silencio el de esta noche
lo que pasa con el alma es que no se ve
lo que pasa con la mente es que no se ve
lo que pasa con el espíritu es que no se ve
¿de dónde viene esta conspiración de invisibilidades?
ninguna palabra es visible

sombras
recintos viscosos donde se oculta
la piedra de la locura
corredores negros
los he recorrido todos
¡oh quédate un poco más entre nosotros!

mi persona está herida
mi primera persona del singular

escribo como quien con un cuchillo alzado en la oscuridad
escribo como estoy diciendo
la sinceridad absoluta continuaría siendo
lo imposible
¡oh quédate un poco más entre nosotros!

IV

los deterioros de las palabras
deshabitando el palacio del lenguaje
el conocimiento entre las piernas
¿qué hiciste del don del sexo?
oh mis muertos
me los comí me atraganté
no puedo más de no poder más
palabras embozadas
todo se desliza
hacia la negra liquefacción

V

y el perro de maldoror
en esta noche en este mundo
donde todo es posible
salvo
el poema

VI

hablo en fácil hablo en difícil
sabiendo que no se trata de eso
siempre no se trata de eso
oh ayúdame a escribir el poema más prescindible
el que no sirva ni para
ser inservible
ayúdame a escribir palabras
en esta noche en este mundo

JOSÉ MANUEL ARANGO

Colombia, 1937. Obras: *Este lugar de la noche*, 1973. *Signos*, 1978. *Poemas*, 1983. *Este lugar de la noche*, 1984.

VIII

Hölderlin

quizá la locura
es el castigo

para el que viola un recinto secreto

y mira los ojos de un animal
terrible

XXXVII

sus pechos crecen en mis palmas

crece su respiración
en mi cuello

bajo mi cuerpo crece
incontenible
su cuerpo

XXXVI

El poseído

a veces
veo en mis manos las manos
de mi padre y mi voz
es la suya

un oscuro terror
me toca

quizá en la noche
sueño sus sueños

y la fría furia
y el recuerdo de lugares no vistos

son él, repitiéndose
soy él, que vuelve

cara detenida de mi padre
bajo la piel, sobre los huesos de mi cara

VII

Visita

si en mitad de la noche
nos despierta un olor de incendio

y abrimos la ventana y entre los árboles
hecho de dura sombra está sólo
el aroma de las frutas en sazón

qué más sino la dolorosa alegría
de que nos hayan visitado una vez
los rojos querubines del fuego

XVII

Fábula

para que mi deseo la siga
con la furia de un verano tardío
y la devaste

una muchacha viva pasa

ah tejer una fábula maravillosa
delante de sus ojos abiertos

XXI

Ironía

ante el obstinado embate del pájaro
contra el cielo falso de la vidriera

no cabe
ironía

XVI

mientras bajo la tierra crecen las raíces del pino
y los muertos tranquilos pastorean los astros

mientras un hombre canta para espantar su miedo
por un camino solitario

y sobre alguna ciudad desconocida cae la lluvia

tú
y yo
nos amamos

XLV

borracho y taciturno
me inclino sobre tu sueño

sobre el lecho en que yaces pura e inerme
ahora abandonada a la sombra

y largamente
como un centinela solitario
te guardo

XXXVIII

y después del amor
su silencio a mi lado como una sombra blanca

mientras fumo en silencio
maravillado, herido, triste

en dónde alienta ahora
qué afanes la gastan

a quiénes entrega
sus rostros
de asombro, de alegre ironía
de hastío

qué ajenas voces la solicitan
a ella, la mía, la

marcada
con el vivo tatuaje de sangre
que la boca voraz
dejó en su garganta

FRANCISCO CERVANTES

México, 1938. Obras: *Los varones señalados/La materia del tributo*, 1972. *Esta sustancia amarga*, 1973. *Cantado para nadie*, 1982. Toda su poesía ha sido reunida en el volumen titulado *Heridas que se alternan*, FCE, México, 1985.

III

Han caído
oh caballeros de la empolvada honra
han caído todos
menos uno
él siente cansancio
su brazo tolera más victorias todavía
de las que el filo del arma pueda responder
ya llega el último adversario
monta se cubre empuña la lanza
con esa fatiga intolerable
de quien acepta y representa
con toda realidad
la farsa de estar vivo
observa el enemigo porte
el desplante pronto vencido que será
sonríe poco vale vencer o ser vencido
nada importa la deshonra que sería triunfar
triunfar sobre los años y la propia sangre
él quisiera batallar y ser el victorioso
o llegar a la derrota
o ser odiado por ese enemigo que es su precursor
       carnal
o aun aceptaría el destierro
pero cualquier cosa que haga
la dará un mártir a una causa
será como sacrificarse en aras de algo
él no acepta fe ninguna
ni siquiera de la rebelión la fe
¿contra qué va a rebelarse
de qué va a ser ejemplo y para quiénes?
¿Qué le importa vencer o ser vencido?
acaso preferiría esas gelatinosas situaciones

uno de esos fáciles caminos
detiene su caballo desmonta y se descubre
el adversario lanza un juramento
también desciende y se descubre
allá en el graderío
mil guantes derechos chocan con izquierdos
entre un estruendo de leyenda.

PEQUENA PRECE PRA ESQUECER A MINHA COITADA SORTE

I

Señora, hoy se me ha muerto
Aquel que en vos vivía
Y que os amaba.

Diréisme: ainda se desperto
Xá non vos perseguía
Nin era lava

Lo que en su desventura
Llamárese fortuna.

II

Mas heme aquí que, cegado,
Y rota la memoria,
Desdicha tanta

No habríame ya bañado
Ni esta luz mortuoria
Que hoy vos canta.

Quedaría el fantasma
En que voy a vuesa alma.

III

Oh, la tan infiel Señora,
Dejad que él vos encuentre
Y así borre

La agonía que lo socorre,
La suerte que demora
Ya de otra suerte

Su maltrecha materia
Y ésta su miseria.

LA ESPERA

La huida te ha cansado.
Tus pasos y tu cuerpo
Pasto de la fatiga son, así del tiempo.
Ahora sales a la arena
Frente al enemigo formidable, que te teme.
La red entre tus manos,
El tridente tuyo contra el hacha.
Crees posible la victoria
Porque no la esperas, ni tu suerte te preocupa.
Un día como éste, considerando también hoy,
Te tocará el azar, mientras lo miras sin sorpresa,
Y ha de llevarte otra vez hacia los sueños sin memoria,
No al descanso.

ADSUM REVISITED

En términos vagos escribiste
Tu vida, tu infortunio, tu desgracia.
Asaz, largo tiempo triste,
Duró esa hambre, que no sacia

Tu hambre de borrar la vida de otros
Con la miseria de tus sueños:

Donde no hay extraños sin nosotros,
Hay fatigosos, inútiles empeños.

Ahora ya tocas el fondo
Y no es raro que te duela
El sinsentido mondo
Que eras tú y era tu estela.

CANTADO PARA NADIE

La cólera, el silencio,
Su alta arboladura
Te dieron este invierno.
Más óyete en tu lengua:
Acaso el castellano
No es seguro.
Canciones de otros siglos si canciones,
Dolores los que tienen todos, aun aquellos
—Los más— mejores que tú mismo.
Y es bueno todo: el vino, la comida,
En la calle los insultos
Y en la noche tales sueños.
¿A dónde regresar si sólo evocas?
¿Amor? Digamos que entendiste y aun digamos
Que tal cariño te fue dado.
Pero ni entonces ni aun menos ahora
Te importó la comprensión que no buscaste
Y es claro que no tienes,
Bien es verdad que no sólo a ti te falta.
La ira, el improperio,
Los bajos sentimientos
Te dieron este canto.

EUGENIO MONTEJO

Venezuela, 1938. Obras: *Elegos*, 1967. *Muerte y memoria*, 1972. *Algunas palabras*, 1976. *Terredad*, 1978. *Trópico absoluto*, 1982.

PUEBLO EN EL POLVO

Estas calles oblicuas dan al polvo,
estas casas sin nadie se disuelven
en áspera intemperie
y piedras de sombra.

La luz derrumba las paredes
con bultos de esfuminos blancos.
Flotan remotos ecos
de veladas y restos de charlas.

Todas las puertas tienen ojos
y pestañas de adormideras.
Se repliegan al tacto
bajo el estruendo de los techos.

Por los solares juegan unos niños
en sus coros de ausencia.
Juegan a que están vivos todavía,
a que nunca se fueron.

ESTA TIERRA

Esta tierra jamás ha sido nuestra,
tampoco fue de quienes yacen en sus campos
ni será de quien venga.
Hace mucho palpamos su paisaje
con un llanto de expósitos
abandonados por antiguas carabelas.

474

Esta tierra de tórridas llanuras
llevamos siglos habitándola y no nos pertenece.
Quienes antes la amaron ya sabían
que no basta pagarla con la vida
o fundar casa en sus montes
para un día merecerla.
Y sin embargo hasta el final permanecieron,
nunca desearon otra visión para sus ojos
ni otro solar para su muerte.
En ella están dormidos y hablan a solas,
a veces se oyen,
alzan sus voces en medio del follaje
y el viento las dispersa.

No serán nuestros sus vastos horizontes,
ninguna gota de sus ríos,
ni de quienes la pueblen después,
fue ajena siempre en cada piedra,
en cada árbol.
Demasiado verdes son los bosques
de sus espacios sin nieve.
Sus colores desnudan las palabras;
en nuestras charlas siempre se delatan
sonidos forasteros.

Esta tierra feraz, sentimental, amarga,
que no se deja poseer,
no será de nosotros ni de nadie
pero hasta en la sombra le pertenecemos.
Ya nuestros cuerpos son palmas de sus costas,
aferrados a indómitas raíces,
que no verá nunca partir
aunque retornen del mar las carabelas.

LOS GALLOS

¿Por qué se oyen los gallos de pronto
a medianoche
si no queda ya un patio en tantos edificios?
Filtrados por muros de piedra
y rectos paredones

nos llegan sus ecos,
no se puede dormir, es más terrible
que en el tedio de las aldeas
cuando llenan el mundo de gritos.
Cruzan el empedrado,
la niebla de la calle,
alzan sus crestas de neón,
entran cuando el televisor borra sus duendes.
Pero no hay troja que los guarde
sino sombra de asfalto y sellados postigos,
¿de qué rincón vidrioso en los espejos
saltan
y se sacuden aleteando
las soledades de sus lejanías?
Gallos ventrílocuos donde me habla la noche
¿son mi parte de abismo?
Gallos en el sonambulismo de las cosas,
roncos a causa de la ausencia
en caminos de polvo
cuyas voces creímos extintas,
¿qué hacen a medianoche en la ciudad
tan lejos,
qué lamento los va acercando a mis oídos?

EN LOS LLANOS

A Luis Alberto Crespo

En los llanos estuve,
tierras adentro, hacia el alba de soles salvajes,
donde la única montaña es uno mismo
o su caballo.

Donde la vida nos madruga
y hay que salir a galopar hasta alcanzarla,
aunque su rastro se pierda en lejanías
y crucemos a veces sin verla,
o quede atrás,
fija en un vuelo de lentos gavilanes.

En las vastas planicies estuve,
sin paredes, sin calles,
dejando que mi cuerpo se borrara en sus ríos
hasta no sentir manos, palabras, pertenencias,
sino espacio.

Nada traigo conmigo
(quien va a los llanos sabe que no puede traerse
nada que sobreviva en las ciudades)
salvo sensaciones,
asombros,
poesía
y la mirada recta de los hombres,
la mirada natal de aquellos horizontes
cortados a navaja.

MANOA

No vi a Manoa, no hallé sus torres en el aire,
ningún indicio de sus piedras.

Seguí el cortejo de sombras ilusorias
que dibujan sus mapas.
Cruce el río de los tigres
y el hervor del silencio en los pantanos.
Nada vi parecido a Manoa
ni a su leyenda.

Anduve absorto detrás del arco iris
que se curva hacia el sur y no se alcanza.
Manoa no estaba allí, quedaba a leguas de esos mundos,
—siempre más lejos.

Ya fatigado de buscarla me detengo,
¿qué me importa el hallazgo de sus torres?
Manoa no fue cantada como Troya
ni cayó en sitio
ni grabó sus paredes con hexámetros.
Manoa no es un lugar
sino un sentimiento.

A veces en un rostro, un paisaje, una calle
su sol de pronto resplandece.
Toda mujer que amamos se vuelve Manoa
sin darnos cuenta.
Manoa es la otra luz del horizonte,
quien sueña puede divisarla, va en camino,
pero quien ama ya llegó, ya vive en ella.

ÓSCAR HAHN

Chile, 1938. Obras: *Esta rosa negra*, 1961. *Agua final*, 1967. *Arte de morir*, 1977. *Mal de amor*, 1981.

ESCRITO CON TIZA

Uno le dice a Cero que la nada existe
Cero replica que Uno tampoco existe
porque el amor nos da la misma naturaleza

Cero más Uno somos Dos le dice
y se van por el pizarrón tomados de la mano

Dos se besan debajo de los pupitres
Dos son Uno cerca del borrador agazapado
y Uno es Cero mi vida

Detrás de todo gran amor la nada acecha

MISTERIO GOZOSO

Pongo la punta de mi lengua golosa en el centro mismo
del misterio gozoso que ocultas entre tus piernas
tostadas por un sol calientísimo el muy cabrón ayúdame
a ser mejor amor mío limpia mis lacras libérame de todas
mis culpas y arrásame de nuevo con puros pecados originales, ya?

A LA UNA MI FORTUNA, A LAS DOS TU RELOJ

Estuve toda la noche parado frente a tu puerta
esperando que salieran tus sueños

479

A la una salió una galería de espejos
a las dos salió una alcoba llena de agua
a las tres salió un hotel en llamas
a las cuatro salimos tú y yo haciendo el amor
a las cinco salió un hombre con una pistola
a las seis se oyó un disparo y despertaste

A las siete saliste apurada de tu casa
a las ocho nos encontramos en el Hotel Valdivia
a las nueve nos multiplicamos en los espejos
a las diez nos tendimos en la cama de agua
a las once hicimos el amor hasta el exterminio

Ahora son las doce del día
y tengo entre mis brazos al cuerpo de todos mis delitos

TRACTATUS DE SORTILEGIIS

En el jardín había unas magnolias curiosísimas, oye,
unas rosas re-raras, oh,
y había un tremendo olor a incesto, a violetas macho,
y un semen volando de picaflor en picaflor.
Entonces entraron las niñas en el jardín,
llenas de lluvia, de cucarachas blancas,
y la mayonesa se cortó en la cocina
y sus muñecas empezaron a menstruar.
Te pillamos *in fraganti* limpiándote el polen
de la enagua, el néctar de los senos, ves tú?
Alguien viene en puntas de pie, un rumor de pájaros
pisoteados, un esqueleto naciendo entre organzas,
alguien se acercaba en medio de burlas y fresas
y sus cabellos ondearon en el charco
llenos de canas verdes.
Dime, muerta de risa, adónde llevas
ese panal de abejas libidinosas.
Y los claveles comenzaron a madurar brilloso
y las gardenias a eyacular coquetamente, muérete,
con sus durezas y blanduras y patas
y sangre amarilla, aj!
No se pare, no se siente, no hable
con la boca llena

de sangre:
que la sangre sueña con dalias
y las dalias empiezan a sangrar
y las palomas abortan cuervos
y claveles encinta
y unas magnolias curiosísimas, oye,
unas rosas re-raras, oh.

JOSÉ EMILIO PACHECO

México, 1939. Obras: *Los elementos de la noche*, 1963. *El reposo del fuego*, 1966. *No me preguntes cómo pasa el tiempo*, 1969. *Irás y no volverás*, 1973. *Islas a la deriva*, 1976. *Ayer es nunca jamás*, 1978. *Desde entonces*, 1980. *Tarde o temprano*, 1980. *Los trabajos del mar*, 1983.

12

(MONÓLOGO DEL POETA III)

¿A quién pretendes halagar con tan vistas
piruetitas verbales,
o suspirillos dolorosos, retruécanos,
ironías invisibles?

¿Quisieras que alguien te palmease
por lo bien que resuenan
tus cascabeles? —triste
parafernalia de un festín que contemplas
sin estar invitado.

Es mejor que te ocultes en huraños rincones.
Los seres como tú no reciben halagos,
lomos de latigazo o de pedrada.
Y ya nadie sonríe
con tus jueguitos malabares:

Filis, la gran madrota, pastorea
un rebaño de putas por las aldeas de Flandes.
Amarilis con sífilis, borracha
y juguete de todos los soldados.
La dulce Cloris gime emputecida
de placer en la cama de un sacristán leproso.

Y a estas ninfas
                        ¿quisieras perpetuarlas?
Será mejor, bufón,

que ganes los rincones
y allí guardes un púdico silencio.

5

¿Pensaste alguna vez en tu enemigo,
en el que no conoces
pero que odia
cuanto escribe tu mano?
¿Pensaste en ese *joven de provincias*
que daría su vida por tu muerte?

3

No podría decir mi antagonista
o mi rival o mi enemigo:
sólo un contemporáneo.
Nos saludamos levemente.
Cada uno en el otro ve a distancia
cómo y con qué vertigo envejece
nuestra generación.
Cómo el estilo
que creíamos eterno
ya es historia,
pasado impopular,
freno y obstáculo,
ante los jóvenes
que —si reparan en nosotros—
nos dedican
una risita o un sarcasmo.

DE SOBREMESA, A SOLAS, LEO A VALLEJO

En el pan huroneado por las hormigas
diminutivamente negrean
sus eficaces sombras

Un mordisco de nada y ya no está
desmantelado en el mantel
tu granito de azúcar

Las silenciosas ciegas van disciplinando
menudamente
la continua erosión del mundo

Como ellas
hemos perdido el habla
y es bajo cuerda el acabóse

ACELERACIÓN DE LA HISTORIA

Escribo unas palabras
                          y al minuto
ya dicen otra cosa
                          significan
una intención distinta
                          son ya dóciles
al Carbono 14
                Criptogramas
de un pueblo remotísimo
                          que busca
la escritura en tinieblas

CIUDAD MAYA COMIDA POR LA SELVA

De la gran ciudad maya sobreviven
arcos
        desmanteladas construcciones
                                    vencidas
por la ferocidad de la maleza
En lo alto el cielo en que se ahogaron sus dioses
Las ruinas tienen
                el color de la arena

Parecen cuevas
        ahondadas en montañas
que ya no existen
De tanta vida que hubo aquí
                de tanta
grandeza derrumbada
          sólo perduran
las pasajeras flores que no cambian

CRÓNICA DE INDIAS

...porque como los hombres
no somos todos muy buenos.

BERNAL DÍAZ DEL CASTILLO

Después de mucho navegar
por el oscuro océano amenazante
encontramos
tierras bullentes en metales, ciudades
que la imaginación nunca ha descrito, riquezas,
hombres sin arcabuces ni caballos.
Con objeto de propagar la fe
y apartarlos de su inhumana vida salvaje
arrasamos los templos, dimos muerte
a cuanto natural se nos opuso.
Para evitarles tentaciones
confiscamos su oro;
para hacerlos humildes
los marcamos a fuego y aherrojamos.
Dios bendiga esta empresa
hecha en su nombre.

MÉXICO: VISTA AÉREA

Desde el avión
          ¿qué observas?
Sólo costras
        pesadas cicatrices

de un desastre
               Sólo montañas de vejez
arrugas
          de una tierra antiquísima
volcanes

                     Muerta hoguera
          tu tierra
              es de ceniza
          Monumentos
                que el tiempo
          Erigió al mundo
                 Mausoleos
          sepulcros naturales
                    Cordilleras y sierras
          nos separan

                    Somos una isla de aridez
          y el polvo
              reina copiosamente
          entre su estrago
              Sin embargo
          la tierra permanece
                y todo lo demás
          pasa
            se extingue
               se vuelve arena
          para el gran desierto.

CARTA A GEORGE B. MOORE PARA NEGARLE UNA ENTREVISTA

No sé por qué escribimos, querido George,
y a veces me pregunto por qué más tarde
publicamos lo escrito.
Es decir, lanzamos
una botella al mar que está repleto
de basura y botellas con mensajes.
Nunca sabremos
a quién ni adónde la arrojarán las mareas.

Lo más probable
es que sucumba en la tempestad y el abismo,
    en la arena del fondo que es la muerte.

    Y sin embargo
no es inútil esta mueca de náufrago.
    Porque un domingo
me llama usted de Estes Park, Colorado.
    Me dice que ha leído lo que está en la botella
(a través de los mares: nuestras dos lenguas)
    y quiere hacerme una entrevista.
¿Cómo explicarle que jamás he dado
    una entrevista,
que mi ambición es ser leído y no "célebre",
    que importa el texto y no el autor del texto,
que descreo del circo literario?

    Luego recibo un telegrama inmenso
(cuánto se habrá gastado usted, querido amigo, al enviarlo).
    No puedo contestarle ni dejarlo en silencio.
Y se me ocurren estos versos. No es un poema.
    No aspira al privilegio de la poesía (no es voluntaria).
Y voy a usar, como lo hacían los antiguos,
    el verso como instrumento de todo aquello
(relato, carta, tratado, drama, historia, manual agrícola)
    que hoy decimos en prosa.

    Para empezar a *no* responderle diré:
no tengo nada que añadir a lo que está en mis poemas,
    no me interesa comentarlos, no me preocupa
(si alguno tengo) mi lugar en la "historia".
    Escribo y eso es todo. Escribo: doy *la mitad* del poema.
Poesía no es signos negros en la página blanca.
    Llamo poesía a ese lugar del encuentro
con la experiencia ajena. El lector, la lectora
    harán (o no) el poema que tan sólo he esbozado.

No leemos a otros: nos leemos en ellos.
    Me parece un milagro
que alguien que desconozco pueda verse en mi espejo.
    Si hay un mérito en esto —dijo Pessoa—
corresponde a los versos, no al autor de los versos.

Si de casualidad es un gran poeta
dejará tres o cuatro poemas válidos,
      rodeados de fracasos y borradores.
Sus opiniones personales
      son de verdad muy poco interesantes.

      Extraño mundo el nuestro: cada vez
le interesan más los poetas,
      la poesía cada vez menos.
El poeta dejó de ser la voz de su tribu,
      aquel que habla por quienes no hablan.
Se ha vuelto nada más otro *entertainer*.
      Sus borracheras, sus fornicaciones, su historia clínica,
sus alianzas y pleitos con los demás payasos del circo,
      o el trapecista o el domador de elefantes,
tienen asegurado el amplio público
      a quien ya no hace falta leer poemas.

      Sigo pensando
que es otra cosa la poesía:
      una forma de amor que sólo existe en silencio,
en un pacto secreto de dos personas,
      de dos desconocidos casi siempre.
Acaso leyó usted que Juan Ramón Jiménez
      pensó hace medio siglo en editar una revista poética
que iba a llamarse *Anonimato*.
      Anonimato publicaría poemas, no firmas;
estaría hecha de textos y no de autores.
      Y yo quisiera como el poeta español
que la poesía fuese anónima ya que es colectiva
      (a eso tienden mis versos y mis versiones).
Posiblemente usted me dará la razón.
      Usted que me ha leído y no me conoce.
No nos veremos nunca pero somos amigos.

      Si le gustaron mis versos
¿qué más da que sean míos/ de otros/ de nadie?
      En realidad los poemas que leyó son de usted:
usted, su autor, que los inventa al leerlos.

GIOVANNI QUESSEP

Colombia, 1939. Obras: *Después del paraíso*, 1961. *El ser no es una fábula*, 1968. *Duración y leyenda*, 1972. *Canto del extranjero*, 1976. *Libro del encantado*, 1978. *Poesía*, 1980.

MIENTRAS CAE EL OTOÑO

Nosotros esperamos
envueltos por las hojas doradas.
El mundo no acaba en el atardecer,
y solamente los sueños
tienen su límite en las cosas.
El tiempo nos conduce
por su laberinto de hojas en blanco
mientras cae el otoño
al patio de nuestra casa.
Envueltos por la niebla incesante
seguimos esperando:
La nostalgia es vivir sin recordar
de qué palabra fuimos inventados.

EPITAFIO DEL POETA ADOLESCENTE

Conoció a una muchacha
Bella como la palma del templo de Delos
Cambió su nombre por el de Ulises
Navegante y encantador
Y en las islas innumerables
Apenumbró su corazón la flor del olvido
Lo sorprendió la muerte
Cuando trataba de contar la Odisea

QUIEN AMA LA PENUMBRA MELODIOSA

La desdicha me acerca a mi destino
y a mi naturaleza verdadera,
la desdicha, que hace fantasía y palabras
del telar rumoroso de la vida.

Esperanzas no tengo si no es en la leyenda,
vive el poeta a solas y su canto es su cielo.
Quien ama la penumbra melodiosa
despertará del polvo entre alas y violetas.

Por eso hoy quiero estar tan solo como nunca
y ver las maravillas de la muerte:
Afuera hay un jardín y alguien, en sueños,
me da un ramo de flores y se aleja cantando.

ALGUIEN ME NOMBRA

Sólo en el alba escucho un canto,
un ala de los bosques
que podrían ser la dicha,
la redención acaso.

Sólo en esa penumbra
que hace la palma bajo el aire celeste
alguien me nombra, y pienso entonces
que no todo he perdido de la vida.

Siquiera hay una música que me ama,
y existo para alguien, para un azul o reino solitario,
pero es fiel mi demonio y torna el sufrimiento,
mi pasión en los valles de la nieve.

CANTO DEL EXTRANJERO

Penumbra de castillo por el sueño
Torre de Claudia aléjame la ausencia

Penumbra del amor en sombra de agua
Blancura lenta

Dime el secreto de tu voz oculta
La fábula que tejes y destejes
Dormida apenas por la voz del hada
Blanca Penélope

Cómo entrar a tu reino si has cerrado
La puerta del jardín y te vigilas
En tu noche se pierde el extranjero
Blancura de isla

Pero hay alguien que viene por el bosque
De alados ciervos y extranjera luna
Isla de Claudia para tanta pena
Viene en tu busca

La víspera del tiempo a tus orillas
Tiempo de Claudia aléjame la noche
Cómo entrar a tu reino si clausuras
La blanca torre

Pero hay un caminante en la palabra
Ciega canción que vuela hacia el encanto
Dónde ocultar su voz para tu cuerpo
Nave volando

Nave y castillo es él en tu memoria
El mar de vino príncipe abolido
Cuerpo de Claudia pero al fin ventana
Del paraíso

Si pronuncia tu nombre ante las piedras
Te mueve el esplendor y en él derivas
Hacia otro reino y un país te envuelve
La maravilla

¿Qué es esta voz despierta por tu sueño?
¿La historia del jardín que se repite?
¿Dónde tu cuerpo junto a qué penumbra
Vas en declive?

Ya te olvidas Penélope del agua
Bella durmiente de tu luna antigua
Y hacia otra forma vas en el espejo
Perfil de Alicia

Dime el secreto de esta rosa o nunca
Que guardan el león y el unicornio
El extranjero asciende a tu colina
Siempre más solo

Maravilloso cuerpo te deshaces
Y el cielo es tu fluir en lo contado
Sombra de algún azul de quien te sigue
Manos y labios

Los pasos en el alba se repiten
Vuelves a la canción tú misma cantas
Penumbra de castillo en el comienzo
Cuando las hadas

A través de mi mano por tu cauce
Discurre un desolado laberinto
Perdida fábula de amor te llama
Desde el olvido

Y el poeta te nombra sí la múltiple
Penélope o Alicia para siempre
El jardín o el espejo el mar de vino
Claudia que vuelve

Escucha al que desciende por el bosque
De alados ciervos y extranjera luna
Toca tus manos y a tu cuerpo eleva
La rosa púrpura

¿De qué país de dónde de qué tiempo
Viene su voz la historia que te canta?
Nave de Claudia acércame a tu orilla
Dile que lo amas

Torre de Claudia aléjale el olvido
Blancura azul la hora de la muerte

Jardín de Claudia como por el cielo
Claudia celeste

Nave y castillo es él en tu memoria
El mar de nuevo príncipe abolido
Cuerpo de Claudia pero al fin ventana
Del paraíso

ALGUIEN SE SALVA POR ESCUCHAR AL RUISEÑOR

Digamos que una tarde
El ruiseñor cantó
Sobre esta piedra
Porque al tocarla
El tiempo no nos hiere
No todo es tuyo olvido
Algo nos queda
Entre las ruinas pienso
Que nunca será polvo
Quien vio su vuelo
O escuchó su canto

ÍNDICE DE PRIMEROS VERSOS

495

ÍNDICE DE AUTORES

ÍNDICE GENERAL

Este libro se terminó de imprimir
el día 15 de julio de 1985 en los
talleres de Editorial Melo, S. A.,
Avenida Año de Juárez 226, local
D, 09070 México, D. F. En su composición se usaron tipos Aster de
10:11, 9:10 y 8:9 puntos. El tiro
fue de 5 000 ejemplares.